Trinkwasser in der Praxis

Von der Quelle bis zum Wasserhahn – nach neuer Trinkwasserverordnung

6. überarbeitete Auflage

Autoren:

Dr. Marc von Essen
Dietmar Altemeier
Dr. Regina Kolch
Ernst Schneider
Jana-Maria Seiferth
Michael Stroheker

FORUM

WISSEN,
DAS ANKOMMT.

Bibliografische Information der Deutschen Bibliothek

Die Deutsche Bibliothek verzeichnet diese Publikation in der Deutschen Nationalbibliografie; detaillierte bibliografische Daten sind im Internet über http://dnb.dnb.de abrufbar.

Mandichostraße 18
86504 Merching

Telefon: +49 (0)8233 381-123
Fax: +49 (0)8233 381-222
E-Mail: service@forum-verlag.com
Internet: www.forum-verlag.com

Hinweis: Aus Gründen der besseren Lesbarkeit und Einfachheit wird in den folgenden Texten meist die männliche Form verwendet. Die verwendeten Bezeichnungen sind als geschlechtsneutral bzw. als Oberbegriffe zu interpretieren und gelten gleichermaßen für alle Geschlechter.

Titelfoto/-illustration: © science photo – fotolia.com
Satz: Reemers Publishing Services GmbH, 47799 Krefeld
Druck: Druckerei Joh. Walch GmbH&Co. KG, 86179 Augsburg
Printed in Germany

ISBN 978-3-98875-232-1 (Print-Ausgabe)
ISBN 978-3-98875-233-8 (Kombi-Ausgabe)
ISBN 978-3-98875-234-5 (Premium-Ausgabe)
ISBN 978-3-98875-235-2 (E-Book)

Vorwort

Dem Trinkwasser in Deutschland wird allgemein eine sehr gute Qualität bescheinigt. Ein Anfang 2025 erschienener Bericht des Bundesministeriums für Gesundheit weist darauf hin, dass für 99,9 % der untersuchten Proben in den Jahren 2020 bis 2022 die Grenzwerte für die meisten mikrobiologischen und chemischen Qualitätsparameter eingehalten wurden. Die Trinkwasserqualität kann nicht nur punktuell, sondern wohl flächendeckend als sehr gut angesehen werden. Dazu hat sicher auch ein ausgefeiltes Regelwerk beigetragen, an das sich die unterschiedlichen Akteure, die in Planung, Installation, Bedienung und Überwachung von Anlagen, in Behörden oder wissenschaftlichen Einrichtungen im Bereich der Wasserversorgung tätig sind, nicht nur halten müssen, sondern auch halten.

Eine wichtige Rolle spielen in diesem Zusammenhang seit einigen Jahren Richtlinien der Europäischen Kommission, die in Deutschland in nationales Recht umgesetzt werden müssen. Für die Trinkwasserrichtlinie ist dieser Prozess weitestgehend abgeschlossen. Als ein Schritt bleibt noch mit Beginn des Jahres 2027 die Ablösung der Bewertungsgrundlagen des Umweltbundesamtes für Produkte und Werkstoffe, die in Kontakt mit Trinkwasser stehen dürfen, durch Positivlisten der Europäischen Chemikalienagentur (ECHA). Übergangsvorschriften gibt es bis 2032. Auf einige Einzelheiten dazu wird in diesem Band eingegangen. Risikobewertungen spielen für Unternehmen in den Bereichen Wasser und Abwasser bei der Umsetzung der CER-Richtlinie (Critical Entities Resilience) zur physischen Widerstandsfähigkeit kritischer Infrastrukturen und der NIS2-Richtlinie (Network Information Security) zur Aufrechterhaltung der Cybersicherheit eine Rolle. Beide Richtlinien wurden am 14.12.2022 veröffentlicht. Zum Zeitpunkt des Abschlusses der Arbeiten an diesem Band lagen nur Regierungsentwürfe für die Umsetzung der Richtlinien in deutsches Recht vor. Im Detail wird sich da eventuell noch einiges ändern. Trotzdem wird versucht, einen Eindruck von den Herausforderungen zu vermitteln, die sich für Unternehmen ergeben werden. Das war auch das Anliegen bei den Anmerkungen zur Richtlinie (EU) 2024/3019 vom 27.11.2024, der EU-Kommunalabwasserrichtlinie (KARL).

Bis Ende Juli 2027 muss die Richtlinie in nationales Recht umgesetzt werden. Für die Beseitigung von Mikroschadstoffen aus dem Abwasser soll schrittweise bis 2045 mit klaren Zwischenzielen bei der Abwasserbehandlung eine vierte Reinigungsstufe nach Schweizer Vorbild eingeführt werden.

Bis zum 12.01.2026 müssen Bleileitungen oder Teilstücke von Trinkwasserleitungen aus Blei aus Wasserversorgungsanlagen entfernt oder stillgelegt werden. Diese Frist kann nur das Gesundheitsamt auf Antrag verlängern. Auch dürfen einige Anfang 2026 nach Metall-Bewertungsgrundlage noch einsatzbare Werkstoffe, die Blei enthalten, ab 12.01.2028 nicht mehr verwendet werden. Grenzwerte unterschiedlicher Art für PFAS im Trinkwasser müssen ab 12.01.2026 bzw. 12.01.2028 eingehalten werden. Es gibt also einige neue Randbedingungen zu beachten. Aber lesen Sie selbst.

Die Grenzwerte, die einzuhaltenden Termine, die Empfehlungen von Verbänden und des Umweltbundesamtes, die in Normen dargestellten allgemein anerkannten Regeln der Technik – das alles ist kein Selbstzweck. Ziel ist es, die hohe Qualität des Trinkwassers auch in den kommenden Jahren zu halten und mögliche Risiken, die das gefährden, rechtzeitig zu erkennen und zu minimieren. Dieser Band möchte dazu einen kleinen Beitrag leisten.

Viel Spaß bei Lesen wünscht Ihnen

Jana-Maria Seiferth
und die FORUM VERLAG HERKERT GMBH

Autorenverzeichnis

Dietmar Altemeier

Dietmar Altemeier arbeitete nach dem Studium und der Ausbildung zum Schweißfachingenieur zunächst in der Bauindustrie und wechselte 2002 zur Kiwa GmbH als Inspektor/Auditor. Dort führte er zunächst Inspektionen im Stahlbereich aus. Ab 2005 erweiterte er den Bereich auf Inspektionen von Produkten im Kontakt mit Trinkwasser nach niederländischen Beurteilungsrichtlinien.

2004 baute er die Kiwa Sachverständigenorganisation nach §11 der Verordnung über Anlagen zum Umgang mit wassergefährdenden Stoffen und über Fachbetriebe (VAwS) auf, die er heute, noch nach dem Übergang in die Verordnung über Anlagen zum Umgang mit wassergefährdenden Stoffen (AwSV), leitet.

Zunächst als Teamleiter und ab 2011 als Unitleiter übernahm er die Verantwortung für den Bereich Metall und Sanitär. Daneben ist er Leiter der zentralen Inspektionsstelle der Kiwa GmbH in Deutschland und stellvertretender Leiter der Kiwa Zertifizierungsstellen in Berlin und Greven.

Nach Einführung der UBA-Empfehlung: „Konformitätsbestätigung der trinkwasserhygienischen Eignung von Produkten“ 2019 ist sein Aufgabenschwerpunkt derzeit die Zertifizierung der Produkte im Kontakt mit Trinkwasser. Er ist Mitglied in verschiedenen nationalen und internationalen Arbeitsgruppen im Bereich von Sanitärprodukten und Produkten im Kontakt mit Trinkwasser.

Dr. Marc von Essen

Als ausgebildeter Chemielaborant verfügt Dr. Marc von Essen über 20 Jahre internationale Laborerfahrung, in der er die Wasserchemie von der Pike auf erlernte. Ursprünglich galt sein Interesse dem industriellen Abwasser, doch bereits während des Studiums folgten bei Tätigkeiten an renommierten Forschungsinstituten bald Untersuchungen von Flüssen und Meeren. Die Promotion über die chemischen Faktoren zur Ausbreitung des Choleraerregers im indischen Ganges bildete den Brückenschlag zwischen Fluss-, See-, Trink- und Abwasser.

So ist es ihm ein besonderes Anliegen, jedem Menschen sauberes, genießbares Trinkwasser zugänglich zu machen. Aus dem Engagement im Bereich des Trinkwassers entstand die Verbindung zur Lebensmittelanalytik, da auch hier Wasser mit verschiedensten Verwendungszwecken eine integrale Rolle spielt. Als Lehrbeauftragter an der Technischen Universität München (TUM) gibt er dieses Wissen an Studierende weiter. Hauptberuflich ist er für eine weltweit führende, europäische Laborgruppe tätig und unterstützt als ausgewiesener Experte für Sicherheit sowie umwelt- und lebensmittelanalytische Themen verschiedene Werke der FORUM VERLAG HERKERT GMBH als Stammautor.

Dr. Regina Kolch

Dr. Regina Kolch (geb. 1964) lebt mit ihrer Familie in Herford. Nach dem Studium der Biologie an der Universität zu Köln und der Promotion an der RWTH Aachen war sie in den Bereichen Lüftungstechnik für Profiküchen und Vertrieb von UV-Strahlern für Wasserdesinfektionsanlagen tätig. In den letzten Jahren ist Dr. Regina Kolch zu ihren Wurzeln zurückgekehrt und arbeitet nun als Sachverständige für Trinkwasserhygiene und Verdunstungskühlanlagen. In ihrer derzeitigen Funktion bei der domatec GmbH unterstützt sie nicht nur die Kunden bei der Umsetzung der Anforderungen der aktuellen Trinkwasserverordnung und 42. BImSchV, sondern ist auch als Referentin bei Schulungen für den DFLW (Deutscher Fachverband für Luft- und Wasserhygiene) und den TÜV Rheinland tätig.

Ernst Ulrich Schneider

Ernst Schneider ist Jurist und Experte für technisches Recht. Er studierte Rechtswissenschaften in Heidelberg und Saarbrücken, absolvierte ein Postgraduiertenstudium im Europarecht und in Informationswissenschaft. Nach Tätigkeiten in der Thüringer Staatskanzlei, beim Bundesfinanzhof und mehreren Verbänden eröffnete er 2001 ein Fachredaktionsbüro und veröffentlichte seitdem eine Vielzahl von Büchern, Fachzeitschriften und elektronischen Informationsdiensten. Daneben ist er als Unternehmensberater für mittelständische Technologieunternehmen tätig.

Ernst Schneider ist seit vielen Jahren Mitglied im ANP-Arbeitskreis Sektorgruppe Elektrotechnik (ANP-SGE) und im Ausschuss Normenpraxis Produktsicherheit (ANP-TGP) des DIN e.V.

Jana-Maria Seiferth LL.M. & Dipl.-Kffr. (FH)

Seit 2010 ist Jana-Maria Seiferth selbständig u. a. als langjährige Beraterin bei bundesweiten Transfergesellschaften, als Consultant und Dozentin für unterschiedliche Auftraggeber der Privatwirtschaft und öffentliche Einrichtungen.

Sie ist Autorin zahlreicher Veröffentlichungen im Arbeitsrecht, Rentenrecht, Umweltrecht sowie zur Betriebssicherheit. Sie verfügt über Studien der Betriebswirtschaft, Rechtswissenschaften und Umweltwissenschaften.

Zudem hat sie diverse Qualifikationen in den Bereichen Rente, Umwelt-, Arbeitssicherheits- und Qualitätsmanagementbeauftragung sowie als Auditorin für Umwelt- und Qualitätsmanagementsysteme.

Michael Stroheker

Michael Stroheker (geb. 1964) ist seit 1981 mit dem Beginn seiner Ausbildung zum Gas- und Wasser-Installateur in der Sanitärbranche tätig. Insgesamt sammelte Herr Stroheker neun Jahre Berufspraxis in den Bereichen Montage von Trinkwasser-Verteilanlagen sowie im Kundendienst.

Nach Fort- und Ausbildungen im Bereich der Sanitärtechnik arbeitete Herr Stroheker sieben Jahre lang als Fachplaner für Sanitär- und Heizungstechnik in einem Ingenieurbüro für technische Gebäudeausrüstung in Stuttgart.

Danach folgten nahezu 20 Berufsjahre als Projektingenieur in der Industrie mit der vorrangigen Aufgabenstellung Trinkwasserhygiene und Gebäudeleittechnik in der Sanitärtechnik.

Nach einem kurzen Ausflug in die technische Hausverwaltung sowie einer Fortbildung zum Sachverständigen für technische Gebäudeausrüstung und Trinkwasserhygiene, die der DESAG sowie dem BSG, machte sich Herr Stroheker 2018 mit einem Sachverständigenbüro für TGA und Trinkwasserhygiene in Dornhan selbstständig.

Der Aufgabenschwerpunkt des Sachverständigenbüros liegt in der Erstellung von Gefährdungsanalysen gemäß § 16 (7) 2 der TrinkwV entsprechend der allgemein anerkannten Regeln der Technik nach der VDI/ BTGA/ ZVSHK Richtlinie 6023 Blatt 2 sowie in der Sanierungsberatung und Begleitung von Gebäudebetreibern.

Inhaltsverzeichnis

1 Wassergewinnung

Der UN-Weltwasserbericht 2023[1] benennt den Zugang zu sicherem, trinkbarem Wasser, verbunden mit sanitären Dienstleistungen, als Menschenrecht. Die aktuelle Realität ist, dass 2 Mrd. Menschen weltweit weiter keinen regelmäßigen Zugang zu sauberem Wasser und rund 3,6 Mrd. Menschen zu einer sicheren Abwasserentsorgung haben. 2–3 Mrd. Menschen sind schon heute mindestens einen Monat pro Jahr von Wasserknappheit betroffen. Aus diesen Zahlen wird deutlich, dass trinkbares Wasser ein knappes Gut ist. Die Bedeutung von sauberem Wasser für das menschliche Leben ergibt sich nicht nur direkt in Form von Trinkwasser, sondern auch indirekt, da die Landwirtschaft weltweit rund 69 % der Süßwasserressourcen nutzt. Die knappen Ressourcen müssen langfristig vor Verschmutzung und Verlusten geschützt werden. Neben der Entwicklung neuer, wasserschonender und -sparender landwirtschaftlicher Methoden stellt auch die Erschließung neuer Trinkwasserquellen eine notwendige Herausforderung dar.

Darüber, wie Wasser auf unseren Planeten gelangt ist, gibt es zwei Theorien. Es war schon immer in Gestein gebunden vorhanden und wurde als Wasserdampf aus Magma in der frühen Erdgeschichte ausgegast, oder Wasser gelangte auf die junge Erde durch Kollision mit Eiskometen und Asteroiden. Unabhängig von der „Entstehung“ befindet sich das Wasser auf der Erde jetzt in einem Kreislauf, genauer gesagt, in vielen Kreisläufen. Die für den Menschen wichtigen Kreisläufe über dem Land sind relativ komplex. Kondenswasser wird durch Wind weitergetragen und regnet an anderer als der Verdunstungsstelle ab, wobei nicht der komplette Niederschlag versickert. Wasser läuft vielfach oberirdisch in Flüsse und Bäche ab, verdunstet über die Vegetation (Blattoberflächen) und wird über diese aufgenommen. Nur der Teil, der versickert, ist unter Umständen, nach der Passage durch verschiedene filternde Gesteins-

[1] https://www.unesco.de/kultur-und-natur/wasser-und-ozeane/un-weltwasserbericht-2023-partnerschaften-und-zusammenarbeit (Abrufdatum 14.05.2023).

schichten mit Mineralien angereichert, ohne weitere Aufbereitung als Trinkwasser verwendbar.

In der Umwelt gibt es verschiedene Rohwasserquellen, die zur Gewinnung von Trinkwasser genutzt werden können.

Niederschlag

Regenwasser ist einfach zu gewinnen, aber für die Trinkwasserversorgung kaum geeignet. In erster Linie ist es in zu geringen Mengen vorhanden, um die Versorgung der Bevölkerung zu gewährleisten. Hinzu kommt die Verunreinigung von Regenwasser. Da Regen wie ein Luftwäscher wirkt, nimmt das Regenwasser bei seinem Weg durch die Atmosphäre Schadstoffe auf (Stichwort saurer Regen), welche für eine Nutzung als Trinkwasser durch eine entsprechende Wasseraufbereitung wieder entfernt werden müssen. Zusätzlich ist Regenwasser, da elektrolytfrei, nur bedingt genusstauglich. Zusammenfassend macht neben den geringen Mengen auch der erforderliche hohe Aufwand zur Herstellung von Trinkwasserqualität Niederschläge als Rohwasser für die Trinkwassergewinnung unattraktiv.

Oberflächenwasser

Unter dem Begriff Oberflächenwasser werden Flüsse, Seen, Talsperren und Meerwasser zusammengefasst.

Flüsse sind häufig chemisch und mikrobiologisch belastet, und das Flusswasser unterliegt starken Qualitätsschwankungen. Direkt aus Flüssen wird aus diesen Gründen überwiegend Betriebswasser für industrielle Prozesse gewonnen. Eine Trinkwassergewinnung aus Flüssen erfolgt i. d. R. bei entsprechender geologischer Gegebenheit über Uferfiltrat (siehe Kap. 1.1) und nicht direkt aus dem Flusswasser als Rohwasser.

Seen werden für die Trinkwassergewinnung erst interessant, wenn sie eine Mindesttiefe von ca. 40 m haben. Erst ab dieser Tiefe treten, wie bei Grundwasser, keine größeren Temperaturschwankungen im Jahresverlauf mehr auf. Die Wasserentnahmemenge aus Seen ist auf die Zulaufmenge abzustimmen, um keine zu großen Schwankungen im Wasserspiegel und damit Eingriffe in die Ökologie des Sees zu verursachen. Talsperren können als künstliche Seen angesehen werden. Wie bei diesen ist auch hier die Wasserqualität stark von den Zuflüssen aus dem Einzugsgebiet beeinflusst. Dem Schutz der Einzugsgebiete kommt dementsprechend eine große Bedeutung für die Qualität des Rohwassers zu.

Meerwasser ist in großen Mengen vorhanden und spielt eine zunehmend größere Rolle als Rohwasserquelle. Die Gewinnung von Trinkwasser erfolgt über eine Entsalzung des Meerwassers. Solche Entsalzungsanlagen werden bereits weltweit eingesetzt. Israel deckte bereits 2019 rund 40 % seines Trinkwasserbedarfs über Meerwasserentsalzungsanlagen ab, Tendenz steigend. Die bislang einzige deutsche Meerwasserentsalzungsanlage wurde 1990 auf Helgoland errichtet.

Sickerwasser

Als Sickerwasser wird Niederschlagswasser bezeichnet, das versickert, bis es auf eine wasserundurchlässige Schicht trifft und sich hier staut oder bei Gefälle weiterfließt. Zusammen mit einsickerndem Wasser aus Seen und Flüssen bilden diese Sickerwässer bei weiterem Versickern in tiefere Gesteinsschichten letztlich das Grundwasser. Grundwasser ist in Deutschland mit rund 74 % die wichtigste Trinkwasserquelle. In Deutschland hat Grundwasser oftmals eine so hohe Qualität, dass es ohne weitere Aufbereitung als Trinkwasser genutzt werden kann. Voraussetzungen für die hohe Qualität sind häufig eine ausreichende Tiefe der grundwasserführenden Schicht, um eine Beeinflussung durch ggf. kontaminiertes Oberflächenwasser auszuschließen, und die Passage durch filtrierende Gesteinsschichten.[2] Oberflächennahe wasserführende Schichten zeigen häufig eine Belastung durch Nitrat und Sulfat aus der landwirtschaftlichen Nutzung der Böden.

Luftfeuchtigkeit

Selbst in trockenen Wüsten ist in der Luft im Jahresmittel genügend Feuchtigkeit vorhanden, um diese als Wasserquelle nutzen zu können. Bei zunehmender Wasserknappheit ist in der Luft ein großes Reservoir vorhanden, aus dem in der Zukunft mit unterschiedlichen

[2] https://www.umweltbundesamt.de/trinkwasser-gewinnen (Abrufdatum 11.07.2023).

Methoden Wasser extrahiert werden könnte. Verschiedene Anlagentypen sind im Versuchsbetrieb bereits vorhanden, eine groß angelegte Extraktion von Wasser aus Luft findet bislang nicht statt.

1.1 Anlagen zur Wassergewinnung

Die Art der Wassergewinnung ist von der Quelle des Rohwassers abhängig. Niederschlagswasser wird in Zisternen oder Regentonnen aufgefangen.

Oberflächenwasser wird über Schöpf- oder Pumpwerke entnommen. Schöpfwerke werden ausschließlich dazu benutzt, das Wasser auf ein höheres Niveau zu bringen, z. B. in der Landwirtschaft zur Bewässerung von Feldern. Dieses „Schöpfen" des Wassers erfolgt wasseroberflächennah entweder mit Eimern an einer umlaufenden Kette, einem Hebelbalken oder einer archimedischen Schraube. Pumpwerke werden dazu genutzt, das Wasser in Rohrleitungen zu verbringen und über längere Strecken zu befördern. Talsperren haben häufig Auslässe, aus denen Wasser aus tieferen Wasserschichten entnommen werden kann.

Gewinnung aus Sickerwasser

Das reine Sickerwasser im Sinne von versickertem und angestautem Regenwasser, welches sich oberhalb der grundwasserführenden Schichten sammelt, wurde in früheren Zeiten über Schächte und Stollen, die bis zur Sammelstelle gegraben wurden, gewonnen. Heute wird dieses Wasser nicht mehr als Rohwasserquelle genutzt. Das tiefer liegende Grundwasser wird über Brunnen oder am Austrittsort an der Oberfläche aus Quellen gewonnen. Um den Eintritt von Oberflächenwasser in Quellen zu verhindern, werden diese mit Quellfassungen umbaut. Das austretende Wasser wird in quer zur Anströmrichtung verlegten Sickerrohren, die von einer Kiesschüttung umgeben sind, aufgefangen. Das so gewonnene Wasser wird in die „Quellstube", eine abgedeckelte Umbauung des Auffangbeckens, geleitet.

Brunnen

Schachtbrunnen

Zur Grundwassergewinnung werden verschiedene Brunnentypen verwendet. Für Brunnentiefen von weniger als 40 m können Schachtbrunnen gebaut werden. Prinzipiell wird ein vertikaler Schacht bis in die grundwasserführenden Schichten ausgehoben. Das Grundwasser strömt seitlich über Filterstrecken an den Brunnenwänden oder über die Schachtsohle ein. Schachtbrunnen sind der älteste bekannte Brunnentyp.

Bohrbrunnen

Weiter verbreitet, da auch für größere Tiefen einsetzbar, sind Bohrbrunnen. Man unterscheidet zwischen verrohrten Bohrungen mit stützenden Rohren, die eingebracht werden, und unverrohrten Bohrungen, bei denen die Absicherung während des Bohrens durch eine Stützflüssigkeit gewährleistet wird (z. B. Zementgemisch). Das Grundwasser strömt seitlich über Filterrohre ein.

Horizontalfilterbrunnen

In sehr flache/dünne wasserführende Schichten werden zur Wassergewinnung Horizontalfilterbrunnen eingebracht. Ein senkrechter Schacht führt bis zum Grundwasserspiegel, von hier aus werden horizontale Filterstrecken eingebracht. Diese Brunnenform eignet sich für die Förderung großer Wassermengen.

Artesische Brunnen

Bei allen genannten Brunnenformen werden meistens Pumpen zur Wasserförderung aus den Schächten und in Rohrleitungen eingesetzt. Nicht notwendig sind Förderpumpen bei artesischen Brunnen. Diese fördern Wasser aus Gesteinsschichten, die, vereinfacht, unterhalb des umgebenden Grundwasserspiegels liegen und in denen das Wasser deshalb unter Druck steht. Liegt der Brunnen ebenfalls unterhalb des Grundwasserspiegels, strömt das Wasser selbstständig aus dem Brunnenschacht. Pumpen werden hier nur für die weitere Verteilung des Wassers benötigt.

Gewinnung aus Flusswasser

Flusswasser wird als Uferfiltrat zur Trinkwassergewinnung eingesetzt. Hierbei handelt es sich um Wasser, das aus in Ufernähe befindlichen Brunnen gewonnen wird. Dieses primär aus Flusswasser und in geringerem Anteil aus landseitigem Grundwasser bestehende Wasser ist durch die Passage durch die ufernahen Gesteins- und Sandschichten vorgereinigt und weist, anders als das Flusswasser, keine großen Temperaturschwankungen auf. Ein Großteil der Trinkwassergewinnung entlang des Rheins erfolgt aus Uferfiltrat. Hier dauert der Transport vom Rhein bis zum Brunnen z. T. mehrere Monate.

Uferfiltrat wird häufig über Sickerleitungen gewonnen. Diese bestehen aus gelochten oder geschlitzten Rohren mit einer Kiesumschüttung, die in kleinem Abstand zueinander in den ufernahen Bereichen verlegt werden. Die Qualität dieses Wassers reicht häufig nicht aus und muss vor der Abgabe als Trinkwasser aufbereitet werden.

Ein Beispiel für eine solche Aufbereitung ist das Düsseldorfer Verfahren. Das Wassergemisch aus Fluss- und Grundwasser wird mit Ozon zur Oxidation organischer Inhaltsstoffe behandelt (Ozondesinfektion). Nach einer Reaktionsstufe wird überschüssiges Ozon entfernt und das Wasser durch Belüftung entsäuert. Als letzte Reinigungsstufe werden die oxidierten organischen Stoffe durch eine Zweischicht-Kohle-/Aktivkohle-Filtrationsstufe entfernt.[1]

Entnahme aus dem Meer

Zur Entsalzung von Meerwasser werden verschiedene Methoden angewendet. Die Verdampfung des Meerwassers und anschließende Vakuumdestillation (mehrstufige Entspannungsverdampfung) ist ein sehr energieintensives Verfahren zur Süßwassergewinnung. Die gängigste Methode sind Reverse-Osmose-Anlagen, in denen das Salzwasser unter Druck durch eine semipermeable (nur in eine Richtung durchlässige), ultrafeine Filtermembran gepresst wird.

Ein neues Verfahren der Hochschule Mannheim entfernt das Salz aus Meerwasser durch Gefrieren. Nur das Wasser gefriert, die Salze bleiben als hochkonzentrierte Sole zurück.[2]

Mit allen Verfahren wird praktisch salzfreies Wasser gewonnen, welches für die menschliche Ernährung nicht geeignet ist. Eine Nachbehandlung mit „Aufhärtefiltern" bringt die notwendigen Salze in entsprechend geringen Mengen wieder ein. Bei allen Aufbe-

1 Trinkwasserbericht NRW LANUV 2008; www.swd-ag.de/pk/strom-gas-wasser/wasser/trinkwasseraufbereitung/ (Abrufdatum 14.05.2023).

2 Rhein-Neckar-Zeitung, 25.07.2021.

reitungsformen ist die Entsorgung der zurückgebliebenen Sole als Hauptproblem zu betrachten. Diese kann im Falle von Reverse-Osmose-Anlagen noch zusätzlich mit Chemikalien, die zum Anlagenschutz dem Meerwasser zugesetzt werden, behaftet sein.

Wassergewinnung aus der Luft

Für die Wassergewinnung aus der Luft gibt es inzwischen verschiedene kleinere Anlagen. Prinzipiell kondensiert heiße Luft auf kalten Oberflächen. Für größere Anlagen mit dieser Technik ist ein hoher Energieaufwand zur Herstellung der kalten Oberflächen nötig. Auch funktioniert diese Methode nicht in jedem Klima. In den letzten Jahren hat es viele Start-ups mit verschiedenen Lösungsansätzen gegeben, die sich jedoch aufgrund der geringen Ausbeute bei hohem Energieaufwand nicht durchgesetzt haben. Verschiedene Forschungsinstitute arbeiten an Lösungen. Forscher der ETH Zürich haben beispielsweise eine Methode entwickelt, Oberflächen so zu beschichten, dass sie ohne weitere Energiezufuhr auskühlen. Auch für diese Methode ist Sonneneinstrahlung mit entsprechender Mindestumgebungstemperatur notwendig. Das Fraunhofer-Institut für Grenzflächen und Bioverfahrenstechnik (IGB) hat in einem Forschungsvorhaben 2013 ein sorptives Verfahren mit Adsorption der Luftfeuchtigkeit an einer hochkonzentrierten Sole und Desorption durch Vakuumverdampfertechnik entwickelt.[3] Dagegen regelrecht archaisch wirken die Methoden, die Feuchtigkeit aus morgendlichem Nebel durch Tauteiche oder Netze einsammeln. Inwieweit sich die Wassergewinnung aus der Luftfeuchtigkeit als geeignete Methode zur Gewinnung von Trinkwasser in größerem Stil eignet, ist umstritten.

3 https://www.igb.fraunhofer.de/de/forschung/thermische-trennverfahren/sorptive-entfeuchtung/wassergewinnung-luftfeuchtigkeit.html (Abrufdatum 13.05.2023).

1.1.1 Planung, Errichtung, Instandhaltung und Betrieb von Wasserversorgungsanlagen

In der neuen Trinkwasserverordnung wird der § 17 „Anforderungen an Anlagen für die Gewinnung, Aufbereitung oder Verteilung von Trinkwasser" ersetzt durch die §§ 13, 14 und 15.

§ 13 TrinkwV

(1) Wasserversorgungsanlagen sind so zu planen und zu errichten, dass sie mindestens den allgemein anerkannten Regeln der Technik entsprechen. Sie sind mindestens nach den allgemein anerkannten Regeln der Technik zu betreiben.

(2) Der Betreiber einer Wasserversorgungsanlage hat sicherzustellen, dass bei ihrer Errichtung und Instandhaltung nur Werkstoffe und Materialien verwendet werden, die

1. den allgemeinen Anforderungen nach § 14 entsprechen und
2. den Bewertungsgrundlagen nach § 15, sofern vorhanden, entsprechen.

(3) Wasserversorgungsanlagen dürfen nur dann mit einer Nichttrinkwasseranlage verbunden werden, wenn die Wasserversorgungsanlagen mit einer Sicherungseinrichtung ausgestattet sind, die den allgemein anerkannten Regeln der Technik entspricht.

(4) Ist neben einer Wasserversorgungsanlage eine Nichttrinkwasseranlage vorhanden, hat der Betreiber der Wasserversorgungsanlage sicherzustellen, dass

1. die Leitungen der Wasserversorgungsanlage und die Leitungen der Nichttrinkwasseranlage dauerhaft und unverwechselbar nach den allgemein anerkannten Regeln der Technik gekennzeichnet sind,
2. die Stellen zur Entnahme von Wasser aus der Nichttrinkwasseranlage dauerhaft dahingehend gekennzeichnet sind, dass es sich nicht um Trinkwasser handelt, und

3. die Stellen zur Entnahme von Wasser aus der Nichttrinkwasseranlage gegen einen versehentlichen Gebrauch des Wassers für in § 2 Nummer 1 genannte Zwecke gesichert sind.

(5) Bei dem Betrieb von Wasserversorgungsanlagen dürfen, wenn sie in Kontakt mit dem Rohwasser oder Trinkwasser kommen, nur solche Stoffe oder Gegenstände verwendet und nur solche physikalische, chemische oder biologische Verfahren angewendet werden, die dazu bestimmt sind, der Trinkwasserversorgung zu dienen. Bereits eingebrachte Stoffe oder Gegenstände, die nicht dazu bestimmt sind, der Trinkwasserversorgung zu dienen, hat der Betreiber der Wasserversorgungsanlage bis zum Ablauf des 9. Januar 2025 aus dem Rohwasser oder Trinkwasser zu entfernen. Die Anwendung von Verfahren, die nicht dazu bestimmt sind, der Trinkwasserversorgung zu dienen, hat der Betreiber der Wasserversorgungsanlage bis zum Ablauf des 9. Januar 2025 einzustellen.

(6) Das Gesundheitsamt kann dem Betreiber einer zentralen Wasserversorgungsanlage genehmigen, abweichend von Absatz 5 Stoffe oder Gegenstände zu verwenden oder Verfahren anzuwenden, um für Zwecke des Betriebs der zentralen Wasserversorgungsanlage Energie zu nutzen oder abzuführen, sofern eine nachteilige Veränderung der Beschaffenheit des Trinkwassers nicht zu erwarten ist. Die Genehmigung ist zu befristen und kann verlängert werden, sofern die in Satz 1 genannten Voraussetzungen weiterhin erfüllt sind.

Alle Anlagen zur Wassergewinnung, -aufbereitung und -verteilung sind nach den allgemein anerkannten Regeln der Technik zu planen, zu bauen und zu betreiben. Diese sind ein qualitativ grundlegender Standard und beruhen auf der herrschenden Auffassung von Fachleuten, was der Fall ist, wenn sie sich auch praktisch bewährt haben. Festgeschrieben sind sie in den jeweils aktuellen Versionen von DIN-Normen, Richtlinien, UBA-Empfehlungen und DVGW-Arbeitsblättern.

Hinweis

DIN-Normen können auch hinter den allgemein anerkannten Regeln der Technik zurückbleiben und gelten nach einem Urteil des BGH vom 14.05.1998 (VII ZR 184/97) als Regelungen mit Empfehlungscharakter. Sie sind somit i. d. R. als Einzelnorm nicht rechtlich bindend. Im Zusammenhang mit Trinkwasser erhalten sie durch die Nennung in der Trinkwasserverordnung unter dem Oberbegriff allgemein anerkannte Regeln der Technik ihren rechtlich verpflichtenden Charakter, müssen also beachtet werden.

Die Nichtbeachtung einschlägiger Normen muss fachlich gut begründet werden und zu einem nachweislich vergleichbaren oder besseren Ergebnis führen. Im Allgemeinen ist es nicht ratsam, von der durch Verbände und Gremien veröffentlichten Branchenauffassung und publizierten Normen abzuweichen.

Gesondert erwähnt wird in § 13 Abs. 3 und 4 TrinkwV die Sorgfaltspflicht bezüglich des Kontakts mit nichttrinkwasserführenden Leitungen; hier sind Sicherungseinrichtungen zum Schutz des Trinkwassers gemäß DIN EN 1717 einzusetzen. Leitungsteile mit Nichttrinkwasser müssen deutlich erkennbar sein. Es besteht die Pflicht zur dauerhaften farblichen Kennzeichnung. Zugehörige Entnahmestellen müssen als Nichttrinkwasser bezeichnet sein und ggf. irrtümliche Nutzung muss verhindert werden. Dieser Absatz zielt primär auf den vermehrten Einsatz von Regenwassernutzungsanlagen ab. Ein ausführlicher Kommentar findet sich in der DVGW-Information twin Nr. 14.

Gemäß § 13 Abs. 5 und 6 der neuen TrinkwV muss alles, was in irgendeiner Form mit dem Trinkwasser bei Gewinnung, Aufbereitung oder Verteilung in Kontakt kommt, auch der Trinkwasserversorgung dienen. Dies umfasst Gegenstände, Zusatzstoffe und Verfahren. Diese Verordnung zielt klar auf den von der EU am 26.03.2013 vorgelegten Vorschlag ab, Glasfaserkabel in bereits vorhandenen Leitungen (u. a. Trinkwasserleitungen) zu verlegen, um beim Ausbau des Breitbandkabelnetzes Kosten für Erdarbeiten zu sparen. Das

Umweltbundesamt hat bereits am 24.06.2013 hierzu ablehnend Stellung bezogen.[4]

Hinweis

Die Trinkwasserverordnung stellte nicht nur klar, dass eine Verlegung von Kabeln und Rohren in Trinkwasserleitungen nicht zulässig ist, sondern forderte auch einen Rückbau bereits verlegter Bauteile in Trinkwasser-Installationen zunächst bis 09.01.2025. Dies gilt auch für die Anwendung von Verfahren, die nicht der Trinkwasserversorgung dienen.

Mit zu berücksichtigen sind Aufbereitungsstoffe und Desinfektionsverfahren, die bei der Wassergewinnung und Verteilung eine Rolle spielen. Zur Wasseraufbereitung zulässige Zusatzstoffe sind in Tabelle 1 aus „Bekanntmachung der Liste der Aufbereitungsstoffe und Desinfektionsverfahren gemäß § 20 der Trinkwasserverordnung (Stand: 01.04.2023) UBA" zu erfahren.

Zu den zulässigen Verfahren nach Trinkwasserverordnung zählen auch die zahlreich am Markt erhältlichen Geräte zur Wasseraufbereitung in Privathaushalten. Inzwischen hat es sich auch bei Bewohnern von Mietwohnungen durchgesetzt, solche Geräte zur Wasseraufbereitung einzusetzen. Angefangen von der Wasserenthärtung mittels Geräten, welche die Methode der Umkehrungsosmose nutzen, über verschiedene Filter sowie Filter in Kombination mit UV-Lampen bis zu komplexeren Kombinationen verschiedener Methoden mit ggf. abschließendem Zusatz von Mineralstoffen gibt es eine umfangreiche Auswahl.

[4] Vgl. Stellungnahme der Trinkwasserkommission des Bundesgesundheitsministeriums beim Umweltbundesamt zur Verlegung von Telekommunikationskabeln oder Mantelrohren in Trinkwasserleitungen vom 24.06.2013.

Hinweis

Diskussionswürdig ist, inwieweit so eine Wasserbehandlungsanlage, die i. d. R. fest an die Hausinstallation, vorzugsweise in der Küche, angeschlossen ist, nicht auch ein Risiko für die Trinkwasser-Installation bei nicht bestimmungsgemäßem Gebrauch darstellt. Dieser ist bereits mit einem einwöchigen Urlaub der Nutzer (vgl. VDI 6023) erreicht! Nicht alle Geräte haben eine integrierte Rückflusssicherung, sodass, besonders wenn der Einbau nicht durch einen Fachbetrieb vorgenommen wird, meist eine Rückflusssicherung fehlt.

In § 3 der neuen Trinkwasserverordnung sind alle DIN- und DIN-EN-Normen, auf die Bezug genommen wird, aufgelistet.

Zu beachten sind bei Trinkwasser-Installationen (neu: Gebäudewasserversorgungsanlagen) weiterhin die nicht in der Verordnung aufgelisteten, sondern unter dem Oberbegriff allgemein anerkannte Regeln der Technik zusammengefassten

- europäischen Richtlinien wie DIN EN 806 Teil 1–5 mit den Themen Technische Regeln für Trinkwasser-Installationen: Planung, Installation, Betrieb und Wartung,
- die dazugehörige nationale Ergänzungsnorm DIN 1988 Teil 100–600,
- die DIN EN 1717 mit dem Thema Trinkwasserschutz und Sicherungseinrichtungen,
- die VDI-Richtlinie 6023 Hygiene in Trinkwasser-Installationen
- sowie die DVGW-Arbeitsblätter W551 und W553 für Trinkwassererwärmung und -verteilung.

In § 14 und 15 TrinkwV werden die Anforderungen an Materialien festgelegt, die in Kontakt mit Trinkwasser kommen. Generell dürfen diese Werkstoffe, aus denen die Trinkwasser-Installation selbst oder darin verbaute Apparate bestehen, keinen negativen Einfluss auf die Trinkwasserqualität haben, d. h., sie müssen sich im Kontakt mit Wasser inert verhalten und mikrobielles Wachstum nicht begünstigen.

§ 14 TrinkwV

Allgemeine Anforderungen an Werkstoffe und Materialien für die Errichtung oder Instandhaltung von Wasserversorgungsanlagen

Werkstoffe und Materialien, die für die Errichtung oder Instandhaltung von Wasserversorgungsanlagen verwendet werden und die Kontakt mit dem Rohwasser oder Trinkwasser haben, dürfen nicht

1. den nach dieser Verordnung vorgesehenen Schutz der menschlichen Gesundheit unmittelbar oder mittelbar mindern,
2. die Färbung, den Geruch oder den Geschmack des Wassers beeinträchtigen,
3. die Vermehrung von Mikroorganismen fördern oder
4. Stoffe in größeren Mengen in das Wasser abgeben, als dies bei Einhaltung der allgemein anerkannten Regeln der Technik unvermeidbar ist.

§ 15 TrinkwV

Grundlagen für die Bewertung von Werkstoffen und Materialien im Kontakt mit Trinkwasser

(1) Das Umweltbundesamt kann die allgemeinen Anforderungen an Werkstoffe und

Materialien nach § 14 dadurch konkretisieren, dass es Grundlagen für die Bewertung von Werkstoffen und Materialien, die bei der Errichtung oder Instandhaltung von Wasserversorgungsanlagen eingesetzt werden dürfen (Bewertungsgrundlagen), festlegt. Das Umweltbundesamt entscheidet, für welche Werkstoff- oder Materialgruppen es Bewertungsgrundlagen festlegt. Das Bundesinstitut für Risikobewertung unterstützt das Umweltbundesamt bei der Stoffbewertung, sofern die Stoffbewertung für die Festlegung der Bewertungsgrundlagen notwendig ist.

(2) Das Umweltbundesamt macht die Bewertungsgrundlagen im amtlichen Teil des Bundesanzeigers bekannt und veröffentlicht diese im Internet. Zwei Jahre nach ihrer Bekanntmachung im Bundesanzeiger wird die jeweilige Bewertungsgrundlage rechtsverbindlich. Das Datum des Eintritts der Rechtsverbindlichkeit ist im Internet ebenfalls zu veröffentlichen.

(3) Die Bewertungsgrundlagen können insbesondere enthalten:

1. Prüfvorschriften mit Prüfparametern, Prüfkriterien und methodischen Vorgaben zur Bewertung der hygienischen Eignung
   a) der Ausgangsstoffe, die in Positivlisten nach Nummer 2 aufgeführt sind,
   b) der Werkstoffe und Materialien, die in Positivlisten nach Nummer 3 aufgeführt sind, sowie
   c) von Werkstoffen und Materialien in Produkten,
2. Positivlisten der Ausgangsstoffe, die zur Herstellung von Werkstoffen und Materialien hygienisch geeignet sind, einschließlich Anforderungen an die Verwendung dieser Ausgangsstoffe, und
3. Positivlisten von Werkstoffen und Materialien, die für den Kontakt mit Trinkwasser hygienisch geeignet sind, mit Beschränkungen für den Einsatz dieser Werkstoffe und Materialien in bestimmten Produkten oder im Kontakt mit bestimmten Trinkwässern.

(4) Die Prüfvorschriften nach Absatz 3 Nummer 1 werden vom Umweltbundesamt von Amts wegen festgelegt und fortgeschrieben.

(5) Die Positivlisten nach Absatz 3 Nummer 2 und 3 werden vom Umweltbundesamt auf Antrag festgelegt oder fortgeschrieben. Der Antrag muss Angaben enthalten, anhand derer nachgewiesen werden kann, dass die Ausgangsstoffe, Werkstoffe oder Materialien die allgemeinen Anforderungen nach § 14 erfüllen und den Prüfvorschriften nach Absatz 3 Nummer 1 entsprechen. Prüfungen und Beurteilungen von Ausgangsstoffen, Werkstoffen oder Materialien, die als Nachweis nach Satz 2 beim Umweltbundesamt eingereicht werden und in einem anderen Mitgliedstaat der Europäischen Union, einem anderen Vertragsstaat des Abkommens über den Europäischen Wirtschaftsraum oder in der

Türkei durchgeführt worden sind, werden vom Umweltbundesamt bei der Festlegung und Fortschreibung als Nachweis nach Satz 2 anerkannt.

(6) Liegt ein öffentliches Interesse vor, kann das Umweltbundesamt auch Positivlisten nach Absatz 3 Nummer 2 und 3 von Amts wegen festlegen oder fortschreiben.

(7) Vor der Festlegung oder Fortschreibung der Bewertungsgrundlagen hört das Umweltbundesamt die Länder, die Bundeswehr, das Eisenbahn-Bundesamt sowie die beteiligten Fachkreise und Verbände an.

(8) Einzelheiten des Verfahrens zur Festlegung und Fortschreibung von Bewertungsgrundlagen legt das Umweltbundesamt in einer Geschäftsordnung fest. Es macht die Geschäftsordnung im amtlichen Teil des Bundesanzeigers bekannt und veröffentlicht diese im Internet.

Diese Grundanforderung an Werkstoffe von Trinkwasser-Installationen inkl. aller Apparate und Einbauten basiert auf Art. 11 der EU-Trinkwasserrichtlinie[5]. In der Neufassung vom 16.12.2020 ist es zu wesentlichen Änderungen gekommen:

- Bis Januar 2024 werden Prüfungsverfahren für Ausgangsstoffe und Testverfahren für die in Produkten verwendeten Endstoffe festgelegt.
- Bis Januar 2025 wird zusätzlich durch die Europäische Chemikalienagentur (ECHA) eine europäische Positivliste von Ausgangsstoffen und Verbindungen veröffentlicht.

Die Kriterien zur Beurteilung von Materialien im Hinblick auf deren Tauglichkeit zum Einsatz in Trinkwasser-Installationen legt bislang nach § 15 TrinkwV das Umweltbundesamt (UBA) fest. Hersteller können auf Antrag Werkstoffe testen lassen, mit dem Ziel der Veröffentlichung in nationalen Positivlisten mit geprüften, für den Einsatz

[5] Richtlinie 2020/2184 des Europäischen Parlaments und des Rates vom 16.12.2020 über die Qualität von Wasser für den menschlichen Gebrauch (Neufassung).

im Kontakt mit Trinkwasser zugelassenen Werkstoffen. Langfristig wird hier umgestellt auf eine europäische Positivliste. Eine nationale Bewertungsgrundlage für zementgebundene Werkstoffe wird dementsprechend schon heute nicht mehr vom UBA festgelegt.

Folgende Leitlinien beinhalten Positivlisten:

- UBA: Bewertungsgrundlage für metallene Werkstoffe im Kontakt mit Trinkwasser (Stand: 11.01.2023)
- Die Positivliste für metallische Werkstoffe ist die 4MS-Werkstoffliste vom 19.01.2021. 4MS steht hier für die vier EU- und Nicht-EU-Staaten Niederlande, Deutschland, Frankreich und Großbritannien, die diese Liste gemeinsam erarbeitet haben.[6]
- UBA: Bewertungsgrundlage für Emails und keramische Werkstoffe im Kontakt mit Trinkwasser (Email/Keramik-Bewertungsgrundlage) (Stand: 06.08.2021)
- UBA: Anlagen der Bewertungsgrundlage für Kunststoffe und andere organische Materialien im Kontakt mit Trinkwasser (KTW-BWGL) (Stand: 07.03.2022). Beinhaltet die bisher in gesonderten Leitlinien geregelten Elastomere (s. u.), Schmierstoffe und Beschichtungen.
- DVGW W347- Hygienische Anforderungen an zementgebundene Werkstoffe im Trinkwasserbereich (Stand: 05.2006)
- UBA: Übergangsempfehlung zur vorläufigen trinkwasserhygienischen Beurteilung von Produkten aus Thermoplastischen Elastomeren im Kontakt mit Trinkwasser (TPE-Übergangsempfehlung) (Stand 11.03.2019) wird zum 01.03.2025 zurückgezogen
- UBA: Übergangsempfehlung zur vorläufigen trinkwasserhygienischen Beurteilung von Silikonen im Kontakt mit Trinkwasser (Silikon-Übergangsempfehlung) (Stand: 10.10.2022

---

[6] https://www.umweltbundesamt.de/en/document/common-approach-on-metallic-materials-part-b (Abrufdatum 18.05.2023).

1.2 Risikobasierter Ansatz

§ 30 TrinkwV

(1) Betreiber der folgenden Wasserversorgungsanlagen haben ein Programm für die betriebliche Kontrolle der Maßnahmen zur Risikobeherrschung (Programm für betriebliche Untersuchungen) aufzustellen sowie durchzuführen:

1. zentrale Wasserversorgungsanlagen,
2. mobile Wasserversorgungsanlagen und zeitweilige Wasserversorgungsanlagen mit eigener Wassergewinnung, aus denen pro Tag mindestens 10 Kubikmeter Trinkwasser entnommen oder auf festen Leitungswegen an Zwischenabnehmer geliefert werden oder aus denen auf festen Leitungswegen Trinkwasser an mindestens 50 Personen abgegeben wird.

Für dezentrale Wasserversorgungsanlagen kann das Gesundheitsamt festlegen, dass ein Programm für betriebliche Untersuchungen aufgestellt und durchgeführt wird.

(2) Das Programm für betriebliche Untersuchungen ist unter Einhaltung mindestens der allgemein anerkannten Regeln der Technik, insbesondere entsprechend der DIN EN 15975-2, aufzustellen und durchzuführen. Es umfasst insbesondere Wasseruntersuchungen, Prüfungen der Wasserversorgungsanlage auf deren Zustand durch Ortsbesichtigungen sowie die Überprüfung von organisatorischen Maßnahmen.

[…]

In der Trinkwasserverordnung 2018 wurde die flexible „Risikobewertungsbasierte Anpassung der Probennahmeplanung (RAP)“ für zentrale und dezentrale Wasserwerke eingeführt.

In der Trinkwasserverordnung von 2023 wird der Untersuchungsplan (vormals RAP) in mehreren Paragrafen von Abschnitt 6 (Untersuchungspflichten des Betreibers) erwähnt. Diese Pläne sind im Rahmen des in Abschnitt 7 der Trinkwasserverordnung geforderten Risikomanagements zu erstellen. Es soll den unterschiedlichen Beschaffenheiten von Wassergewinnungsgebieten und Wassergewinnungsanlagen mit daraus resultierenden unterschiedlichen Risiken für die Sicherheit des Rohwassers Rechnung getragen werden. Basis ist immer eine Risikobewertung des Wasserversorgungsgebiets (ein entsprechendes Regelwerk steht noch aus, die Vorbereitung für die Erstellung eines solchen Regelwerks findet sich in § 50 Absatz 4 des Wasserhaushaltsgesetzes), der Wassergewinnungsanlage und der Wasserverteilung. Aus dieser Risikobewertung ergeben sich gegebenenfalls zusätzlich zu den in der Trinkwasserverordnung aufgelisteten zu untersuchenden Parametern weitere Parameter bzw. der Wegfall von in der Trinkwasserverordnung vorgegebenen Untersuchungsparametern. Diese Untersuchungspläne sind durch die zuständigen Gesundheitsämter zu genehmigen. Bis zur Erstellung von Untersuchungsplänen, d. h. bis zur Durchführung des geforderten Risikomanagements, behalten bereits genehmigte risikoangepasste Probennahmepläne vorläufig ihre Gültigkeit.

Vorschlag für eine Anpassung oder Beibehaltung des Untersuchungsplans oder für die Bestimmung von Untersuchungspflichten

Grundlage für die Erstellung eines Untersuchungsplans ist eine Risikobewertung mit der Identifizierung von Risiken, deren Eintrittswahrscheinlichkeit und Schadensausmaß des jeweiligen Wasserversorgungsgebiets, der Wassergewinnungs- und -verteilungsanlagen durch eine entsprechend sachkundige Person unter Einbeziehung aller relevanten Informationen, Normen, Richtlinien und Arbeitsblätter.

Praxistipp

Das Umweltbundesamt hat in Zusammenarbeit mit dem TZW ein Handbuch herausgegeben („Das Water-Safety-Plan-Konzept: Ein Handbuch für kleine Wasserversorgungen"), welches die DIN EN 15975-2 (gem. Trinkwasserverordnung bei der Erstellung eines Risikomanagements einzuhalten) erläutert und anhand von Beispielen ein Umsetzen in die Praxis verständlich darstellt.

Praktisch schlägt der Betreiber der Wasserversorgungsanlage für jeden Untersuchungsparameter der TrinkwV vor, wie häufig, oder gar nicht, und wo dieser untersucht werden soll. Dieser Vorschlag ist anhand der Risikobewertung zu begründen. Für folgende Parameter kann keine Reduzierung des Untersuchungsumfangs oder der Untersuchungshäufigkeit vorgeschlagen werden:

1. die mikrobiologischen Parameter Escherichia coli und intestinale Enterokokken sowie
2. die Indikatorparameter
   a) Clostridium perfringens, einschließlich Sporen,
   b) Coliforme Bakterien,
   c) Geruch,
   d) Geschmack,
   e) Koloniezahl bei 22 Grad Celsius,
   f) Koloniezahl bei 36 Grad Celsius,
   g) Organisch gebundener Kohlenstoff,
   h) elektrische Leitfähigkeit und
   i) Wasserstoffionenkonzentration.

Relevant für die Entscheidungsfindung durch die zuständige Behörde ist der Nachweis der Unbedenklichkeit mittels Analyseergebnissen von Trinkwasseruntersuchungen aus einem Zeitraum von mindestens drei Jahren (genaue Mindestanzahl siehe § 14 Abs. 2b Satz 2 und 3 TrinkwV).

Sollen Parameter von den Untersuchungen ausgeschlossen werden, so müssen diese über den vorgegebenen Zeitraum hinweg weniger als 30 % des jeweiligen Grenzwerts betragen haben. Bei gewünschter Reduzierung der Untersuchungshäufigkeit ist eine entsprechende Unterschreitung des Grenzwerts in Höhe von 40 % notwendig, d. h., die Parameter müssen in Höhe von maximal 60 % des Grenzwerts aufgetreten sein. Diese Werte sind in der Risikobewertung aufzuführen.

Ergebnis eines Untersuchungsplans kann nicht nur eine Reduzierung, sondern generell eine Änderung, ggf. auch eine Erhöhung bzw. Erweiterung von Untersuchungshäufigkeiten und -umfang sein. Ziel ist die individuelle Anpassung der Trinkwasseruntersuchungen für maximalen Erkenntnisgewinn und die Eliminierung weniger aussagekräftiger Ergebnisse in Zusammenarbeit mit dem Gesundheitsamt. Dem zuständigen Gesundheitsamt ist das geforderte Risikomanagement inklusive Untersuchungsplan vorzulegen und hier eine Genehmigung zu beantragen. Die Genehmigung des Gesundheitsamts gilt für 6 Jahre.

2 Trinkwasserbereitstellung

Das in einem Wasserwerk gewonnene Trinkwasser muss von der Förderstelle bis zur Entnahmestelle beim Nutzer (point of use) den Vorgaben der Trinkwasserverordnung entsprechen. In der Trinkwasserverordnung ist diese Übergabestelle an den Verbraucher, klassischerweise der umgangssprachliche Wasserhahn, die Stelle der Einhaltung (§ 10). Die Verantwortung für die Einhaltung wechselt mit der Wasseruhr in der Trinkwasseranschlussstrecke eines Gebäudes, oder der Übergabestelle in eine mobile Anlage, vom Wasserversorger (Wasserwerke) auf den Betreiber (ersetzt den Begriff Unternehmer oder sonstigen Inhaber [USI]) der Trinkwasser-Installation.

Von der Gewinnung bis zu diesen Entnahmestellen kommt das Trinkwasser mit zahlreichen Materialien in Kontakt, fließt oder stagniert und ist unterschiedlichen Temperaturen ausgesetzt. Alle diese Faktoren können im ungünstigen Fall einen negativen Einfluss auf die Qualität des verteilten Wassers haben.

Rohrleitungsmaterial, Armaturen

Materialien können genussuntaugliche Stoffe in das Wasser entlassen oder als Nährstoff dienen und so bakterielles Wachstum unterstützen. Genaueres dazu ist in Kap. 3 „Wassertransport“ zu finden.

Stagnation

Stagnierendes Wasser ist ein immenses Risiko für die Trinkwasserqualität. Stagnation begünstigt die Akkumulation von ggf. austretenden Bestandteilen des Rohrleitungsmaterials. Stagnation begünstigt Wärmetransmission auf Kaltwasserleitungen und Wärmeverluste in Warmwasserleitungen. Außerdem wird durch fehlende Strömung und die mögliche Erwärmung von Kaltwasser die Bildung von Biofilm gefördert.

Biofilmbildung

Biofilm ist eine von im Wasser natürlich vorkommenden Mikroorganismen selbst gebildete Ansammlung, die an einer Oberfläche, hier Rohrleitungen, Filter und andere Installationsbestandteile, anhaftet. Rund 90 % aller im Trinkwasser vorkommenden Mikroorganismen befinden sich im Biofilm. Dieser schützt die Mikroorganismen vor Faktoren wie Strömung, Austrocknung und Desinfektionsmaßnahmen und fördert somit das mikrobielle Wachstum auch potenziell humanpathogener Organismen.

Die Bildung von Biofilm in wasserführenden Leitungen kann nicht vollständig verhindert werden, sollte aber durch die Wahl geeigneter Materialien und Betriebsparameter (Strömung, Temperatur) begrenzt sein.

Temperaturen

Trinkwassertemperaturen sind immer dann als kritisch zu betrachten, wenn sie sich in Bereichen bewegen, die ein mikrobielles Wachstum fördern. Als groben Richtwert kann man hier die mittlere Körpertemperatur des Menschen als wachstumsfördernd für humanpathogene Mikroorganismen annehmen. Geltende Regelwerke setzen die obere Temperaturgrenze für Kaltwasser bei 25 °C. In der Diskussion ist eine Absenkung dieses Werts auf 20 °C, da ab diesem Wert ein vermehrtes mikrobielles Wachstum zu beobachten ist (DIN 1988-200, VDI 6023).

Warmwasser soll nach DVGW-Arbeitsblatt W551 mindestens 55 °C betragen.

Hinweis

Als Faustformel gilt: Kaltwasser muss kalt und Warmwasser muss heiß sein. Mittlere Temperaturen durch Wärmetransmission auf Kaltwasserleitungen, Wärmeverluste in Warmwasserleitungen, bauliche oder betriebstechnische Fehler sind unbedingt zu vermeiden.

Aus diesem Grund sind solche einflussnehmenden Komponenten und Betriebsparameter zu reglementieren und kontinuierlich zu überwachen. Entsprechend werden Vorgaben zu Materialien im Kontakt mit Trinkwasser, Planung, Bau und Betrieb von Trinkwasser-Installationen und letztlich Vorgaben zu Trinkwasseruntersuchungen in den geltenden Regelwerken und Gesetzen erstellt.

2.1 Arten von Trinkwasserbereitstellung und Anlagen

In der Trinkwasserverordnung findet sich unter § 2 Abs. 2 eine Aufstellung verschiedener Formen der Wassergewinnung und -verteilung. Gekennzeichnet sind diese durch Buchstaben von a bis f, beginnend bei der Wassergewinnung inklusive der Verteilung zu Übergabestellen an mobile Einrichtungen bis zu den Trinkwasser-Installationen in Gebäuden oder mobilen Einrichtungen selbst. Alle diese Formen der Trinkwasserbereitstellung werden als Wasserversorgungsanlagen bezeichnet.

Zentrale Wasserwerke und dezentrale kleine Wasserwerke (§ 2 Abs. 2 Buchstabe a und b)

Laut einem Bericht des Umweltbundesamts vom 13.10.2022[1] gibt es in Deutschland 5.729 Wasserversorgungsunternehmen. Die Wasserversorgung liegt in kommunaler und städtischer Hand. Hier stehen viele kleine Betriebe, häufig in ländlichen Gebieten, großen Versorgern gegenüber. In der Trinkwasserverordnung erfolgt die Unterscheidung zwischen zentralen großen und dezentralen kleinen Wasserwerken über die abgegebenen Wassermengen und die Anzahl der versorgten Personen und umfasst immer die Anlagen zur Wassergewinnung und das zugehörige Verteilernetz.

Ein zentrales Wasserwerk ist eine Wasserversorgungsanlage Buchstabe a, die eine tägliche Abgabemenge von mindestens 10 m^3 hat oder mindestens 50 Personen versorgt. Bei zentralen Wasserwerken wird noch einmal zwischen großen, die mehr als 5.000 Personen versorgen, und kleinen Wasserwerken, die weniger als 5.000 Personen versorgen, unterschieden (siehe Kap. 2.4).

Ein dezentrales Wasserwerk ist eine Wasserversorgungsanlage Buchstabe b mit einer täglichen Abgabemenge von weniger als

---

[1] www.umweltbundesamt.de/daten/wasser/wasserwirtschaft/oeffentliche-wasserversorgung#insgesamt-sinkender-zuletzt-aber-ansteigender-trinkwasserbedarf. (aufgerufen am 28.08.2023)

10 m^3. Solche Anlagen mit nur wenigen angeschlossenen Haushalten finden sich überwiegend in ländlichen Gegenden.

Hinweis

Nicht alle Wasserversorgungsanlagen Buchstabe b und c sind zwangsweise Wasserwerke im klassischen Sinn. Tatsächlich gibt es auch Einrichtungen wie z. B. Kliniken mit hauseigenen Brunnen, die 50 oder mehr Personen versorgen.

Eigenwasserversorgungsanlagen (§ 2 Abs. 2 Buchstabe c)

Kleinanlagen zur Eigenversorgung einschließlich dazugehörender Wassergewinnungsanlagen sind formal Wasserwerke, die eine tägliche Abgabe von weniger als 10 m^3 haben und an die nur ein Haushalt angeschlossen ist. Wasser aus diesen Anlagen darf nur an die Personen des eigenen Haushalts abgegeben oder Besuchern zur Verfügung gestellt werden.

Mobile Wasserversorgungsanlagen (§ 2 Abs. 2 Buchstabe d)

Mobile Wasserversorgungsanlagen finden sich an Bord von Schiffen, Zügen und Flugzeugen. Gem. neuer Trinkwasserverordnung zählen hierzu auch Meeresbauwerke wie z. B. Bohr- oder Förderplattformen. Das hier abgegebene Wasser muss Trinkwasserqualität haben; die Überprüfung bei privater Nutzung ist jedoch keine Pflicht und liegt in der Eigenverantwortung. Bei gewerblich oder öffentlich genutzten mobilen Anlagen unterliegen alle zu den Versorgungsanlagen gehörenden Teile, ggf. auch Wassergewinnungsanlagen, den Vorgaben der Trinkwasserverordnung.

Schifffahrt

Schiffe der Personen- oder Handelsschifffahrt unterliegen nur dann den Vorgaben der Trinkwasserverordnung, wenn sie unter deutscher Flagge fahren. Der Flaggenstaat ist unabhängig vom Bauort des Schiffs oder Sitz der Reederei und kann von dieser frei gewählt werden. Bei der Wahl des Flaggenstaats sind viele Faktoren ausschlaggebend. Die Reduzierung von Kosten (anfallende Gebühren) ist sicher ein entscheidender Punkt, aber auch rechtliche Vorgaben bei Steuern, Lohntarifsystem, Schiffsbesetzungsverordnung (Vorgaben über Mindestanzahl und Qualifikation der Besatzung) und Arbeitsschutzvorgaben spielen eine Rolle bei der Entscheidung über die Beflaggung von Schiffen.

Bei ca. 90.000 Schiffen weltweit (ohne Fischereischiffe) mit ca. 5.000 Passagierschiffen, davon ca. 385 Kreuzfahrtschiffe weltweit (laut Umweltbundesamt UBA, Stand: 06.09.2019), verzeichnet das Bundesamt für Seeschifffahrt und Hydrografie mit Stand vom 30.04.2023 nur 270 Handelsschiffe und 84 Personenschiffe (davon nur zwei mit Kabinen) unter deutscher Flagge. Seit 2016 gibt es keine Kreuzfahrtschiffe mehr unter deutscher Flagge. Laut einer Studie von Sonnenklar.TV[2] fahren von den 100 größten Kreuzfahrtschiffen 19 unter der Flagge von Panama, 14 von Malta und 10 von Bermuda; das deckt sich in etwa mit den Ergebnissen einer Studie der Columbia-Universität.[3]

Die Besonderheit der Wasserversorgungsanlagen an Bord von Schiffen ist, dass häufig, vor allem bei Schiffen, die viele Personen über einen längeren Zeitraum hinweg zu versorgen haben, eine Wassergewinnungsanlage mittels Entsalzung von Meerwasser den Hauptteil der Trinkwasserversorgung übernimmt. Heute wird zur Meerwasserentsalzung häufig die Methode der reversen Osmose eingesetzt. Vorteil ist, dass durch die geringe Porengröße der verwendeten Filter ein keimarmes Wasser erzeugt wird.

Die Methode der Vakuumdestillation zur Meerwasserentsalzung ist aufgrund der mittleren Betriebstemperaturen weniger keimarm und wird häufig mit nachgeschalteter Desinfektion (UV- oder Ozonanlagen) betrieben. Die Mitnahme von Trinkwasser in Tanks (Bunkerwasser) ist aus hygienischer Sicht am kritischsten. Limitierende Faktoren sind hier die schwankenden Qualitäten des aufgenommenen Wassers sowie die Lagerung über längere Zeiträume. Desinfektionsmaßnahmen sind anders als bei Hausinstallationen in Gebäuden an Bord von Schiffen häufiger notwendig.

---

[2] blog.sonnenklar.tv/die-100-groessten-kreuzfahrtschiffe-unter-der-lupe (06.03.2018).

[3] Hecking, Klaus/Segnini, Gina/Widmann, Marc: Fahnenflucht auf hoher See, in: Zeit Online (veröffentlicht am 01.09.2016).

Züge

Die Versorgung der Reisenden in Zügen mit Trinkwasser erfolgt über in Tanks mitgeführtes Wasser. Die Befüllung der Tanks kann über ortsfeste oder mobile Befüllungsanlagen aus dem Wassernetz der unterschiedlichen Wasserversorgungsanlagen Buchstabe a oder b (Wasserwerke) erfolgen. Die Befüllungsanlagen sowie die Trinkwasserverteilung an Bord von Zügen werden regelmäßig desinfiziert.[4] In den Bordküchen einzelner Züge sind inzwischen UV-C-Anlagen zur Desinfektion des Trinkwassers verbaut.

Flugzeuge

Das Trinkwasser an Bord von Flugzeugen wird in Tanks mitgeführt und zu Zapfhähnen in Küche, Kaffeemaschinen und Waschbecken in den Toiletten über Luftdruck verteilt.[5] Problematisch dürfte hier die Qualität des aufgenommenen Wassers sein, sofern die Wasseraufnahme außerhalb des Geltungsbereichs der der TrinkwV zugrunde liegenden EU-Richtlinie erfolgt.

Ständige Wasserverteilung (§ 2 Abs. 2 Buchstabe e)

Die gemäß Trinkwasserverordnung „ständige Wasserverteilung" findet sich als Trinkwasser-Installation für kaltes und warmes Wasser in Gebäuden. Verteilt wird in diesen Installationen Wasser aus Wasserversorgungsanlagen Buchstabe a oder b. Im Falle der Eigenwasserversorgung (Hausbrunnen) zählt die Trinkwasser-Installation im Gebäude zu der Wasserversorgungsanlage Buchstabe c.

4 www.eba.bund.de/SharedDocs/Downloads/DE/Bahnbetrieb/AufsichtIfSG/34_Anhang_I_Befuellungsanlagen.pdf?__blob=publicationFile&v=1.

5 Prof. Dr.-Ing. Dieter Scholz (MSME – Flugzeugsysteme), Vorlesung zum Thema Flugzeugsysteme (http://www.fzt.haw-hamburg.de/pers/Scholz/materialFS/FS_Skript_14-WasserAbwasser.pdf).

Zeitweilige Wasserverteilung (§ 2 Abs. 2 Buchstabe f)

Volksfeste und Jahrmärkte

Am verbreitetsten sind zeitweilige Wasserverteilungen auf Volksfesten und Jahrmärkten. Hier werden Toilettenwagen und Verkaufsstände über einen Anschluss an das städtische Trinkwassernetz mit Wasser versorgt. Der Anschluss erfolgt i. d. R. mittels Standrohr an einen Hydranten, die Wasserverteilung erfolgt über oberirdisch verlegte flexible Schläuche.

Die DVGW-twin Nr. 15 (01/2021) enthält die wichtigsten Hygieneregeln, weitergehende Vorgaben beinhaltet die DIN 2001-2 (02/2018). Wesentliche Inhalte sind:

- Die verwendeten Materialien müssen für den Einsatz in Trinkwasser-Installationen geeignet sein (DVGW-Prüfzeichen)
- und die Installation hat durch einen Fachbetrieb zu erfolgen.
- Leitungsquerschnitte und -längen sind dabei so zu wählen, dass es nicht zur Stagnation des Wassers kommt.
- Die Leitungen sollen möglichst im Schatten verlegt sein, und der ordnungsgemäße Zustand ist mittels täglicher Inspektionen zu überprüfen.
- Nach längerer Stagnation (über Nacht) sind die Leitungen zu spülen. Alle Entnahmestellen müssen gegen Rückfluss gesichert sein (Sicherungseinrichtung nach DIN 1988-4).
- Schlauchmaterial muss sauber und trocken gelagert werden und ist ggf. zu desinfizieren.
- Das abgegebene Wasser sollte möglichst 3 bis 4 Tage vor Inbetriebnahme mikrobiologisch untersucht werden.

Befüllstationen für mobile Anlagen

Ebenfalls unter den Begriff zeitweilige Wasserverteilung fallen Befüllstationen für mobile Anlagen. Angaben zu Betrieb und Instandhaltung finden sich ebenfalls in der DIN 2001-2.

2.2 Betreiberpflichten

Die Basis für die Trinkwasserverordnung in der jeweils aktuellen Fassung ist neben der EU-Trinkwasserrichtlinie der § 37 des Infektionsschutzgesetzes (IfSG). Dabei ist folgender Auszug aus dem Gesetz zur Verhütung und Bekämpfung von Infektionskrankheiten beim Menschen ausschlaggebend:

§ 37 IfSG

(Stand 08.04.2023)

(1) Wasser für den menschlichen Gebrauch muss so beschaffen sein, dass durch seinen Genuss oder Gebrauch eine Schädigung der menschlichen Gesundheit, insbesondere durch Krankheitserreger, nicht zu besorgen ist.

(2) Wasser, das in Gewerbebetrieben, öffentlichen Bädern sowie in sonstigen nicht ausschließlich privat genutzten Einrichtungen zum Schwimmen oder Baden bereitgestellt wird

1. in Schwimm- oder Badebecken oder
2. in Schwimm- oder Badeteichen, die nicht Badegewässer i. S. d. Richtlinie 2006/7/EG des Europäischen Parlaments und des Rates vom 15. Februar 2006 über die Qualität der Badegewässer und deren Bewirtschaftung und zur Aufhebung der Richtlinie 76/160/EWG (ABl. L 64 vom 4.3.2006, S. 37; L 359 vom 29.12.2012, S. 77), die zuletzt durch die Richtlinie 2013/64/EU (ABl. L 353 vom 28.12.2013, S. 8) geändert worden ist, sind,

muss so beschaffen sein, dass durch seinen Gebrauch eine Schädigung der menschlichen Gesundheit, insbesondere durch Krankheitserreger, nicht zu besorgen ist. Bei Schwimm- oder Badebecken muss die Aufbereitung des Wassers eine Desinfektion einschließen. Bei Schwimm- oder Badeteichen hat die Aufbereitung des Wassers durch biologische und mechanische Verfahren, die mindestens den allgemein anerkannten Regeln der Technik entsprechen, zu erfolgen.

(3) Wasserversorgungsanlagen, Schwimm- oder Badebecken und Schwimm- oder Badeteiche einschließlich ihrer Wasseraufbereitungsanlagen unterliegen hinsichtlich der in den Absätzen 1 und 2 genannten Anforderungen der Überwachung durch das Gesundheitsamt und, soweit es sich um die Überwachung radioaktiver Stoffe im Wasser für den menschlichen Gebrauch handelt, durch die sonst zuständige Behörde.

Der hier verwendete Begriff „nicht zu besorgen" ist im juristischen Kontext i. S. v. „kein Anlass zur Sorge geben" zu sehen. Wasser für den menschlichen Gebrauch ist somit als besonderes Schutzgut zu verstehen, von dem keine potenzielle Gefährdung der menschlichen Gesundheit ausgehen darf.

Um diese gesundheitliche Unbedenklichkeit sicherzustellen, wurden Gesetze erlassen sowie Normen und Regelwerke mit Bezug auf Wassergewinnung und -verteilung erstellt. Ein unerlässlicher Bestandteil des gültigen Regelwerks ist die Überwachung der Trinkwasserqualität mittels Untersuchung auf chemische und mikrobiologische Parameter. In der Pflicht für die Umsetzung der Vorgaben ist jeweils der Betreiber einer Wasserversorgungsanlage i. S. d. Trinkwasserverordnung (siehe Kap. 2.1). Gem. VDI-MT 3810 Blatt 1 (Stand 03.2023) gelten als Betreiber alle natürlichen oder juristischen Personen, die Verantwortung für Anlagen oder Einrichtungen tragen und die Möglichkeit haben, Entscheidungen im Hinblick auf die Sicherheit dieser Anlagen zu treffen.

Verantwortliche Personen sind bei Immobilien demnach nicht nur die Eigentümer; mit Abschluss eines Verwaltervertrags (z. B. durch eine Wohnungseigentümergemeinschaft, WEG) hat auch der Verwalter die Verpflichtung, Gefährdungen für die Qualität des Trinkwassers zu erkennen und abzustellen. Dies gilt auch für einzelne Personen wie Haustechniker und Gebäudeverantwortliche.

Durch die Benennung eines so umfangreichen Personenkreises soll sichergestellt werden, dass alle Vorgaben und Pflichten eingehalten und umgesetzt werden. Ein Verschieben oder Abweisen von Zuständigkeiten würde der Wichtigkeit („nicht zu besorgen") des Trinkwasserschutzes nicht entsprechen.

2.2.1 Untersuchungspflichten

In der Neufassung der TrinkwV von 2023 sind in Abschnitt 6 bei den Untersuchungspflichten im Hinblick auf die neue EG-Richtlinie von 2020 einige Punkte überarbeitet worden. Diese beziehen sich auf die jeweiligen „Wasserversorgungsanlagen" nach § 2 Abs. 2.

Zentrale und dezentrale Wasserversorgungsanlagen (§ 2 Abs. 2 Buchstabe a und b)

Betreiber zentraler und dezentraler Wasserversorgungsanlagen (umgangssprachlich: Wasserwerke) müssen regelmäßig, mindestens einmal jährlich die zu den Versorgungsanlagen gehörenden Schutzzonen besichtigen und auf mögliche Gefährdungen/Risiken für die Qualität des gewonnenen Rohwassers überprüfen. Sollten solche Umstände auffallen, sind unverzüglich entsprechende Untersuchungen des Rohwassers außerhalb des gültigen Untersuchungsplans vorzunehmen.

Das Erkennen von eingetretenen Schadensfällen bei der Wassergewinnung und -verteilung ermöglicht u. a. die labortechnische Untersuchung des abgegebenen Trinkwassers. Betreiber von Wasserwerken haben das von ihnen abgegebene Wasser gemäß den Anlagen 1, 2 und 3 der Trinkwasserverordnung auf die dort genannten mikrobiologischen, chemischen und allgemeinen Indikatorparameter zu untersuchen.

Hierbei handelt es sich beispielsweise um Parameter, deren Auftreten Aufschluss über die Ursache eines eingetretenen Schadens geben kann. Ein Überschießen von coliformen Keimen ist z. B. häufig auf den Einfluss von Oberflächenwasser nicht zwangsweise fäkalen Ursprungs zurückzuführen, während das Auftreten von E. coli und Enterokokken eindeutig auf eine Fäkalkontamination hinweist. Generell wird mit dem kontinuierlichen Beobachten von Vorhandensein und Menge von chemischen und mikrobiologischen Parametern, die Störeinflüssen gegenüber anfällig sind, ein Auftreten von Schadensfällen erkennbar.

Die Liste dieser Parameter ist ebenso wie die in Anlage 6 genannten Untersuchungshäufigkeiten als grundlegender Richtwert zu betrachten, ist jedoch an die Erfordernisse der unterschiedlichen Wasserversorgungsanlagen durch die Erstellung eines Untersuchungsplans anzupassen.

Probenahmestellen und -verfahren

Bei der Wahl von Probenahmestellen ist grundsätzlich die Stelle der Einhaltung nach § 10 zu beachten. Vereinfacht heißt das, dass Trinkwasser immer da zu untersuchen ist, wo es von dem entsprechenden Verbraucher entnommen wird. Des Weiteren sind die allgemein anerkannten Regeln der Technik wie DIN-Normen und DVGW-Arbeitsblätter bei der Auswahl von Probenahmestellen und den Probenahmeverfahren zu beachten. Erstmalig in der Trinkwasserverordnung in dieser Ausführlichkeit erwähnt sind Probenahmestellen und Probenahmeverfahren in den Paragrafen 41 und 42. Besonderen Hinweis gibt es hier auf die zwingend einzuhaltenden Empfehlungen des Umweltbundesamts.

Bei der Untersuchung des Trinkwassers auf mikrobielle Parameter ist die DIN EN ISO 19458 in Bezug auf die Probenahmeverfahren zu beachten, bei der Wahl der Probenahmestellen ist die DIN ISO 5667-5 einzuhalten. Erstere teilt in Probenahmezwecke a, b und c auf, wobei a auf die Überprüfung des Trinkwassers von zentralen und dezentralen Wasserversorgungsanlagen abzielt, Zweck b ist bei einer systemischen Untersuchung von Gebäudeinstallationen zu wählen und Zweck c dient der Überprüfung des Wassers, wie es vom Verbraucher genutzt wird. Die letztgenannte DIN-ISO-Norm beinhaltet zusammenfassend die Festlegung der Probenahmestellen in Gebäuden, sodass diese repräsentativ für die Gesamtinstallation sind.

Für die Untersuchung auf die Schwermetalle Blei, Kupfer und Nickel auf der Basis der UBA-Empfehlung „Beurteilung der Trinkwasserqualität hinsichtlich der Parameter Blei, Kupfer und Nickel" ist in der Trinkwasserverordnung von 2018 genau beschrieben, wie die jeweilige Probenahme zur Laboruntersuchung zu erfolgen hat. Die Art der Probenahme ist dem Zweck der Untersuchung anzupassen. Zufallsstichproben geben nur Auskunft über den Zustand des

Wassers zum Zeitpunkt der Probenahme, wie es beim Verbraucher ankommt. Eine Abschätzung, wo im Wasserverteilungssystem eine Kontaminationsquelle zu suchen ist, können gestaffelte Stagnationsbeprobungen geben.

Tabelle 1: *Zweck der gestaffelten Stagnationsbeprobung für Analyse auf Schwermetalle*

Bezeichnung	Stagnationszeit vor Probenahme	Wahrscheinliche Quelle
S0	keine	Wasserversorger
S1	4 Stunden (ggf. 2 Stunden)	Hausinstallation + Entnahmearmatur
S2	direkt anschließend an S1	Hausinstallation

Radioaktive Kontamination

Die Betreiber zentraler Wasserversorgungsanlagen unterliegen grundsätzlich einer Untersuchungspflicht auf radioaktive Stoffe im Wasser an der Übergabestelle zum Verbraucher in Umfang und Häufigkeit gemäß Anlage 4 der TrinkwV. Diese Untersuchungspflicht kann durch die zuständigen Behörden aufgehoben werden, zusammenfassend immer dann, wenn anhand der vorhandenen Datenlage nachgewiesen ist, dass in dem entsprechenden Versorgungsgebiet keine radioaktiven Stoffe in grenzwertüberschreitenden Konzentrationen zu erwarten sind. Kleine dezentrale Wasserversorgungsanlagen und Eigenwasserversorgungsanlagen sind nur auf Anweisung der zuständigen Behörde zu entsprechenden Untersuchungen verpflichtet. Erfasst werden soll der Einfluss natürlich vorkommender Radioaktivität, die in Gesteinen und Böden zu finden ist.

Diese kann in Einzelfällen durchaus so hoch sein, dass die aus den Gesteinsschichten beim Durchtritt des Wassers herausgelösten Bestandteile das Grundwasser so belasten, dass dies beim Verzehr durchaus eine gesundheitliche Relevanz haben kann. In Deutschland findet sich eine erhöhte Konzentration natürlicher Radionuklide z. B. in Wässern der deutschen Mittelgebirge, wie im Erzgebirge,

Vogtland, Fichtelgebirge, Bayerischen Wald, Oberpfälzer Wald, Harz und Schwarzwald. Dementsprechend kann die Befreiung von der Untersuchungspflicht auf Antrag erfolgen, sofern eine solche hohe natürlich vorkommende Radioaktivität in den Böden und Gesteinen des Wassergewinnungsgebiets nachweislich nicht vorhanden ist.

Praxistipp

Der „Leitfaden zur Untersuchung und Bewertung von radioaktiven Stoffen im Trinkwasser bei der Umsetzung der Trinkwasserverordnung: Empfehlung von BMUB, BMG, BfS, UBA und den zuständigen Landesbehörden sowie DVGW und BDEW" bietet die Grundlage für diese Untersuchungen und gibt Handlungshinweise zur Umsetzung dieser Anforderungen.

Untersuchungsumfang und -häufigkeit

Die Anlage 6 der Trinkwasserverordnung beinhaltet den Untersuchungsumfang und die Untersuchungshäufigkeiten auf Indikatorparameter in Abhängigkeit von der Größe der Wasserversorgungsanlage (Förder- und Abgabemenge in m^3 pro Tag).

Die Bezeichnung der Untersuchungsparameter als Gruppe A und B, die Aufnahme der Enterokokken als Untersuchungsparameter in die Gruppe A sowie die Untersuchungshäufigkeiten sind unverändert aus der Trinkwasserverordnung 2018 in die neue Trinkwasserverordnung 2023 aufgenommen worden. Die Untersuchungshäufigkeiten sind der Anlage 6 Teil I zu entnehmen:

Gesetz

Anlage 6 TrinkwV

Menge des in einem Wasserversorgungsgebiet abgegebenen oder produzierten Wassers in Kubikmeter pro Tag (s. Anmerkung 1)	Parameter der Gruppe A (s. Anmerkung 2)	Parameter der Gruppe B (s. Anmerkung 2)
	Anzahl der Untersuchungen pro Jahr (Anmerkung 3 und 4)	**Anzahl der Untersuchungen**
< 10	1	*1 pro 3 Jahre**
≥ 10 bis ≤ 1.000	4	1 pro Jahr
> 1.000 bis ≤ 10.000	4 zuzüglich für die über 1.000 Kubikmeter pro Tag hinausgehende Menge jeweils 3 pro weitere 1.000 Kubikmeter pro Tag (Teilmengen als Rest der Berechnung werden auf 1.000 Kubikmeter aufgerundet)	1 pro Jahr zzgl. für die über 1.000 Kubikmeter hinausgehende Menge jeweils 1 pro *4.500 Kubikmeter* pro Tag (Teilmengen als Rest der Berechnung werden auf *4.500 Kubikmeter* aufgerundet)
> 10.000 bis ≤ 100.000		3 pro Jahr zzgl. für die über 10.000 Kubikmeter hinausgehende Menge jeweils 1 pro 10.000 Kubikmeter pro Tag (Teilmengen als Rest der Berechnung werden auf 10.000 Kubikmeter aufgerundet)

Menge des in einem Wasserversorgungsgebiet abgegebenen oder produzierten Wassers in Kubikmeter pro Tag (s. Anmerkung 1)	**Parameter der Gruppe A (s. Anmerkung 2)**	**Parameter der Gruppe B (s. Anmerkung 2)**
	Anzahl der Untersuchungen pro Jahr (Anmerkung 3 und 4)	**Anzahl der Untersuchungen**
> 100.000		*12 pro Jahr* zzgl. für die über 100.000 Kubikmeter hinausgehende Menge jeweils 1 pro 25.000 Kubikmeter pro Tag (Teilmengen als Rest der Berechnung werden auf 25.000 Kubikmeter aufgerundet)

Anmerkung 1:

Die Mengen werden als Mittelwerte über ein Kalenderjahr berechnet.

Anmerkung 2: Parameter der Gruppe A

- Coliforme Bakterien
- elektrische Leitfähigkeit
- Escherichia coli (E. coli)
- Färbung
- Geruch
- Geschmack
- intestinale Enterokokken
- Koloniezahl bei 22 °C
- Koloniezahl bei 36 °C
- Trübung
- Wasserstoffionenkonzentration

Menge des in einem Wasser-versorgungsgebiet abgegebenen oder produzierten Wassers in Kubikmeter pro Tag (s. Anmerkung 1)	Parameter der Gruppe A (s. Anmerkung 2)	Parameter der Gruppe B (s. Anmerkung 2)
	Anzahl der Untersuchungen pro Jahr (Anmerkung 3 und 4)	**Anzahl der Untersuchungen**

Unter den nachfolgend bestimmten Bedingungen werden die Parameter der Gruppe A durch die folgenden Parameter ergänzt:

- Aluminium, wenn es als Aufbereitungsstoff dazugegeben wird,
- Clostridium perfringens, einschließlich Sporen, wenn das Rohwasser von Oberflächenwasser stammt oder von Oberflächenwasser beeinflusst wird,
- Eisen, wenn es als Aufbereitungsstoff dazugegeben wird,
- Pseudomonas aeruginosa bei Trinkwasser, das zur Abfüllung in verschließbare Behältnisse zur Abgabe beim zeitweiligen Ersatz einer leitungsgebundenen Wasserversorgung bestimmt ist.

Parameter der Gruppe B

Parameter der Gruppe B sind alle Parameter, die nach § 28 Absatz 1 in Verbindung mit den Anlagen 1 bis 3 Teil I zu untersuchen sind, sofern diese nicht bereits als Parameter der Gruppe A zu untersuchen sind.

Anmerkung 3: Die angegebene Häufigkeit gilt für Trinkwasser, das zur Abgabe beim zeitweiligen Ersatz einer leitungsgebundenen Wasserversorgung bestimmt ist. Abweichend hiervon ist bei einer zeitweiligen, kurzfristigen Wasserversorgung durch Wassertransport-Fahrzeuge das in den Fahrzeugen bereitgestellte Wasser alle 48 Stunden zu untersuchen, wenn der betreffende Wasserspeicher nicht innerhalb dieses Zeitraums gereinigt oder neu befüllt worden ist.

Anmerkung 4: Die angegebene Häufigkeit wird wie folgt errechnet: z. B. 4 300 m^3/Tag = 16 Proben pro Jahr für Parameter der Gruppe A (vier für die ersten 1 000 m3/Tag + vier mal drei für die zusätzlichen 3 300 m3/Tag). Für die Parameter der Gruppe B ergeben sich zwei Proben (eine für die ersten 1 000 m3/Tag + eine für die zusätzlichen 3 300 m^3/Tag).

Zusammenfassend haben kleine dezentrale Wasserversorgungsanlagen (mit Abgabemengen von weniger als 10 m^3 pro Tag) alle drei Jahre die große Untersuchung auf Parameter der Gruppe B durchzuführen. Für alle Wasserwerke mit Abgabemengen von mehr als 1.000 m^3 pro Tag müssen die Untersuchungshäufigkeiten für die Parameter der Gruppe A und B berechnet werden. Für sehr große Wasserwerke mit einer Abgabemenge von über 100.000 m^3 pro Tag starten die Berechnungen für die Parameter der Gruppe B mit einem mindestens monatlichen Untersuchungsintervall.

Hinweis

Am 17.09.2021 wurde der 5. Verordnung zur Änderung der Trinkwasserverordnung vom Bundesrat zugestimmt. Diese Verordnung dient der Umsetzung der Trinkwasserrichtlinie. In der Vergangenheit mussten Betreiber von dezentralen Wasserversorgungsanlagen bestimmte Parameter mindestens einmal in drei Jahren untersuchen, mit der Änderung kann das Gesundheitsamt diese Prüfungen unter bestimmten Bedingungen in anderen Zeitabständen festlegen. Ziel ist die Entlastung von Betreibern durch beispielsweise seltenere Messzyklen bei beständig eingehaltenen Werten.

Von dieser Flexibilisierungsmöglichkeit darf jedoch kein Gebrauch gemacht werden, sofern eine Grenzwertüberschreitung oder Nichteinhaltung der Qualitätsanforderungen droht. Dieser Passus wurde vollumfänglich in den § 28 der Trinkwasserverordnung 2023 übernommen.

Zentrale und dezentrale Wasserversorgungsanlagen (dazu gehören auch mobile und zeitweilige Wasserversorgungsanlagen mit einer eigenen Wassergewinnung, aus der pro Tag mindestens 10 m^3 Wasser entnommen werden und an mindestens 50 Personen abgegeben wird [Definition dezentrale Wasserversorgungsanlagen]) sind nach § 30 verpflichtet, ein Programm für betriebliche Untersuchungen aufzustellen (Untersuchungsplan s. Kap. 1.2). Die Probennahmestellen, Untersuchungsparameter und Untersuchungshäufigkeiten ergeben sich aus den entsprechenden Untersuchungsplänen. Neu aufgenommene zu berücksichtigende Untersuchungsparameter sind:

PFAS (per- und polyfluorierte Alkylsubstanzen) sind eine Gruppe von Industriechemikalien, die aufgrund ihrer wasser- und fettabweisenden Eigenschaften und ihrer Langlebigkeit in vielen Industriebereichen und auch im Haushalt eingesetzt werden. Viele PFAS sind toxisch.

Microcystein ist ein in Cyanobakterien (ugs. Blaualgen) vorkommendes Neurotoxin, welches zu Leberschäden führen kann. Dieser Untersuchungsparameter ist nur im Fall des Auftretens entsprechender Cyanobakterien im Wasser zu bestimmen.

Bisphenol A ist ein Grundstoff für die Produktion des Kunststoffs Polycarbonat, der in vielen Haushaltsgegenständen enthalten ist.

Somatische Coliphagen sind nur in Rohwässern zu untersuchen, die durch Oberflächenwasser beeinflusst sein können. Dieser neu aufgenommene Parameter zielt auf mögliche Krankheitserreger in der Partikelgröße von Viren ab. Alle diese „neuen" Untersuchungsparameter sind in der EU- Richtlinie von 2020 gefordert und in der Trinkwasserverordnung von 2023 umgesetzt.

Seit 2018 verpflichtend ist, dass der Auftrag für die Laboruntersuchungen inkl. Probenahmen direkt an entsprechend zugelassene (akkreditierte und notifizierte) Laboratorien zu vergeben ist. Eine Auftragsvergabe der Trinkwasseruntersuchung bzw. der zugehörigen Probenahme von Dritten an Dritte ist nicht zulässig.

Ziel und Zweck der Neuerung war es, die Unabhängigkeit der Untersuchungen sicherzustellen. Die Probenentnahme durch betriebseigene Mitarbeiter von Betreiberfirmen ist teils anzuzweifeln, wenn diese auch im eigentlichen Sinne nicht rechtswidrig ist. Schließlich sind diese Mitarbeiter in die Akkreditierung des Labors, an welches sie die Proben zur Analyse weitergeben, aufgenommen und so gesehen auch Teil dieses Labors.

Hinweis

Die am 20.01.2021 in Kraft getretene neue EU-Richtlinie über die Qualität von Wasser für den menschlichen Gebrauch beinhaltet neue chemische Untersuchungsparameter und Parametergruppen sowie für sieben Parameter oder Parametergruppen eine Anpassung der Grenzwerte. Am 22.07.2022 wurde eine EU-Beobachtungsliste mit Stoffen mit endokriner Wirkung und Mikroplastik aufgestellt, die bei der Wassergewinnung, besonders bei Nutzung von Oberflächenwasser, ggf. mit zu untersuchen und zu veröffentlichen sind. Während für die letztgenannten Parameter noch keine Grenzwerte festgelegt sind, sind die angepassten Grenzwerte der bereits in der TrinkwV genannten Parameter mit Übergangsfristen einzuhalten. Ein Teil des in der neuen Trinkwasserverordnung mit einem eigenen Abschnitt (7) bedachten risikobasierten Ansatzes für Wasserversorgungsanlagen beinhaltet die Beobachtung der auf der EU-Watchlist genannten Stoffe, sofern die Risikobewertung der Wasserversorgungsanlage hier die Möglichkeit für das Auftreten einer dieser Stoffe ergeben hat.

Kleinanlagen zur Eigenversorgung (§ 2 Abs. 2 Buchstabe c)

Kleinanlagen zur Eigenversorgung einschließlich dazugehörender Wassergewinnungsanlagen sind formal Wasserwerke, bei denen im Schadensfall ein geringeres Schadenausmaß zu befürchten ist, da ein begrenzter Kreis an Personen, Tieren oder Pflanzen mit dem gewonnenen Wasser versorgt wird.

Auch hier ist die Probennahmenplanung mit dem Gesundheitsamt abzustimmen. Prinzipiell sind alle für zentrale und dezentrale Wasserversorgungsanlagen zu untersuchenden Parameter auch für die Eigenversorger untersuchungspflichtig. Allerdings entscheidet das zuständige Gesundheitsamt angepasst an den Einzelfall über den Untersuchungsumfang und die Untersuchungshäufigkeit. Die Untersuchungsintervalle können auf ein Intervall von bis zu fünf Jahren ausgedehnt werden.

Hinweis

Von dieser Regelung ausgenommen sind folgende zu untersuchende Parameter:

Anlage 1 Teil I	Anlage 3 Teil I
• E. coli • Enterokokken	• Clostridium perfringens (nur, wenn das Rohwasser von Oberflächenwasser stammt oder von diesem beeinflusst wird) (Bemerkung Anlage 3 Teil I) • coliforme Bakterien • Koloniezahlen bei 22 °C und 36 °C

Untersuchungen des Wassers auf diese Parameter müssen jährlich unaufgefordert dem Gesundheitsamt vorgelegt werden.

Der Auftrag für die Laboruntersuchungen inkl. der Probenahmen ist direkt vom Anlageninhaber an entsprechend akkreditierte Laboratorien zu vergeben. Melde- und Aufbewahrungspflichten entsprechen denen, die (herausgegeben von verschiedenen Landkreisen) für Betreiber von zentralen und dezentralen Wasserversorgungsanlagen gelten.

Mobile Anlagen (§ 2 Abs. 2 Buchstabe d)

Mobile Wasserversorgungsanlagen finden sich an Bord von Schiffen, Zügen und Flugzeugen. Das hier abgegebene Wasser muss Trinkwasserqualität haben; die Überprüfung bei privater Nutzung ist jedoch keine Pflicht und liegt in der Eigenverantwortung. Bei gewerblich oder öffentlich genutzten mobilen Anlagen unterliegen alle zu den Versorgungsanlagen gehörenden Teile den Vorgaben der Trinkwasserverordnung.

Schifffahrt

Nur sofern ein Handels- oder Passagierschiff unter deutscher Flagge fährt, sind die Vorgaben der Trinkwasserverordnung einzuhalten, andernfalls gelten die entsprechenden Vorschriften der jeweiligen Flaggenstaaten.

Praxistipp

Der Arbeitskreis der Küstenländer für Schiffshygiene hat am 21.07.2008 die Richtlinie Nr. 5 „Chemische Desinfektion von Trinkwasser und Trinkwasserversorgungsanlagen auf Schiffen sowie Merkblatt über Untersuchungspflichten und Überwachung von Wasserversorgungsanlagen an Bord von Wasserfahrzeugen" herausgegeben. Hier finden sich Anweisungen zu Desinfektionsmaßnahmen und Hinweise zu Untersuchungspflichten.

Die Untersuchungspflicht auf Legionellen besteht laut § 31 TrinkwV.

Zu Untersuchungspflichten gibt es eine Empfehlung „Trinkwasserüberwachung durch den Hafenärztlichen Dienst oder das Gesundheitsamt". Hier: Anlagen an Bord von Land-, Wasser- und Luftfahrzeugen und anderer mobiler Versorgungsanlagen nach § 3 Nr. 2. d. TrinkwV 2001 vom Arbeitskreis der Küstenländer für Schiffshygiene vom 28.04.2015.

Generell gilt: Der Untersuchungsumfang und die Untersuchungshäufigkeit werden durch das zuständige Gesundheitsamt bzw. den Hafenärztlichen Dienst festgelegt.

Die alte DIN 2001-2 enthält in Tabelle 2 Angaben zu Untersuchungsumfang und Untersuchungshäufigkeiten des Trinkwassers auf Schiffen. Inzwischen ist diese Norm zurückgezogen; jetzt gültig ist die aktualisierte Version DIN 2001-2:2018-01: Trinkwasserversorgung aus Kleinanlagen und nicht ortsfesten Anlagen – Teil 2: Nicht ortsfeste Anlagen – Leitsätze für Anforderungen an Trinkwasser, Planung, Bau, Betrieb und Instandhaltung der Anlagen.

Tabelle 2: *Trinkwasseruntersuchungen für Luft-, Land- und Wasserfahrzeuge nach DIN 2001-2 Tab. A 1*

Gewerblich genutzte Anlagenart – Wasserfahrzeuge		Mikrobiologisch	Chemisch	Nach Desinfektion	Vor Wiederinbetriebnahme
mit <3 m^3 Abgabe/Tag	Parameter	U^C[1]	nach Anordnung GA	Restkonzentration	erforderlich
	Häufigkeit	jährlich			
mit >3 m^3 Abgabe/Tag	Parameter	U^C	nach Anordnung GA	erforderlich	erforderlich
	Häufigkeit	vierteljährlich			
mit eigener Wassergewinnung	Parameter	U^C	nach Anordnung GA	erforderlich	erforderlich
	Häufigkeit	halbjährlich			

Angegeben sind in Tabelle 3 nur die Parameter, auf die das Kaltwasser untersucht werden soll.

[1] U^C = E. coli, coliforme Keime, Koloniezahl 22 °C und 36 °C, Enterokokken, *P. aeruginosa*.

Hinweis

Die Untersuchungspflicht des Warmwassers auf Legionellen ergibt sich aus § 31 TrinkwV unter folgenden baulichen Voraussetzungen:

- Die Wassererwärmung erfolgt mittels eines Speicher- oder Durchflusswassererwärmers mit mehr als 400 l Inhalt und/oder
- der Inhalt der Rohrleitung vom Erwärmeraustritt bis zur entlegensten Entnahmestelle beträgt mehr als 3 l und
- diese Anlage enthält Einrichtungen, bei denen es zu einer Vernebelung des Wassers kommen kann.

Sofern o. g. bauliche Voraussetzungen gegeben sind und das unter deutscher Flagge fahrende Schiff gewerblich genutzt wird, ist das Warmwasser in den vom Gesundheitsamt festgelegten Intervallen auf Legionellen zu untersuchen.

Der Auftrag für die Laboruntersuchungen inkl. der Probenahmen ist direkt vom Anlageninhaber an entsprechend akkreditierte Laboratorien zu vergeben.

Im Fall von grenzwertüberschreitenden Befunden bei den Trinkwasseruntersuchungen besteht die Pflicht zur unverzüglichen Ursachenklärung und Durchführung von Maßnahmen zur Wiederherstellung der Trinkwasserqualität (§ 51 Abs. 2 TrinkwV). Die durchzuführenden Maßnahmen finden sich unter §§ 49 und 50 TrinkwV.

Züge

Züge stellen insofern eine Besonderheit dar, als hier nicht das Gesundheitsamt die überwachende Behörde ist. Gemäß § 54b des Gesetzes zur Verhütung und Bekämpfung von Infektionskrankheiten beim Menschen (Infektionsschutzgesetz – IfSG) ist das Eisenbahn-Bundesamt (EBA) im Bereich der Eisenbahnen des Bundes und der Magnetschwebebahnen die zuständige Vollzugsbehörde zur Überwachung.

Das EBA bestimmt Umfang und Häufigkeit der von der Trinkwasserverordnung vorgegebenen Trinkwasseruntersuchungen. Diese sind in Anhang I zur Verwaltungsvorschrift IfSG vom 01.07.2020 zur Wahrnehmung der behördlichen Aufsicht gem. § 54b Infektionsschutzgesetz „Befüllung von Schienenfahrzeugen mit Trinkwasser (ortsfeste und mobile Trinkwasser-Befüllungsanlagen)" (Stand: 25.03.2022) und der „Verwaltungsvorschrift zur Wahrnehmung der behördlichen Überwachung gem. § 72 Infektionsschutzgesetz im Bereich der Eisenbahnen des Bundes für ortsfeste und mobile Trinkwasser-, Befüllungs- und Abwasserentsorgungsanlagen, Trinkwasserversorgungs- und Abwasserbeseitigungsanlagen in Schienenfahrzeugen" (Stand: 25.03.2022) aufgelistet. Die hier festgelegten Parameter zur Kaltwasseruntersuchung bei Schienenfahrzeugen überschreiten den in o. g. Tabelle dargestellten Untersuchungsumfang bei Schiffen um mehrere Parameter aus Anlage 3 Teil I der TrinkwV (Eisen, Mangan, Färbung, Geruch, Geschmack, Trübung und Wasserstoffionenkonzentration).

Für den Bahnkunden ist es von Interesse, dass es in einzelnen Zügen (City Night Liner) möglich ist, zu duschen, und dass dementsprechend laut vorgenannter Verwaltungsvorschrift die Trinkwassererwärmungsanlagen in Schienenfahrzeugen halbjährlich auf Legionellen zu untersuchen sind. Dieses Untersuchungsintervall kann bei Unauffälligkeit der Anlage vom EBA auch verlängert worden sein.

Praxistipp

Die Auflistung des EBA zu Umfang und Häufigkeit der von der Trinkwasserverordnung vorgegebenen Trinkwasseruntersuchungen sowie der Maßnahmenplan finden sich auf der Homepage des EBA (www.eba.bund.de).

Auch im Fall der Trinkwasserüberwachung im Zuständigkeitsbereich des EBA gilt: Die Laboruntersuchungen und Probenahmen dürfen nur von entsprechend akkreditierten Untersuchungsstellen durchgeführt werden.

Flugzeuge

Für die Trinkwasserversorgung in gewerblich genutzten Flugzeugen gilt wie bei Schiffen die Trinkwasserverordnung nur, wenn diese unter deutscher Flagge fliegen. Als Beispiel seien einige allgemein bekannte deutsche Fluglinien wie Lufthansa mit der zugehörigen Condor, Eurowings und TUIfly genannt. In Bezug auf die Umsetzung der Anforderungen der TrinkwV gilt nach wie vor die Weisungsbefugnis des zuständigen Gesundheitsamts in Bezug auf Untersuchungsumfang und Untersuchungshäufigkeit.

Eine Trinkwassererwärmung i. S. d. Untersuchungspflicht auf Legionellen im Linienverkehr ist nur im A380 der Emirates-Airline gegeben. Hier gibt es in der ersten Klasse Passagierduschen. Bei deutschen Fluglinien haben sich bislang Duschen an Bord nicht durchgesetzt. Problematisch sind zum einen das höhere Gewicht durch die größere mitzuführende Wassermenge und vor allem Umfrageergebnisse, die einen Nichtbedarf beim Fluggast ergeben haben.

Wohnungswirtschaft, Hotels, öffentliche Gebäude (§ 2 Abs. 2 Buchstabe e)

Die gemäß Trinkwasserverordnung „Gebäudewasserversorgungsanlage“ findet sich als Trinkwasser-Installation für kaltes und warmes Wasser in Gebäuden. Die Verantwortlichkeit für die Einhaltung von Pflichten im Zusammenhang mit der Trinkwasser-Installation geht mit der Wasseruhr am Hauswasseranschluss vom Betreiber der zentralen oder dezentralen Wasserversorgungsanlage auf den Betreiber des Gebäudes über.

Für den Untersuchungsumfang und die Untersuchungshäufigkeit entscheidend ist, ob die Nutzung gewerblich oder öffentlich ist. Während der Begriff gewerblich keiner weiteren Erklärung bedarf und sich klar der Wohnungswirtschaft zuordnen lässt, ist die Definition für öffentliche Tätigkeit gem. § 2 die Trinkwasserbereitstellung für einen unbestimmten, wechselnden und nicht durch persönliche Beziehungen verbundenen Personenkreis etwas sperrig. Darunter fallen:

- Krankenhäuser
- Pflegeeinrichtungen
- ambulante medizinische Einrichtungen,
- Schulen,
- Kindergärten,
- Ausbildungseinrichtungen,
- Heime,
- Ferienlager,
- Sportstätten,
- Gemeinschaftsunterkünfte wie Justizvollzugsanstalten, Flüchtlingsunterkünfte und Heimstätten.

Hinweis

Obwohl unter Abschnitt 6 der Trinkwasserverordnung „Untersuchungspflichten des Betreibers" nicht gesondert aufgeführt, sind die Trinkwasser-Installationen öffentlicher Gebäude nach § 54 Abs. 3 Satz 4 (5) auf Parameter zu untersuchen, die sich in der Installation nachteilig verändern können, d. h. mindestens auf die mikrobiologischen Parameter Gesamtkoloniezahl bei 22 °C und 36 °C, E. coli, coliforme Keime, Enterokokken sowie die Schwermetalle Blei, Kupfer und Nickel im Kaltwasser und Legionellen im Warmwasser bei entsprechenden baulichen Voraussetzungen (siehe Hinweis in Abschnitt Schifffahrt). (S. UBA-Empfehlung „Hygienisch-mikrobiologische Untersuchung im Kaltwasser von Wasserversorgungsanlagen nach § 3 Nr. 2 Buchstabe c TrinkwV 2001, aus denen Wasser für die Öffentlichkeit im Sinne des § 18 Abs. 1 TrinkwV 2001 bereitgestellt wird".) **Achtung:** 2001 stand der Buchstabe c für die ständige Wasserverteilung, d. h. die heutige Gebäudewasserversorgungsanlage. [2]

[2] Vgl. dazu die UBA-Empfehlungen „Beurteilung der Trinkwasserqualität hinsichtlich der Parameter Blei, Kupfer und Nickel" (2018) und „Hygienisch-mikrobiologische Untersuchung im Kaltwasser von Wasserversorgungsanlagen nach § 3 Nr. 2 Buchstabe c TrinkwV 2001, aus denen Wasser für die Öffentlichkeit i. S. d. § 18 Abs. 1 TrinkwV 2001 bereitgestellt wird" (2006).

In medizinischen Einrichtungen ist das abgegebene Trinkwasser zusätzlich noch auf Pseudomonas aeruginosa zu untersuchen. Die Untersuchungshäufigkeit wird vom Gesundheitsamt in Abhängigkeit von unterschiedlichen Risikobereichen festgelegt, jedoch mindestens jährlich.

Pseudomonas aeruginosa ist in medizinischen Einrichtungen als Untersuchungsparameter im Kaltwasser gefordert, weil dieser Krankheitserreger für ca. 10 % aller im Krankenhaus erworbenen Infektionen verantwortlich ist. P. aeruginosa ist ein natürlich im Wasser vorkommendes Bakterium mit einer optimalen Wachstumstemperatur von 10 °C bis 42 °C; ist demnach primär in Kaltwasserinstallationen anzutreffen und kann sich in diesen unter günstigen Voraussetzungen (z. B. stagnierendes Wasser, hohe Kaltwassertemperaturen, große Oberflächen) stark vermehren. P. aeruginosa ist nicht hochinfektiös, kann aber bei Menschen mit eingeschränktem Immunsystem verschiedene Erkrankungen der Ohren, Haut und seltene Atemwegsinfektionen auslösen. Wundinfektionen ausgelöst durch P. aeruginosa stellen im medizinischen Bereich ein großes Problem dar. Besonders problematisch ist die Tatsache, dass dieses Bakterium sehr widerstandsfähig ist und gegen zahlreiche Antibiotika resistente Stämme gebildet hat.

Für die präventive Untersuchung von Legionellen in zentralen Erwärmungsanlagen der Hausinstallation, aus denen Wasser für die Öffentlichkeit bereitgestellt wird, insbesondere in Krankenhäusern und anderen medizinischen Pflegeeinrichtungen, sollte zudem für Hochrisikobereiche die aktuelle UBA-Empfehlung „Periodische Untersuchung auf Legionellen in zentralen Erwärmungsanlagen der Hausinstallation nach § 3 Nr. 2 Buchstabe c TrinkwV 2001, aus denen Wasser für die Öffentlichkeit bereitgestellt wird“ vom 14.01.2021 herangezogen werden.

Hotels, Gaststätten, Krankenhäuser, Alten- und Pflegeheime in privater Trägerschaft sind Beispiele für Gebäude, deren Nutzung sowohl gewerblich als auch öffentlich ist. Ausschlaggebend für die Untersuchungspflichten ist hier das weitergehende Kriterium der öffentlichen Tätigkeit. Bei Hotels ist in der UBA-Empfehlung „Hygienisch-mikrobiologische Untersuchung im Kaltwasser von

Wasserversorgungsanlagen nach § 3 Nr. 2 Buchstabe c TrinkwV 2001, aus denen Wasser für die Öffentlichkeit im Sinne des § 18 Abs.1 TrinkwV 2001[3] bereitgestellt wird“ die Grenze bei zwölf Betten festgelegt. Alle größeren Beherbergungsbetriebe haben die routinemäßigen, jährlichen Untersuchungen im Umfang für öffentliche Gebäude durchzuführen.

Belastung durch Schwermetalle

Es gibt keine explizite Verpflichtung zu regelmäßigen Untersuchungen des Kaltwassers auf Schwermetalle in der Wohnungswirtschaft (gewerblich genutzte Gebäude), obwohl die Gefahr des Vorhandenseins von Schwermetallen in den Trinkwasser-Installationen durchaus real ist. Blei, Kupfer und Nickel können über Materialien der Trinkwasser-Installation ins Wasser gelangen. Bis Mitte der 1970er-Jahre wurden noch Bleileitungen aufgrund der guten Formbarkeit des Materials verbaut. Erst 1973 hat eine DIN-Norm auf die Bedenklichkeit der Verwendung von Blei in Trinkwasser-Installationen hingewiesen. Seitdem wird reines Blei, obwohl nicht verboten, nicht mehr in Trinkwasserleitungen eingesetzt, nicht zuletzt, um die Einhaltung des Grenzwerts für Blei laut TrinkwV zu gewährleisten. Dieser wurde zum 01.12.2013 noch einmal auf 0,01 mg/l herabgesetzt. Mit dieser Verschärfung von 2013 verschwand ein weiteres, bis dahin viel verbautes Material, das entzinkungsbeständige Messing CW602N, welches in bestimmten Wässern Blei freisetzt, vom Markt. Inwieweit diese bleihaltigen Materialien noch in den Trinkwasser-Installationen zumindest in Teilen vorhanden sind, ist sicherlich kaum abzuschätzen. § 17 verbietet mit dem Stichtag 12.01.2026 die weitere Verwendung von Trinkwasserleitungen aus Blei. Bis zu diesem Zeitpunkt müssen solche Leitungen oder Teilstücke entfernt oder stillgelegt sein. Wasserversorgungsunternehmen und Installationsbetriebe sind ab Gültigkeit der neuen Trinkwasserverordnung dazu verpflichtet, dem Gesundheitsamt mitzuteilen, wenn sie Kenntnis von Trinkwasserleitungen oder Teilstücken von Trinkwasserleitungen aus dem Werkstoff Blei erhalten.

---

3 https://www.umweltbundesamt.de/dokument/hygienisch-mikrobiologische-untersuchung-im-0 (Abrufdatum 01.09.2021).

Eine weitere Verschärfung des Grenzwerts für Blei im Trinkwasser auf 0,005 mg/l ist ab dem 12.01.2028 gültig.

Heutzutage gehören Kupfer, Edelstahl, Rotguss und Messing zu den am meisten eingesetzten Materialien in Trinkwasser-Installationen. Kupfer ist bei niedrigen pH-Werten unbeständig. Bei Werten < pH 7,4 sollte bei Verwendung von Kupferrohren der Kupfergehalt des Wassers überprüft werden, was ohne eine entsprechende Untersuchungspflicht bei gewerblich genutzten Installationen nicht stattfindet.

Nickel, primär Bestandteil verchromter Armaturen, wird über solche an das Wasser abgegeben. Produktionsfehler mit Verchromung bis in die wasserführenden Teile sind häufig eine Ursache für erhöhte Nickelwerte im Trinkwasser. Im Hinblick auf die Ausführung und deren Einsetzbarkeit im Trinkwasser sind nicht alle Herstellerländer gleich gut aufgestellt.

Ein Herauslösen dieser Schwermetalle wird begünstigt durch eine hohe Verweildauer (Stagnation) des Wassers und niedrige pH-Werte. Andere Auslöser können auch Kontaktkorrosion bei Verwendung unterschiedlicher Materialien sein.

Der Betreiber von Gebäuden in der Wohnungswirtschaft ist sicher gut beraten mit der vorsorglichen Untersuchung des Wassers an einer peripheren Entnahmestelle auf die Schwermetalle Blei, Kupfer und Nickel. Vermieter unterliegen nicht nur den Vorgaben der TrinkwV, sondern auch der Verkehrssicherungspflicht. Der Betreiber einer Anlage hat dafür zu sorgen, dass von dieser keine Gefahr für Dritte ausgeht, dies gilt auch für die Trinkwasser-Installation.

Belastung durch Legionellen

Seit der Änderung der TrinkwV im November 2011 unterliegen nicht mehr nur öffentliche, sondern auch gewerblich genutzte Gebäude der Untersuchungspflicht des Warmwassers auf Legionellen. Seitdem sind Legionellen und die durch diese Bakterien ausgelösten Krankheiten Pontiac-Fieber und Legionellenpneumonie (Legionärskrankheit) mehr in den Fokus der Öffentlichkeit geraten. Die Bundeszentrale für gesundheitliche Aufklärung stellt ausführliches

Informationsmaterial über Legionellen und Legionellosen zur Verfügung.[4] Deshalb im Folgenden nur einige Anmerkungen zur Verdeutlichung der Sinnhaftigkeit der Untersuchungspflicht auf Legionellen im Trinkwasser:

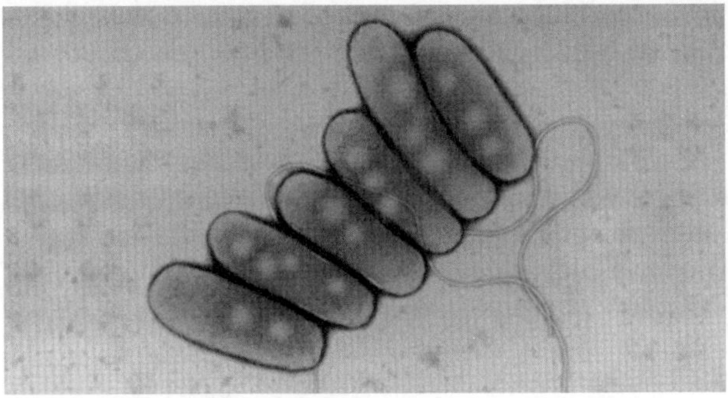

***Bild 1:** Mikroskopische Aufnahme von Legionellen (Quelle: Robert Koch-Institut)*

1. Jede Infektion mit Legionellen ist auf eine Quelle in der Umwelt und nicht auf das Verhalten der infizierten Personen zurückzuführen.
2. Die in der Natur vorkommende Anzahl von Legionellen ist i. d. R. zu gering, um Infektionen auszulösen.
3. Zu einer Vermehrung von Legionellen in relevantem Ausmaß und Schaffung von Infektionsmöglichkeiten (Vernebelung und Verdampfung von Wasser) kann es in künstlich geschaffenen wasserführenden Systemen unter bestimmten Voraussetzungen (Stagnation, geeignete Temperaturen, Anwesenheit von Nährstoffen etc.) kommen.
4. Es gibt keine signifikante Übertragung von Mensch zu Mensch. Folglich ist eine Infektion mit Legionellen durch den technisch machbaren Ausschluss von wachstumsbegünstigenden Faktoren in wasserführenden Systemen vollständig vermeidbar.

[4] https://www.infektionsschutz.de/infektionen/erregersteckbriefe/legionellen/ (Abrufdatum 18.11.2025)

Das Robert Koch-Institut schätzt die Zahl der jährlichen Pontiac-Fieber-Fälle in Deutschland auf 0,8 bis 1,5 Mio. Wenn auch nicht tödlich und i. d. R. abheilend ohne Spätfolgen, ist diese Erkrankung doch mit einem schweren grippalen Infekt vergleichbar. Laut einer CAPNETZ-Studie sind 15.000 bis 30.000 Fälle der Legionärskrankheit pro Jahr in Deutschland zu erwarten. Bei einer durchschnittlichen Sterblichkeitsrate von 10 % wären dies 1.500 bis 3.000 vermeidbare Todesfälle.

Im Hinweis im Abschnitt „Schifffahrt" sind die baulichen Voraussetzungen, die zu einer Untersuchungspflicht des Warmwassers auf Legionellen führen, zusammengefasst. Während es noch einfach ist festzustellen, wie viele Liter Inhalt ein Speicherwassererwärmer hat, ist die Überprüfung der Drei-Liter-Regel nicht so einfach.

Der Wert von 3 l ist auf das Arbeitsblatt W551 (DVGW) und die DIN 1988-200 zurückzuführen. Hier sind 3 l als maximales Volumen ohne Zirkulationsleitung in der Warmwasserleitung angegeben. Das entspricht dem Maximalvolumen, das aus hygienischer Sicht noch vertretbar ist bei ggf. geringer Nutzung.

Der Rohrinhalt in Litern berechnet sich nach der Formel:

$V = \pi * Ri * Ra * L.$[5]

Eine Berechnung ist aufgrund nicht mehr vorhandener oder unvollständiger Installationspläne nicht immer möglich. Nachfolgende Tabelle ermöglicht eine Abschätzung, ob eine Warmwasserinstallation unter die Untersuchungspflicht fällt oder nicht. Im Zweifel sollte man sich grundsätzlich für eine Untersuchung entscheiden.

---

[5] Ri = Innenradius in mm; Ra = Außenradius in mm; L = Länge in mm.

***Tabelle 3:** Orientierungstabelle bei 3 l Rohrinhalt*
(Quelle: IKZ-Fachplaner, Heft 11/2008)

Orientierungstabelle					
Werkstoff	Edelstahl				
Nennweite	DN 10	DN 12	DN 15	DN 20	DN 25
Rohrleitungslänge für 3 Liter ungefähres Wasservolumen	38,2 m	22,6 m	14,9 m	9,9 m	5,8 m
Werkstoff	Kupfer				
Nennweite	DN 10	DN 12	DN 15	DN 20	DN 25
Rohrleitungslänge für 3 Liter ungefähres Wasservolumen	38,2 m	22,6 m	14,9 m	9,5 m	6,1 m
Werkstoff	Mehrschichtverbundrohr (hier: Mepla)				
Nennweite	DN 12	DN 15	DN 20	DN 25	DN 32
Rohrleitungslänge für 3 Liter ungefähres Wasservolumen		28,9 m	17,0 m	9,5 m	5,7 m

Die beiden ersten baulichen Voraussetzungen – Speichergröße und Drei-Liter-Regel – zielen auf mögliche technische Risikofaktoren (Stagnation) ab. Die Notwendigkeit des Vorhanden-seins von Einrichtungen, die zur Vernebelung von Wasser führen, für eine Untersuchungspflicht ist der Tatsache geschuldet, dass eine Infektion mit Legionellen nahezu ausschließlich über das Einatmen lungengängiger Aerosole erfolgt. Eine solche Vernebelung findet nicht nur durch Duschen statt. Auch Armaturen mit Brauseköpfen an Küchenspülen oder ein simpler Wasserhahn mit entsprechendem Strahlregler führen zu Aerosolbildung.

Auswahl von repräsentativen Probenahmestellen

Die Probenahme muss an repräsentativen Stellen nach DIN EN ISO 19458 Zweck b erfolgen. Die Form der Probenahme zielt auf eine Untersuchung des Wassers in der Installation (ohne Einfluss der Armatur) ab.

Die Auswahl der repräsentativen Probenahmestellen setzt die Kenntnis der Installation voraus. Außer den Stellen am Austritt aus dem Trinkwassererwärmer (Anfang der Warmwasserleitung) und am Eintritt in den Trinkwassererwärmer (Ende der Zirkulationsleitung) sollten die jeweils entferntesten Punkte der einzelnen Steigstränge erfasst werden. Ziel ist es, mittels geeigneter Wahl der Probenahmestellen die Trinkwassersituation im kompletten Warmwassersystem abzubilden. Das ist in den seltensten Fällen mit einem Untersuchungsumfang von nur drei Proben zu erreichen. Die Untersuchung des Warmwassers muss mindestens alle drei Jahre durchgeführt werden.

Die gemeinsame Auftragsvergabe von Laboruntersuchung und Probenahme an ein entsprechend akkreditiertes Labor durch den Betreiber mit dem Zweck, die Unabhängigkeit der Untersuchungen sicherzustellen, ist noch einmal gesondert zu betrachten.

Mehr noch als bei den in den vorherigen Abschnitten behandelten Versorgern ist bei Betreibern von Trinkwasser-Installationen in Gebäuden eine Einflussnahme auf das Analyseergebnis durch Handlungen im Zusammenhang mit der Probenahme möglich. Anweisungen an Mieter, vor Probenentnahme bitte kräftig zu spülen, oder die Warnung vor dem plötzlich sehr heißen Warmwasser sind in der Praxis vorgekommen. Im schlimmsten Fall kann hier Vorsatz unterstellt werden. Dies bedeutet: Sollte ein Mieter, Gast oder Besucher in dem Gebäude erkranken und es sich im Zuge der anschließenden Untersuchung herausstellen, dass bislang in Bezug auf Kontamination mit Legionellen negative Befunde durch Manipulationen im Zusammenhang mit der Probenahme zustande gekommen sind, ist immer der Betreiber verantwortlich zu machen. Sofern man Vorsatz unterstellt, bedeutet das ein Beitragen zur Verbreitung einer im Infektionsschutzgesetz genannten Krankheit; dies ist eine

Straftat und wird entsprechend mit Freiheitsstrafe oder Bußgeld geahndet (§ 74 IfSG).

Mit der geforderten gemeinsamen Auftragsvergabe der Trinkwasserprobenahme und -analyse an ein akkreditiertes Labor soll eine Neutralität aller beteiligten Personen sichergestellt werden. Eine solche kann immer dann angenommen werden, wenn die ausführenden Personen weder an Planung, Bau oder Betrieb der zu untersuchenden Anlage beteiligt sind oder waren. Die Überprüfung der Unabhängigkeit obliegt dem Qualitätsmanagement/der Leitung des Labors.

Zeitweilige Wasserverteilung (§ 2 Abs. 2 Buchstabe f)

Die Einrichtung einer zeitweiligen Wasserverteilung ist dem jeweils zuständigen Gesundheitsamt vier Wochen im Voraus anzuzeigen. Dieses Gesundheitsamt bestimmt den Untersuchungsumfang und die Untersuchungshäufigkeit zur Überprüfung der Trinkwasserqualität. Eine Untersuchungspflicht auf Legionellen besteht nach § 31 TrinkwV unter den genannten baulichen Voraussetzungen.

Die Verantwortung für die Einhaltung der Vorgaben der TrinkwV liegt von der Übergabestelle (i. d. R. ein Hydrant) bis zur Entnahmestelle beim Veranstalter und Betreiber.

Der Mindestuntersuchungsumfang ist im Informationspapier der DVGW twin Nr. 15 mit einer Untersuchung des abgegebenen Wassers auf die Parameter E. coli, coliforme Keime und Koloniezahlen bei 22 °C und 36 °C angegeben. Die Probenahme und -analyse haben durch ein entsprechend akkreditiertes Labor zu erfolgen. Laut UBA-Empfehlung „Beurteilung der Trinkwasserqualität hinsichtlich der Parameter Blei, Kupfer und Nickel" ist das abgegebene Trinkwasser zusätzlich auf die genannten Schwermetalle zu untersuchen.

Das Beprobungsintervall und der Untersuchungsumfang bei Befüllstationen von Zügen, die ebenfalls zu den zeitweiligen Wasserverteilungen gehören, sind vom Eisenbahnbundesamt festgelegt.

2.2.2 Anzeigepflichten

§ 11 TrinkwV

(1) Der Betreiber einer zentralen Wasserversorgungsanlage, einer dezentralen Wasserversorgungsanlage, einer Eigenwasserversorgungsanlage oder, sofern das Trinkwasser im Rahmen einer öffentlichen Tätigkeit bereitgestellt wird, einer Gebäudewasserversorgungsanlage hat dem Gesundheitsamt schriftlich oder elektronisch Folgendes anzuzeigen:

1. die Errichtung der Wasserversorgungsanlage,
2. die Inbetriebnahme und die Wiederinbetriebnahme der Wasserversorgungsanlage,
3. die bauliche oder betriebstechnische Veränderung an Trinkwasser führenden Teilen der Wasserversorgungsanlage, wenn diese Veränderung wesentliche Auswirkungen auf die Beschaffenheit des Trinkwassers haben kann,
4. den Übergang des Eigentums oder des Nutzungsrechts an der Wasserversorgungsanlage auf eine andere Person und
5. die Stilllegung der Wasserversorgungsanlage oder von Teilen der Wasserversorgungsanlage.

Die Anzeige hat in den Fällen von Satz 1 Nummer 1 bis 3 spätestens vier Wochen vor Beginn der Maßnahme, im Fall von Satz 1 Nummer 4 spätestens vier Wochen vor dem Übergang des Eigentums oder des Nutzungsrechts und im Fall von Satz 1 Nummer 5 innerhalb von drei Tagen nach der Stilllegung zu erfolgen. Abweichend von Satz 2 hat die Anzeige in den Fällen von Satz 1 Nummer 1 bis 5 unverzüglich nach Kenntnisnahme der anzeigepflichtigen Umstände zu erfolgen, wenn die Kenntnisnahme erst nach Ablauf der in Satz 2 für diese Fälle jeweils genannten Fristen erfolgt.

(2) Der Betreiber einer mobilen Wasserversorgungsanlage, durch die das Trinkwasser im Rahmen einer gewerblichen oder öffentlichen Tätigkeit bereitgestellt wird, hat dem Gesundheitsamt Folgendes anzuzeigen:

1. die Inbetriebnahme und die Wiederinbetriebnahme der Wasserversorgungsanlage,
2. die bauliche oder betriebstechnische Veränderung an Trinkwasser führenden Teilen der Wasserversorgungsanlage, wenn diese Veränderung wesentliche Auswirkungen auf die Beschaffenheit des Trinkwassers haben kann,
3. den Übergang des Eigentums oder des Nutzungsrechts an der Wasserversorgungsanlage auf eine andere Person, wenn die Überwachung der Wasserversorgungsanlage nach § 54b des Infektionsschutzgesetzes dem Eisenbahn-Bundesamt obliegt, und
4. die Stilllegung der Wasserversorgungsanlage oder von Teilen der Wasserversorgungsanlage.

Die Anzeige hat in den Fällen von Satz 1 Nummer 1 und 2 spätestens vier Wochen vor Beginn der Maßnahme, im Fall von Satz 1 Nummer 3 spätestens vier Wochen vor dem Übergang des Eigentums oder des Nutzungsrechts und im Fall von Satz 1 Nummer 4 innerhalb von drei Tagen nach der Stilllegung zu erfolgen. Abweichend von Satz 2 hat die Anzeige in den Fällen von Satz 1 Nummer 1 bis 3 unverzüglich nach Kenntnisnahme der anzeigepflichtigen Umstände zu erfolgen, wenn die Kenntnisnahme erst nach Ablauf der in Satz 2 für diese Fälle jeweils genannten Frist erfolgt. Ist der nach Satz 1 anzeigepflichtige Umstand durch Maßnahmen der Gefahrenabwehr, des Zivilschutzes oder der Verteidigung veranlasst, kann die Anzeige abweichend von den Sätzen 2 und 3 unverzüglich nach Beendigung dieser Maßnahmen nachgeholt werden.

(3) Der Betreiber einer zeitweiligen Wasserversorgungsanlage hat dem Gesundheitsamt Folgendes anzuzeigen:

1. die Errichtung der Wasserversorgungsanlage,
2. die Inbetriebnahme und die Wiederinbetriebnahme der Wasserversorgungsanlage,
3. die voraussichtliche Dauer des Betriebs der Wasserversorgungsanlage,

4. den Übergang des Eigentums oder des Nutzungsrechts an der Wasserversorgungsanlage auf eine andere Person, wenn die Überwachung der Wasserversorgungsanlage nach § 54b des Infektionsschutzgesetzes dem Eisenbahn-Bundesamt obliegt, und
5. die Stilllegung der Wasserversorgungsanlage oder von Teilen der Wasserversorgungsanlage, wenn die Überwachung der Wasserversorgungsanlage nach § 54b des Infektionsschutzgesetzes dem Eisenbahn-Bundesamt obliegt.

Die Anzeige hat in den Fällen von Satz 1 Nummer 1 bis 4 unverzüglich nach Kenntnisnahme der anzeigepflichtigen Umstände und im Fall von Satz 1 Nummer 5 innerhalb von drei Tagen nach der Stilllegung zu erfolgen. Ist der nach Satz 1 anzeigepflichtige Umstand durch Maßnahmen der Gefahrenabwehr, des Zivilschutzes oder der Verteidigung veranlasst, kann die Anzeige abweichend von Satz 2 unverzüglich nach Beendigung dieser Maßnahmen nachgeholt werden.

(4) Die zuständige oberste Landesbehörde oder eine andere nach Landesrecht zuständige Stelle kann bestimmen, dass für die Anzeigen nach den Absätzen 1 bis 3 einheitliche Vordrucke zu verwenden oder einheitliche elektronische Datenverarbeitungsverfahren anzuwenden sind.

Die TrinkwV unterscheidet je nach Abgabemenge und Verbreitung bei Wassergewinnungsanlagen (Wasserwerke) und Art der Wasserverteilung zwischen sechs verschiedenen Typen (a-f) von Wasserversorgungsanlagen (§ Abs. 2 TrinkwV):

Die jeweiligen Betreiber einer solchen Anlage haben gegenüber der aufsichtführenden Behörde sowie dem zuständigen Gesundheitsamt je nach Anlagentyp unterschiedliche Anzeigepflichten.

Tabelle 4: *Anzeigepflichten nach Anlagentyp für den Betreiber nach TrinkwV*

Anlagentyp nach § 2 Abs. 2	Errichtung	Inbetriebnahme bzw. Wieder-inbetriebnahme	Stilllegung (ganz/teilweise[6])	Veränderungen	Betreiberwechsel	Errichtung oder Inbetriebnahme (zeitlich be-grenzt[7])
a	+	+	+	+	+	
b	+	+	+	+	+	
c	+	+	+	+	+	
d		+	+	+		
e	+	+	+	+	+	
f	+	+	+	+	+	+

Hinweis

Die Meldungen müssen spätestens vier Wochen im Voraus erfolgen (ausgenommen [1] und [2]). Diese dürfen jedoch nicht formlos ablaufen: Im Internet finden sich für die jeweiligen Landkreise entweder direkt die entsprechenden Meldeformulare oder sie sind über die Gesundheitsämter zu beziehen. Manche Landkreise bieten ein Formular für alle Typen an Wasserversorgungsanlagen an, häufig sind aber getrennte Formulare je nach Anlagentyp auszufüllen. Die Meldung muss nicht mehr nur schriftlich erfolgen, sondern darf auch elektronisch erfolgen.

Einen Sonderfall stellen Anlagen dar, mit denen Nichttrinkwasser, also Betriebswasser oder umgangssprachlich Brauchwasser, entnommen oder verteilt wird. Sind solche Anlagen zusätzlich zu den vorgenannten vorhanden, müssen sie nach § 12 ebenfalls spätestens 4 Wochen vor Beginn der Errichtung und die Stilllegung innerhalb von 3 Tagen nach der Stilllegung gemeldet werden.

[6] So früh wie möglich.
[7] Innerhalb von drei Tagen.

In öffentlichen Gebäuden (TWI) fallen hierunter z. B. Anlagen zur Nutzung von Regenwasser für Toilettenspülungen oder zur Gartenbewässerung. Eine potenzielle Gefährdung der Trinkwasserqualität ist an den Punkten gegeben, wo die beiden Wasserverteilungssysteme interagieren: die Nachspeisung der Nichttrinkwasser-Installation aus der Trinkwasser-Installation im Bedarfsfall. Nicht zu unterschätzen auch das Risiko einer irrtümlichen Nutzung als Trinkwasser an Entnahmestellen (siehe auch § 13). Hier geben die DIN EN 1717 und die twin 14 Vorgaben, wie die vorgenannten Risiken zu beherrschen sind. Die Meldung solcher Anlagen macht eine Überprüfung auf die Einhaltung dieser Vorgaben erst möglich.

Löscheinrichtungen, die Löschwasser in Tanks vorhalten, fallen nicht unter die Meldepflicht, obwohl auch diese i. d. R. aus der Trinkwasserleitung nachgespeist werden. Hier sollte darüber nachgedacht werden, eine Vereinheitlichung vorzunehmen: Entweder wird generell darauf vertraut, dass nach § 13 Abs. 3 TrinkwV Nichttrinkwasser-Installationen von Trinkwasser-Installationen mit entsprechenden Sicherungseinrichtungen (siehe DIN EN 1717) getrennt werden, oder man verlangt die Möglichkeit einer behördlichen Kontrolle, welche eine Meldepflicht notwendig macht.

Weiter verbreitet ist jedoch die Nutzung von Brauchwasser in Industrie und Gewerbe. In der Regel handelt es sich je nach Verwendungszweck um entsprechend vorbehandeltes Wasser, welches keine Trinkwasserqualität aufweist.

Hinweis

In diesem Zusammenhang sollte unbedingt beachtet werden, dass nach § 2 Satz 1ee TrinkwV für die Reinigung von Gegenständen, die bestimmungsgemäß nicht nur vorübergehend mit dem menschlichen Körper in Kontakt kommen, Trinkwasser zu verwenden ist. Streng genommen heißt das, dass nach Trinkwasserverordnung für den Betrieb von Waschmaschinen kein Brauchwasser (aus Regenwasser) verwendet werden darf, obwohl dies in der Praxis vielfach der Fall ist.

2.2.3 Handlungspflichten

Die in Abschnitt 11 der Trinkwasserverordnung genannten „Pflichten des Betreibers bei der Nichteinhaltung von Grenzwerten oder Höchstwerten, bei der Nichterfüllung von Anforderungen und bei außergewöhnlichen Vorkommnissen; Verbote" ergeben sich aus den Ergebnissen der gemäß den Untersuchungspflichten durchgeführten Trinkwasseruntersuchungen.

Zentrale und dezentrale Wasserversorgungsanlagen

Maßnahmenplan für Schadenfälle

Spätestens bei Inbetriebnahme einer zentralen oder dezentralen Wasserversorgungsanlage (Wasserwerke) hat, in Abstimmung mit dem zuständigen Gesundheitsamt, ein Maßnahmenplan für Schadenfälle vorzuliegen (siehe Kap. 2.4). Hierin muss geregelt sein, wie die Umstellung auf eine alternative Wasserversorgung erfolgen soll, sofern die eigene Wasserförderung unterbrochen werden muss.

Dabei muss festgelegt sein, welche behördlichen und innerbetrieblichen Stellen über die Abweichungen zu informieren sind, wer die für die Informationsweitergabe verantwortliche Person ist und welche Sofortmaßnahmen bei welchem Schadenereignis zu ergreifen sind. Optimalerweise ist ein solcher Plan ein Katalog von Handlungsanweisungen und zuständigen Personen, der es dem

Betreiber von Wasserwerken ermöglicht, ohne Verzögerungen auf Schadenfälle zu reagieren.

Praxistipp

Unter dem Suchbegriff „Maßnahmenplan Wasserversorgung“ finden sich im Internet mehrere Beispiele und Muster von Maßnahmenplänen für Wasserwerke, herausgegeben von den verschiedenen Landkreisen.

Sofern die Analyseergebnisse aus den Untersuchungen des Wassers die Überschreitung eines Grenzwerts bei einem oder mehreren Parametern aufzeigen, besteht die unverzügliche Meldepflicht bei der zuständigen Behörde. Um diese Unverzüglichkeit zu gewährleisten, hat der Betreiber sicherzustellen, dass er seinerseits Prüfergebnisse mit grenzwertüberschreitenden Werten von dem mit der Untersuchung beauftragten Labor unverzüglich erhält.

Ebenfalls unverzüglich anzuzeigen sind Veränderungen von Farbe, Geruch und Geschmack des Trinkwassers sowie Schadenereignisse an der Wasserversorgungsanlage oder in der Umgebung, welche die Wasserqualität nachteilig beeinflussen könnten. Auch Veränderungen des Rohwassers, die sich nachteilig auf das Trinkwasser auswirken könnten, sind, sofern bekannt, anzuzeigen. Ein plötzlicher oder kontinuierlicher Anstieg der Untersuchungsergebnisse beziehungsweise Messwerte für die Parameter Gesamtkeimzahlen, Ammonium und Trübung ist ebenfalls dem Gesundheitsamt anzuzeigen. Die Gesamtkeimzahlen sind ein Indikator für die mikrobielle Belastung des Wassers und würden ein vermehrtes mikrobielles Wachstum anzeigen. Ammonium und Trübung sind Parameter, die einen Hinweis auf eine mögliche Kontamination des Rohwassers mit zum Beispiel durch Abwasser geben. Eine schnelle Reaktion und unmittelbare Abklärung von Risiken und Ursachen werden damit gewährleistet.

Sofern keine Gefährdung der Gesundheit der Verbraucher zu befürchten ist, ist es erlaubt, auch bei den genannten Abweichungen bis zur Entscheidung des Gesundheitsamts über die weitere Vorgehensweise weiterhin das Wasser als Trinkwasser abzugeben. Bei

Betreibern von Wasserwerken sind in den Fällen, die eine Meldepflicht beinhalten, die im Maßnahmenplan festgelegten Handlungsweisen zur Aufklärung und Beseitigung der Ursachen umzusetzen.

Hinweis

Alle Analyseergebnisse aus Wasseruntersuchungen sind schriftlich oder elektronisch zu dokumentieren und innerhalb von 14 Tagen nach Erhalt den zuständigen Behörden in Kopie zu übermitteln. Für diese Dokumente besteht zehn Jahre Aufbewahrungspflicht. Ausgenommen sind die Analyseergebnisse der Untersuchungen auf Legionellen (alle Wasserversorgungsanlagen, wenn untersuchungspflichtig nach § 31), des Betriebsparameters Trübung bei Filtration und des Indikatorparameters somatische Coliphagen (zentrale und dezentrale Wasserversorgungsanlagen).

Eigenwasser-, mobile, zeitweilige und Gebäudewasserversorgungsanlagen

Auch hier gilt: Bei einer Überschreitung von Grenzwerten der untersuchten Parameter im Wasser besteht die unverzügliche Meldepflicht gegenüber dem Gesundheitsamt. Der Anlagenbetreiber hat dafür Sorge zu tragen, dass er über solche Befunde von dem untersuchenden Labor unverzüglich in Kenntnis gesetzt wird.

Infolge von Grenzwertüberschreitungen einzelner oder mehrerer Parameter sind laut TrinkwV Untersuchungen zur Ursachenklärung und Maßnahmen zur Abhilfe durchzuführen. Das kann in Eigenleistung, unter der Voraussetzung, dass eine ausreichende Sachkenntnis vorhanden ist, erfolgen, muss aber immer mit dem zuständigen Gesundheitsamt abgesprochen sein. Alternativ kann eine entsprechend sachkundige Person mit der Erstellung einer Gefährdungsanalyse, Ursachenklärung und Maßnahmenempfehlung beauftragt werden. Grundlage ist die Analyse weiterer Wasserproben, eine genaue Ortsbegehung mit Überprüfung der Anlage auf die Einhaltung der allgemein anerkannten Regeln der Technik und ggf. Einbeziehung von Umweltfaktoren (Bautätigkeiten in der Umgebung, Wetterereignisse etc.).

Zusätzlich zu den Ergebnissen der Laboruntersuchungen hat der Betreiber wahrnehmbare Veränderungen des Wassers wie Farbe, Geruch und Geschmack dem Gesundheitsamt mitzuteilen. Zu diesen zusätzlichen Meldepflichten gehört auch die Bekanntgabe von Tatsachen, die sich durch die Trinkwasserinstallation nachteilig auf das Trinkwasser auswirken könnten, sofern bekannt.

In Zügen handelt das EBA in Fällen von Grenzwertüberschreitungen bei Trinkwasseruntersuchungen nach einem in dem Bescheid vom 21.03.2022 veröffentlichten Maßnahmenplan.

Zweck ist auch bei diesen Wasserversorgungsanlagen ein frühzeitiges Erkennen möglicher Schadenereignisse und ein entsprechend schnelles Handeln.

Handlungspflichten in Bezug auf Legionellen

Im Falle von Erreichen des technischen Maßnahmenwerts für Legionellen ist zusätzlich eine Risikoabschätzung unter Beachtung der Empfehlung des Umweltbundesamts „Empfehlungen für die Durchführung einer Gefährdungsanalyse gemäß Trinkwasserverordnung – Maßnahmen bei Überschreitung des technischen Maßnahmenwertes für Legionellen" vom Dezember 2012 (Bundesgesundheitsblatt 2023 S. 218) zu erstellen oder erstellen zu lassen und sind Maßnahmen zum Schutz der Nutzer zu ergreifen. Solche Maßnahmen können Desinfektionsmaßnahmen, eine Nutzungseinschränkung oder das Installieren von Sterilfiltern an den Entnahmestellen sein. Diese Maßnahmen sind keine Sanierungsmaßnahmen zur Ursachenbeseitigung und ersetzen diese nicht.

Risikoabschätzung/Gefährdungsanalyse

Unter § 51 Abs. 2 TrinkwV aufgeführt wird, was eine Gefährdungsanalyse mindestens zu beinhalten hat:

1. eine Beschreibung der Wasserversorgungsanlage,
2. Beobachtungen bei der Ortsbesichtigung nach Absatz 1 Nummer 2,
3. festgestellte Abweichungen von den allgemein anerkannten Regeln der Technik,

4. sonstige Erkenntnisse über die Wasserbeschaffenheit, die Wasserversorgungsanlage und deren Nutzung sowie
5. die Ergebnisse von Untersuchungen auf den Parameter Legionella spec. einschließlich der Angabe der Probennahmestellen in der Trinkwasserinstallation und der Angabe von Datum und Uhrzeit der Probennahmen.

Das Ziel dieser gesetzlichen Vorgaben ist es, Gefährdungsanalysen mittels Mindestanforderungen qualitativ zu vereinheitlichen. Ausführlicher behandelt wird das Thema in der VDI-Richtlinie 6023 Blatt 2 Hygiene in Trinkwasser-Installationen, Gefährdungsanalyse vom Januar 2018.

Ziel und Zweck einer Gefährdungsanalyse ist das Benennen von Risikofaktoren und deren Ursache für die einwandfreie Beschaffenheit des Trinkwassers in der Installation und die Empfehlung von Sanierungsmaßnahmen zur Beseitigung derselben. Im eigenen Interesse sollte der Betreiber unbedingt darauf achten, dass die ausführende/-n Person/-en eine entsprechende Sachkenntnis und Unabhängigkeit nachweisen kann/können. Unsachgemäß erstellte Gefährdungsanalysen können nicht nur von den zuständigen Gesundheitsämtern zurückgewiesen werden, sondern auch erhebliche Kosten für nicht zielführende Sanierungsmaßnahmen nach sich ziehen. Gefährdungsanalysen, die von nicht unabhängigen Personen erstellt werden, könnten im Streitfall als Gefälligkeitsgutachten und im schlimmsten Fall als Betrugsversuch angesehen werden.

Hinweis

Eine wesentliche Neuerung in der aktuellen EU-Trinkwasserrichtlinie ist der risikobasierte Ansatz der Trinkwasserüberwachung nicht nur für Wasserversorgungsanlagen Buchstabe a und b (Wasserwerke), sondern auch für Trinkwasser-Installationen in Gebäuden sollen bis 12.01.2029 Risikobewertungen erstellt werden, die alle sechs Jahre zu überprüfen sind.

Prinzipiell handelt es sich hierbei um umfassende Risikoabschätzungen/Gefährdungsanalysen.

Alle Aufzeichnungen sind zehn Jahre aufzubewahren. Bei der Erstellung einer Gefährdungsanalyse und ggf. durchzuführenden Desinfektionsmaßnahmen sind die entsprechenden Empfehlungen des Umweltbundesamts zu beachten. Hieraus ergibt sich die Pflicht zur Protokollierung von Desinfektionsmaßnahmen, um die Einhaltung dieser Vorgaben nachzuweisen. In der Praxis gilt dies besonders für die häufig durchgeführten thermischen Desinfektionen.

In der Trinkwasserverordnung nur mittels des Verweises auf die Einhaltung der allgemein anerkannten Regeln der Technik enthalten, ist der Erfolgsnachweis der durchgeführten Maßnahmen mittels Nachuntersuchungen in Umfang und Häufigkeit, wie im DVGW-Arbeitsblatt W551 „Trinkwassererwärmungs- und Trinkwasserleitungsanlagen; Technische Maßnahmen zur Verminderung des Legionellenwachstums; Planung, Errichtung, Betrieb und Sanierung von Trinkwasser-Installationen" beschrieben.

Die Meldung des Befunds an das Gesundheitsamt erfolgt direkt durch die Untersuchungsstelle.

Hinweis

Achtung: Die Befundmeldung durch das Labor bezieht sich nur auf die Analyseergebnisse der Trinkwasseruntersuchungen auf Legionellen in systemischem (orientierendem) Umfang. Der Betreiber ist in der Pflicht, Ergebnisse aus Nachuntersuchungen, sofern vom zuständigen Gesundheitsamt angefordert, oder Überschreitungen der Grenzwerte von Kaltwasseruntersuchungsparametern (nicht Legionellen) unverzüglich zu melden.

Hinweis

Den Nutzern einer Trinkwasser-Installation sind nach § 17 TrinkwV und DGVW twin Nr. 09 (2014) folgende Punkte vom Betreiber mitzuteilen:

- Vorhandensein von Bleileitungen oder der Verdacht auf Bleibestandteile in der Installation (als Ergebnis von entsprechenden Trinkwasseruntersuchungen) sowie Datum des geplanten Ausbaus/der Stilllegung
- Vorhandensein von Trinkwasserbehandlungsgeräten (z. B. Enthärter), Zusatz von Aufbereitungsstoffen (§ 26) und
- Befunde von Trinkwasseruntersuchungen

Zusätzliche Informationspflichten gegenüber den Nutzern einer Wasserversorgungsanlage durch die Betreiber gelten in den Fällen von „negativen" Analysebefunden. Verbraucher sind über grenzwert- oder maßnahmenwertüberschreitende Befunde aus Trinkwasseruntersuchungen unverzüglich in geeigneter Form zu unterrichten. Da solche Befunde häufig auch Verhaltensanweisungen an die Verbraucher nach sich ziehen, wie z. B. Abkochanweisung oder Nutzungseinschränkungen, ist dafür Sorge zu tragen, dass alle Nutzer diese Information in verständlicher Form erhalten. Die Wahl der Medien, Internet, Radio, Lokalfernsehsender, Presse, Aushänge, Anschreiben sind von der Größe und Erreichbarkeit des Nutzerkreises abhängig zu machen. Die betroffenen Verbraucher sind über das Schadensereignis und über eine daraus resultierende mögliche Schädigung der Gesundheit zu informieren. Ratschläge bezüglich der Trinkwasserverwendung sind durch die Betreiber zu erbringen. Beschlossene Maßnahmen sind ebenfalls mitzuteilen. Ziel ist es, dass die betroffenen Nutzer in die Lage versetzt werden, sich selbst vor möglichen Risiken zu schützen.

2.2.4 Informationspflicht

Darüber hinaus unterliegen die Betreiber zentraler und dezentraler Wasserversorgungsanlagen einer erweiterten Informationspflicht.

Den Verbrauchern sind jährlich aktualisierte umfassende Informationen über die Trinkwasserqualität zur Verfügung zu stellen. Auf Nachfrage sind auch darüber hinausgehende Informationen zu erteilen.

Bei den Betreibern zentraler Wasserversorgungsanlagen betrifft diese Informationspflicht zusätzlich nicht die Trinkwasserqualität betreffende Aspekte wie z.B. Gebühren, Preise und abgenommene Wassermengen. Die Information hat regelmäßig internetbasiert zu erfolgen. § 46 der Trinkwasserverordnung gibt genauere Anweisung über Aufbau und Inhalt der entsprechenden Website.

Fazit

Für alle Wasserversorgungsanlagen i. S. d. Trinkwasserverordnung gilt generell:

1. Alle Analyseergebnisse aus Wasseruntersuchungen sind schriftlich oder elektronisch zu dokumentieren und innerhalb von 14 Tagen nach Erhalt den zuständigen Behörden in Kopie zu übermitteln.
   Ausnahme: keine Übersendung von Befunden bei Untersuchungen nach § 31 TrinkwV bei Legionellen in gewerblich genutzten Gebäuden, sofern kein Erreichen des technischen Maßnahmenwerts vorliegt. Für diese Dokumente besteht zehn Jahre Aufbewahrungspflicht.
2. Eine Überschreitung von Grenzwerten der untersuchten Parameter in Analyseergebnissen aus Wasseruntersuchungen ist vom Betreiber der Wasserversorgungsanlage der aufsichtführenden Behörde unverzüglich anzuzeigen.
   Besonderheit: Untersuchungen nach § 31 – bei Erreichen des technischen Maßnahmenwerts in Analyseergebnissen aus systemischen Wasseruntersuchungen erfolgt die Meldung an die Behörde durch das Labor.

3. Der Auftrag für die Laboruntersuchungen inkl. der Probenahmen ist direkt vom Anlageninhaber an entsprechend akkreditierte Laboratorien zu vergeben.
4. Veränderungen des Trinkwassers sowie Ereignisse und Schadensfälle, die nachteiligen Einfluss auf die Trinkwasserqualität haben können, sind der zuständigen Behörde zu melden sowie eine Ursachenklärung und Maßnahmen zur Beseitigung durchzuführen.
5. Sofern nach § 20 TrinkwV zugelassene Aufbereitungs- und/oder Desinfektionsstoffe bei der Trinkwassergewinnung und/oder Verteilung verwendet werden, sind diese und ihre Konzentration im Trinkwasser mindestens wöchentlich zu dokumentieren. Die Aufbewahrungspflicht dieser Dokumente besteht für sechs Monate. Die Verbraucher/Abnehmer sind bei Beginn des Einsatzes über Art und Konzentration des Stoffs im Wasser schriftlich zu unterrichten sowie im Folgenden regelmäßig einmal jährlich. Diese Information kann bei großen Versorgern in örtlichen Tageszeitungen erfolgen. Empfehlenswert ist die zusätzliche Information über das Internet. In der Wohnungswirtschaft, öffentlichen Gebäuden etc. ist ein Aushang möglich.
6. Informationspflicht der Nutzer über die Trinkwasserqualität auf Basis von Untersuchungsergebnissen und im Fall von Grenz- oder Maßnahmenwerte überschreitenden Befunden.

2.3 Leitlinien für das Management von Wasserversorgungs- und Abwassersystemen

Die Gefährdungen für einen sicheren Betrieb von Trinkwasserinfrastrukturen von Wasserversorgern sind nur in Teilbereichen vergleichbar mit denen in Trinkwasser-Installationen in Gebäuden. Stagnation, Strömungsgeschwindigkeit, Temperaturen und Materialien in Kontakt mit Wasser spielen auch hier eine große Rolle.

Eine Überdimensionierung von Trinkwasserleitungen hat Stagnation mit allen für die Trinkwasserhygiene nachteiligen Konsequenzen zur Folge. Überdimensionierung kann z. B. durch Umstellung landwirtschaftlicher Betriebe von wasserintensiver Viehzucht auf Ackerbau und/oder vollständiges Einstellen des Betriebs zustande kommen. Die Trinkwasserzuleitung ist an die ursprünglich notwendigen Wassermengen angepasst, die nun nicht mehr entnommen werden.

Die Trinkwasserinfrastruktur auf städtischer oder kommunaler Ebene sollte so ausgelegt sein, dass auch Neu- oder Umnutzungen sofern möglich vorzeitig mit eingeplant sind oder darauf reagiert werden kann. Da Trinkwasser-Installationen auf kommunaler und städtischer Ebene eine wesentlich längere Lebensdauer aufweisen müssen als in Gebäuden und im Schadensfall ein größerer Personenkreis betroffen ist, ist es notwendig, besonderes Augenmerk auf hygienischen Betrieb, Lebensdauerüberwachung, Instandhaltung und Sanierung zu legen. Die hierfür notwendige Überwachung von Betriebsparametern und Erfassung von korrelierten Daten nimmt an Komplexität mit der Größe des Wasserversorgers zu. Ein Anlagenmanagementsystem ist notwendig, um den vielfältigen Anforderungen nachkommen zu können. Verschiedene Regelwerke beinhalten Vorgaben und Mindestinhalte von solchen Managementsystemen.

2.3.1 DVGW-Arbeitsblatt W 1000

Das DVGW-Arbeitsblatt W 1000 (Stand 08.2022) legt die grundlegenden Anforderungen an die Qualifikationen und die Organisation von Wasserversorgungsunternehmen fest. Die mit der Umsetzung der Aufgaben und Tätigkeitsfelder verbundenen Anforderungen sind:

- Zuständigkeiten sind klar zu benennen.
- Es wird unterschieden zwischen technischer Führungskraft (mindestens eine), technischer Fachkraft, unterwiesenen Personen und Leiharbeitnehmern. Für alle diese unterschiedlichen Personalgruppen werden eindeutige Qualifikationsanforderungen vorgegeben. Die Mindestqualifikation ist angelehnt an die Komplexität des Versorgungssystems, mit zunehmender Komplexität gibt es steigende Anforderungen an die Mindestqualifikationen der technischen Führungskräfte.
- Die Bestellung, d. h. Beauftragung von z. B. Sachkundigen, Betriebsärzten, Ersthelfern und weiteren Personen gemäß der Auflistung im DVGW-Arbeitsblatt W 1000, hat jeweils schriftlich zu erfolgen. Leiharbeitnehmer müssen dieselben Qualifikationsanforderungen erfüllen wie das betriebseigene Personal, das für die jeweiligen Aufgaben eingesetzt wird. Die Verantwortung für Planung, Bau, Betrieb und Instandhaltung, Arbeits-, Gesundheits- und Umweltschutz verbleibt dabei beim Wasserversorgungsunternehmen.
- Bei der Auftragsvergabe an Dienstleister sind die fachliche Qualifikation des Dienstleisters sowie dessen ausreichende Betriebsmittel zur Auftragserfüllung, z. B. durch das Anfordern von Zertifikaten, Ausbildungsnachweisen und/oder Referenzen, zu überprüfen.
- Die zur Erfüllung der Aufgaben notwendige Ausstattung ist vom Versorger vorzuhalten und instand zu halten.
- Der Versorger hat eine Organisationsstruktur zu gestalten, die sicherstellt, dass alle aufgelisteten Aufgaben ausgeführt und überwacht werden können. Zu unterscheiden ist zwischen einer Aufbauorganisation, die sich nach den geltenden Gesetzen und Richtlinien richtet, mit einer klaren Aufgabenverteilung, die

in einem entsprechenden Organisationsplan wiederzugeben ist, und einer Ablauforganisation. In einer Ablauforganisation sind die einzelnen Arbeitsabläufe und Organisationsbereiche, die notwendig sind, um den ordnungsgemäßen Betrieb aufrechtzuerhalten, festzulegen. Gesondert erwähnt wird in diesem Zusammenhang die Behebung von Störungen.
- Die sach- und fachgemäße Durchführung der aufgezählten Aufgaben ist zu dokumentieren und aufzubewahren.

Möglich ist zur Aufgabenerfüllung auch eine Kooperation zwischen mehreren Trinkwasserversorgern. Eine solche Kooperation kann eine Form ohne Ausgliederung betrieblicher Funktionen und mit Ausgliederung betrieblicher Funktion haben; in beiden Fällen muss es eine eindeutige und klare vertragliche Regelung geben.

Ein übergeordnetes Managementsystem für die gesamte Wasserversorgungsanlage bestehend aus Gewinnung und Trinkwasserinfrastruktur wird in Kap. 2.4 behandelt.

2.3.2 DIN ISO 24516-1

In der DIN ISO 24516-1:2021-02 findet sich eine detaillierte Anleitung für die Erstellung eines integralen Anlagenmanagements, begrenzt auf die Trinkwasserrohrnetze. Dieses Regelwerk wird in der Folge grob inhaltlich zusammengefasst.

In Kapitel 4 der DIN ISO 24516-1 werden allgemeine Aspekte des Anlagenmanagements aufgeführt. So steht am Anfang der Implementierung eines Anlagenmanagements für eine Trinkwasserinfrastruktur die Bestimmung von Zielsetzungen. Funktionale Anforderungen sind zu ermitteln und in Korrelation mit den Zielsetzungen zu bringen.

***Tabelle 1:** Anforderungen an und Ziele von Wassermanagement gem. DIN ISO 24516-1:2021-02*

Funktionale Anforderungen	**Ziele**						
	Schutz der öffentlichen Gesundheit	**Erfüllung berechtigter Bedürfnisse und Erwartungen der Nutzer**	**Arbeitssicherheit**	**Bereitstellung der Dienstleistung unter normalen Verhältnissen und in Notfällen**	**Nachhaltigkeit der Trinkwasserversorgung**	**Förderung einer nachhaltigen Entwicklung der Allgemeinheit**	**Schutz der Umwelt**
Sicherstellung der Trinkwasserqualität	XXX	XXX	XX	XX	XX	XX	XX
Kontinuität der Versorgung	XXX	XX	—	XXX	XXX	XXX	X
Sicherstellung eines ausreichenden Drucks	XXX	XXX	X	XX	XX	—	X
Wartungsfreundlichkeit	XX	X	XXX	XX	XX	XX	XX
Bereitstellung der Dienstleistung in Notfällen	XXX	XXX	X	XXX	XXX	—	XXX
Nachhaltigkeit von Bauteilen und Werkstoffen	—	XX	—	XX	XXX	—	XX
Nachhaltige Energienutzung	—	X	—	XX	XXX	—	XXX
Lange technische Nutzungsdauer der Anlagen	X	XX	X	XX	XXX	—	XXX

***Tabelle 1:** Anforderungen an und Ziele von Wassermanagement gem. DIN ISO 24516-1:2021-02*

Funktionale Anforderungen	**Ziele**						
	Schutz der öffentlichen Gesundheit	**Erfüllung berechtigter Bedürfnisse und Erwartungen der Nutzer**	**Arbeitssicherheit**	**Bereitstellung der Dienstleistung unter normalen Verhältnissen und in Notfällen**	**Nachhaltigkeit der Trinkwasserversorgung**	**Förderung einer nachhaltigen Entwicklung der Allgemeinheit**	**Schutz der Umwelt**
Minimierung von Wasserverlusten	XX	X	X	X	XXX	—	XXX
Vermeidung von Geräuschen	XX	X	X	X	X	—	X
Keine Gefährdung benachbarter Bauwerke oder der Umwelt	XX	X	XX	X	XX		X
ANMERKUNG: Die Anzahl der X gibt Hinweise für die Bedeutung der Anforderungen zur Erreichung der Ziele							

Von jeder funktionalen Anforderung ist zum Zweck der Überprüfbarkeit eine messbare Leistungsanforderung abzuleiten, z. B. Leckageortung zur Minimierung von Wasserverlusten oder Trinkwasseruntersuchungen zur Sicherstellung der Wasserqualität. Die Aussagekraft der Leistungsanforderungen sollte regelmäßig überprüft und aktualisiert werden, z. B. bei baulichen Änderungen.

Generell ist bei einem Anlagenmanagement zwischen einem Organisations-/Betriebsmanagement einer Trinkwasserversorgung (wird in der ISO 24510:2007-12 „Dienstleistungen im Bereich Trinkwasser und Abwasser-Leitfaden für Dienstleistungen für den Kunden“ behandelt) und dem technischen Anlagenmanagement des Trinkwasserversorgungssystems zu unterscheiden.

Zusammenfassend ist als Ziel des technischen Anlagenmanagements die Minimierung von Kosten bei Sicherstellung von gleichbleibender, hoher Qualität zu sehen.

Der Inhalt des technischen Anlagenmanagements ist zusammenfassend:

- die kontinuierliche Bestandsdatenerfassung
- Überwachung und Dokumentation der Anlage
- Bewertung des Systemzustands
- Instandhaltung
- Sicherstellung eines wirtschaftlichen Betriebs
- Risiken erfassen und Maßnahmen zur Behandlung von Risiken festlegen
- die Überwachung des Umfelds des Anlagenstandorts

Im Einzelnen heißt das: Zur Erfassung von Risiken ist zunächst die Erstellung einer Gefährdungsanalyse, inhaltlich die Untersuchung der Gefahren sowie deren potenzielle Ursachen, notwendig. Eine darauf aufbauende Risikoanalyse bewertet die Wirkung eines Gefahrenereignisses (Schadensausmaß) und die Wahrscheinlichkeit des Eintretens dieses Ereignisses.

Gefahren sowie deren Risikobewertung können in Bewertungsziffern ausgedrückt werden. Diese ergeben sich aus dem Schadensausmaß kombiniert mit der Wahrscheinlichkeit des Eintretens über eine Bewertungsmatrix. Ein Beispiel für eine solche Bewertungsmatrix findet sich im DVGW-Hinweis W 1001.

Tabelle 2: *Bewertungsmatrix gem. DVGW W 1001*

		Schadensausmaß		
		Gering	**Mittel**	**Hoch**
Eintritts-wahrschein-lichkeit	Hoch	M	H	H
	Mittel	G	M	H
	Gering	G	G	M

Anhand dieser Bewertungsziffern, im Beispiel G = gering, M = mittel und H = hoch, lassen sich Priorisierungen von Maßnahmen und/oder Inspektions- und Untersuchungspläne erstellen.

Notwendig für die Beurteilung von Risikowirkungen (Schadensausmaß) ist die Erfassung von Anlagendaten wie z. B. Einschränkungen der Zugänglichkeit, Durchmesser der Rohrleitungen oder Kosten, während für die Beurteilung von Eintrittswahrscheinlichkeiten Anlagendaten wie Instandhaltungs- und Zustandsdaten ausschlaggebend sind.

Instandhaltungs- und Zustandsdaten sind auch für die Wirtschaftlichkeit des Betriebs aussagekräftig. Für einen wirtschaftlichen Betrieb spielen nämlich die Lebenszykluskosten eine entscheidende Rolle, die durch den Erhalt des ordnungsgemäßen Zustands des Systems minimiert werden können.

Strukturierung des Prozesses des Anlagenmanagements

Der Ablauf eines Anlagenmanagements ist generell wie folgt:

- primär die Aufstellung von Zielen und Leistungsanforderungen (s. o.)
- Erfassung von Anlagendaten durch Untersuchungen
  a) Bewertung der Daten im Hinblick auf die gesetzten Ziele und Leistungsanforderungen, inklusive Identifizierung von Ursachen für Negativergebnisse
  b) Planung von Maßnahmen zur Behebung von Negativergebnissen oder Leistungsoptimierung
  c) Umsetzung der Planung

Zu ermitteln ist, was dazu führen kann, dass Ziele und Anforderungen nicht erreicht werden können. Wie kann damit umgegangen bzw. das Eintreten dieser Ereignisse verhindert werden? Die Grundlage hierfür ist die Erfassung des Zustands der Trinkwasserinfrastrukturanlage, Stichwort Inspektion.

Nicht nur eine Reparatur von Schäden im Rahmen der Instandhaltung, sondern eine vorausschauende Planung, das Verhindern des Eintretens von Schäden durch Modernisierung und Sanierung, ist generell durchzuführen (Stichwort Prävention). Eine solche vorausschauende Planung ist in verschiedene Zeiträume zu unterteilen.

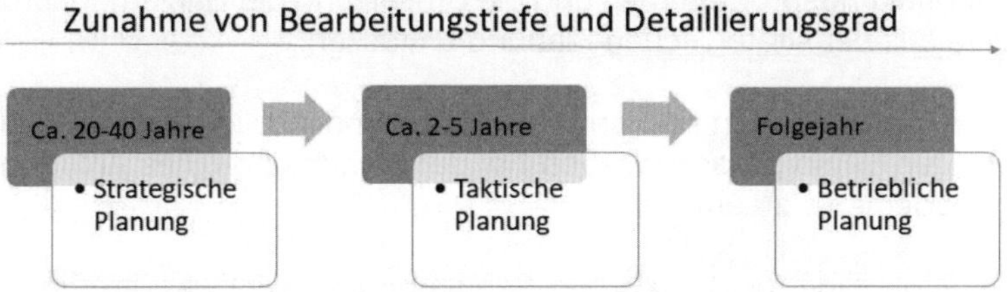

Bild 1: *Planungszeiträume (Quelle: Darstellung in Anlehnung an die DIN ISO 24516-1:2021-02)*

Strategische Planung

Die langfristige, strategische Planung kann die Festlegung von Zielen, Dienstleistungsqualität, öffentliche Sicherheit, Versorgungssicherheit und Umweltschutz betreffen. Diese Ziele sind in Leistungskennzahlen auszudrücken, welche mit den Anlagenkennzahlen abgeglichen werden können. Weitere Inhalte der langfristigen Planung können die Entwicklung der Entgelte oder die Ermittlung des absehbaren Finanzbedarfs für die Erhaltung und den Betrieb der Anlage sein.

Taktische Planung

Beispiele für die Inhalte einer mittelfristigen, taktischen Planung sind:

- Analyse von Kosten für Planung, Bau, Betrieb, Wartung und Sanierung
- Priorisierung der Ausgaben

- Einführung eines Anlagendaten-Erfassungssystems, d. h. die Festlegung, welche Daten wie erfasst werden sollen
- Sicherstellung, dass die erforderliche Instandhaltung umgesetzt wird (z. B. Führen und Pflegen von Listen von Dienstleistern mit der entsprechenden fachlichen Kompetenz und das Einführen eines Informationsmanagements, wer meldet was an wen, sowie die Analyse der erfassten Informationen)

Betriebliche Planung

Die kurzfristige betriebliche Planung kann die Erfassung und Überwachung von Betriebsdaten, die Planung von vorbeugenden Instandhaltungsprogrammen und die Umsetzung der Sanierungsprojekte aus der strategischen Planung umfassen.

Diese Aufzählungen sind nur beispielhaft und individuell von der jeweiligen Versorgerorganisation bei der Einrichtung eines Anlagenmanagements zu ermitteln.

Als Grundlage für Betrieb und Sanierung des Trinkwasserrohrnetzes ist das Anlagenmanagement kontinuierlich zu aktualisieren. Für sehr große Trinkwasserrohrnetze kann ein übergreifender Rahmenplan erstellt werden, der ausführlichere Pläne für einzelne Teilversorgungsgebiete enthält.

Die Erfassung von Zielen in Leistungskennzahlen und von Anlagendaten in einheitlichen Kennzahlen ermöglicht das Benchmarking, d. h. einen Vergleich dieser Daten zwischen verschiedenen Wasserversorgern. Ziel ist es, die technische und wirtschaftliche Leistungsfähigkeit sowie die Effizienz der Wasserunternehmen zu optimieren.[1]

Kennzahlen dienen dazu, das System zu erfassen, insbesondere den Zustand der Anlagen, und werden üblicherweise als Verhältnisse zwischen Größen angegeben. Diese Verhältnisse können

[1] S. UBA-Empfehlung 16/2013 Ökologische und hygienische Kennzahlen im Benchmarking der Wasserversorgung. Umweltforschungsplan des Bundesministeriums für Umwelt, Naturschutz und Reaktorsicherheit; Forschungskennzahl 371121211, UBA-FB 001729.

anteilsmäßig z. B. in Prozent (%) oder nicht anteilsmäßig z. B. als Leistung pro Kubikmeter angegeben werden.

Untersuchungen in der Trinkwasserversorgung

Kapitel 5 behandelt das Thema Untersuchungen. Untersuchungen sind i. S. v. Überwachung der Trinkwasserversorgung oder Auffinden beschädigter mangelhafter oder überlasteter Wasserleitungen zu verstehen. Im Planungsbereich spielen Untersuchungen in der strategischen langfristigen Planung oder der kurzfristigen betrieblichen Planung eine Rolle.

Die Erfassung der aus Untersuchungen gewonnenen Daten ist essenziell für ein Anlagenmanagement.

Es wird unterschieden zwischen Bestandsdaten wie z. B.

- Lage einzelner Armaturen oder Leitungsbereiche,
- die Leitungsart: Handelt es sich um eine Zubringerleitung, eine Hauptleitung oder Ähnliches, Werkstoffe?
- Nennweiten,
- Einbaujahr etc. sowie
- Schadensdaten wie bspw.
  - die genaue Dokumentation,
  - Eintrittsdatum,
  - Schadensstelle,
  - Ursache und Beseitigung und weitere Zustandsdaten.

Diese sind so zu erfassen wie die Bestandsdaten, Datum der Zustandserfassung, genaue Lagebenennung und Nennung des Zustands, beispielsweise Beschädigungen von Umhüllungen, Ablagerungen, Temperaturen oder Korrosion. Zu den weiteren Zustandsdaten gehören auch Kontextdaten. Kontextdaten beschreiben die direkte Umgebung der Trinkwasserversorgungsleitungen, beispielsweise die Bodenart, die Bebauung, Verkehrsbelastung, Bodenbewegungen u. Ä.

Die gespeicherten Daten müssen regelmäßig überprüft und aktualisiert werden. Die Datenerfassung muss frei von Interpretationen erfolgen, optimalerweise in Form von Multiple-Choice-Vorgaben.

Texteingaben sollten wegen der möglichen Interpretationsfreiheiten vermieden werden.

Wichtig bei der Datenerfassung ist die korrekte Datenzuordnung. Die erfassten Messdaten müssen möglichst genau Anlagenbereichen oder Gruppen zugeordnet werden. Die genaue Lage der bewerteten Bauteile oder Trinkwasserleitungsstrecken ist zu dokumentieren. Erst die genaue örtliche Zuordnung ermöglicht die Kombination der Anlagendaten mit den Kontextdaten und somit die Ermittlung möglicher Risiken für die Trinkwasserinfrastruktur durch die unmittelbare Umgebung oder solche Umwelteinflüsse als Schadensursache.

Bei Einführung eines Anlagenmanagement-Systems bereits vorhandene Bestandsdaten sind zu erfassen, zu überprüfen, inwieweit sie übernommen werden können, und ggf. zu aktualisieren.

Die für die Datengewinnung erforderlichen Untersuchungen können hydraulische Untersuchungen zur Überprüfung der Anlagenhydraulik sein. Für die Bewertung der Untersuchungsergebnisse wird die Erstellung eines Durchflusssimulationsmodells auf der Basis von Bestandsdaten empfohlen. Dieses sollte dann durch Anlagendaten, gewonnen aus Druck- und Durchflussmessungen zu Zeiten von Spitzenverbräuchen und Minimalentnahmen, kalibriert werden.

Bauliche Untersuchungen dienen der Erfassung von Zustandsdaten. In Abhängigkeit von Alter und Lage der zu untersuchenden Trinkwasserinfrastruktur kann das Trinkwasserrohrnetz vollständig oder in Teilbereichen baulich untersucht werden. Geotechnische Daten, Leitungsbettung und Umgebung sowie die Anfälligkeit für Schadensereignisse sind mit zu betrachten. Untersuchungsverfahren können z. B. Laboruntersuchungen sein, um die Stabilität einer Rohrwand festzustellen. Sollte die Wasserqualität Einfluss auf das Rohrleitungsmaterial haben, so ist auch diese labortechnisch zu untersuchen.

Die Erfassung der im Betrieb der Trinkwasserrohrleitung anfallenden Daten im Rahmen von betrieblichen Untersuchungen können z. B. die Ursache und Lage von Rohrbrüchen und Schäden, die

Ursache und Lage von Wasserverlusten sowie die Bauausführung oder Reparatur sein. Untersuchungsverfahren sind Kamerainspektion, Durchflussmessungen, Trinkwasserprobenahmen und Analysen sowie Leckageüberwachung.

Eine Überprüfung der Informationen zur Leistungsfähigkeit ist die Untersuchung/Bewertung von Berichten von Störfällen, von denen auf eine Beeinträchtigung der Leistungsfähigkeit des Systems geschlossen werden kann. Hierzu gehören Rohrbrüche, Leckagen, Druckverlust und Beeinträchtigung des Trinkwassers (Analyseberichte oder Meldungen von Nutzern).

Die Planung der Untersuchungen beinhaltet die Festlegung der zu untersuchenden Anlagen, der Art der Untersuchung und Untersuchungsverfahren sowie die Abschätzung der Kosten.

Die Prüfung der Leistungsfähigkeit des Trinkwasserohrnetzes sollte während der gesamten technischen Lebensdauer erfolgen und ist die Überprüfung auf Faktoren, die die Leistungsfähigkeit beeinträchtigen können, wie z. B. Fehler in der Hydraulik, Ablagerungen, Wasserverluste durch Schäden.

Die Effektivität der Instandhaltung kann durch die Auswertung der Daten aus der Prüfung der Leistungsfähigkeit beurteilt werden.

Beurteilung von Trinkwasserversorgungsanlagen

Die Beurteilung der Ergebnisse aus den hydraulischen baulichen und betrieblichen Untersuchungen sowie der Prüfung der Leistungsfähigkeit ermöglichen zum einen eine Zustandsbewertung und zeigt zum anderen auch Mängel auf, besonders im Vergleich mit den Leistungsanforderungen. Für die so identifizierten Mängel können die Ursachen ermittelt und Maßnahmen zur Lösung festgelegt werden.

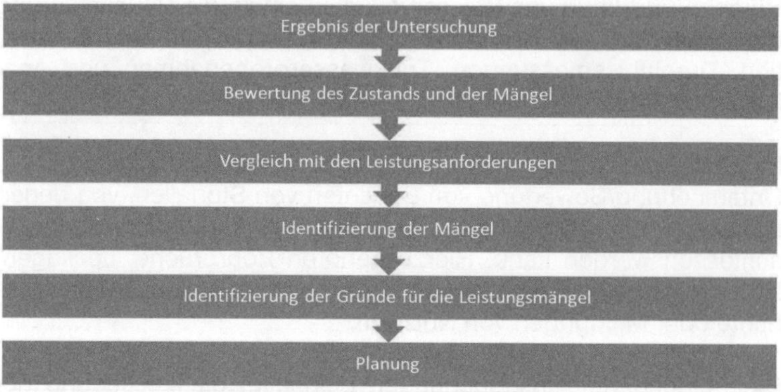

Bild 2: *Schematische Darstellung des Beurteilungsprozesses (Quelle: Darstellung in Anlehnung an die DIN ISO 24516-1:2021-02)*

Anlagenmanagement für Trinkwasserrohrnetze

In Kapitel 7 der DIN ISO 24516-1 wird die eigentliche Erstellung eines integralen Anlagenmanagements für Trinkwasserrohrnetze aufgeführt.

Auf der Basis der zuvor beschriebenen Ergebnisbeurteilung sind Lösungen zu entwickeln, beispielsweise die Optimierung der Hydraulik mittels Anpassung der Nennweiten an den Wasserbedarf und Druck oder die Maximierung der verfügbaren Durchflusskapazität. Ein Beispiel für Sanierungsansätze sind bauliche Instandsetzung der Rohrleitung oder Rohrreinigung.

Die Umsetzbarkeit dieser Lösungen in die Praxis muss geprüft werden. Hier spielen z. B. Faktoren wie Kosten, Arbeitssicherheit, Umweltschutz, Beeinträchtigung während der Umsetzungsphase eine Rolle. Das Ergebnis dieser Bewertung ergibt die jeweils optimale Lösung, die in einem zu erstellenden Maßnahmenplan aufzunehmen ist.

Arten von Maßnahmenplänen

Das Ergebnis der Lösungsfindung können vier Arten von Maßnahmenplänen sein: ein Entwicklungsplan, Betriebs- und Instandhaltungsplan, Sanierungsplan oder Störfall- und Notfallplan.

Umsetzungsplan

Die Umsetzung von Maßnahmenplänen ist in einem Umsetzungsplan festzulegen. Dieser Umsetzungsplan benennt zunächst die Ziele und funktionalen Anforderungen. Ebenfalls zu benennen sind die Prozesse zur Untersuchung, Beurteilung und Erstellung von Instandhaltungs-, Sanierungs- und Betriebsplänen. Die in diesen Plänen vorgesehenen notwendigen Maßnahmen zu Erweiterung, Rückbau oder Sanierung sollten ausgeführt werden. Im Anlagenmanagement sollte in diesem Zusammenhang die Qualitätskontrolle von Werkstoffen, Bauausführung und Einhaltung des aktuellen Stands der Technik aufgenommen sein.

Ein Umsetzungsplan muss immer aktualisiert und an die jeweiligen Gegebenheiten und Anforderungen angepasst werden. Notwendige Maßnahmen fallen häufig in den Bereich Sanierung und Instandhaltung, diese soll letztendlich die Versorgungssicherheit sowie Umweltverträglichkeit sicherstellen und Ketten von Schadensereignissen und Ausfälle vermeiden.

Instandhaltungsplan

Zu Instandhaltungsmaßnahmen zählen Reparaturen, Reinigungsarbeiten und Wartungen. Sanierungsmaßnahmen gehen über Instandhaltungsmaßnahmen hinaus und beinhalten häufig bauliche Maßnahmen. Auch bei der Erstellung von Sanierungsplänen unterscheidet die DIN-Norm zwischen langfristigen, mittelfristigen und kurzfristigen Sanierungsplänen.

Grundlage einer langfristigen Planung ist eine Gruppierung der einzelnen Bereiche der Trinkwasserversorgungsanlage in Gruppen oder Bereiche, die einer ähnlichen Schadensanfälligkeit zuzuordnen sind. Hierdurch kann nach Gruppen getrennt abgeschätzt werden, welche Sanierungsmaßnahmen voraussichtlich in welchem Zeitraum notwendig werden.

Entscheidend für eine solche Abschätzung ist die technische Nutzungsdauer, letztendlich die Lebenszeit einer Rohrleitung. Diese ist abhängig vom Material, von der Beschaffenheit des geförderten Wassers und Einflüssen aus der direkten Umgebung. Bezüglich der technischen Nutzungsdauer von Wasserleitungen gibt es in der Fachliteratur Daten. Diese sollten vom Wasserversorger mit den eigenen vorliegenden Daten abgeglichen werden, da sich eine solche Lebenszeit nicht verallgemeinernd bestimmen lässt. Wesentlich beeinflusst wird die Lebensdauer von Rohrleitungen durch alterungsbedingte Schäden. Sofern Aufzeichnungen über Schadensraten bezogen auf die entsprechenden Anlagengruppen vorhanden sind, könnten diese statistisch ausgewertet und eine verbleibende Lebensdauer ermittelt werden.

Anleitungen zur Ermittlung der Lebensdauer von Anlagengruppen sowie drei Methoden zur Ermittlung von anlagengruppenspezifischen Sanierungsraten in Abhängigkeit von der Menge der bereits vorliegenden Daten sind in der DIN-Norm unter 10.2 aufgeführt.

Ziel ist die Erstellung einer Schadensprognose für die einzelnen Anlagengruppen, auf deren Basis ein entsprechendes langfristiges Sanierungskonzept erstellt werden kann. Ebenfalls Bestandteil des Sanierungskonzepts ist die Ermittlung des erforderlichen Sanierungsbudgets. Unternehmensspezifische, langjährige Erfahrungswerte sollen berücksichtigt und Änderungen in Bezug auf Werkstoffe und Sanierung aufgrund aktueller Schadensereignisse mit einbezogen werden.

Sanierungsplan

Die mittelfristige Sanierungsplanung beinhaltet die Erkennung der Entwicklung der anlagengruppenbezogenen Schadenswahrscheinlichkeit. Diese Schadenswahrscheinlichkeit ist für einzelne Anlagengruppen oder Einzelabschnitte getrennt zu ermitteln. Datengrundlage sind hier Dokumentationen über vergangene Schadensereignisse, Zustandsdaten der Rohrleitungen wie z. B. fortgeschrittene Korrosion. Der Einfluss der Umgebung ist zu berücksichtigen. Beispielsweise ist bei Verlegung der Leitung unter einer stark befahrenen Straße mit Schwerlastverkehr mit einer höheren Schadenswahrscheinlichkeit zu rechnen als bei einer Verlegung von Rohrleitungen in einer Umgebung, wo keinerlei äußere Belastungen auftreten. Hinweise geben auch Druckschwankungen, Reklamationen und Betriebsdaten. Wasserverluste sind z. B. ein Hinweis auf nicht erkannte Rohrbrüche.

Diese Schadenswahrscheinlichkeiten sind letztendlich eine Risikobeurteilung bezogen auf die einzelnen Anlagengruppen. Ausgehend von dieser Risikobeurteilung können mittelfristig notwendige Sanierungsmaßnahmen priorisiert werden. Die Priorisierung von Sanierungsmaßnahmen sollte Punkte wie „Ist die Koordination mit anderen Bautätigkeiten im Bereich Abwasser, Gas, Strom möglich?" berücksichtigen, da für diese ebenfalls eine Öffnung des Bodens notwendig ist und hier ggf. Synergieeffekte genutzt werden können.

Zur kurzfristigen Sanierungsplanung gehören z. B. die Überprüfung vergleichbarer Bauverfahren, die Qualitätssicherung von Material und Installation sowie die Festlegung der Anforderungen an Auftragnehmer. Gegebenenfalls wird in der kurzfristigen Sanierungsplanung die Priorisierung der mittelfristigen Sanierungsplanung geändert, wenn hier benachbarte Bauabschnitte gleichzeitig bearbeitet werden können. Auch hier hat das Nutzen von Synergieeffekten Vorrang.

Fazit

Alle erfassten Daten und erstellten Pläne sind übersichtlich zu dokumentieren.

Regelmäßige Erfolgskontrollen sind durchzuführen. Es ist zu prüfen, ob die entsprechenden Ziele im Hinblick auf Leistung, Sanierung und Einhaltung von Budgetvorgaben erreicht werden. Diese Erfolgskontrollen sind ebenfalls zu dokumentieren.

Sanierungsstrategien sollten mindestens alle fünf Jahre überprüft und ggf. aktualisiert werden. Aktuelle Sanierungspläne sollten anhand der Ergebnisse der Leistungskontrollen mindestens einmal im Jahr überprüft und ggf. aktualisiert werden.

Ein integriertes Management-System ist bei vielen Wasserversorgern bereits eingeführt und umfasst i. d. R. jeweils die Trinkwasserversorgung und Abwasserentsorgung. Fachfirmen stellen die hierfür notwendigen Softwarelösungen zur Verfügung. Die Umsetzung der Vorgaben aus den Regelwerken ist von den individuellen Anforderungen abhängig. So nutzen längst nicht alle Wasserversorger Kennzahlen und nehmen an einem Benchmarking teil.

2.4 Risikobewertung und Risikomanagement des Wasserversorgungssystems

Als maßgebliches internationales Regelwerk für die Trinkwasserhygiene sind die Leitlinien für Trinkwasserqualität der Weltgesundheitsorganisation (WHO) anzusehen. Das hier dargestellte Water-Safety-Plan-Konzept ist die Anwendung eines speziell auf die Wasserversorgung zugeschnittenen Managements, das primär ein Risikomanagement darstellt. In Anlehnung an dieses Regelwerk fordert die EU-Richtlinie von 2020 ein risikobasiertes Management von Trinkwasserversorgungsunternehmen, welches in die Trinkwasserverordnung 2023 mit dem Abschnitt 7 „Risikobasierter Ansatz" vollumfänglich auf Landesebene umgesetzt ist. Bis 12.01.2029 sind die Betreiber zentraler Wasserversorgungsanlagen, bis 12.01.2033 die Betreiber dezentraler Wasserversorgungsanlagen und mobiler und zeitweiliger Wasserversorgungsanlagen, aus denen mindestens 10 Kubikmeter Trinkwasser pro Tag entnommen oder an mindestens 50 Personen abgegeben werden (Definition dezentrale Wasserversorgungsanlagen), dazu verpflichtet, für ihre Wasserversorgungsanlagen inklusive der dazugehörigen Leitungssysteme ein Risikomanagement zu erstellen (s. Kap. 1.2.)

Ziel und Zweck ist die Einhaltung der Trinkwasserhygiene auf Basis der geltenden Regelwerke. Im Einzelnen: Trinkwasser soll die Anforderungen der Trinkwasserverordnung und zugehöriger DIN-Normen erfüllen, und die Versorgungssicherheit soll gewährleistet sein. Trinkwasser hat gemäß DIN 2000 farblos, klar und kühl sowie in Bezug auf Geruch und Geschmack einwandfrei zu sein.

Das Risikomanagement muss gemäß § 35 mindestens nach den allgemein anerkannten Regeln der Technik, insbesondere der DIN EN 15975-2, durchgeführt werden. Der DVGW-Hinweis W 1001 „Sicherheit in der Trinkwasserversorgung- Risiko- und Krisenmanagement" (Stand November 2020) greift die europäische Norm auf und enthält zusätzlich länderspezifische Hinweise. Der DVGW-Hinweis W 1001 ist eine übergreifende Anleitung zur Erstellung eines risikobasierten und prozessorientierten Managements. Die Schritte zur Erstellung sind im Folgenden grafisch dargestellt.

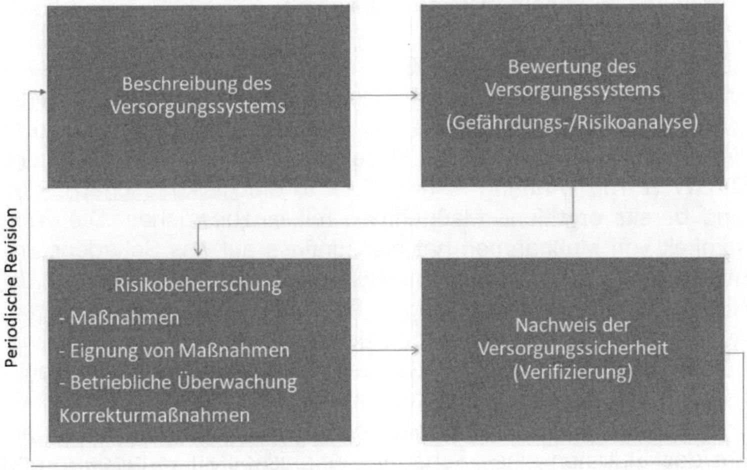

***Bild 1:** Sicherheit in der Trinkwasserversorgung – Risiko- und Krisenmanagement (Quelle: Darstellung nach DVGW W 1001)*

Erste Schritte bei Erstellung des Risikomanagements

Die Erstellung eines Risikomanagements beginnt demnach mit der **Beschreibung des Versorgungssystems;** hier muss eine klare Abgrenzung zum Verantwortungsbereich des Versorgers sowie die Benennung von Schnittstellen zu anderen Verantwortungsbereichen, z. B. Übergabe an Hausinstallationen, stattfinden. Anhang B enthält eine beispielhafte Auflistung von Inhalten zur Beschreibung eines Wasserversorgungssystems. Hier werden Punkte aufgeführt, die einen signifikanten Einfluss auf die Sicherheit der Trinkwasserversorgung haben können, wie zum Beispiel die Topografie des Versorgungsgebiets, Bebauung und Flächennutzung im Einzugsgebiet.

Der nächste Schritt ist die **Bewertung des Versorgungssystems** im Hinblick auf potenzielle Risiken. Diese Bewertung beinhaltet die Erstellung einer <u>Gefährdungsanalyse</u>, in deren Rahmen potenzielle Gefahren und deren Ursachen für das Versorgungssystem ermittelt werden. Bereits ergriffene Maßnahmen in Reaktion auf Schadensereignisse sind dabei nicht zu berücksichtigen, sodass bei der anschließenden Risikoabschätzung die mögliche Wirksamkeit der ergriffenen Maßnahmen keine Rolle spielt.

Aufbauend auf die erstellte Gefährdungsanalyse ist eine Risikoanalyse durchzuführen. Anhand der erkannten Gefahren ist deren mögliches Schadensausmaß mit der Eintrittswahrscheinlichkeit des Schadensereignisses zu korrelieren (siehe Bewertungsmatrix DVGW W 1001 Anhang A, Kap. 2.3). In die Risikoabschätzungen sind bereits ergriffene Maßnahmen mit einzubeziehen. Die Wirksamkeit von Maßnahmen hat hier Einfluss auf das Schadensausmaß und die Eintrittswahrscheinlichkeit. Dementsprechend ist die Risikoabschätzung regelmäßig zu überprüfen und zu aktualisieren. Aus der Bewertungsmatrix ergibt sich die Priorisierung von Risiken. Für als hoch bewertete Risiken besteht Handlungsbedarf, hierfür müssen Maßnahmen erarbeitet werden. Hier kann man zwischen vorsorglichen Maßnahmen, bei denen Risiken abgestellt werden, um das Eintreten eines Schadensereignisses zu verhindern, und Maßnahmen in Reaktion auf eingetretene Schadensereignisse, wie Grenzwertüberschreitungen mikrobiologischer oder chemischer Untersuchungsparameter bei Trinkwasseruntersuchungen, unterscheiden.

Risikobeherrschung

Bei der Erarbeitung von an die jeweiligen Risiken angepassten Maßnahmen sind organisatorische Punkte wie Zuständigkeiten und Verantwortlichkeiten der handelnden Personen und Fristen für die Durchführung mit festzulegen. Für die technische Bewertung der Maßnahmen sind geltende Regelwerke heranzuziehen. Organisatorische und personelle Maßnahmen wie zum Beispiel Durchführung von Spülplänen und Personalverstärkung im Bereitschaftsdienst können, anders als technische Maßnahmen, kurzfristig Risiken mindern. Die Wirksamkeitsüberprüfung (Validierung) von Maßnahmen kann z. B. über Untersuchungen des Trinkwassers, Bestimmung der Wasserbeschaffenheit und Auswertung von Anlagen- und Betriebsdaten erfolgen.

Generell gilt: Maßnahmen sind nach den allgemein anerkannten Regeln der Technik zu ergreifen, und die Umsetzung der Maßnahmen ist zu überwachen. Für eine Überwachung notwendig ist die Festlegung von Sollwerten, die erreicht werden müssen. Betriebsparameter sind vor, während und nach der Maßnahme zu überwachen. Einfachstes Beispiel sind Trinkwasseruntersuchungen, bei denen der Kontaminationsgrad vor und nach einer Desinfektionsmaßnahme überprüft wird. Die Umsetzung von Maßnahmen ist zu dokumentieren. Gegebenenfalls sind Maßnahmen als Ergebnis der Validierung zu korrigieren.

Nachweis der Versorgungssicherheit

Der im DGVW-Hinweis W 1001 abschließend geforderte Nachweis der Versorgungssicherheit (Verifizierung) soll zeigen, dass mit den festgelegten Maßnahmen zur Risikobeherrschung die Versorgungssicherheit gegeben ist, und ist somit die Bestätigung eines erfolgreich umgesetzten Risikomanagements. Dieser Nachweis der Versorgungssicherheit ist anhand der Untersuchung des Endprodukts Trinkwasser möglich. Der Nachweis des Erreichens versorgungstechnischer Ziele kann durch die Erfassung und Auswertung eingegangener Kundenbeschwerden und interner Audits erbracht werden.

Gefährdungsanalyse, Risikoabschätzung, gewählte Maßnahmen, die Validierung, die betriebliche Überwachung von Korrekturmaßnahmen und die Verifizierung sind zu dokumentieren. Veränderliche Teilbereiche des Risikomanagementsystems sind regelmäßig zu überprüfen, ggf. zu aktualisieren, das betrifft die Erfassung des Systems, die Bewertung der Risikobeherrschung, die Nachweise der Versorgungssicherheit und die Verifizierung.

Beispiele für die Schritte des Risikomanagements

Die ursprüngliche Auftrennung des Risikomanagements auf Wasserverteilung und Wassergewinnung über die Beiblätter B 1 und B 2 ist zurückgenommen und findet sich nun vollständig in dem DVGW-Hinweis W 1001. In den informativen Anhängen sind Beispiele für die Erstellung eines Risikomanagementsystems angepasst an die Anforderungen eines Wasserverteilungs- und Gewinnungssystems aufgelistet.

Für den ersten Schritt, die Beschreibung des Wasserversorgungssystems (Anhang B), sind zu beschreibende Bereiche das Versorgungsgebiet, das Einzugsgebiet mit dem zugehörigen Ressourcenschutz, die Anlagen und Betriebsbeschreibung (Stromversorgung, IT-Technik, Kommunikation etc.), die Wassergewinnung (Brunnen), die Wasseraufbereitung und Desinfektion, die Wasserspeicherung und zuletzt die Wasserverteilung bis zur Übergabe an den Nutzer.

Bei der Beschreibung des Versorgungsgebiets (entspricht hier i. d. R. dem Wasserschutzgebiet) kann auf die für die Benennung eines Wasserschutzgebiets bereits ermittelten Daten zurückgegriffen werden. Ist kein Wasserschutzgebiet benannt, so umfasst das Versorgungssystem das unter- und oberirdische Einzugsgebiet der Grundwasserfassung (Brunnen).

Beispiele für Gefährdungen sind in Anhang C aufgeführt und können in der Unternehmensorganisation liegen, wie unzureichende Personalausstattung, unzureichende Fort- und Weiterbildung oder unklare Verantwortlichkeiten. Fehler können auch im Verteilungskonzept liegen bei Dimensionierung, Redundanzen, unzureichender Zustandsbewertung der Anlage, Fehler im Konstruktionsbauverfahren und in der Bauauswahl, ungeeignete Verlege- und Sanierungsverfahren, falsche Werkstoffe (Auszug Liste Anhang C). Ein wichtiger Punkt ist eine sachgemäße Trassenwahl. Zu geringe Abstände zu wärmeführenden Leitungen können über Wärmekonvektion zu einer Erwärmung des Trinkwassers in das mikrobielle Wachstum fördernde Temperaturbereiche führen. Die nachträgliche Verlegung von Fernwärmeleitungen führt in der Praxis häufiger zu Problemen. Im Zusammenwirken mit Stagnation in den Zuleitungen durch Überdimensionierung oder Nichtabnahme durch Leerstand sind in Gebäuden häufig Einspeisetemperaturen von > 20 °C zu beobachten. Hier ist ein vorsorgliches Risikomanagement unter Einbeziehung auch organisationsfremder Bauvorhaben notwendig. Im Bereich der Wassergewinnung spielen Einflüsse auf das Einzugsgebiet eine große Rolle. Potenzielle Gefährdungen sind z. B. landwirtschaftliche Betriebe, über die ein Eintrag von Pflanzenschutzmitteln, Dünger oder Gülle erfolgen kann. Ein anderes Beispiel für Gefährdungsträger sind Lagerhallen der Industrie, von denen aus unterschiedliche Gefahrstoffe mit grundwassergefährdendem Potenzial in den Boden eintreten können.

Eine Anleitung zur praktischen Umsetzung des Risikomanagements im Normalbetrieb findet sich unter dem gleichnamigen Punkt 5 im Merkblatt. Bei der Beschreibung der Trinkwasserversorgungssysteme sowie der Identifizierung von Gefährdungen und Gefährdungsereignissen ist es angezeigt, bereits vorhandene Datenquellen zu nutzen. Sofern ein entsprechendes Anlagenmanagement vorhanden ist, können Anlagenbeschreibung, Gefährdungs- und Risikoanalyse und die Risikobewertung aus diesem Anlagenmanagement übernommen werden. Ältere Wasseranalysen, topografische Karten, Aufzeichnungen aus Ortsbegehungen etc. sind mögliche Datenquellen für die Erstellung der Gefährdungsanalyse.

Die Risikoabschätzung auf das Einzugsgebiet ist zu trennen in ein Ausgangsrisiko und ein Risiko für das Rohwasser, unterschieden in ein Risiko am Ort des möglichen Gefährdungsereignisses, zum Beispiel Eintrag von Schadstoffen in einem Wasserversorgungsgebiet, und die anschließende Risikoabschätzung für das Rohwasser, das heißt, inwieweit dieser Eintrag des Schadstoffs zu einer Gefährdung der Rohwasserqualität führt.

Hier müssen hydrogeologische Daten mit berücksichtigt werden. Außer der Wahrscheinlichkeit für das Eintreten eines Ereignisses, die entweder grob abgeschätzt oder statistisch ermittelt werden kann, ist der Weg oder die Fließzeit des eingetragenen Schadstoffs von der Stelle der Kontamination bis zur Grundwasserfassung entscheidend. Es kann angenommen werden, dass mit zunehmender Entfernung des Eintragsorts bis zur Grundwasserfassung das Schadensausmaß geringer wird, da anzunehmen ist, dass mit steigender Transportdauer im Untergrund die Verdünnung des Schadstoffs zunimmt. In Abhängigkeit von der Beschaffenheit, besonders der Durchlässigkeit der die trinkwasserführende Schicht versiegelnden Deckschicht sowie der Durchlässigkeit der trinkwasserführenden Schicht selbst, kann die Dauer des Transports vom Eintragsort bis zur Grundwasserfassung abgeschätzt werden. In die Risikobewertung gehen zusätzlich die Art und Gefährdungsklasse des Schadstoffs ein, um den Einfluss von Verdünnungseffekten auf das Schadensausmaß korrekt zu bewerten.

Der Nachweis der Versorgungssicherheit ist hier im Wesentlichen in der kontinuierlichen Überwachung der Rohwasserqualität im Hinblick auf die Einhaltung der in der Trinkwasserverordnung genannten Parameter zu sehen. Hinzu kommen Zustandsdaten aus Ortsbegehungen, Versorgungsstörungen, Wasserverlustanzeigen, Gewinnungsraten und z. B. Kundenbeschwerden.

Dokumentation der Ergebnisse

Gefährdungsanalyse, Risikoabschätzung, gewählte Maßnahmen, Validierung, Korrekturmaßnahmen, Überwachung von Maßnahmen und Verifizierung der Versorgungssicherheit gemäß W 1001 sind zu dokumentieren. Für die periodische Revision ist für die Bewertung der Gefährdungen ein Abstand von fünf Jahren (gem. Trinkwasserverordnung sechs Jahre) oder anlassbezogen nach Schadensfällen vorgeschlagen. Eine Gefährdungserfassung findet kontinuierlich statt.

Das DVGW-Arbeitsblatt W 1020 gibt eine Anleitung zur Erstellung von Maßnahmenplänen und Handlungsplänen, wie sie in der Trinkwasserverordnung für Wasserversorger bereits bei Inbetriebnahme der Wasserversorgungsanlage gefordert sind (§ 16 TrinkwV von 2018, siehe Kap. 2.2.1). Der Mindestinhalt eines Maßnahmenplans umfasst die Meldewege bei Abweichungen von den Vorgaben der Trinkwasserverordnung und die Maßnahmen, die bei Versorgungsunterbrechung zu treffen sind, d. h. die Festlegung einer Ersatzwasserversorgung. Eine solche Ersatzwasserversorgung kann als äußerste Maßnahme, ausschließlich bei akuter Gesundheitsgefährdung, angesehen werden und ist mit hohen Risiken verbunden. Sollte kein Umschluss auf einen anderen Wasserversorger möglich sein, ist eine nicht leitungsgebundene Ersatzwasserversorgung notwendig. Dies bedeutet gleichzeitig eine fehlende Abwasserentsorgung, fehlende Löschwasserversorgung über das Trinkwassernetz, ein mögliches Rücksaugen von Wässern in die öffentliche Trinkwasserversorgung durch Druckabfälle und letztlich Stagnation in der gesamten Trinkwasserinfrastruktur inklusive Gebäudeinstallationen für den Zeitraum der Ersatzversorgung. Des Weiteren ist es schwierig, auszuschließen, dass kontaminiertes Wasser, das noch im Netz steht, entnommen wird. Maßnahmen, die eine Aufrechterhaltung der leitungsgebundenen Trinkwasserversorgung ermöglichen, sind zwingend vorzuziehen.

Maßnahmenplan nach TrinkwV

Angepasst an die jeweilige Wasserversorgung, sind im Maßnahmenplan weiterhin festzulegen: die unverzügliche Information der betroffenen Nutzer, die Ansprechpartner für die Behörde, wie die Umstellung auf eine andere Wasserversorgung erfolgen kann sowie die Beschreibung des Versorgungsgebiets und die wichtigsten technischen Anlagen. Erreichbarkeiten mit entsprechenden Kontaktdaten der zuständigen Personen sind aufzuführen. Anlage C des Arbeitsblatts ist eine Checkliste für das Erstellen von Maßnahmenplänen.

Der Maßnahmenplan ist in der Trinkwasserverordnung für zentrale und dezentrale Wasserversorgungsanlagen als Bestandteil des Risikomanagements vorgeschrieben und bedarf der Zustimmung des zuständigen Gesundheitsamts. Ein Handlungsplan ist ebenfalls mit dem zuständigen Gesundheitsamt abzustimmen, aber nicht vorgeschrieben. Es ist festzulegen, wie auf Abweichungen von den Vorgaben der Trinkwasserverordnung, die keine Unterbrechung der Trinkwasserversorgung erforderlich machen, zu reagieren ist. Ein Handlungsplan sollte ebenfalls beinhalten, wie Abweichungen angezeigt werden, wie diese zu übermitteln sind (Anhang A, W120) und welche Maßnahmen in Abhängigkeit von der Abweichung zu treffen sind. Zusätzliche Punkte können individuell bestimmt werden. Beispiele hierfür sind die Festlegung von Maßnahmen für eine Ursachenklärung oder eine vorsorgliche Abstimmung mit dem Gesundheitsamt zu Vorgehensweisen bei möglichen grenzwertüberschreitenden Befunden aus Trinkwasseruntersuchungen.

Handlungspläne sind auch als entscheidender Teil eines Wasser-Sicherheitsplans (WHO, DVGW W 1001) anzusehen, allerdings werden sie hier als Maßnahmenpläne bezeichnet.

Eine praxisorientierte Anleitung für die Erstellung eines Water Safety Plans (WSP) ist die Veröffentlichung „Water-Safety-Plan-Konzept:

Ein Handbuch für kleine Wasserversorgungen" von UBA und TZW. Als kleine Wasserversorgungen sind hierbei Versorger gem. § 2 Nr. 2 der Trinkwasser-Verordnung Buchstabe a (zentrale Wasserwerke), die weniger als 5.000 Personen mit Trinkwasser beliefern, anzusehen. Nachfolgendes Ablaufschema aus der genannten Veröffentlichung fasst die Aufgaben und entsprechenden Abläufe zur Erstellung eines Water-Safety-Plans grafisch zusammen.

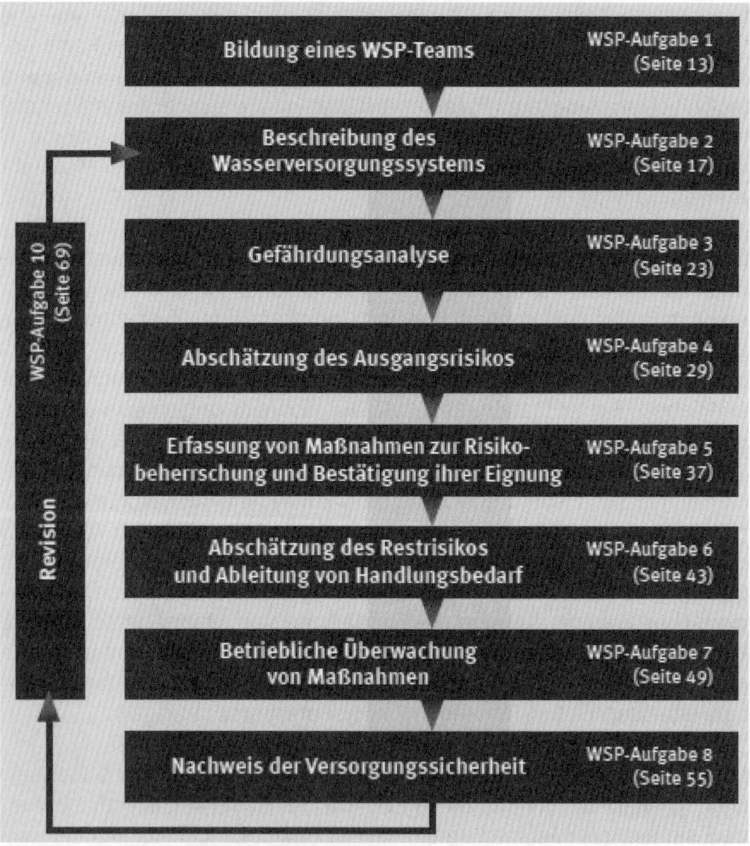

***Bild 2:** Ablaufschema Erstellung eines Water-Safety-Plans (Quelle: Darstellung in Anlehnung an UBA/TZW: „Water-Safety-Plan-Konzept: Ein Handbuch für kleine Wasserversorgungen")*

Aufgabe 1: Zu Beginn sind Personen zu benennen, die den WSP erstellen und fortlaufend pflegen sollen. Das WSP-Team besteht aus entsprechend fachkundigen Personen mit ausführlicher Kenntnis der zu bewertenden Wasserversorgung. Die Arbeitshilfe A enthält ein Muster für die Dokumentation des WSP-Teams und einen Tätigkeits- und Zeitplan.

Aufgabe 2: Die Beschreibung eines Wasserversorgungssystems ist anhand einer Musterwasserversorgung beispielhaft aufgeführt. Es ist aufgelistet, welche möglicherweise bereits bestehenden Dokumente für die notwendige Erfassung des Versorgungssystems herangezogen werden können. Die Arbeitshilfe B enthält eine Checkliste zur Erfassung und Beschreibung des Versorgungssystems.

Aufgabe 3: Die Erstellung einer Gefährdungsanalyse. Hierzu formuliert die Arbeitshilfe C notwendige Inhalte in Form einer Checkliste. Hilfreich sind die verschiedenen Infoboxen. Diese enthalten die grundsätzliche Vorgehensweise in der Durchführung einer Gefährdungsanalyse, mögliche Datenquellen und Ansprechpartner und Dokumentation.

Aufgabe 4: Hier wird die in W 1001 beschriebene Risikobewertung aufgeteilt in die Abschätzung von Ausgangs- und Restrisiko. Die Bewertungsmatrix aus dem Hinweis W 1001 wird dargestellt und deren Anwendung anschaulich erklärt. Die Bewertungen hoch, mittel, gering, Klärungsbedarf für das Schadensausmaß; häufig, gelegentlich, selten, Klärungsbedarf für die Eintrittswahrscheinlichkeit und hoch, mittel, gering, Klärungsbedarf für das Risiko sind mit Beispieldefinitionen versehen dargestellt. In die Bewertung des Ausgangsrisikos werden bereits durchgeführte Maßnahmen zur Risikobeherrschung nicht einbezogen.

Aufgabe 5: Festlegung von Maßnahmen zur Risikobeherrschung und Bestätigung ihrer Eignung (Validierung). Bereits vorhandene Maßnahmen sollen mit aufgenommen werden. Sofern noch nicht vorhanden, sind die Ausführung betreffende Arbeitsanweisungen zu erstellen. Die Arbeitshilfe D bietet eine Vorlage für solche Arbeitsanweisungen.

Aufgabe 6: Abschätzung des Restrisikos und Ableitung von Handlungsbedarf. Die Abschätzung des Restrisikos erfolgt analog zu der des Ausgangsrisikos, allerdings wird für das Restrisiko die Wirksamkeit von vorhandenen Maßnahmen berücksichtigt. Die Abschätzung des Restrisikos hat als Ziel, bestehende Maßnahmen zu optimieren oder ggf. neue festzulegen. Wichtig ist der Hinweis, dass das Schadensausmaß mikrobiologischer Gefährdungen immer mit *hoch* zu bewerten ist. Maßnahmen können nur die Eintrittswahrscheinlichkeit, aber nicht das Schadensausmaß beeinflussen.

Aufgabe 7: Betriebliche Überwachung von Maßnahmen. Die Arbeitshilfe E ist eine Vorlage für einen betrieblichen Überwachungsplan mit organisatorischen und personellen Maßnahmen.

Aufgabe 8: Nachweis der Versorgungssicherheit. Die Arbeitshilfe F ist eine Vorlage für einen Verifizierungsplan. In Anlehnung an W 1001 primär eine Auflistung von Trinkwasseruntersuchungen, Inspektionen und Audits.

Aufgabe 9: Dokumentation und Aufzeichnung. Das Beispiel anhand einer Musterversorgung veranschaulicht das Prinzip „so viel wie nötig, so wenig wie möglich".

Aufgabe 10: Revision. Ein WSP ist nie als abschließend zu betrachten und muss kontinuierlich aktualisiert und verbessert werden.

Mit Ausnahme von Aufgabe 10 ist zu allen Aufgaben die Ausführung anschaulich anhand einer Musterwasserversorgung verdeutlicht.

Meldung an die zuständige Behörde

Die Bestimmung einer Meldekette beinhaltet die Benennung der zuständigen Personen und ggf. Vertreter, die Stellen, an die zu melden ist, die einzuhaltenden Meldefristen und die meldepflichtigen Ereignisse. In der Praxis heißt das die Meldung von Trinkwasserbefunden an das zuständige Gesundheitsamt. Hier kann mit den Laboren vereinbart werden, dass bei grenzwertüberschreitenden Befunden automatisch auch eine Meldung an die aufsichtführende Behörde erfolgt. Die gleichzeitige unmittelbare Meldung an die Wasserversorger ist unbedingt mit zu vereinbaren. Die Meldungen haben immer schriftlich zu erfolgen, wobei die Form je nach Gesundheitsamt variieren kann. Zuständigkeiten und Abläufe sind auch für die Anordnung und Ausführung von Maßnahmen der Ersatzwasserversorgung eindeutig zu regeln.

3 Wassertransport

Wie bereits im Vorwort dargestellt, ist unsere lokale Wasserversorgung Bestandteil eines globalen Kreislaufs. Beinahe könnte man annehmen, dass der Kreislauf von selbst funktioniert, also ein Perpetuum mobile darstellt. Dem ist natürlich nicht so. Die Grundlagen der Physik lehren uns, dass es bei Stoffflüssen auch immer zu Energieumwandlungen kommt, also für den Transport oder den Wechsel von Aggregatzuständen Energie zugeführt werden muss oder abgegeben wird. Viele unserer Wetterphänomene haben direkt oder indirekt mit Wasser und dessen Bewegung zu tun.

Egal, ob über natürliche Wege (Flüsse, unterirdische Wasseradern etc.) oder bereits im Leitungsnetz, Wasserwege benötigen mit Ausnahme der Verdunstungsthematik immer ein Gefälle oder den Einsatz von Pumpen, um zu fließen. Dabei bestimmen Gefälleneigung und viele weitere Umgebungsfaktoren (z. B. Rohrdurchmesser, Wandrauigkeit etc.) die Fließgeschwindigkeit.

In den seltensten Fällen liegen die Brunnen oder Stauseen in so großer Höhe, dass man bis zum häuslichen Wasserhahn ausschließlich das natürliche Gefälle ausnutzen könnte. Zudem wird das Trinkwasser nach der Förderung des Rohwassers aus dem Brunnen oder als Uferfiltrat aufbereitet (siehe Kap. 1.1.1). Das aufbereitete Wasser in Trinkwasserqualität wird meist in einen Hochbehälter gepumpt, von dem aus über den natürlichen Höhenunterschied ein kontinuierlich konstanter Wasserdruck auf das Verteilungsnetz ausgeht. In manchen Regionen gibt es zudem auch unterirdische Trinkwasserreservoirs, von denen das Trinkwasser in das Verteilungsnetz gepumpt wird.

Ähnlich den Blutbahnen im menschlichen Körper gliedert sich das Trinkwasserverteilungsnetz immer feiner auf. Das heißt, direkt aus dem Wasserwerk versorgen größere Rohrleitungen Knotenpunkte und signifikante Großabnehmer. Die weitere Verzweigung mit kleiner werdenden Rohrdurchmessern hat den Vorteil, dass im Falle einer Havarie das Wasser sehr gezielt z. B. in einer Straße abgesperrt werden kann und nicht das gesamte Netz darunter leidet. Zwischen Wasserwerk und den Knotenpunkten können diverse technische Einrichtungen verbaut sein. Vornehmlich handelt es sich hierbei um Pumpen, Hebewerke, Mess- und Überwachungseinrichtungen, Inspektionsschächte o. Ä. Ziel des Wasserversorgers und Anspruch der TrinkwV ist es, zu jeder Tages- und Nachtzeit und unabhängig von sonstigen Vorkommnissen, Wasser mit gleichbleibend hoher Qualität in gewohnter Menge zu liefern. In der Praxis ist das nicht immer einfach umzusetzen. Was passiert wohl zwischen 7 und 8 Uhr morgens, wenn die halbe Stadt gleichzeitig duscht, die Toilettenspülung gedrückt wird, Kaffeewasser aufgesetzt wird?

Was der Wasserversorger im Großen bereitstellen muss, gilt gemäß der TrinkwV natürlich ebenso für den Betreiber (bzw. früher Unternehmer oder sonstiger Inhaber [UsI]). Mit der Übernahme des Trinkwassers aus dem Verteilungsnetz in die Hausinstallation, die meist an der Wasseruhr stattfindet, ist der Betreiber für die quantitativ und qualitativ hochwertige Wasserversorgung der Nutzer zuständig.

Meist befindet sich die Wasseruhr im Keller unweit von einem (häufig) zentralen Heißwasserbereiter, sodass aus einem Raum Heiß- und Kaltwasserkreislauf gesteuert werden können. Bei Gebäuden mit dezentralen Wassererwärmern (z. B. Boilern oder eigenen Gasthermen in den Wohneinheiten) wird nur das Kaltwasser über Pumpen in der Hausinstallation verteilt.

Egal, ob im Trinkwasserverteilungsnetz oder in der Hausinstallation, das Netz selbst, also dessen bauliche Gegebenheiten, haben massiven Einfluss auf Trinkwasserqualität und -quantität, sodass den Materialien an mehreren Stellen dieses Werks ein besonderes Augenmerk gewidmet wird.

3.1 Rohrleitungssysteme

Wenn vom Trinkwasserverteilungsnetz oder auch der Hausinstallation gesprochen wird, denken viele zunächst an die sichtbaren Elemente: Hochbehälter, Wasserzähler oder häuslicher Wasserhahn. Doch die Rohrleitungssysteme sind deutlich vielfältiger und komplexer. Es folgt ein grober Überblick über Materialeigenschaften und Einflussfaktoren des Rohrleitungssystems auf das Trinkwasser.

Die TrinkwV regelt Grenzwerte für diverse Parameter, die zu einem qualitativen Mindeststandard führen, trotzdem ist das Trinkwasser genauso wie das verbaute Material in seinen Eigenschaften regional unterschiedlich. Je nach Herkunft (z. B. regionaler Bodenbeschaffenheit) ist das Trinkwasser härter oder weicher. Doch nicht nur die Wasserhärte variiert, sondern auch eine ganze Reihe weiterer Faktoren, wie beispielsweise der pH-Wert und andere Korrosionsparameter. Diese Eigenschaften müssen beim Rohrleitungsbau berücksichtigt werden, um dauerhaft eine optimale Wasserversorgung gemäß TrinkwV gewährleisten zu können.

Beispiel

Warum verwendeten die Römer Blei-Leitungen? Blei ist ein mechanisch gut zu bearbeitender Werkstoff und gleichzeitig verhältnismäßig korrosionsbeständig. Es war also einfach, das weiche Metall zu formen, zu verbinden und damit lange Wegstrecken zu überwinden. Die Nachteile des Materials sind erst später aufgedeckt worden …

Verwendete Materialien bei Rohrleitungen in Hausinstallationen

Schauen wir uns heutige Hausinstallationen genauer an, so kommen für den Rohrleitungsbau vornehmlich die Werkstoffe Kunststoff, (feuerverzinkter) Stahl und (innenverzinntes) Kupfer zum Einsatz. Obgleich Kupfer aufgrund der mechanischen Formbarkeit verhältnismäßig einfach zu verbauen und daher als traditionelles Material in vielen Gebäuden zu finden ist, unterliegt es einer Einschränkung. Es darf nicht bei Wasser mit einem pH-Wert unter 7 verwendet werden, da saures Wasser zu viel Kupfer aus den Leitungen löst, welches so durch den Verbraucher aufgenommen werden würde. Feuerverzinkter Stahl gilt als besonders robust und langlebig, kann jedoch nicht gut gebogen werden, sodass mit mehr Teilstücken und entsprechenden Verbindern gearbeitet werden muss. Ähnlich verhält es sich auch mit vielen Kunststoffrohren. Diese sind ebenfalls starr, lassen sich jedoch mit einfachen Werkzeugen gut schneiden, thermisch verformen und z. B. besser kleben. Die Auswahl an Kunststoffen ist groß, sodass man für jedes Wasser das optimale Leitungsmaterial auswählen kann.

Dichtungsmaterialien

Unabhängig vom verwendeten Material sind für die Wasserversorgung die wichtigsten Faktoren:

- Durchmesser,
- Wandrauigkeit,
- Korrosionseigenschaften.

Diese Eigenschaften müssen auch bei den Dichtungsmaterialien beibehalten werden. Klassisch werden hier Hanf, Gummi oder Kunststoffe eingesetzt, die für den Kontakt mit Trinkwasser zugelassen sind. Ebenso wichtig, aber selten besprochen, sind die sog. Fittings, Reduzierstücke und Schellen, die es erlauben, verschiedene Rohrdurchmesser oder Gewindearten miteinander zu verbinden. Weitere wichtige Bestandteile sind Ventile, die zum einem die Fließrichtung gleich halten und zum anderen die Abnahme/Abgabe von Wasser zu einem definierten Zeitpunkt ermöglichen.

Ein besonderes Ventil ist das Probenentnahmeventil, das mit der Einführung der Legionellen-Überprüfungspflicht meist nachträglich in bestehende Trinkwasser-Installationen eingebaut wurde. Das Ventil dient ausschließlich der Probennahme und ist durch einen ca. 10 cm langen, abflammbaren Auslauf charakterisiert.

Das für den Endverbraucher wichtigste Ventil ist der Wasserhahn bzw. die Entnahmearmatur „in den eigenen vier Wänden“. Die Vielfalt des Angebots ist hier kaum überblickbar. Material und Design sind kaum Grenzen gesetzt. In den meisten Fällen hat sich jedoch die sog. Einhebel-Mischbatterie durchgesetzt, die sowohl im Badezimmer als auch in der Küche zum Einsatz kommt.

Hinweis

Wichtig ist hier, wie bei allen anderen Bestandteilen des Leitungsnetzes: Alle Bauteile mit Trinkwasserkontakt müssen über eine entsprechende DVGW-Zulassung (Deutscher Verein des Gas- und Wasserfachs) verfügen.

Um den optimalen Wasserkreislauf im Rohrleitungsnetz nicht zu behindern, ist zwischen Rohwasserzufuhr und Hausinstallation ein Filter installiert. Dieser dient als Sandfang und soll grobe Verunreinigungen von der häuslichen Wasserleitung abhalten. In manchen Fällen werden hier auch bereits Ionenaustauscher eingesetzt. Wichtig dabei ist zu beachten, dass beide Bauteile regelmäßige Überprüfung und Wartung benötigen, da ein Zusetzen der Filter oder ggf. die Bildung eines Biofilms negative Auswirkungen auf das Gesamtsystem haben kann.

Hinweis

Grundsätzlich bleibt festzuhalten: Wasser muss fließen – fließt es nicht, dient jede Ecke, Kante, Ablagerung als Kristallisationskeim für Verkalkung, mikrobielles Wachstum oder Auskolkungen und weitere Beeinträchtigungen, die zu hohen Sachschäden oder auch Gesundheitsrisiken führen können.

Regulatorisch sind neben den allgemein anerkannten Regeln der Technik sowie insbesondere der einschlägigen Publikationen des DVGW folgende technische Regeln zu berücksichtigen:

- Die europäischen Normen DIN EN 806 und DIN EN 1717, die durch folgende deutsche Werke ergänzt werden:
  - DIN 1988-100:2011-08 „Technische Regeln für Trinkwasser-Installationen – Teil 100: Schutz des Trinkwassers, Erhaltung der Trinkwassergüte; Technische Regel des DVGW“
  - DIN 1988-200:2012-05 „Technische Regeln für Trinkwasser-Installationen – Teil 200: Installation Typ A (geschlossenes System) – Planung, Bauteile, Apparate, Werkstoffe; Technische Regel des DVGW“
  - DIN 1988-300:2012-05 „Technische Regeln für Trinkwasser-Installationen – Teil 300: Ermittlung der Rohrdurchmesser; Technische Regel des DVGW“
  - DIN 1988-500:2021-05 „Technische Regeln für Trinkwasser-Installationen – Teil 500: Druckerhöhungsanlagen mit drehzahlgesteuerten Pumpen“
  - DIN 1988-600:2021-07 „Technische Regeln für Trinkwasser-Installationen – Teil 600: Trinkwasser-Installationen in Verbindung mit Feuerlösch- und Brandschutzanlagen“

3.2 DIN EN 12201 „Kunststoff-Rohrleitungssysteme für die Wasserversorgung und für Entwässerungs- und Abwasserdruckleitungen“

Die Verwendung von Kunststoffrohren aus Polyethylen (PE) ist seit den 1960er-Jahren kontinuierlich gewachsen und hat heute einen großen Marktanteil. Kunststoffdruckrohre finden Anwendung als Trinkwasserleitungen außerhalb von Gebäuden, als kaltwasserführende Trinkwasserleitungen innerhalb von Gebäuden sowie als Leitungen für Brauchwasser verschiedenster Art – im Über- bzw. Unterdruckbereich.

Die verwendeten Rohre und Formteile müssen die in den Produktnormen geforderten mechanischen, physikalischen und chemischen Eigenschaften aufweisen. Für Trinkwasserrohre sind zusätzlich trinkwasserhygienische Anforderungen einzuhalten. Die trinkwasserhygienischen Anforderungen ergeben sich aus der Trinkwasserverordnung (TrinkwV, §§14–16). Danach legt das Umweltbundesamt verbindlich geltende Bewertungsgrundlagen fest, die die allgemeinen Anforderungen der Trinkwasserverordnung an die Materialien und Werkstoffe im Kontakt mit Trinkwasser konkretisieren. Die Prüfung und Bewertung der hygienischen Eignung ist europäisch noch nicht harmonisiert und fällt deshalb in den nationalen Regelungsbereich.

Es werden derzeit harmonisierte europäische Positivlisten und Regelungen zur Prüfung und Zertifizierung von Produkten erarbeitet, die zukünftig auch einen Einfluss auf die Prüfung und Zertifizierung der Kunststoffrohrleitungssysteme haben werden. Hierzu werden derzeit in europäischen Arbeitsgruppen delegierte Rechtsakte und Durchführungsrechtsakte für die Materialien und Werkstoffe im Kontakt mit dem Trinkwasser erarbeitet. Der wesentliche Unterschied wird darin bestehen, dass es zukünftig eine Zertifizierungspflicht für

Produkte im Kontakt mit dem Trinkwasser geben wird. Ob dieses tatsächlich gesamteuropäisch umgesetzt wird, wird sich in Zukunft zeigen.

Für Kunststoffrohrleitungssysteme ist die europäische Normenreihe DIN EN 12201 besonders hervorzuheben, in der die Anforderungen für die Wasserversorgung und für Entwässerungs- und Abwasserdruckanlagen – Polyethylen (PE) – beschrieben werden.

In dieser europäischen Normenreihe DIN EN 12201 sind Anforderungen und Prüfverfahren für Rohrleitungsteile aus PE sowie deren Verbindungen untereinander und mit Rohrleitungsteilen festgelegt. Außerdem betroffen sind Rohrleitungsteile aus anderen Kunst- und Werkstoffen für die Verwendung in erdverlegten und nicht erdverlegten Trinkwasserrohrleitungssystemen einschließlich der Zuführung von Rohwasser zur Aufbereitung, für die Entwässerung und Ableitung von Abwasser unter Druck, für Vakuum-Abwassersysteme sowie für den Transport von Brauchwasser.

Die Normenreihe besteht aus derzeit sechs unterschiedlichen Normen.

- DIN EN 12201:2011-11, Teil 1: Allgemeines
- DIN EN 12201:2013-12, Teil 2: Rohre
- DIN EN 12201:2013-01, Teil 3: Formstücke
- DIN EN 12201:2014-04, Teil 4: Armaturen
- DIN EN 12201:2011-11, Teil 5: Gebrauchstauglichkeit des Systems
- DIN CEN/TS 12201-7:2014-05, Teil 7: Empfehlungen für die Beurteilung der Konformität

Für alle Normteile der EN 12201 1, -2, -3, -4,-5, wurden im Jahr 2021 neue Entwürfe veröffentlicht (siehe Ausblick).

Der Ausgangsstoff für die Produktion von PE-Rohren und der Formteile ist ein Granulat, das vom Rohstoffhersteller geliefert wird. Dieses Granulat muss Eigenschaften aufweisen, die in den entsprechenden oben genannten Produktnormen für Rohre und Formteile festgelegt sind.

PE ist ein thermoplastischer Kunststoff aus der Gruppe der Polyolefine. Aufgrund von unterschiedlichen Polymerisationsverfahren können PE-Typen mit verschiedenen Eigenschaften verwendet werden. Hier unterscheidet man in Polyethylen mit hoher Dichte (HDPE; HD = High Density) und niedriger Dichte (LD-PE; LD = Low Density).

Hinweis

Für Rohrleitungen ist das HDPE von großer Bedeutung. In den letzten Jahren wurden diese Werkstoffe ständig verbessert. Heute ist es im Druckrohrleitungsbau vor allem das PE100-RC, welches eingesetzt wird. RC steht hier für die Widerstandsfähigkeit gegen langsame Rissfortpflanzung (Resistance to Crack).

Für drucklose und Abwasserrohre wird überwiegend PE80 eingesetzt. Für Druckrohre wird dagegen eher das zähere und druckresistentere PE100 verwendet, das jedoch vom PE100-RC vollständig ersetzt wurde. An der Ziffer in der Bezeichnung sind die Eigenschaften des Werkstoffs zu erkennen.

Praxistipp

Je höher die Zahl in der Bezeichnung des PE ist, desto höher sind die Zugfestigkeit und die Härte, ebenso wie die Beständigkeit gegen Lösungsmittel und die Undurchlässigkeit gegen Gase und Dämpfe.

Mit steigender Zahl nehmen tendenziell jedoch die Schlagzähigkeit und der Widerstand gegen Rissbildung etwas ab.

In Deutschland gibt der Kunststoffrohrverband eine Liste heraus, in der die Granulate und deren Hersteller gelistet sind, die für die Produktion von Rohren und Formteilen ihre Eignung nachgewiesen haben.[1]

[1] Siehe Kunststoffrohrverband www.krv.de.

Technische Aspekte

Die Rohre werden auf eine Mindestnutzungsdauer von 50 Jahren ausgelegt. Erfahrungen, die im Einsatz mit den PE-Rohren gesammelt wurden, haben dazu geführt, dass die Betriebsfähigkeit von 50 auf 100 Jahre erhöht wurde.

Für die Auswahl der Rohre spielen der Betriebsdruck und die Temperatur des Wassers eine große Rolle, da diese die Lebensdauer des Rohrs beeinflussen. Die Rohre werden so bemessen, dass sie eine ausreichende Sicherheit für die entsprechende Anwendung bieten. Hierzu werden Nenndruckstufen definiert, die auf den Rohren zu finden sind. Die Einteilung der Nenndruckstufen für Rohre in der Trinkwasserverteilung basiert auf der Dimensionierung mit einem Sicherheitsbeiwert von 1,25.

Für den Fall, dass Rohre aus PE einer höheren Betriebstemperatur ausgesetzt sind als 20 °C (bis zu 40 °C), muss dies mit einem Druckreduktionskoeffizienten in der Planung berücksichtigt werden. Hierdurch reduziert sich der erlaubte Betriebstemperaturdruck (PFA-Wert).

Im Unterschied zu den PE80-Rohrwerkstoffen stehen mit den PE100 Rohrwerkstoffe mit einer wesentlich verbesserten Zeitstandfestigkeit von mindestens 10 MPa bei 20 °C und 50 Jahren zur Verfügung. Diese Polyethylene zeichnen sich durch eine sehr hohe Steifigkeit (Dichte, Biegekriechmodul) und – bei Anwendung im Druckbereich – einen sehr hohen Widerstand gegen langsames Risswachstum (Spannungsrissbeständigkeit, Kerbunempfindlichkeit) sowie Zeitstandfestigkeit aus. In den oben genannten Normen ist der Werkstoff PE100-RC noch nicht aufgenommen (siehe Ausblick).

Er erfüllt höchste Ansprüche in Bezug auf Hygiene und Hydraulik, Nutzungsdauer und Druckfestigkeit sowie Verlegung und Flexibilität. Seine Eigenschaften machen ihn zu einem wirtschaftlichen und ressourceneffizienten Werkstoff und deshalb zu dem in der Trinkwasserversorgung inzwischen bevorzugt eingesetzten Material. Dies liegt nicht zuletzt daran, dass in den letzten Jahren sandbettlose sowie grabenlose Einbauverfahren zunehmend an Bedeutung gewonnen haben. Im Zusammenhang mit solchen sog. alternativen Einbauverfahren können im Betrieb Punktlasten auftreten, die eine hohe Spannungsrissbeständigkeit des Rohrs verlangen. Vor diesem Hintergrund hat sich die Weiterentwicklung des Werkstoffs PE100 seit dem Jahr 2000 auf die Eigenschaften „Widerstand gegen langsames Risswachstum“ bzw. „Spannungsrissbeständigkeit“ konzentriert.

Die Extrusion (Herstellung) von Rohren

Rohre aus HD-PE werden mit Außendurchmessern von 10 bis 1.600 mm und in Druckbereichen bis PN40 extrudiert.

In einem Extruder (Schneckenpresse) wird das HD-PE-Granulat bei einer Temperatur von 180 bis 230 °C plastifiziert und mit gleichmäßigem Druck durch das formgebende Werkzeug gepresst. Die Schmelze durchläuft das Rohrwerkzeug unter hohem Druck und verlässt dieses schließlich als Rohr mit der geforderten Wanddicke.

In der anschließenden Kalibrierbüchse wird die noch heiße und weiche Rohrwandung mittels Vakuum auf den Außendurchmesser geformt und so weit abgekühlt, dass das Rohr formstabil ist. In der nachfolgenden Kühlstrecke wird das Rohr weiter stabilisiert und schrittweise abgekühlt.

In der Signiereinrichtung erhält das Rohr im Abstand von jeweils 1 m eine dauerhafte Kennzeichnung und wird abschließend auf die richtige Länge gebracht.

Die Herstellung von Formteilen und Armaturen

Für die extrudierten Rohre werden Formteile benötigt. Diese werden im Allgemeinen durch das Spritzgussverfahren hergestellt. Analog zum Extrudieren der Rohre wird zunächst das Granulat zu einer zähen Masse plastifiziert und anschließend unter hohem Druck in das Formwerkzeug gepresst. Unter diesem hohen Druck wird die noch weiche Masse im Werkzeug gehalten. Das Werkzeug wird hierbei gekühlt. Ist die Masse dann formstabil, wird das Werkzeug geöffnet, und das gespritzte Formstück wird ausgestoßen.

Formteile können auch durch manuelle oder mechanische Bearbeitung aus Stäben, Platten oder Rohren hergestellt werden.

Verbindungen von Rohren

Rohre können entweder durch Steckmuffen-Systeme (lösbare Verbindungen) oder durch Schweißen (unlösbare Verbindungen) miteinander verbunden werden. Gängige Schweißverfahren sind das Heizelementstumpfschweißen oder das Heizwendelschweißen nach DVS- Richtlinie 2207.

Farben

Die Farbe für die Rohre ist i. d. R. schwarz. Als Zuschlagsstoff für die Rohre wird Ruß verwendet, der die Witterungsbeständigkeit und die schwarze Färbung bewirkt. Kohlenstoff ist ein umweltverträglicher und stabiler Zuschlagsstoff.

Zur deutlichen Unterscheidung der Anwendung sind die Rohre aus PE80 und PE100 in der Trinkwasserverteilung verschieden eingefärbt:

- Schwarz (RAL 9004) mit hellblauen Streifen (RAL 5012)
- Königsblau (RAL 5005)

Eine wesentliche Eigenschaft ist, dass die unterschiedlichen PE-Materialien PE80 und PE100 miteinander verschweißt werden können. Dies ermöglicht dem Anwender vor Ort eine Flexibilität auf der Baustelle.

Kennzeichnung:

Trinkwasserrohre, die dieser Norm entsprechen, sind mindestens mit folgenden Angaben dauerhaft zu kennzeichnen:

***Tabelle 1:** Kennzeichnung von Rohren nach DIN EN 12201*

Aspekt	Kennzeichnung/Symbol
Norm	EN 12201
Herstellerkennzeichen	Name oder Symbol
Dimension (Außendurchmesser und Wanddicke)	z. B. 110 x 10
Rohrserie S bzw. SDR-Serie	z. B. SDR 11
Verwendungszweck	z. B. W, P, oder W/P
Material und Bezeichnung	z. B. PE 100
Druckstufe in bar	z. B. PN 16
Herstellerinformation	z. B. 1009

Unterschiedliche Abnehmer von Rohren haben ggf. besondere Anforderungen an die Herstellerinformation, in denen zusätzlich das Herstellungsdatum und ggf. auch Maschinennummern anzugeben sind.

Die Länge von gewickelten Rohren darf auf dem Coil angegeben werden; die Restlänge von Rohren auf Trommeln oder Coils darf auf dem Rohr angegeben werden.

Co-extrudierte und schälbare Rohre sind entsprechend zu kennzeichnen, wobei diese Art von Rohren eindeutig zu identifizieren ist, einschließlich aller spezifischen Anweisungen für diese Rohrtypen.

Vorteile bei der Verwendung von PE-Kunststoffrohren

In der Trinkwasserverteilung spielen heute sowohl technische wie auch wirtschaftliche Aspekte bei der Planung eine Rolle. Hier sind z. B. die Auswahl der Materialien, die Lebensdauer, die Versorgungssicherheit, Erweiterungsmöglichkeiten des Netzes, der Einfluss auf das Trinkwasser, Leistungsreserven, Wartungsintervalle etc. zu beachten.

In der Vergangenheit wurden Wasserleitungen im Haus und im Verteilernetz immer aus metallischen Werkstoffen hergestellt. Ein großer Vorteil der Kunststoffrohre liegt darin, dass diese viel preisgünstiger sind als metallische Rohre. Weitere Vorteile, die für die Verwendung von PE-Kunststoffrohren sprechen, sind:

- einfache Handhabung
- einfache Verlegung
- Korrosionsbeständigkeit bei aggressiven Böden
- glatte Innenwände, wenig Druckverluste
- Dichtigkeit und Verbindungstechnik
- für sämtliche Wasserhärten nutzbar
- kaum Krustenbildung auf glatten Oberflächen
- beständig gegen Einwirkung von Säuren und Laugen

Ausblick

Die Normenreihe DIN EN 12201 wird überarbeitet, es liegen für die einzelnen Teile neue Entwürfe mit dem Ausgabestand 2021 vor. Die wesentlichen normativen Änderungen sind:

a) Werkstoff PE100-RC mit entsprechenden Anforderungen und Prüfungen aufgenommen
b) Anforderungen an die thermische Stabilität (Oxidations-, Induktionszeit) und entsprechende Prüfparameter in Tabelle 1 überarbeitet
c) Begriffe überarbeitet
d) informativen Anhang B mit Hinweisen zum Widerstand gegen schnelle Rissfortpflanzung aufgenommen
e) informativen Anhang C mit Angaben zur besonderen Eignung von Rohrleitungssystemen aus PE100-RC für unkonventionelle Einbauverfahren aufgenommen
f) normative Verweisungen aktualisiert

HD-PE-Rohre unterliegen einer strengen Qualitätskontrolle. Sie sind durch die genannten EN-Normen festgelegt. Für die Einhaltung haben die Hersteller eine werkseigene Produktionskontrolle (WPK) eingeführt, und dieses wird durch eine Fremdüberwachung von unabhängigen Instituten kontrolliert und somit sichergestellt. Hier gibt es in Deutschland unterschiedliche Prüfzeichen, die verwendet werden dürfen, wenn die Rohre die Eignung nachgewiesen haben, wie z. B. DVGW, RAL-Gütezeichen, DIN.

Die neue Trinkwasserverordnung und auch die geplanten harmonisierten europäischen Regelungen werden einen Einfluss auf die Zertifizierungsprogramme der vorgenannten Prüfzeichen haben, indem die trinkwasserhygienischen Anforderungen angepasst werden müssen.

3.3 Mindesthygieneanforderungen für Materialien und Werkstoffe, die mit Wasser für den menschlichen Gebrauch in Berührung kommen

Hintergrund aus der Trinkwasserverordnung

Die Qualität des Trinkwassers wird in Deutschland durch die Trinkwasserverordnung geschützt. Zweck der Verordnung ist es, die menschliche Gesundheit vor den nachteiligen Einflüssen, die sich aus der Verunreinigung von Wasser ergeben, das für den menschlichen Gebrauch bestimmt ist, durch Gewährleistung seiner Genusstauglichkeit und Reinheit nach Maßgabe der Vorschriften zu schützen. Sie regelt die Qualität von Wasser für den menschlichen Gebrauch.

Am 24.06.2023 ist die neu gefasste Trinkwasserverordnung in Kraft getreten, mit der maßgebliche Inhalte der EU-Trinkwasserrichtlinie aus dem Jahr 2020 umgesetzt werden. (Zweite Verordnung zur Novellierung der Trinkwasserverordnung, veröffentlicht im Bundesgesetzblatt Nr. 159 vom 23.06.2023)

Die neu gefasste Trinkwasserverordnung (TrinkwV) sieht die Einführung eines risikobasierten Trinkwasserschutzes vor, führt neue Parameter ein und legt niedrigere Grenzwerte für Schadstoffe wie Chrom, Arsen und Blei fest.

Die Trinkwasserverordnung sorgt weiterhin für das gewohnt hohe Qualitätsniveau beim Trinkwasser mit besonderem Augenmerk auf neue Herausforderungen durch Umwelteinflüsse auf die Trinkwasserressourcen.

Mit der bereits im Dezember 2012 veröffentlichten 2. Änderungsverordnung der Trinkwasserverordnung hat das Umweltbundesamt (UBA) im Dezember 2012 die Aufgabe erhalten, rechtsverbindliche hygienische Bewertungsgrundlagen für Materialien und Werkstoffe festzulegen, die mit Trinkwasser in Kontakt kommen.

Der Gesetzgeber verlangt somit im Sinne des Verbraucherschutzes anforderungskonforme und trinkwasserhygienisch geeignete Produkte. Hierbei ist besonders der § 15 Abs. 3 TrinkwV zu beachten.

§ 14 TrinkwV

(2) Werkstoffe und Materialien, die für die Neuerrichtung oder Instandhaltung von Anlagen für die Gewinnung, Aufbereitung oder Verteilung von Trinkwasser verwendet werden und Kontakt mit Trinkwasser haben, dürfen nicht

1. den nach dieser Verordnung vorgesehenen Schutz der menschlichen Gesundheit unmittelbar oder mittelbar mindern,
2. den Geruch oder den Geschmack des Wassers nachteilig verändern oder
3. Stoffe in Mengen ins Trinkwasser abgeben, die größer sind, als dies bei Einhaltung der allgemein anerkannten Regeln der Technik unvermeidbar ist.
4. Stoffe in größeren Mengen in das Wasser abgeben, als dies bei Einhaltung der allgemein anerkannten Regeln der Technik unvermeidbar ist.

Diese Anforderungen werden vom Umweltbundesamt präzisiert, definiert und veröffentlicht:

§ 15 Abs. 1 TrinkwV

(1) Das Umweltbundesamt kann die allgemeinen Anforderungen an Werkstoffe und Materialien nach § 14 dadurch konkretisieren, dass es Grundlagen für die Bewertung von Werkstoffen und Materialien, die bei der Errichtung oder Instandhaltung von Wasserversorgungsanlagen eingesetzt werden dürfen (Bewertungsgrundlagen), festlegt.

(3) Die Bewertungsgrundlagen können insbesondere enthalten:

1. Prüfvorschriften mit Prüfparametern, Prüfkriterien und methodischen Vorgaben zur Bewertung der hygienischen Eignung
   a) der Ausgangsstoffe, die in Positivlisten nach Nummer 2 aufgeführt sind,
   b) der Werkstoffe und Materialien, die in Positivlisten nach Nummer 3 aufgeführt sind, sowie
   c) von Werkstoffen und Materialien in Produkten,
2. Positivlisten der Ausgangsstoffe, die zur Herstellung von Werkstoffen und Materialien hygienisch geeignet sind, einschließlich Anforderungen an die Verwendung dieser Ausgangsstoffe, und
3. Positivlisten von Werkstoffen und Materialien, die für den Kontakt mit Trinkwasser hygienisch geeignet sind, mit Beschränkungen für den Einsatz dieser Werkstoffe und Materialien in bestimmten Produkten oder im Kontakt mit bestimmten Trinkwässern.

[...]

Dem Umweltbundesamt (UBA) wird hierbei die tragende Rolle zur Definition der Mindestanforderungen zugeschrieben. Das Umweltbundesamt entscheidet darüber, welche Mindestanforderungen definiert werden, und macht die Bewertungsgrundlagen im amtlichen Teil des Bundesanzeigers bekannt und veröffentlicht diese im Internet. Zwei Jahre nach ihrer Bekanntmachung im Bundesanzeiger wird die jeweilige Bewertungsgrundlage rechtsverbindlich. Das Datum des Eintritts der Rechtsverbindlichkeit ist im Internet ebenfalls zu veröffentlichen.

Einführung von Bewertungsgrundlagen

Diese Mindestanforderungen werden heute in sog. Bewertungsgrundlagen beschrieben. Nach der Veröffentlichung und Einführung und einem Ablauf von zwei Jahren gelten diese als verbindlich. In der Vergangenheit wurden sog. Leitlinien oder Empfehlungen eingeführt, wie z. B. die KTW-Leitlinie. Diese hatten einen unverbindlichen Charakter. Mit der Einführung von Bewertungsgrundlagen (BWGL) hat sich dies rechtlich verändert.

Für welche Materialien Bewertungsgrundlagen erstellt werden, wird je nach öffentlichem Interesse nach Anhörung mit Experten von Ländern, der Bundeswehr, dem Eisenbahn-Bundesamt sowie mit beteiligten Fachkreisen und Verbänden vom UBA entschieden.

Vom Umweltbundesamt wurden bis zur Fertigstellung dieses Buchs die Bewertungsgrundlagen für die nachfolgenden Materialien erstellt. Diese haben die bekannten Leitlinien, wie z. B. die KTW-Leitlinie, die Beschichtungsleitlinie und Schmierstoffleitlinie, ersetzt.

- UBA-Bewertungsgrundlage für Kunststoffe und andere organische Materialien in Kontakt mit Trinkwasser (KTW-BWGL): Diese beinhaltet Anforderungen an Kunststoffe, organische Beschichtungen, Schmierstoffe, Elastomere und thermoplastische Elastomere.
- UBA-Bewertungsgrundlage für metallene Werkstoffe im Kontakt mit Trinkwasser
- UBA-Bewertungsgrundlage für Emaille und keramische Werkstoffe im Kontakt mit Trinkwasser (Email/Keramik-Bewertungsgrundlage)

Für Elastomere, thermoplastische Elastomere und Silikone gelten zurzeit noch Übergangsregelungen (Übergangsregelung Elastomerleitlinie, Silikon-Übergangsempfehlung), die noch nicht den rechtlichen Status einer Bewertungsgrundlage nach § 15 Abs. 1 TrinkwV haben. Silikone sollen derzeit nicht in den Anwendungsbereich der Bewertungsgrundlage aufgenommen werden. Zur Beurteilung von Silikonen im Kontakt mit Trinkwasser gibt es eine separate Übergangsempfehlung, die jedoch rechtlich nicht verbindlich ist. Für zementgebundene Werkstoffe wurde keine separate Bewertungsgrundlage mehr erarbeitet.

Das DVGW-Arbeitsblatt W 347 regelt derzeit die Prüfung und Beurteilung von zementgebundenen Werkstoffen im Kontakt mit Trinkwasser. Die darin enthaltene Positivliste wird allerdings nicht fortgeschrieben. Nach der überarbeiteten europäischen Trinkwasserrichtlinie (Richtlinie (EU) 2020/2184) werden die Anforderungen an Materialien und Werkstoffe im Kontakt mit Trinkwasser zukünftig europäisch einheitlich geregelt. Aus diesem Grund wird das Umweltbundesamt keine neue nationale Bewertungsgrundlage für zementgebundene Werkstoffe im Vorgriff auf die europäische Regelung festlegen.[1]

Die vorgenannten Beurteilungsgrundlagen definieren somit die material- und werkstoffspezifischen Anforderungen und die durchzuführenden Prüfungen. Die Produkte oder Bauteile, die mit dem Trinkwasser in Berührung kommen, müssen produkt- bzw. bauteilspezifisch bewertet werden. Die Bewertung umfasst den möglichen Stoffübergang und die toxikologischen Eigenschaften des zu bewertenden Ausgangsstoffs, dessen mögliche Verunreinigungen sowie der Reaktions- und Abbauprodukte. Die bewerteten Ausgangsstoffe sind in materialspezifischen Positivlisten der Bewertungsgrundlagen aufgeführt. In den verschiedenen Positivlisten werden auch die zulässigen Grenzwerte festgelegt.[2]

Neben den Eigenschaften der Materialien kann aber auch der Produktionsprozess einen wesentlichen Einfluss auf die Qualität haben. Als Beispiel seien hier die Extrusion, das Spritzgießen und die Vor-Ort-Beschichtungen genannt.

Trinkwasserhygienische Eignung von Produkten oder Materialien

Um den Nachweis der trinkwasserhygienischen Eignung der Produkte oder Materialien führen zu können, werden Proben des Materials oder Produkts entnommen und in dafür spezialisierten Laboren geprüft. Die Labore weisen ihre Kompetenz z. B. durch eine Akkreditierung nach.

Risikoabschätzung

Bevor ein Produkt geprüft werden kann, ist zunächst eine Risikoabschätzung durchzuführen und die Rezeptur zu untersuchen. Hierzu sind der Verwendungszweck und die wasserbenetzte Fläche in einem Bauteil > 10 %, < 10 % oder < 1 % zu ermitteln. Die Offenlegung der Rezeptur bedeutet, dass der Hersteller, z. B. eines Kunst-

[1] Information Umweltbundesamt.

[2] Siehe Anlagen der Bewertungsgrundlage für Kunststoffe und andere organische Materialien im Kontakt mit Trinkwasser (KTW-BWGL).

stoffgranulats, alle verwendeten Substanzen mitteilen (offenlegen) muss. Alle verwendeten Substanzen werden mit den Positivlisten abgeglichen.

Diese Angaben sind wichtig, da sog. Konversionsfaktoren verwendet werden. Der Konversionsfaktor dient zur Berechnung von einer am Wasserhahn zu erwartenden Konzentration von Stoffen und basiert auf Annahmen zu Stagnationszeiten des Wassers in den jeweiligen Produkten und deren Oberfläche/Volumen-Verhältnissen. Das heißt, je größer die Oberfläche ist, umso mehr Stoffe könnten vom entsprechenden Bauteil/Produkt in das Trinkwasser übergehen.

Aufgrund der durchgeführten Rezepturprüfung hat das Labor die notwendigen Informationen, dass es neben den Grundanforderungen, also den immer zu untersuchenden Parametern, auch ggf. spezielle Substanzen (rezepturspezifische Einzelstoffanforderungen) näher untersuchen muss.

Kunststoffprüfungen

Für den Kunststoff (organische Materialien) werden zwei wesentliche Prüfungen durchgeführt. Dies sind die Migrationsprüfung und die Anforderungen hinsichtlich der Förderung des mikrobiellen Wachstums.

- Migrationsprüfung:
  Bei der Migrationsprüfung wird das Prüfstück in einen Behälter mit Prüfwasser gegeben. Oberfläche und Volumen sind definiert. Hier wird der Stoffübergang untersucht, ob Substanzen aus dem Prüfling in das Wasser migrieren. Es werden die Parameter Geruch (TON), Trübung, Färbung, Schaumbildung und der gesamtorganische Kohlenstoff (TOC) untersucht. In Abhängigkeit der verwendeten Ausgangsstoffe können auch die bereits oben genannten zusätzlichen rezepturspezifischen Einzelstoffanforderungen geprüft werden.
- Prüfung der Förderung des mikrobiellen Wachstums:
  Die Prüfung der Förderung des mikrobiellen Wachstums wird oft unabhängig von der Migrationsprüfung des Produkts durchgeführt. Hierbei wird geprüft, inwieweit sich in einem Zeitraum von drei Monaten ein sog. Biofilm (gebildete Schleimschicht von

Mikroorganismen) auf dem Prüfling gebildet hat. Die Oberfläche der Produkte darf keine biozide Wirkung auf das Trinkwasser haben.

Hat das Produkt/Material beide Prüfungen bestanden, so kann es in und für Produkte im Kontakt mit Trinkwasser verwendet werden.

Aus dem oben genannten Beispiel eines Kunststoffs ist zu erkennen, dass die Kontamination des Trinkwassers zu vermeiden ist und dass material-/produktspezifisch spezielle Prüfungen durchgeführt werden müssen, für die Mindestanforderungen gestellt werden.

Risiken

Organische Materialien

Die nachfolgend genannten Risiken können von organischen Materialien (Kunststoffe, Elastomere, Beschichtungen, Schmierstoffe), Elastomeren, thermoplastischen Elastomeren und Silikonen ausgehen und sind zu untersuchen:

- Migration von Stoffen
- Geruch/Geschmack
- Förderung des mikrobiellen Wachstums

Analog zu den genannten organischen Materialien werden auch für zementgebundene Werkstoffe, Emails und keramische Werkstoffe die Mindesthygieneanforderungen festgelegt. Es wird immer ein risikobasierter Ansatz gewählt, der zum einen die wasserbenetzte Fläche des Bauteils berücksichtigt und ebenso die Ermittlung der Stoffe, die in das Trinkwasser migrieren könnten. Zu untersuchende Risiken gelten für z. B.:

Zementgebundene Werkstoffe

- Migration von Stoffen
- Geruch/Geschmack
- organ. Zementanteile: Förderung des mikrobiellen Wachstums

Email/Keramische Werkstoffe

- Migration von Stoffen
- Geruch/Geschmack

Metallische Grundwerkstoffe und Überzüge

Für metallische Grundwerkstoffe und Überzüge, die für die Neuerrichtung oder Instandhaltung von Anlagen für die Gewinnung, Aufbereitung oder Verteilung von Trinkwasser verwendet werden, wenn sie für den direkten Kontakt mit Trinkwasser vorgesehen sind, wurden ebenfalls Positivlisten erstellt. Auch hier werden risikobasierte Gruppen eingeführt (A, B, C, D).[3] Die Produktgruppe A beispielsweise umfasst Rohre mit einer wasserberührten Oberfläche von bis zu 100 % und schließt damit alle anderen Gruppen mit ein.

Wenn ein Werkstoff in die Positivliste aufgenommen und somit einer Kategorie zugeordnet wurde, kann dieser für den entsprechenden Anwendungsbereich verwendet werden. Dieses ist dann mit entsprechenden Prüfzeugnissen oder durch eine Spektralanalyse zu bestimmen.

Eisenwerkstoffe, nicht rostender Stahl, Kupfer und Kupferlegierungen

Die Risiken auf die Trinkwasserbeschaffenheit gehen z. B. von den nachfolgenden chemischen Elementen aus:

- Metallabgabe (z. B. Pb, Cu, Ni, Zn, Sb)
- Geschmack/Verfärbung (Eisen)

Nachweis der trinkwasserhygienischen Eignung

Zum Nachweis der trinkwasserhygienischen Eignung werden für alle genannten Prüfungen von den Laboren Prüfberichte erstellt. Diese Prüfberichte sind die Basis für die Erstellung von Prüfzeugnissen (nach Leitlinien), für Konformitätsbestätigungen (nach Bewertungsgrundlagen) oder auch für Eigenerklärungen.

3 Siehe Bewertungsgrundlage für metallene Werkstoffe im Kontakt mit Trinkwasser (Metall-Bewertungsgrundlage).

Das Umweltbundesamt hat eine Empfehlung zur Konformitätsbestätigung der trinkwasserhygienischen Eignung von Produkten herausgegeben. Hiernach können für Produkte oder auch für zusammengestellte Produkte (z. B. Armaturen, Duschköpfe, flexible Anschlussschläuche) im Kontakt mit dem Trinkwasser Zertifikate von einer akkreditierten Zertifizierungsstelle beantragt werden. Diese Zertifikate sind der Nachweis dafür, dass die Mindesthygieneanforderungen für Materialien und Werkstoffe, die mit Wasser für den menschlichen Gebrauch in Berührung kommen, eingehalten werden.

Anwender (Hersteller, Installateure, Verbraucher) benötigen konforme Produkte und fragen danach, wie sie diese erkennen. Zurzeit gibt es in Deutschland keine einheitliche Kennzeichnung, sondern die akkreditierten Zertifizierungsstellen geben unterschiedliche Zertifizierungszeichen heraus.

***Bild 1:** Beispielhafter Nachweis der trinkwasserhygienischen Eignung (Quelle: Altemeier)*

Ausblick

Am 12.01.2021 ist nach der Veröffentlichung im Europäischen Amtsblatt die neue Trinkwasserrichtlinie in Kraft getreten. Die Mitgliedstaaten hatten zwei Jahre Zeit, um der Richtlinie nachzukommen und diese national umzusetzen. In Deutschland wurde diese in die Verordnung über die Qualität von Wasser für den menschlichen Gebrauch (Trinkwasserverordnung – TrinkwV) vom 20.06.2023 am 23.06.2023 veröffentlicht und am folgenden Tag in Kraft gesetzt. Eine wesentliche Änderung sind hier die europäisch harmonisierten trinkwasserhygienischen Anforderungen an Werkstoffe und Materialien. Das Ziel ist, eine harmonisierte Vorgehensweise in Europa zu schaffen, die für Ausgangsstoffe, Zusammensetzungen und Bestandteile ebenso gilt wie für endgültige Materialien und Werkstoffe in Produkten. Das bedeutet, dass, wenn in einem Land die trinkwasserhygienische Eignung nachgewiesen wurde, ein weiterer Nachweis in einem anderen Land nicht mehr notwendig ist.

Ein weiterer großer Vorteil für die Anwender wäre eine harmonisierte Spezifikation für eine unübersehbare, deutlich lesbare und unauslöschliche Kennzeichnung für die hygienischen Anforderungen. Diese bedeutet ein Logo, das in jedem europäischen Land verwendet wird und erkannt werden kann.

Um eine einheitliche Herangehensweise umzusetzen, werden derzeit harmonisierte europäische Positivlisten und Regelungen zur Prüfung und Zertifizierung von Produkten erarbeitet. Diese Anforderungen werden in delegierten Rechtsakten und Durchführungsrechtsakten für die Materialien und Werkstoffe im Kontakt mit dem Trinkwasser beschrieben.

Die Durchführungsrechtsakte (Implementing Acts, IA) erfordern vor ihrer Veröffentlichung die Zustimmung der Mitgliedstaaten, wogegen für die delegierten Rechtsakte (Delegated Acts, DA) lediglich eine vorherige Anhörung der Mitgliedstaaten durch die EU-Kommission (COM) vorgesehen ist. Sowohl IA als auch DA werden unmittelbar mit Veröffentlichung geltendes EU-Recht, da diese als Entscheidungen der COM oder als Verordnungen verabschiedet werden sollen. Im Einzelnen werden die nachfolgenden Rechtsakte erarbeitet.

Durchführungsrechtsakte (IA)

1.IA: Festlegung von Methoden für die Prüfung und Aufnahme von Ausgangsstoffen, Zusammensetzungen und Bestandteilen in die europäischen Positivlisten

2.IA: Festlegung der europäischen Positivlisten („EUPL") von Ausgangsstoffen, Zusammensetzungen und Bestandteilen zur Verwendung bei der Herstellung von Materialien oder Erzeugnissen, die mit Wasser in Berührung kommen und für den menschlichen Gebrauch bestimmt sind

4.IA: Verfahren und Methoden zur Prüfung und Zulassung von Materialien, die in einem Produkt verwendet werden, das mit Wasser für den menschlichen Gebrauch in Kontakt kommt.

Delegierte Rechtsakte (DA)

3.DA: Festlegung des Verfahrens zur Aufnahme von Ausgangsstoffen, Zusammensetzungen oder Bestandteilen in die bzw. zur Streichung aus den europäischen Positivlisten
5.DA: Festlegung des Konformitätsbewertungsverfahrens für Produkte, die dazu bestimmt sind, mit Wasser für den menschlichen Gebrauch in Berührung zu kommen, und der Regeln für die Benennung der Konformitätsbewertungsstellen gemäß der Richtlinie (EU) 2020/2184 des Europäischen Parlaments und des Rates
6.DA: Harmonisierte Spezifikationen für die Kennzeichnung von Produkten, die zur Verwendung in Kontakt mit Wasser für den menschlichen Gebrauch bestimmt sind.

Es ist der Wunsch der Europäischen Kommission, diese Rechtssache Anfang 2026 einzuführen.

3.4 Werkstoffe in Kontakt mit Trinkwasser

Auf dem Weg von der Quelle bis zum Wasserhahn wird das Wasser mit verschiedenen technischen Einrichtungen und unterschiedlichen Werkstoffen konfrontiert. Verwendete Materialien müssen in Zusammensetzung und Herstellung unbedenklich sein. Sie dürfen die Qualität des Trinkwassers nicht verschlechtern. Die allgemeinen Anforderungen an Werkstoffe und Materialien für die Errichtung oder Instandhaltung von Wasserversorgungsanlagen sind in § 14 der Trinkwasserverordnung zusammengestellt.

§ 14 TrinkwV

Werkstoffe und Materialien, die für die Errichtung oder Instandhaltung von Wasserversorgungsanlagen verwendet werden und die Kontakt mit dem Rohwasser oder Trinkwasser haben, dürfen nicht

1. den nach dieser Verordnung vorgesehenen Schutz der menschlichen Gesundheit unmittelbar oder mittelbar mindern,
2. die Färbung, den Geruch oder den Geschmack des Wassers beeinträchtigen,
3. die Vermehrung von Mikroorganismen fördern oder
4. Stoffe in größeren Mengen in das Wasser abgeben, als dies bei Einhaltung der allgemein anerkannten Regeln der Technik unvermeidbar ist.

Betreiber einer Wasserversorgungsanlage müssen sicherstellen, dass bei Errichtung und Instandhaltung einer derartigen Anlage nur solche Werkstoffe und Materialien verwendet werden, die den aufgeführten allgemeinen Anforderungen entsprechen. Der Betreiber darf nur solche Stoffe oder Gegenstände verwenden und nur solche physikalischen, chemischen oder biologischen Verfahren anwenden, die dazu bestimmt sind, der Trinkwasserversorgung zu dienen. Stoffe oder Gegenstände, bei denen das nicht der Fall ist, mussten bis zum 09.01.2025 aus den Wasserversorgungsanlagen entfernt werden. Auch Verfahren, die diesen Vorgaben nicht entsprechen, dürfen seitdem nicht mehr angewendet werden (vgl. § 13 TrinkwV, insb. Abs. 2 Nr. 1 und Abs. 5).

Die Grundlagen für die Bewertung der Eignung von Materialien für die Verwendung in Wasserversorgungsanlagen (Bewertungsgrundlagen) erstellt - basierend auf § 15 TrinkwV vom 20.06.2023 - das Umweltbundesamt. Die folgenden materialspezifischen Bewertungsgrundlagen (BWGL) im Kontakt mit Trinkwasser sind – Stand September 2025 – rechtsverbindlich:

- Bewertungsgrundlage für metallene Werkstoffe (Metall-BWGL)
- Bewertungsgrundlage für Emails und keramische Wertstoffe (Email/Keramik-BWGL)
- Bewertungsgrundlage für Kunststoffe und andere anorganische Materialien (KTW-BWGL)

Aus den Bewertungsgrundlagen kann abgeleitet werden, für welche Produkte welche Werkstoffe geeignet sind. Die Produkte werden dabei zu Produktgruppen zusammengefasst. Mit Verwendung der für eine Produktgruppe zulässigen Werkstoffe soll gesichert werden, dass bei Materialabtrag aus den Werkstoffen in das Trinkwasser (Migration von Material) die zulässigen Grenzwerte für diese Materialien im Trinkwasser nicht überschritten werden.

Teil der Bewertungsgrundlagen sind Positivlisten der Ausgangsstoffe, die zur Herstellung von Werkstoffen und Materialien zur Errichtung oder Instandhaltung von Wasserversorgungsanlagen werden dürfen. Teil der Bewertungsgrundlagen sind ebenfalls Positivlisten von Werkstoffen und Materialien, durch die festgelegt wird, für welche Produkte bzw. Produktgruppen sie eingesetzt werden dürfen. Einschränkungen gibt es dabei ggf. zusätzlich in Hinblick auf die Parameter der Trinkwässer (z. B. pH-Wert), die den Materialabtrag beeinflussen. Die Bewertungsgrundlagen des UBA enthalten die Beschreibung von Prüfverfahren, mit denen die hygienische Eignung von Werkstoffen für bestimmte Anwendungen festgestellt werden kann.

Nach § 16 TrinkwV vom 20.06.2023 wird gegenwärtig auch vermutet, dass die für ein Produkt verwendeten Werkstoffe und Materialien den allgemein anerkannten Regeln der Technik und den allgemeinen Anforderungen an die Werkstoffe und Materialien auch entsprechen, wenn dies durch ein Zertifikat eines für die Zertifizierung von Produkten in der Trinkwasserversorgung akkreditierten Zertifizierers bestätigt wird.

Ab dem 31.12.2026 wird die beschriebene nationale Rechtslage durch einen neuen Rechtsrahmen, basierend auf Art. 11 der Richtlinie (EU) 2020/2184 (Trinkwasserrichtlinie TWR), abgelöst. Nationale Positivlisten werden dann durch europäische Positivlisten ersetzt. Das Zertifizierungsverfahren ändert sich. Am Ende dieses Kapitels wird auf die damit verbundenen Folgen eingegangen.

Aufgrund von Übergangsregelungen können bis auf Ausnahmen Produkte, für die am 31.12.2026 nachgewiesen ist, dass sie den Bewertungsgrundlagen des Umweltbundesamtes (UBA-BWGL) und/oder anderen nationalen Vorgaben entsprechen, bis zum 31.12.2032 weiterhin genutzt werden. Für bleihaltige Legierungen gibt es eine gesonderte Regelung. Im Folgenden wird auf die derzeit verbindlichen Bewertungsgrundlagen des UBA eingegangen. Die BWGL sind online abrufbar über:

https://www.umweltbundesamt.de (Suche: Bewertungsgrundlagen und Leilinien)

3.4.1 Bewertungsgrundlage für metallene Werkstoffe (Metall-BWGL)

Diese Bewertungsgrundlage (6. Änderung, Version vom 21.08.2025) beschreibt Anforderungen an metallene Werkstoffe.

- Als metallene Grundwerkstoffe für Produkte, die in Anlagen für Gewinnung, Aufbereitung oder Verteilung von Trinkwasser verwendet werden, dürfen nur Werkstoffe verwendet werden, die der Positivliste der Metall-BWGL entsprechen.

- Metallene Überzüge, die mit Trinkwasser an der Innenoberfläche zum Schutz des Grundwerkstoffs in Berührung kommen, müssen so hergestellt werden, dass eine gleichbleibende Qualität und Beständigkeit des Überzugs gewährleistet ist. Entsprechend bewertete Überzüge sind in der Positivliste aufgeführt.
- Metallene Überzüge an Außenoberflächen, die auf die Wasser führenden Innenbereiche einstreuen können, dürfen nicht dazu führen, dass eine verstärkte Metallabgabe des Grundwerkstoffs in das Trinkwasser erfolgt. Geeignete Werkstoffe sind in der Positivliste aufgeführt.

Die Eignung metallener Überzüge ohne allgemeine trinkwasserhygienische Eignung kann durch Produktprüfung z. B. nach DIN EN 16058 nachgewiesen werden. Lote werden in der Metall-BWGL nicht betrachtet. Bei ihrer Verwendung als Fügewerkstoffe muss das technische Regelwerk beachtet werden.

Kapitel 4 der Metall-BWGL hat die Einteilung der Werkstoffe zum Inhalt. Werkstoffe, die zur Bildung einer Deckschicht unmittelbar Kontakt mit Trinkwasser haben, werden nach DIN EN 15664-1 geprüft. Aufgrund unterschiedlicher Beschaffenheit des Trinkwassers dürfen die nicht zu überschreitenden Grenzwerte für chemische Elemente im Trinkwasser nur z. T. (zwischen 50 % und 90 %) durch die Abgabe von Werkstoffen im Kontakt mit Trinkwasser ausgeschöpft werden. Bei den Prüfungen wird in den ersten 16 Wochen nach Neuinstallation ein Überschreiten der Prüfwerte toleriert.

Bei der Bewertung von Werkstoffen müssen nur alle Elemente mit einem Massenanteil größer oder gleich 0,02 % angegeben werden. Die Metall-Bewertungsgrundlage, die vom Umweltbundesamt veröffentlicht und regelmäßig aktualisiert wird, enthält in Tabelle 1 eine Einteilung der Produktgruppen, in denen metallische Werkstoffe verwendet werden. Diese Tabelle ist nachfolgend angegeben.

Produktgruppe	Definition	Bewertungsfaktor a
A	Rohre	1
B	Armaturen, Rohrverbinder, Apparate sowie Pumpen in der Trinkwasserinstallation	0,1
C	1. Komponenten in Armaturen, Rohrverbindern, Apparaten sowie Pumpen der Trinkwasserinstallation, deren wasserberührte Fläche nicht mehr als 10 % der gesamten wasserberührten Bauteilfläche einnimmt 2. Armaturen, Rohrverbinder, Apparate sowie Pumpen in der Trinkwasserinstallation mit einem i. d. R. permanenten Durchfluss	0,01
D	Komponenten in Armaturen, Rohrverbindern, Apparaten sowie Pumpen im Bereich der Wasserversorgung außerhalb der Trinkwasserinstallation (C2), deren wasserberührte Fläche in der Summe nicht mehr als 10 % der gesamten wasserberührten Bauteilfläche einnimmt.	–

***Bild 1:** Produktgruppen nach Metall-BWGL, 6. Änderung, Version vom 21.08.2025 (Quelle: Umweltbundesamt)*

Der Bewertungsfaktor spielt bei der Auswertung von Prüfergebnissen eine Rolle. Ein kleinerer Bewertungsfaktor berücksichtigt, dass Produkte der Gruppe üblicherweise zeitlich und räumlich einen geringeren Kontakt mit Wasser in der Trinkwasserinstallation haben als solche mit einem höheren Bewertungsfaktor. Bei Produkten mit einem höheren a-Wert ist von einer größeren Migration von Teilen der verwendeten Werkstoffe in das Trinkwasser auszugehen als bei einem geringeren a-Wert.

Produktgruppe A

Diese Gruppe umfasst Rohre, die bis zu 100 % in direktem Kontakt mit Wasser für den menschlichen Gebrauch stehen. Häufig verwendete Werkstoffe sind z. B. Kupfer, nicht rostender Stahl und schmelztauchverzinkte Eisenwerkstoffe. Die Verwendbarkeit des Rohrwerkstoffs ist abhängig von im Verlegungsgebiet vorliegenden Wasseranalysen.

Produktgruppe B

Hierunter fallen Armaturen, Rohrverbinder, Apparate sowie Pumpen in der Trinkwasser-Installation mit einem wasserberührten Oberflächenanteil von bis zu 10 %.

Die verwendeten Werkstoffe müssen in dieser Produktgruppe nicht homogen sein, müssen jedoch eine allgemeine trinkwasserhygienische Eignung mit sich bringen.

Eine Ausnahme nehmen verzinkte Rohrverbinder ein, die für die Verbindung von Rohren aus verzinktem Stahl oder als Übergangsverbinder auf einen anderen geeigneten Rohr- oder Armaturenwerkstoff den gleichen beschränkten Einsatzbereich wie verzinkte Rohre haben.

Produktgruppe C

Produktgruppe C1 enthält die Komponenten in Armaturen, Rohrverbindern, Apparaten sowie Pumpen, deren wasserberührte Oberfläche nicht mehr als 10 % der gesamten wasserberührten Bauteilfläche einnimmt. Sie müssen eine allgemeine trinkwasserhygienische Eignung aufweisen und mit allen Trinkwässern verwendbar sein.

Produktgruppe C2 umfasst og. Bauteile, jedoch in der Versorgung außerhalb der Trinkwasser-Installation mit einem i. d. R. permanenten Durchfluss. Dies beinhaltet Bauteile in Leitungen und Wasseraufbereitungsanlagen, wobei in diesen Fällen ein permanenter Durchfluss sichergestellt sein muss. Wie bei Produktgruppe A ist der Einsatz beschränkt und an die örtlichen Gegebenheiten (Wasseranalysen) anzupassen.

Produktgruppe D

Produktgruppe D umfasst Bauteile der Gruppe C2, deren wasserberührte Fläche in der Summe nicht mehr als 10 % der gesamten wasserberührten Bauteilfläche einnimmt. Insgesamt muss der Anteil der wasserberührten Oberflächen von Komponenten der Produktgruppe D kleiner als 10 % der wasserberührten Oberfläche des Bauteils sein. Es muss permanenter Durchfluss in den Bauteilen gewährleistet sein und die chemischen Anforderungen für die Trinkwassereignung müssen erfüllt werden.

Die Metall-BWGL beschreibt in Kapitel 5 das angewendete Vorgehen, auf dessen Grundlage Werkstoffe in die „Positivliste der trinkwasserhygienisch geeigneten metallischen Werkstoffe“ aufgenommen werden. Es dürfen vorgegebene Prüfwerte für Materialanteile im Trinkwasser, die sich aus zulässigen prozentualen Anteilen von Grenz- oder Leitwerten von WHO oder TrinkwV ergeben, nicht überschritten werden. Bei den Prüfungen für die Aufnahme von Werkstoffen in die Positivliste wird dabei die Materialzusammensetzung der verwendeten Referenzwerkstoffe in Prüfstücken berücksichtigt.

Für Blei beträgt der Prüfwert 5 µg/l, ab 12.01.2028 nur noch 2,5 µg/l. Das hat zur Folge, dass ab dem 11.01.2028 folgende in der Anlage „Positivliste der trinkwasserhygienisch geeigneten metallenen Werkstoffe“ (der Metall-BWGL) aufgeführte Materialien nicht mehr eingesetzt werden dürfen (vgl. Einleitung der Metall-BWGL):

- 2.5.3.1 CW511L-DW (CuZn38As) (Pb < 0,2 %)
- 2.9.3.1 CW617N-DW (CuZn40Pb2)/CW612N-DW (CuZn39Pb2)
- 2.9.3.2 CW614N-DW (CuZn39Pb3)/CW603N-DW (CuZn36Pb3)
- 2.10.3.1 CC757S (CuZn39Pb1Al-C)
- 2.11.3.1 CC770S (CuZn36Pb-C)
- 2.11.3.2 CW626N-DW (CuZn33Pb1.5AlAs)
- 2.11.3.3 CW625N-DW (CuZn35Pb1.5AlAs)
- 2.12.3.1 CC772S (CuZn36Pb1.5AsSbAl-C)
- 2.13.3.1 CW725R-DW (CuZn33Pb1AlSiAs)
- 2.14.3.1 CC499K (CuSn5Zn5Pb2-C)

In der Anlage „Positivliste der trinkwasserhygienisch geeigneten metallenen Werkstoffe“ sind die Werkstoffe aufgeführt, für die eine trinkwasserhygienische Eignung nachgewiesen wurde. Die Liste ist gegliedert in Werkstoffe, die für die einzelnen Produktgruppen eingesetzt werden können.

- **Rohrwerkstoffe (Produktgruppe A)**
  - Nicht rostende Stähle dürfen im Passivzustand für alle Produktgruppen eingesetzt werden. Möglicherweise kann örtlich eine erhöhte Korrosion auftreten. Die Hinweise des technischen Regelwerks zur Beständigkeit von nicht rostenden Stählen gegen Korrosion sind zu beachten.

- Eine Reihe von Kupferlegierungen wird als Werkstoffe für die Produktgruppe A aufgeführt. Allerdings gibt es Einschränkungen für ihre Verwendung. Kupferrohre können nicht für alle Trinkwässer in Deutschland verwendet werden. Spätestens ab der 16. Woche nach Neuinstallation muss der Kupfergrenzwert der TrinkwV eingehalten werden. Dazu müssen i. d. R. bestimmte Anforderungen an den pH-Wert eingehalten werden.
- Für innenverzinktes Kupfer gibt es keine Einschränkungen, sofern die Verzinnung den Vorgaben des DVGW-Arbeitsblatts GW 392 bzw. des DVGW-Arbeitsblatts W 534 entspricht. Anforderungen des technischen Regelwerks sind bei Kombination mit anderen Werkstoffen zu beachten.
- Schmelztauchverzinnte Eisenwerkstoffe können bei Einhaltung bestimmter Vorgaben für alle Produktgruppen verwendet werden, wenn der Zinküberzug den Anforderungen der DIN EN 10240 (Überzugsqualität A.1) entspricht. Schmelztauchverzinnte Eisenwerkstoffe dürfen nur für Kaltwasser-Installationen verwendet werden.

- **Werkstoffe für Bauteile der Produktgruppen B und C**
  In der Anlage „Positivliste für trinkwasserhygienisch geeignete metallene Werkstoffe“ sind Zusammensetzungen von Kupferlegierungen angegeben, die als Werkstoffe in den Produktgruppen B und C geeignet sind. Genauere Angaben zu prozentualen Angaben für Minimal- und Maximalwerte [% (m/m)] von Legierungsbestandteilen sind in den Abschnitten der Anlage zu finden, auf die in der nachfolgenden Tabelle verwiesen wird.

	Legierungsbestandteile													
Abschnitt	Kupfer	Zink	Aluminium	Zinn	Silizium	Eisen	Arsen	Phosphor	Magnesium	Blei	Antimon	Nickel	Schwefel	Mangan
2.1	X	X												
2.2	X	X	X											
2.3	X	X	X	X										
2.4	X	X	X		X	X								
2.5	X	X					X							
2.6	X	X	X				X							
2.7	X	X	X				X				X			
2.8	X	X		X				X						
2.9	X	X							X					
2.10	X	X								X				
2.11	X	X	X							X				
2.12	X	X	X				X			X				
2.13	X	X	X				X			X	X			
2.14	X	X	X		X		X			X				
2.15	X	X		X						X		X		
2.16	X	X		X				X					X	
2.17	X	X			X									
2.18	X	X			X			X						
2.19	X	X			X			X						X
2.20	X	X			X	X		X						X
2.21	X			X				X						
2.22	X			X				X		X				

Bild 2: *Legierungsbestandteile*

Kupferlegierungen, die für die Produktgruppen A, B und C geeignet sind, können auch für Bauteile der Produktgruppe D verwendet werden, wenn zusätzliche Anforderungen von den Legierungen erfüllt werden (vgl. Abschnitt 2.24 der Anlage der Metall-BWGL).

Eisenwerkstoffe werden gesondert betrachtet. Trinkwasserhygienisch geeignet sind für Anwendungen, die in die Produktgruppe C2 fallen – Armaturen, Rohrverbinder u. Ä. mit i. d. R. permanentem Durchfluss – mit den in der Metall-BWGL genannten Einschränkungen für Legierungsbestandteile und unvermeidbare Begleitelemente die folgenden Werkstoffe (vgl. Abschnitt 2.23 der Anlage der Metall-BWGL):

- Gusseisen nach
  - EN 1561 – unlegiertes und niedriglegiertes Gusseisen mit Lamellengraphit
  - EN 1563 – Gusseisen mit Kugelgraphit
- Unlegierte Stähle nach
  - EN 10025 – Warmgewalzte Erzeugnisse aus Baustählen – allg. Techn. Lieferbed.
  - EN 10213 – Stahlguss für Druckbehälter
  - EN 10222 – Schmiedestücke aus Stahl für Druckbehälter

Werden Eisenwerkstoffe im Bereich der Wasserversorgung außerhalb der Trinkwasserinstallation verwendet, müssen sie ständig mit einer Strömungsgeschwindigkeit größer als 0,1 m/s durchflossen werden. Im Anwendungsbereich der DIN 2880 – Anwendung von Zementmörtel-Auskleidung für Gussrohre, Stahlrohre und Formstücke – müssen bestimmte Anforderungen an das Wasser (u. a. pH-Wert > 7,0) erfüllt sein, damit davon ausgegangen werden kann, dass sich wasserseitig eine ausreichende Deckschicht ausbildet.

Galvanische Überzüge für ausgewählte Bauteile (Produktgruppe B und C)

Genauer beschrieben werden in Abschnitt 3 der Anlage der Metall-BWGL Zusatzanforderungen für galvanische Überzüge von Bauteilen aus metallenen Werkstoffen für Armaturen, Rohrverbinder, Apparate und Pumpen (Produktgruppe B) sowie für Armaturen, Rohrverbinder und Apparate und Pumpen der Produktegruppe C. Es muss nachgewiesen werden, dass in den Galvanikbädern die fertigen Produkte nicht mit organischen Substanzen verunreinigt werden. Der Nachweis kann durch Migrationsprüfung nach DIN EN 12873 Teil 1 erfolgen. Im Rahmen eines Zertifizierungs- und Zulassungsverfahrens kann der Nachweis erbracht werden. Weitere Einschränkungen werden für die folgenden Anwendungen angegeben.

- Galvanische Verzinnung der Außenoberflächen aus optischen Gründen
  Die Bauteile können mit Schichtaufbau Kupfer-Zinn galvanisch überzogen werden.

- Galvanische Zinn-Nickel-Überzüge der Außenoberflächen
- Galvanische Kupfer-Zinn-Überzüge der Außenoberflächen

Passive Werkstoffe

Mit den Prüfungen für passive Werkstoffe wie nicht rostende Stähle und andere Legierungen nach DIN EN 16056 soll sichergestellt werden, dass bei Verwendung positiv bewerteter Werkstoffe keine Grenzwerte überschritten werden, die durch die TrinkwV vorgegeben sind.

Die betreffenden Legierungen, die den Anforderungen der Norm entsprechen, bleiben unter den Bedingungen, die im Trinkwasser vorliegen können, passiv. Aus den Werkstoffen werden keine relevanten Mengen an Metallen in das Trinkwasser abgegeben. In der „Positivliste für trinkwasserhygienisch geeignete metallene Werkstoffe“ sind Zusammensetzungen von Legierungen angegeben, die passiv bleiben. Genauere Angaben zu prozentualen Angaben zu den Legierungsbestandteilen sind in den Abschnitten der Positivliste zu finden, auf die in der nachfolgenden Tabelle verwiesen wird (vgl. Abschnitt 4 der Anlage der Metall-BWGL).

Abschnitt	Bezeichnung	Produktgruppen	Bestandteile				
			Nickel	Chrom	Titan	Tantal	Molybdän
4.3.1	NiCr7030	B–D	X	X			
4.3.2	NiCr8020	B–D	X	X			
4.3.3	Ni55Ti45	C, D	X		X		
4.3.4	Titan Güteklasse 1 nach ASTM B265	B–D			X		
4.3.5	Titan Güteklasse 2 nach ASTM B265	B–D			X		
4.3.6	Titan Güteklasse 3 nach ASTM B265	B–D			X		
4.3.7	Titan Güteklasse 4 nach ASTM B265	B–D			X		
4.3.8	Titan Güteklasse 5 nach ASTM B265	B–D			X		
4.3.9	TaCr	C, D		X		X	
4.3.10	NiCr21Mo	C, D	X	X			X

Bild 3: *Positivliste für trinkwasserhygienisch geeignete passive Werkstoffe*

3.4.2 Bewertungsgrundlage für Emails und keramische Wertstoffe (Email/Keramik-BWGL)

In der Bewertungsgrundlage (3. Änderung vom 19.08.2024) werden Anforderungen für alle Emails (dt. Emaille - frz. émail), andere glasartige Werkstoffe, keramische Werkstoffe und Mischmetalloxid-Überzüge beschrieben, die Kontakt mit Trinkwasser haben. Die Bewertung erfolgt so, dass die von der TrinkwV geforderten oder vorgegebenen Grenzwerte von UBA und Weltgesundheitsorganisation (WHO) nicht ausgeschöpft werden.

Bei der Bewertung werden berücksichtigt:

- Zusammensetzung der Werkstoffe unter Berücksichtigung von Verunreinigungen > 0,02 %
- Einfluss von organischen Hilfsstoffen im Herstellungsprozess

- Organische Verunreinigungen in den Ausgangsstoffen bei der Herstellung
- Verbleib von Hilfsstoffen in den Werkstoffen infolge des Herstellungsprozesses
- Einsatzmöglichkeiten der Werkstoffe im Kontakt mit Trinkwasser

Diese Angaben sind auch Grundlage für die Bewertung der Werkstoffe durch akkreditierte Zertifizierer. Zu verweisen ist in diesem Zusammenhang auf die Empfehlung des UBA zur „Konformitätsbestätigung der trinkwasserhygienischen Eignung von Produkten".

Zusammengestellt sind in der Email/Keramik-BWGL Positivlisten von Werkstoffen aus diesem Bereich, die für Bauteile in der Trinkwasserinstallation verwendet werden können:

- Positivliste möglicher Inhaltsstoffe von Emails einschließlich anderer glasartiger Werkstoffe
- Positivliste möglicher Inhaltsstoffe von Borosilikatglas
- Positivliste möglicher Inhaltsstoffe von Al_2O_3- und SiO_2-Keramiken
- Positivliste möglicher Inhaltsstoffe von ZrO_2-Keramiken
- Positivliste möglicher Inhaltsstoffe von Hartferrit-Keramiken
- Positivliste möglicher Inhaltsstoffe von Siliziumcarbid-Keramiken mit freiem Kohlenstoff
- Positivliste möglicher Inhaltsstoffe von Wolframcarbid-Keramiken
- Positivliste möglicher Inhaltsstoffe von Siliziumnitrid-Keramiken

Für die Konzentration der Komponenten der einzelnen Elemente und Verbindungen, die in verwendeten Werkstoffen enthalten sind, gibt es Grenzwerte (in µg/l), die im Trinkwasser nicht überschritten werden dürfen (vgl. Tabelle 11 der BWGL).

Wieviel eines Werkstoffes bei Kontakt mit dem Trinkwasser abgegeben wird, hängt vom verwendeten Bauteil und der sich daraus ergebenden Größe der Fläche, die ein Inhaltsstoff mit dem Wasser Kontakt hat, ab.

Aufgrund der Kontaktzeiten des Trinkwassers mit den jeweiligen Produkten oder Bauteilen und den Oberflächen- oder Volumenverhältnissen in der Trinkwasserverteilung, wird ein Konversionsfaktor F_c bestimmt, der die Grundlage für die Bewertung des Risikos ist, das durch Migration von Fremdteilen aus dem Material in das Trinkwasser entstehen kann. Auf Basis des Konversionsfaktors erfolgt eine Einteilung von Bauteilen in Risikogruppen (vgl. Tabellen 10 und 14 der BWGL). In der Risikogruppe P1 ist der Konversionsfaktor F_c und damit die Migration von verwendeten Werkstoffen in das Trinkwasser am größten. In der Risikogruppe P4 sind Konversionsfaktor F_c und Migration am kleinsten. Prädestiniert für die Verwendung in Produkten der Risikogruppe P1 sind Materialien mit einem höheren zulässigen Schadstoffgrenzwert im Trinkwasser. Mit der Einteilung in die Risiko-/Produktgruppen P1, P2, P3 und P4 erfolgt ähnlich wie bei den metallenen Werkstoffen eine Bewertung für das Risiko des Übergangs von Material aus den Werkstoffen in das Trinkwasser.

Produktgruppen		Beispiele für Produkte
P1	Rohre	Flanschrohre (i. d. R. < 1 m)
P1	Ausrüstungsgegenstände	Armaturen, Formstücke
P2	Bauteile von Ausrüstungsgegenständen, Wasserberührungsfläche < 10 %	Armaturengehäuse und -deckel
P3	Bauteile von Ausrüstungsgegenständen, Wasserberührungsfläche < 1 %, kleinflächig	Keramiklager und Keramikwellen in Trinkwasserpumpen
P1	Behälter	emaillierte Trinkwasserspeicher
P2	Bauteile von Behältern	
P3	Bauteile von Behältern, Wasserberührungsfläche < 1 %, kleinflächig	Glasröhrchen zur Füllstandsanzeige in Trinkwasserspeichern
P4	Produkte mit vernachlässigbarem Einfluss auf die Trinkwasserbeschaffenheit	pH-Glaselektroden außerhalb der Trinkwasserinstallation

***Bild 4:** Einteilung in Risiko-/Produktgruppen (vgl. Tabelle 14 der Email/Keramik-BWGL)*

3.4.3 Bewertungsgrundlage für Kunststoffe und andere anorganische Stoffe (KTW-BWGL)

Diese Bewertungsgrundlage (5. Änderung, Version vom 24.02.2025) behandelt die im Folgenden angegebenen Materialien, Anforderungen an die Materialien werden in den Polymerspezifischen Anlagen der KTW-BWGL ausführlich präzisiert.

- Kunststoffe (Anlage A der KTW-BWGL)
  Wesentliche Bestandteile von Kunststoffen sind makromolekulare organische Verbindungen, die synthetisch oder durch Abwandeln von Naturprodukten hergestellt werden (vgl. DIN EN 472:2013-06). Anlage A der KTW-BWGL enthält Angaben zur trinkwasserhygienischen Eignung von Kunststoffen. Ausgangsstoffe, die in Materialien Verwendung finden, die mit Lebensmitteln in Kontakt kommen, können auch für die Herstellung von Kunststoffprodukten, die für den Kontakt mit Trinkwasser vorgesehen sind, eingesetzt werden. Zugelassen für die Herstellung von Kunststoffen sind akzeptierte Stoffe gemäß 4MSI-Positivlisten, gemäß Unionsliste nach Verordnung (EU) Nr. 10/2011 und Tabelle A-1 der Anlage A.
- Organische Beschichtungen (Anlage B der KTW-BWGL)
  Als Beschichtungen werden Produkte bezeichnet, die aus überwiegend organischen Substanzen gebildet werden, die bei Anwendung auf einem Substrat (Metalle, zementgebundene Werkstoffe) eine feste, aber keine tragende Schicht bilden.
- Schmierstoffe (Anlage C der KTW-BWGL)
  Schmierstoffe – flüssig, plastisch-flüssig oder fest – können im direkten Kontakt mit dem Trinkwasser stehen. Lebensmitteltechnisch zugelassene Schmierstoffe können im Trinkwasserbereich nur verwendet werden, wenn sie trinkwasserhygienisch als geeignet entsprechend der BWGL beurteilt worden sind.
- Elastomere (Anlage D der KTW-BWGL)
  Hochpolymere, organische Netzwerke, die in der Lage sind, große Verformungen reversibel aufzunehmen. Sie sind als Hart- und Weichgummi verfügbar. Bestandteile von Elastomeren sind

Kautschuke, Füllstoffe, Weichmacher, Alterungsschutzmittel, Verarbeitungshilfsstoffe und Vernetzungsmittel. Als Ausgangsstoffe dürfen u. a. die in der Core List der 4MSI-Positivliste angegebenen Ausgangsstoffe verwendet werden.

- Thermoplastische Elastomere TPE (Anlage E der KTW-BWGL)
  Thermoplastische Elastomere nehmen eine Sonderstellung zwischen Kunststoffen und Elastomeren ein. Unterschieden wird zwischen thermisch und physikalisch vernetzten TPE. Letztere haben Vernetzungsstellen, die sich bei Erwärmung auflösen und bei Abkühlung wieder ausbilden, ein Verhalten, das als thermolabil, reversibel spaltbar bezeichnet wird. Physikalisch vernetzte TPE sind wie Kunststoffe zu bewerten, thermisch vernetzte wie Elastomere.

Die Anforderungen an Elastomere und TPE (Anlagen D und E der KTW-BWGL) sind ab 01.07.2026 rechtsverbindlich. Für Silikone und TPE auf Silikonbasis gibt es gegenwärtig keine Bewertungsgrundlage. Zur vorläufigen trinkwasserhygienischen Beurteilung von Silikonen im Kontakt mit Trinkwasser wird auf die Übergangsempfehlung des Umweltbundesamts (Version 6, vom 30.01.2025) verwiesen.

3.4.4 Information zur Bewertung von Ausgangsstoffen zur Herstellung von zementgebundenen Werkstoffen im Kontakt mit Trinkwasser

Für zementgebundene Werkstoffe gibt es zurzeit (September 2025) keine Bewertungsgrundlage des Umweltbundesamts. Die Anforderungen für diese Werkstoffe im Kontakt mit Trinkwasser werden, wie auch für alle anderen Werkstoffe, in Zukunft europäisch einheitlich geregelt. Deshalb hat das UBA für diese Werkstoffe keine Bewertungsgrundlage mehr ausgegeben.

Bisher war die Prüfung und Beurteilung von zementgebundenen Werkstoffen im DVGW-Arbeitsblatt W 347 Hygienische Anforderungen an Werkstoffe im Trinkwasserbereich geregelt. Die im Arbeitsblatt enthaltene Positivliste wird allerdings nicht mehr fortgeschrieben. Die Information des UBA enthält aber einige Hinweise für die Übergangszeit bis zum Zeitpunkt des Inkrafttretens der europäischen Vorgaben.

- Die europäischen Regelungen treten am 31.12.2026 in Kraft. Bis zu diesem Zeitpunkt kann die trinkwasserhygienische Eignung zementgebundener Werkstoffe mit Prüfzeugnis nach dem DVGW-Arbeitsblatt W 347 nachgewiesen werden.
- Prüfzeugnisse nach DVGW-Arbeitsblatt W 347 für zementgebundene Werkstoffe mit einem Anteil organischer Komponenten größer 25 % sind seit 21.03.2021 nicht mehr gültig. Der Zementanteil wird hier als Füllstoff für das organische Material gewertet. Diese Werkstoffe fallen unter die KTW-BWGL
- Für Produkte, für die am 31.12.2026 ein Prüfzeugnis nach DVGW-Arbeitsblatt W 347 vorliegt, gilt eine Übergangszeit für die Nutzung. Sie können bis zum 31.12.2032 weiterhin verwendet werden. Danach ist aber eine neue Zertifizierung erforderlich. Das UBA weist darauf hin, dass ein neuer Prüfnachweis nach europäischem Recht möglichst früh erbracht werden sollte, um eine Überlastung von Zertifizierungsstellen vor Ende der Übergangszeit zu vermeiden.

Ab dem 31.12.2026 kann für Bewertungen ausschließlich die europäische Positivliste für Bestandteile zementgebundener Werkstoffe in Anhang III des Durchführungsbeschlusses (EU) 2024/367 vom 23.01.2024 herangezogen werden.

3.4.5 Korrosion der Werkstoffe

Die Abgabe von Stoffen aus einem Festkörper an ein Fluid, mit dem er in Kontakt steht, kann grundsätzlich verschiedenen physikalisch-chemischen Mechanismen folgen, je nachdem, zu welcher Werkstoffgruppe das betrachtete Material gehört. Hier ist zwischen metallischen, (nicht-metallisch) anorganischen und organischen Werkstoffen zu unterscheiden.

Metallische Werkstoffe

Metallische Werkstoffe unterliegen im Kontakt mit Wasser der elektrochemischen Korrosionsreaktion. Hierbei werden durch eine Oxidationsreaktion aus dem metallischen Werkstoff Atome in Form von positiv geladenen Ionen an das Wasser abgegeben. Im Gegenzug wird entweder das Wasser selbst reduziert, wobei Wasserstoff entsteht, oder es wird im Wasser gelöster Sauerstoff (seltener auch ein anderes dem Wasser zu Desinfektionszwecken zugesetztes Oxidationsmittel) einer Reduktion unterworfen. Beide Reaktionen müssen zeitgleich ablaufen, können aber an räumlich voneinander getrennten Bezirken einer Metalloberfläche stattfinden, selbst wenn diese einheitlich zusammengesetzt und homogen ist.

Besteht ein makroskopisch zwar einheitlich scheinendes Material in Wirklichkeit aus zwei oder mehr Kristallsorten unterschiedlicher Zusammensetzung, so kann es zu selektiver Korrosion kommen, weil dann nur die unedleren Gefügebestandteile oxidiert werden, während an den edleren ausschließlich die oben erwähnte Reduktionsreaktion abläuft. Werden in einem Leitungssystem unterschiedliche Metalle in direktem Kontakt zueinander verbaut, wird in unmittelbarer Nähe zur Berührstelle überwiegend das unedlere Metall oxidiert, während das edlere keinerlei Korrosion unterliegt. Dieses Phänomen wird als Kontaktkorrosion bezeichnet.

Es sei an dieser Stelle angemerkt, dass die auf thermodynamischen Betrachtungen fußende elektrochemische Spannungsreihe häufig nicht zu einer sicheren Prognose, ob man zwei Werkstoffe sicher miteinander kontaktieren kann, herangezogen werden kann, weil für die individuelle Potenzialeinstellung eines Metalls oder eines Gefügebestandteils innerhalb eines Metalls nicht nur die Oxidation dieses Metalls betrachtet werden muss, wie es bei der theoretischen Spannungsreihe der Fall ist, sondern immer die Summe aller in einem gegebenen Medium an der Metalloberfläche ablaufenden chemischen Reaktionen.

Deswegen kann es bei Werkstoffpaarungen zu Phänomenen kommen, welche aus dem Vergleich der thermodynamischen Standardpotenziale nicht unbedingt ersichtlich sind. Grundsätzlich stehen zwar elektrochemische Messmethoden zur Verfügung, welche eine sehr zielgenaue Prognose des Verhaltens einer Werkstoffpaarung unter den jeweiligen Korrosionsbedingungen ermöglichen; für den Praktiker ist es aber ausreichend, entsprechende Verträglichkeitstabellen zurate zu ziehen.

Darüber hinaus ist eine rein thermodynamische Betrachtungsweise in vielen Fällen nicht hilfreich, um das Korrosionsverhalten eines Metalls oder einer Legierung abzuschätzen. Grundsätzlich ist zwar die Korrosionsneigung eines Metalls umso größer, je unedler es ist, aber in vielen Fällen wird das Korrosionsgeschehen durch die entstehenden Korrosionsprodukte entscheidend mitbeeinflusst.

Viele von den als Werkstoffe verwendeten Metallen sind in Form ihrer Ionen nämlich in neutralen Wässern gar nicht oder nur in extrem geringem Maße löslich. In diesen Fällen bilden sich aus den – wie oben beschrieben – in einem primären Oxidationsschritt freigesetzten Metallionen feste Korrosionsprodukte. Fallen diese Korrosionsprodukte kompakt und dicht an und haften sie fest auf der Metalloberfläche, können sie das darunterliegende Metall vor weiterem Angriff schützen und die Korrosionsreaktion weitgehend oder vollständig zum Erliegen bringen.

Im Einzelnen sind zwei Fälle zu unterscheiden: Sind die kompakten Schutzschichten nur wenige Nanometer dick und somit unsichtbar, spricht man von Passivität. Das Werkstück erscheint in diesem Fall metallisch blank und unterliegt auch über längere Beobachtungszeiträume keinem messbaren Materialabtrag. Entstehen deutlich sichtbare, mitunter farblich vom Grundmetall abweichende Überzüge, spricht man von Deckschichtbildung. In diesem Fall betragen die Abtragsraten des Grundmetalls i. d. R. auch nicht null, sondern verharren, hat sich die Deckschicht erst einmal gebildet, anschließend auf einem niedrigen, technisch oft vertretbaren Niveau, wobei jedoch ein gewisser Abtrag und eine davon ausgehende Kontamination des Wassers nicht ganz auszuschließen sind.

Spezielle Hinweise zum Korrosionsverhalten der in Kontakt mit Wasser gelangenden metallischen Werkstoffe finden sich bei der Durchsprache der jeweiligen Materialien.

Anorganisch-nichtmetallische Systeme

Anorganisch-nichtmetallische Werkstoffe unterliegen zwar keiner Korrosionsreaktion, da DIN EN ISO 8044:2025-05 den Begriff der Korrosion ausschließlich metallischen Werkstoffen vorbehält. Sie können aber grundsätzlich mit Wasser oder den darin gelösten Inhaltsstoffen reagieren und davon an- oder gar aufgelöst werden. Im hier interessierenden Zusammenhang sind in erster Linie zementbasierte Werkstoffe zu nennen, welche entweder direkt als Rohrleitungsmaterial, aber auch als Auskleidung für Rohre aus metallischen Werkstoffen eingesetzt werden. Grundsätzlich härten diese Materialien hydraulisch, d. h. unter einer physikalisch-chemischen Reaktion mit Wasser aus und sie können auch nach der Aushärtung mit Wasser Folgereaktionen eingehen, welche im entsprechenden Abschnitt näher beleuchtet werden sollen.

Etwas anders verhält es sich mit keramischen Werkstoffen auf der Basis von Silikaten, welche i. d. R. Wasser gegenüber ausgesprochen inert sind. Zu nennen sind in diesem Zusammenhang Porzellan, Steinzeug und Glas, welche gegen wässrige Lösungen mit Ausnahme von Fluoriden und starken Alkalien äußerst beständig sind, aber allesamt nicht im Bereich der Trinkwasserversorgung verwendet werden. Diesen Materialien chemisch sehr ähnlich sind aber Emaillen, welche als äußerst robuste Überzüge für Stahl oder Gusseisen eingesetzt werden und in dieser Funktion auch an trinkwasserführenden Bauteilen anzutreffen sind.

Organische Werkstoffe und ihre Inhaltsstoffe

Organische Werkstoffe sind in diesem Zusammenhang ausschließlich Polymerwerkstoffe, wobei es sich sowohl um thermoplastische als auch um duroplastische Werkstoffe handeln kann, wobei letztere ausschließlich für langfaserverstärkte Verbundrohre, aber auch für Innenauskleidungen und Außenbeschichtungen von metallischen Werkstoffen eingesetzt werden.

Was die Wasserlöslichkeit von Polymerwerkstoffen anbetrifft, ist anzumerken, dass es grundsätzlich zwar wasserlösliche Polymere gibt, dass die verwendeten Materialien aus dem Bereich der thermoplastischen Werkstoffe, wie z. B. Polyolefine oder PVC, aber vollkommen wasserunlöslich sind und mit wässrigen Medien i. d. R.

auch nicht chemisch reagieren. Bei manchen duroplastischen Materialien wie Polyestern oder Polyurethanen ist dies zwar theoretisch der Fall, geschieht aber innerhalb des beim Trinkwasser zu betrachtenden pH-Wert-Intervalls nicht. Somit ist eine Kontamination aus dem reinen Polymerwerkstoff weder auf physikalischem noch auf chemischem Weg möglich.

Zu beachten ist jedoch, dass Polymerwerkstoffe noch Restmonomere und Hilfsstoffe aus dem Herstellprozess, ggf. Zersetzungsprodukte aus der thermoplastischen Formgebung sowie Stabilisatoren und weitere Zuschlagsstoffe enthalten können, welche ihrerseits an das Wasser abgegeben werden können. Was die Details anbetrifft, wird in diesem Zusammenhang auf die vom UBA herausgegebene „Bewertungsgrundlage für Kunststoffe und andere organische Materialien im Kontakt mit Trinkwasser" verwiesen. Eine kursorische Darstellung möglicher Problematiken und möglicher Kontaminationsquellen findet sich bei der Durchsprache der einzelnen Werkstoffe.

3.4.6 Änderungen infolge europäischer Regelungen ab 31.12.2026

Ab dem 31.12.2026 wird die nationale Rechtslage durch einen neuen Rechtsrahmen, basierend auf Art. 11 der Richtlinie (EU) 2020/2184 (Trinkwasserrichtlinie TWR), abgelöst. Ab 01.01.2027 ist die Ausstellung neuer Konformitätsnachweise ausschließlich nach EU-Anforderungen möglich.

- Ab 31.12.2026 sind europäische Positivlisten von Ausgangsstoffen, Zusammensetzungen und Bestandteilen, die für die Verwendung bei der Herstellung von Materialien bzw. Werkstoffen oder Produkten, die mit Wasser für den menschlichen Gebrauch in Kontakt kommen, zugelassen sind, verbindlich. Das Verfahren für die Erstellung der Positivlisten wird durch die European Chemical Agency (ECHA) festgelegt.
- Ab 31.12.2026 gelten dann aufgrund europäischer Regelungen einheitliche Mindestforderungen an Materialien und Werkstoffe im Kontakt mit Trinkwasser. Die Vorgaben sind weitestgehend

im Zuge der Festlegung der UBA-BWGL umgesetzt worden. Produkte mit gültigem Konformitätsnachweis zum 31.12.2026 auf Basis einer UBA-BWGL können bis auf Ausnahmen bis zum 31.12.2032 verwendet werden.

- Da ab dem 12.01.2028 in Deutschland der abgesenkte Grenzwert für Blei im Trinkwasser von 5 µg/l gilt, können allerdings Produkte, die gegenwärtig noch in der Metall-BWGL aufgeführt sind, danach eventuell nicht mehr für die Errichtung oder Instandhaltung von Wasserversorgungsanlagen verwendet werden dürfen.
- Ab 31.12.2026 wird ein Konformitätsbewertungsverfahren für Produkte gefordert, die für den Kontakt mit Trinkwasser vorgesehen sind und neu bewertet werden müssen. Das ist bspw. bei neuen Produkten der Fall oder wenn Werkstoffe umgestellt werden. Für Produkte, die auf Baustellen hergestellt werden müssen, hat das Umweltbundesamt Informationen zum Nachweis der hygienischen Eignung angekündigt.
  Die Voraussetzungen für die Etablierung von Konformitätsbewertungsstellen in Deutschland sollen rechtzeitig geschaffen werden.
- Die nach europäischen Vorgaben zertifizierten Produkte und Bauteile sind mit einem vorgegebenen Symbol zu kennzeichnen. Die so gekennzeichneten Produkte können ohne weiteren Nachweis in Deutschland für die Errichtung oder Instandhaltung von Wasserversorgungsanlagen verwendet werden. Das Symbol ist im Anhang der Delegierten Verordnung (EU) 2024/371 dargestellt – siehe CELEX:32024R0371.

Bild 5: *Symbol zur EU-Konformitätserklärung gemäß der Delegierten Verordnung (EU) 2024/ 371 (Quelle: Delegierte Verordnung (EU) 2024/371)*

- Materialien, die als Aufbereitungsstoffe oder Filtermedien verwendet werden (z. B. Adsorberharze, Filtermembranen u. a.), fallen nicht unter die europäische Regelung. Die BWGL wird das UBA für diese Materialien weiterführen.

Hinweise zum Übergang von den nationalen Bewertungsgrundlagen zum neuen EU-Rechtsrahmen enthält die DVGW-Kompaktinfo für Trinkwasser, Februar 2025. Abrufbar über https://www.dvgw.de/medien/dvgw/leistungen/publikationen/twin-materialien-werkstoffe-blei.pdf

Mit Inkrafttreten der europäischen Regelungen wird das Umweltbundesamt keine neuen Positivlisten von Werkstoffen und Materialien für die Verwendung in Wasserversorgungsanlagen erstellen.

4 Wassernutzung

4.1 Risikobewertung von Hausinstallationen

Im globalen, wissenschaftlichen Konsens werden Legionellen als einer der schwerwiegendsten Krankheitserreger im Trinkwasser angesehen. Zwar sind Bakterien wie Escherichia coli und weitere im Grundsatz häufiger nicht weniger gefährlich, doch die Eintragswege sind deutlich klarer und beherrschbarer, insbesondere in Mitteleuropa, wo flächendeckend gut funktionierende, getrennte Frisch- und Abwassersysteme angenommen werden dürfen.

Da eine Verpflichtung, ausnahmslos alle Trinkwasseranlagen in kurzen Abständen auf Krankheitserreger zu überwachen, zu unverhältnismäßig hohen Kosten führen würde, ist eine Risikobewertung von häuslichen Trinkwasseranlagen besser geeignet, um diesem Problem zu begegnen. Bei der Risikobewertung müssen zudem die potenziellen Risiken berücksichtigt werden, die von Produkten, Materialien und Werkstoffen ausgehen, die mit Wasser für den menschlichen Gebrauch in Berührung kommen.

Bei der typischen Risikobewertung in häuslichen Trinkwasseranlagen nimmt insbesondere Blei eine wichtige Rolle ein, obwohl seit 1969 in Deutschland nahezu keine Bleirohre mehr verbaut werden. Trotzdem beinhalten diverse Legierungen Beimengungen von Blei, sodass sich in Wasserproben immer noch Bleikonzentrationen über dem Grenzwert der TrinkwV nachweisen lassen. Der aus Anhang I Teil B (EG-Trinkwasser-Richtlinie) stammende Wert als Qualitätsparameter von 5 µg/l bleibt also auch in den nächsten Jahren ein jähes Ziel.

Risikobewertung

Im Artikel 2 Punkt 9 der TrinkwRL wird der Begriff „Risiko“ als eine Kombination der Wahrscheinlichkeit des Eintretens eines Gefährdungsereignisses und des Schadensausmaßes unter anderem in Hausinstallationen beschrieben.

Risikobewertungen gehören beruflich und privat in anderen Bereichen zum täglichen Leben. Im Arbeitsschutzgesetz sowie der Arbeitsstättenverordnung § 3 Abs. 1 sind sie im deutschen Recht seit Jahrzehnten verankert und gelten als verpflichtend für größere Betriebe.

Nach Artikel 10 (1) TrinkwRL müssen die Mitgliedstaaten dafür Sorge tragen, dass häusliche Trinkwasseranlagen einer Risikobewertung unterzogen werden, welche folgende Bewertungskriterien umfassen:

a) eine allgemeine Analyse der Risiken, die von Hausinstallationen und dafür verwendeten Produkten, Materialien und Werkstoffen ausgehen können, sowie der Frage, ob diese potenziellen Risiken die Qualität des Wassers am Austritt aus den jeweiligen Zapfstellen, die normalerweise für Wasser für den menschlichen Gebrauch verwendet werden, beeinflussen; diese allgemeine Analyse umfasst keine Analyse einzelner Objekte; und
b) die Überwachung der in Anhang I Teil D aufgeführten Parameter in Örtlichkeiten, bei denen im Zuge der allgemeinen Analyse gemäß Buchstabe a spezifische Risiken für die Wasserqualität und die menschliche Gesundheit ermittelt wurden. In Bezug auf Legionellen oder Blei können die Mitgliedstaaten beschließen, die Überwachung gemäß Unterabsatz 1 Buchstabe b auf prioritäre Örtlichkeiten zu konzentrieren.

Im Allgemeinen wird von akkreditierten Untersuchungsstellen der technische Maßnahmenwert 100 Legionellen KBE (Kolonie bildende Einheiten) je 100 ml angegeben, wie er unverändert in der TrinkwV 2023 genannt ist.

Bei den prioritären Trinkwasseranlagen wird im nationalen Regelwerk in gewerbliche, öffentlich – nicht medizinische, öffentlich – medizinische und Einrichtungen mit manueller Aufbereitung von Medizinprodukten (z. B. Zahnarztstühle) unterschieden.

Die Teile a) und b) werden im Sinne dieser Richtlinie durch unsere nationalen Regelwerke umgesetzt.

Unter (2) werden die Mitgliedstaaten dazu verpflichtet, „das Risiko der Nichteinhaltung der Parameterwerte gemäß Anhang I Teil D zu beseitigen oder zu verringern".

In (3) wird beschrieben, dass die Mitgliedstaaten, um die Risiken im Zusammenhang mit häuslichen Trinkwasseranlagen in allen Installationen zu verringern, sicherstellen, dass alle folgenden Maßnahmen in Betracht gezogen und die für relevant erachteten Maßnahmen getroffen werden:

a) Ermutigung der Eigentümer öffentlicher und privater Örtlichkeiten, eine Risikobewertung der Hausinstallation durchzuführen. Wie eine „Ermutigung" genau auszusehen hat, ist in dieser Richtlinie nicht genauer definiert. Es bleibt abzuwarten, wie der Punkt (3) a) in Deutschland umgesetzt werden wird.
b) Unterrichtung der Verbraucher und der Eigentümer öffentlicher und privater Örtlichkeiten über Maßnahmen, mit denen sich das durch die Hausinstallation entstehende Risiko einer Nichteinhaltung der Qualitätsstandards für Wasser für den menschlichen Gebrauch beseitigen oder verringern lässt
c) Beratung der Verbraucher über die Bedingungen des Konsums und der Verwendung von Wasser für den menschlichen Gebrauch sowie über mögliche Maßnahmen, mit denen sich ein Wiederauftreten dieser Risiken vermeiden lässt
d) Förderung von Schulungen für Installateure und andere Fachleute für Hausinstallationen sowie Bauprodukte, Materialien und Werkstoffe, die mit Wasser für den menschlichen Gebrauch in Berührung kommen
e) in Bezug auf Legionellen – Gewährleistung, dass zur Verhinderung und Bewältigung möglicher Krankheitsausbrüche wirksame und – gemessen an den Risiken – verhältnismäßige Maßnahmen zu Risikobeherrschung und Managementmaßnahmen zur Verfügung stehen und

f) in Bezug auf Blei – Durchführung von Maßnahmen zum Austausch von aus Blei gefertigten Bestandteilen in bestehenden Hausinstallationen, sofern dies wirtschaftlich und technisch machbar ist.

Gefährdungsanalyse

Die oben aufgeführten Punkte a), b), c), e) und f) werden bereits jetzt in der sog. „Gefährdungsanalyse“ umgesetzt. Hier ist festzustellen, dass in der Vergangenheit die Mehrzahl der durchgeführten Gefährdungsanalysen erst nach Überschreitung von technischen Maßnahmenwerten oder Grenzwertüberschreitungen stattfindet. Dann spricht man von einer ereignisorientierten Gefährdungsanalyse, die oftmals vom Gesundheitsamt eingefordert wird.

Systemische Gefährdungsanalysen als Prophylaxe sind in der Praxis noch immer eher noch die Ausnahme, nehmen jedoch zu. Den Betreibern von Hausinstallationen ist häufig noch nicht bewusst, dass es nicht ausreichend ist, die Maßnahmen und Grenzwerte, sondern auch zwingend die allgemein anerkannten Regeln der Technik (a. a. R. d. T.) einzuhalten. In der TrinkwV wird an mehr als 30 Stellen auf ebendiese verwiesen.

Schulungen werden in Deutschland für nahezu alle VDI- und DVGW-Regelwerke von unterschiedlichen Instituten angeboten, wie unter Punkt d) beschrieben. Leider ist das umfangreiche Wissen im Bereich der Trinkwasserhygiene noch nicht vollumfänglich an der Basis (Betreiber, ausführende Fachbetriebe etc.) angekommen.

Eine Risikobewertung für Hausinstallationen könnte der richtige Ansatz sein, um die Qualität unseres Trinkwassers auch auf den letzten Metern der Rohrleitungen in der Hausinstallation langfristig sicherstellen zu können und eine Gefährdung der Nutzer weiter zu reduzieren. Die Leitlinien für Trinkwasserqualität der Weltgesundheitsorganisation (WHO) sind das maßgebliche internationale Referenzwerk für die Trinkwasserhygiene. Vom Umweltbundesamt wurde im Dezember 2020 eine aktualisierte Fassung des Water-Safety-Plans (WSP), einem Handbuch für die Anwendung in Trinkwasser-Installationen, veröffentlicht.

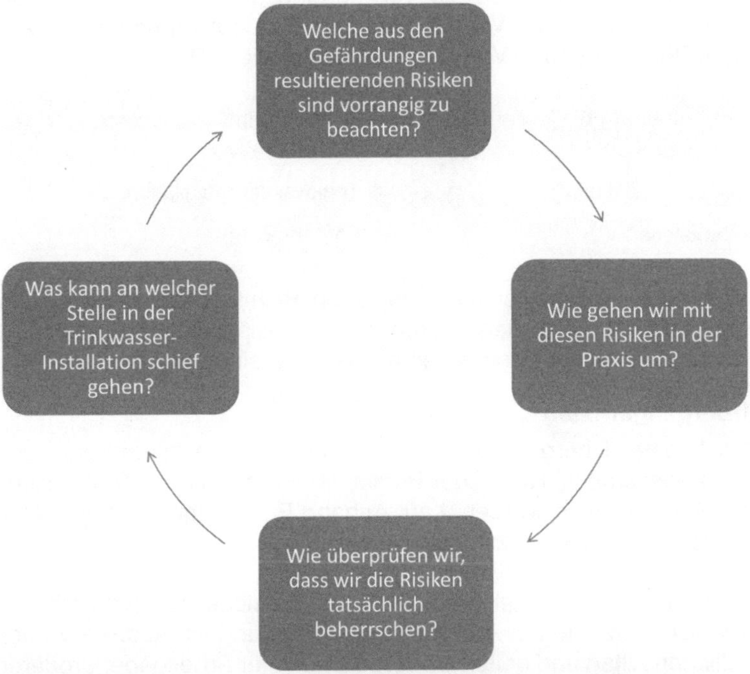

Bild 1: *Kurzbeschreibung des WSP-Konzepts[1] (Quelle: Darstellung in Anlehnung an den Water Safety Plan (WSP-Konzept) für Gebäude, UBA)*

Praxistipp

Ein Konzept für eine Risikobewertung der Hausinstallation müsste nicht zwingend neu erfunden werden. Eine Anpassung für Hausinstallationen wäre bestimmt sinnvoll, da der WSP bereits in der Praxis erprobt ist und sich in den meisten Fällen im Krisenmanagement bewährt hat.

[1] https://www.umweltbundesamt.de/en/publikationen/das-water-safety-plan-wsp-konzept-fuer-gebaeude (zuletzt aufgerufen am 29.08.2023).

Zu beachten sind auch die Verwendung und der Gebrauch von Worten, da aufgrund von Übersetzung ins Deutsche durchaus andere Bezeichnungen Verwendung finden, wie z. B.:

Übersetzung EU-Norm	Wahrscheinliche deutsche Begrifflichkeit
Hausinstallation	Trinkwasser-Installation
Zapfstelle	Entnahmestelle

Zusammenfassend ist aus der neuen Richtlinie erkennbar, dass die größten potenziellen Risiken in der Hausinstallation als Schwerpunkt bei Blei und Legionellen anzusiedeln sind.

Übergangsfristen

Nach einer Übergangszeit von 15 Jahren nach Inkrafttreten der Trinkwasserrichtlinie soll der Parameterwert für Blei im Trinkwasser auf 5μg/l gesenkt werden. Laut Anhang B – chemische Parameter ist der 12.01.2036 einzuhalten.

Risikobewertungen gehören in anderen Bereichen wie dem Arbeitsschutzgesetz und der Arbeitsstättenverordnung § 3 Abs. 1 zum beruflichen Alltag und gelten als verpflichtend für Arbeitgeber größerer Betriebe.

Im Artikel 7 (6) TrinkwRL wird als Termin, bis wann die „Risikobewertung der Hausinstallation“ das erste Mal durchgeführt sein soll, der 12.01.2029 genannt.

4.2 Instandhaltung und Vermeidung von Problemen in der Hausinstallation

Die Instandhaltung von Heizungsanlagen wird meist in regelmäßigen Abständen beauftragt und gehört deshalb zum täglichen Geschäft von SHK-Betrieben (Betriebe im Sanitär-, Heizungs- und Klimahandwerk). Etwas anders sieht es bei Trinkwasser-Installationen aus: Obwohl es durch Verordnungen, Normen und Richtlinien auch hier für die Betreiber eine Pflicht zur regelmäßigen Instandhaltung gibt, wird diese in der Praxis oft vernachlässigt.

Mit dem Begriff Instandhaltung nach DIN 31051:2019-06 werden Wartung, Inspektion, Instandsetzung und Verbesserung zusammengefasst.

Es ist unabdingbar, dass Trinkwasser-Installationen von den hierfür Verantwortlichen in einem technisch und hygienisch einwandfreien Zustand gehalten werden.

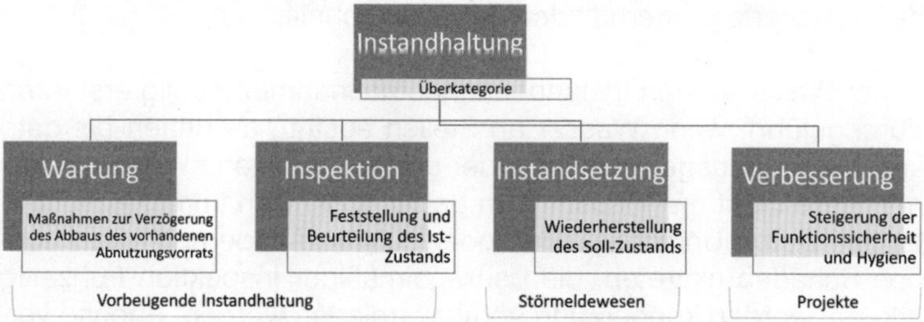

***Bild 1:** Instandsetzung (Quelle: nach DIN 315051)*

Laut § 5 TrinkwV muss das bis an die Verbrauchsstellen zu transportierende Trinkwasser so beschaffen sein, dass durch seinen Genuss oder Gebrauch eine Schädigung der menschlichen Gesundheit, insbesondere durch Krankheitserreger, nicht zu besorgen ist.

Da ist es doch verwunderlich, wie dies bei Trinkwasser-Installationen ohne eine regelmäßige Überprüfung gewährleistet werden kann, und zwar über die gesamte Betriebsdauer.

Die Regelwerke aus der Normenreihe DIN 1988, der Einzelnorm DIN EN 806-5:2012-04 sowie die Arbeitsblätter der VDI 3810-2 und die teilweise 2023 neu überarbeitete Serie VDI/DVGW 6023 beschreiben die Inspektion, Wartung und Instandhaltung von Trinkwasser-Installationen. In der DIN EN 806-5 sind Inspektions- und Wartungspläne aufgeführt mit entsprechenden Intervallen.

Jede unzureichende oder nicht ordnungsgemäße Instandhaltung der Trinkwasser-Installation kann eine Beeinträchtigung der Wasserbeschaffenheit und damit eine Gefährdung der Verbraucher hervorrufen. Grundsätzlich besteht die Pflicht zur Instandhaltung von Trinkwasser-Installationen immer – und nicht erst dann, wenn mit Verschleißerscheinungen zu rechnen ist. Deshalb ist jede Trinkwasser-Installation fristgerecht instand bzw. für den bestimmungsgemäßen Gebrauch uneingeschränkt funktionsfähig zu halten Dies gilt ebenso für die darin verbauten Apparate und Armaturen. Nur so können Schäden frühzeitig erkannt und rechtzeitig geeignete Maßnahmen eingeleitet werden. Nicht zu verachten ist natürlich auch der gesicherte Werterhalt der Gebäudetechnik.

In der Praxis werden Instandhaltungsmaßnahmen häufig erst dann durchgeführt, wenn Wasser an Stellen austritt, an denen bis dato kein Wasser ausgetreten ist. Oder umgekehrt: wenn Wasser an einer Stelle nicht mehr austritt, an der es eigentlich immer ausgetreten ist. Durch Undichtigkeiten oder defekte Absperreinheiten können Schäden eintreten, die bei regelmäßiger Inspektion frühzeitig erkannt werden können und somit vermieden werden. Ebenso verhindern regelmäßige Temperaturkontrollen Unterschreitungen der Mindesttemperaturen.

Versäumte Wartungen oder fehlende Dokumentationen derselben können dazu führen, dass Versicherer eine Schadensregulierung ablehnen. Ein Wartungsplan, der sich nur auf die sicherheitsrelevanten Bauteile bezieht, ist der Schritt in die richtige Richtung. Es ist jedoch in vielen Fällen notwendig, einen objektbezogenen Inspektions-/Wartungs- und Instandhaltungsplan umzusetzen.

Praxistipp

Insbesondere bei mittleren und größeren Liegenschaften empfiehlt sich der Abschluss eines Wartungsvertrags mit einer Fachfirma, die nach VDI 6023 qualifiziert ist. Eine Vorlage für eine Inspektion und einen Wartungsplan ist der DIN EN 806-5 zu entnehmen. Welche Komponenten einer Trinkwasser-Installation müssen regelmäßig instandgehalten werden? Die Tabelle A1 der DIN EN 806-5:2014-04 und auch die VDI 3810-2 enthalten Angaben zur Häufigkeit für die Instandhaltung von verschiedenen Bauteilen.

Grundvoraussetzung ist dabei immer die Zugänglichkeit der Anlagenteile, damit diese ohne Schwierigkeiten betrieben, kontrolliert, instandgesetzt und ggf. gewartet werden können. Dies beinhaltet natürlich das Wissen, welche Bauteile in der jeweiligen Trinkwasser-Installation vorhanden sind. Im Bestand kommt man deshalb meist nicht an einer Bestandserfassung vorbei.

Zusätzlich hat die routinemäßige Instandhaltung entsprechend den Vorgaben der Hersteller zu erfolgen. Damit alle diese Maßnahmen korrekt durchgeführt werden können, müssen sämtliche für die Installation relevanten Angaben jederzeit verfügbar sein, wie etwa das Übergabeprotokoll, Berechnungen und Pläne. Das gilt auch für Herstellerunterlagen, die für Instandhaltungen immer aufbewahrt und angewendet werden sollten.

Dokumentation der Instandhaltung

Wichtig für den durchführenden Installateur und Betreiber: Zu jeder Maßnahme gehört ein Protokoll. Nur wer dieses ordentlich führt und verwahrt, kann sicher nachweisen, seiner Pflicht nachgekommen zu sein. Das kann entscheidend sein, wenn trotz aller Umsicht Trinkwasserverunreinigungen oder andere Probleme auftreten. Wenn sich im Rahmen der Maßnahmen ein konkreter Handlungsbedarf ergibt, also Instandsetzungen oder Verbesserungen erforderlich sind, um den ordnungsgemäßen Betrieb auch in Zukunft sicherzustellen, kann auf die Dokumentation und deren Erkenntnisse zurückgegriffen werden.

Die Instandhaltungsplanung ist im Anschluss zu validieren, also anzupassen.

Instandhaltungsstrategien sollten sorgfältig geplant werden und sind

1. vorbeugend,
2. zustandsorientiert und
3. ausfallbedingt

zu strukturieren.

Hilfreich könnte auch eine Bewertungstabelle, wie in der VDI 3810-2/VDI 6023-3 unter Punkt 7.1 abgebildet, sein.

Richtigerweise sollten die Instandhaltungsklassen für jedes Bauteil individuell festgelegt werden.

Auch sind alle denkbaren Gefährdungsmöglichkeiten, die einen Mangel an einer Komponente der Trinkwasser-Installation verursachen könnten, zu bestimmen nach VDI 3810-2/VDI 6023 Tabelle 3.

Bewertungsgruppe	Mögliche Folgen aus Mängeln	Empfohlene Maßnahme
1	Schönheitsfehler, keine Sach- oder Personenschäden	Inspektion durch unterwiesenes Betreiberpersonal
2	Eventuelle Sachschäden und/oder erheblich höhere Betriebskosten/Verbrauchswerte möglich	Inspektion durch eingetragenes Installationsunternehmen

Bewertungs-gruppe	Mögliche Folgen aus Mängeln	Empfohlene Maßnahme
3	Personenschäden möglich	Erhöhung der Ausfallsicherheit durch regelmäßige Inspektion und Wartung durch eingetragenes Installationsunternehmen

Nach VDI 3810-2/VDI 6023 – Tabelle 3: Durchführung von Inspektionen

Bei der Inspektion gilt als Mindestvoraussetzung, dass die beauftragte/-n Person/-en eine technische Einweisung in die zu betreuende Trinkwasser-Installation hat/haben (siehe hierzu DVGW/VDI 6023 Kategorie C).

Das Fachpersonal muss in der Lage sein, Änderungen im Betrieb oder andere Mängel zu erkennen und deren Auswirkungen abzuschätzen. Die nötige Fachkunde wird erworben durch einschlägige Berufsausbildung und zeitnahe berufliche Erfahrung sowie fortlaufende Weiterbildungen.

Durchführung von Wartung, Instandsetzung und Verbesserungen

Grundsätzlich dürfen alle weiteren Arbeiten an Trinkwasser-Installationen nur durch Fachbetriebe ausgeführt werden, die bei einem Wasserversorgungsunternehmen nach AVBWasserV eingetragen sind. Das gilt z. B. auch für den Austausch von Armaturen an Waschbecken oder Küchenspülen. Nur in einer Allianz zwischen Betreiber und Nutzer kann gemeinsam langfristig die Trinkwasserqualität beibehalten und sogar verbessert werden.

Dazu gehört u. a. auch: „Wasser muss fließen“ als wichtigste Regel, wie es sich von der Natur ableiten lässt. Aus einem frischen, am Wegesrand vorbeifließenden Gebirgsbach würden wohl die meisten Leser Wasser bedenkenlos trinken. Wie stark müsste aber der Durst sein, aus einer Pfütze zu trinken? Das Umweltbundesamt hat hierzu im Februar 2020 die Publikation „Trinkwasser aus dem

Hahn[1]“ herausgegeben, die beschreibt, wie oft Wasser aus einer Trinkwasser-Installation fließen sollte und was bei einer unvermeidbaren Unterbrechung (Urlaub) zu tun ist.

Tabelle 1: *Maßnahmen bei Betriebsunterbrechung nach VDI 3810-2/VDI 6023-3, Tabelle 2*

<table>
<tr><th>Dauer der Betriebsunterbrechung</th><th>Maßnahmen zu Beginn der Unterbrechung</th><th>Maßnahmen bei Rückkehr (Ende der Unterbrechung)</th></tr>
<tr><td>≥ 4 Stunden bis 3 Tage</td><td>keine</td><td>Stagnationswasser ablaufen lassen bis zur Temperaturkonstanz</td></tr>
<tr><td rowspan="3">> 72 Stunden bis maximal 7 Tage</td><td colspan="2">Betriebsunterbrechung</td></tr>
<tr><td>Schließen der Absperreinrichtung</td><td>Öffnen der Absperreinrichtung. Wasser mindestens fünf Minuten an mehreren Entnahmestellen gleichzeitig fließen lassen</td></tr>
<tr><td colspan="2">Bei selten genutzten Anlageteilen, z. B. Gästezimmer, Garagen- oder Kelleranschlüssen, regelmäßige, mindestens wöchentliche Erneuerung des Wassers in der Einzelzuleitung durch Entnahme an voll geöffneter Entnahmestelle</td></tr>
<tr><td>bis maximal 4 Wochen</td><td>Schließen der Absperreinrichtung</td><td>Bei Wiederinbetriebnahme vollständiger Wasseraustausch an allen Entnahmestellen durch Spülung mit Wasser nach DVGW W 551 (A)</td></tr>
</table>

[1] https://www.umweltbundesamt.de/publikationen/ratgeber-trink-was-trinkwasser-aus-hahn (aufgerufen am 29.08.2023).

***Tabelle 1:** Maßnahmen bei Betriebsunterbrechung nach VDI 3810-2/VDI 6023-3, Tabelle 2*

Dauer der Betriebsunterbrechung	Maßnahmen zu Beginn der Unterbrechung	Maßnahmen bei Rückkehr (Ende der Unterbrechung)
> 4 Wochen bis maximal 6 Monate	Schließen der Absperreinrichtung, in befülltem Zustand belassen (wenn keine Frostgefahr)	Bei Wiederinbetriebnahme nach DVGW W 551 (A) spülen, mikrobiologische Kontrolluntersuchungen gemäß TrinkwV (Trinkwasser warm und kalt) und auf Legionellen (Trinkwasser, warm und kalt) durchführen
> 6 Monate	Anschlussleitung von der Versorgungsleitung durch WVU oder Fachmann abtrennen lassen	Benachrichtigung des WVU, Wiederinbetriebnahme gemäß DIN EN 806-4 durch eingetragenes Installationsunternehmen; bei Wiederinbetriebnahme nach DVGW W 551 (A) spülen; mikrobiologische Kontrolluntersuchungen gemäß TrinkwV (Trinkwasser, warm und kalt) und auf Legionellen (Trinkwasser, warm und kalt) durchführen

Temperaturprüfung

Praxistipp

a) Kaltwasser sollte immer so lange ablaufen, bis es deutlich spürbar kühler austritt, und erst dann verwendet werden. Temperaturen über **25 °C** im Kaltwasser, die nach 30 Sekunden auftreten, sind nicht akzeptabel. In diesem Fall sollten Sie den Betreiber informieren.
b) Warmwasser darf nach 30 Sekunden **55 °C** nicht unterschreiten und sollte **60 °C** erreichen. Ohne Thermometer ist es schwierig, die genaue Temperatur festzustellen. Bei heißem Wasser kann man seine Hand nur kurz unter dem Wasserstahl halten. Achtung, Verbrühungsgefahr!
c) Perlator, Luftsprudler, Wassersieb etc. – es gibt viele Namen. Gemeint ist das Anbauteil einer Armatur, aus dem das Wasser austritt. Der Perlator ist regelmäßig zu erneuern. Spätestens, wenn der Wasserstrahl reduziert austritt.
d) Ein Entkalken mit Essig ist nicht zu empfehlen. Der Chrombelag könnte aufgelöst oder beschädigt werden und es könnte zu einer chemischen Belastung (Messing) des Trinkwassers kommen.
e) Beim Duschen sollte zuerst das warme Wasser voll geöffnet werden, um den Brauseschlauch und den Brausekopf zu spülen und mögliche Bakterien thermisch zu inaktivieren.
f) Duschen mit individueller Wohlfühltemperatur. Nach dem Duschen das restliche Warmwasser im Schlauch kalt herausspülen. Damit wird das Bakterienwachstum reduziert, vor allem für die, die sich gerne bei Körpertemperatur vermehren wollen.

4.3 Armaturen in Grundstücken und in Gebäuden

Die Norm DIN 3266:2018-03 gilt für den Bau und die Prüfung von Rohrbelüftern der Bauform D und E zum Einbau in die Trinkwasser-Installation nach DIN EN 806 (alle Teile) sowie nach der als Entwurf vorliegenden DIN EN 1717:2023-07 in Verbindung mit DIN 1988-100:2011-08.

Rohrbelüfter der Bauform D und E sind Bestandteil einer Sammelsicherung zur Absicherung von Steigleitungen. Die Einbindung der Rohrbelüfter erfolgt i. d. R. in der Stockwerksleitung, 300 mm oberhalb des höchstmöglichen Wasserspiegels der Installation. Der höchstmögliche Wasserspiegel erreicht i. d. R. das Waschbecken. Als Rechnungsbeispiel kann man hier nehmen: *den Waschtisch mit 0,8 m + 0,3 m = 1,1 m über Oberkante Fußboden.* Dies wäre dann die Mindesthöhe für den Rohrbelüfter. Betrachtet man den Zweck dieser Norm, beschreibt sie eher die Anforderungen an einen Rohrbelüfter und welche Prüfungen einzuhalten sind und **nicht** die praktischen Anwendungen.

Diese Norm gilt nicht für sog. Rohrentlüfter bzw. Luftabscheider, wie sie z. B. in Leitungsanlagen von geschlossenen Heizungssystemen verwendet werden.

<u>Früher:</u>

Häufig wurden Rohrbe- und -entlüfter als Sammelsicherung am Ende der Steigleitung eingebaut. Im Bestand sind diese immer noch zu finden.

<u>Heute:</u>

Meist werden die Rohrbelüfter demontiert. Gründe hierfür können das Erscheinungsbild bei Aufputzrohrbelüftern oder aber die mangelnde Funktionsweise bzw. Undichtigkeit sein. Hinzu kommt, dass die Zuleitung zum Rohrbelüfter eben nicht nur 30 cm oberhalb des höchstmöglichsten Wasserspiegels montiert wurde, sondern eher unterhalb der Decke. Diese Sammelsicherung darf nur entfernt werden, wenn sichergestellt ist, dass jede Armatur eine Eigensicherung hat.

Ausführung der Pflichten

Rohrbelüfter Bauform D ohne Tropfwasserleitung

A) Betriebszustand bei Überdruck

Durch den Überdruck wird eine innen liegende Kugel gegen eine Dichtfläche gepresst und verhindert so den Austritt von Wasser.

B) Betriebszustand bei Unterdruck

Bei Unterdruck fällt eine innen liegende Kugel nach unten und sorgt dafür, dass Luft von außen in die Trinkwasserleitung einströmen kann und sie sich damit vollständig entleert.

Rohrbelüfter der Bauform E werden meist im Aufputz verbaut.

Rohrbelüfter mit Bauform E mit Tropfwasserleitung

Die Funktionsweise ist gleich wie in der Bauform D, jedoch wird hier mögliches Tropfwasser durch den Abschlussbogen in einen Trichter gelenkt. Es gibt die Version „einfach“, sprich: nur Kaltwasser. Bei der Ausführung „doppelt“ werden der Kaltwasseranschlussbogen und der Warmwasseranschlussbogen in einen gemeinsamen Trichter gelenkt.

Rohrbelüfter mit Bauform E mit Tropfwasserleitung und Spüleinrichtung

Diese Rohrbelüfter mit Spüleinrichtung sind so gebaut, dass Stagnationswasser in der abgesicherten Steigleitung vermieden wird. In diesem Fall ist die Platzierung des Trichters von Wichtigkeit. Die Anforderungen an die Werkstoffe müssen selbstverständlich den Regelwerken entsprechen.

Anforderungen und Prüfungen an die Konstruktion, die Dichtigkeit und die Festigkeit obliegen dem Hersteller. Die DIN beschreibt weiterhin den Ansaugdruck und weitere Einbausituationen. Auf jeden

Fall ist darauf zu achten, dass die Armaturen dauerhaft und gut lesbar zu kennzeichnen sind:

- mit dem Herstellerzeichen
- mit der Nennweite

Im heutigen Wohnungsbau werden überwiegend Armaturen mit Einzelsicherungen verbaut, sodass eine Sammelsicherung seltener notwendig wird. Sind die Rohrbelüfter knapp unterhalb der Decke angebracht, so beträgt i. d. R. die Stagnationsleitung mehr als die geforderten 30 cm. Aus hygienischer Sicht ist dies bedenklich.

Aus aktuellen Erkenntnissen im Hinblick auf die Hygiene sind auch die 30-cm-Stagnationsleitungen nicht akzeptabel. In der DIN 1988-100 „Schutz des Trinkwassers" gelten Längen von 10 x DN für federbelastete Armaturen (Sicherheitsventil, thermische Ablaufsicherungen), ansonsten gilt maximale Stagnationslänge von 2 x DN für Rohrleistung bis DN 80 bzw. 1,5 l Wasserinhalt.

4.4 Wiederinbetriebnahme von Trinkwasser-Installationen

Nach dem Corona-Lockdown von Ende 2020 bis Mitte 2021 durften Geschäfte und Schulgebäude sowie Sportstätten, Hotels und andere öffentliche Einrichtungen unter bestimmten Voraussetzungen wieder öffnen. Vergleichbare Stagnationssituationen sind in vielen Saisonbetrieben jedoch auch ohne Pandemie die Regel.

Nach der Phase mit erheblich geringerer Wasserentnahme als im Normalbetrieb befindet sich die mikrobielle Situation in häuslichen Trinkwasser-Installationen in einem besonders sensiblen Zustand.

Einerseits wird Warm- und Kaltwasser an vielen Entnahmestellen benötigt, andererseits fließt aufgrund der nur teilweisen Nutzung des Gebäudes deutlich weniger Wasser durch die Leitungen als ursprünglich bei der Planung zugrunde gelegt.

Hier ist es besonders wichtig, den bestimmungsgemäßen Betrieb weiterhin sicherzustellen! Denn wer will schon gerne ein Glas Wasser aus einer Wasserleitung trinken, welches bereits seit vier Wochen stagnierte?

Um Legionellen und anderen krankheitserregenden Keimen keine Zeit bzw. Wachstumschancen durch Stagnation und bedenkliche Temperaturen zu geben, muss der regelmäßige Austausch des Trinkwassers in den Leitungen gewährleistet werden!

Vorbereitung

Je nach Umgang mit der Trinkwasser-Installation während der Betriebsunterbrechung gibt es zur Wiederaufnahme des Betriebs verschiedene Vorgehensweisen.

Im Idealfall werden die regelmäßig anfallenden Instandhaltungs- oder Wartungsarbeiten der Trinkwasser-Installation unabhängig von Nutzungsart und -dauer in den vorgeschriebenen Intervallen durchgeführt. Dies passiert in der Realität, nicht zuletzt aus Kostengründen, eher selten.

So müssen beispielsweise der Trinkwasserspeicher bzw. -erwärmer ebenso wie Filter, Enthärtungsanlagen, Ventile, Sicherungseinrichtungen und andere bewegliche Einbauteile mindestens im jährlichen Rhythmus inspiziert, gereinigt, instandgehalten oder gewartet werden.

Vor der Wiederinbetriebnahme sind zumindest als Mindestanforderung an die Trinkwasserhygiene

- der Filter am Hauswassereingang rückzuspülen,
- bei eventuell vorhandenen Enthärtungsanlagen am Ionentauscher eine manuelle Regeneration durchzuführen und
- eventuell vorhandene Spülstationen zu kontrollieren.

Auch die Peripherie darf nicht vergessen werden. Nach Stillstand und daran anschließender Spülung bzw. Nutzung werden durch sich verändernde Strömungsverhältnisse in den Wasserleitungen Ablagerungen, Schlacken und auch Biofilm gelöst und weitertransportiert.

Zu erledigen ist u. a. auch:

- Feinsiebe entfernen und ggf. reinigen
- Duschschläuche ggf. erneuern
- Funktionsprüfung der Eckventile durchführen
- Rückflussverhinderer prüfen
- Verbrühschutz-Vorrichtungen an Waschbecken kontrollieren

Alle sonstigen Filter- und Wasserbehandlungseinheiten z. B. in leitungsgebundenen Kaffeemaschinen oder Trinkwasserspendern sollten überprüft werden. Häufig müssen diese in regelmäßigen Abständen und nach längeren Stillstandszeiten gewechselt werden. Hierzu sind die Vorgaben der Hersteller zu beachten.

Wenn die Installation während der Betriebsunterbrechung weiterhin gespült wurde, ist in diesem Fall, unter Berücksichtigung des geänderten Nutzerverhaltens, weiterhin der bestimmungsgemäße Betrieb zu simulieren.

Trinkwassererwärmer war abgeschaltet

Damit die Wassertemperatur während der Aufheizphase möglichst schnell die erforderliche Temperatur von 60 °C erreicht, sollte zunächst nur der Trinkwassererwärmer vollständig aufgeheizt werden.

Erst im zweiten Schritt wird die Zirkulationspumpe zugeschaltet, bis am Zirkulationsrücklauf vor dem Wiedereintritt in den Trinkwassererwärmer die vorgeschriebene Temperatur mindestens 55 °C beträgt.

Bei großen und weitläufigen Anlagen mit vielen Steigsträngen empfiehlt es sich, die Temperaturen an jeder der rückführenden Zirkulationsleitungen, also vor der Zusammenführung in die Sammelleitung, zu kontrollieren.

Im Anschluss sind die einzelnen Entnahmestellen unter Berücksichtigung der erforderlichen Gleichzeitigkeit so lange aufzudrehen, bis das austretende Wasser spürbar heiß ist (Temperatur ca. 55 °C).

Bei Stillstand länger als sieben Tage

Alle Entnahmestellen abschnittsweise so spülen, dass in der Trinkwasser-Installation in der Leitung mit dem größten Durchmesser mindestens eine Fließgeschwindigkeit von 2 m/s erreicht wird. Dazu müssen gleichzeitig so viele Entnahmestellen geöffnet werden wie im DVGW-Arbeitsblatt W 551 beschrieben wird.

Praxistipp

2 m/s ohne Messgerät: Ein 10-l-Eimer muss nach 20 s voll sein. Bei einer Spülung werden im Gegensatz zum sog. Wasseraustausch auch Strahlregler oder Duschköpfe, die die Fließgeschwindigkeit verringern können, an den Entnahmestellen entfernt.

Es empfiehlt sich, die Spülvorgänge innerhalb der Installation von unten nach oben im Gebäude durchzuführen, da sich hierdurch der Zeitbedarf in den oberen Etagen reduziert. Ebenso sollte zuerst die Warmwasserseite, danach die Kaltwasserseite geöffnet werden. Eventuell vorhandene Verbrühschutz-Vorrichtungen sollten für die Dauer der Spülmaßnahmen deaktiviert werden, damit die Warmwasserseite voll geöffnet und bis zur Temperaturkonstanz gespült werden kann.

Unterbrechung länger als vier Wochen

Sind seit der Anlagenstilllegung mehr als vier Wochen vergangen, wird empfohlen, zusätzlich zu den beschriebenen Spülmaßnahmen auch mikrobiologische Kontrolluntersuchungen gemäß TrinkwV durchführen zu lassen.

Hierbei werden neben der allgemeinen Keimzahl bei 22 °C und 36 °C auch Escherichia coli, coliforme Bakterien und Legionellen sowohl im Kalt- als auch im Warmwasser kontrolliert. In öffentlichen Anlagen muss zusätzlich das Kaltwasser auf das Vorhandensein von Pseudomonas aeruginosa beprobt werden.

Fazit

Es ist anzunehmen, dass kein Betreiber wissentlich für die Verletzung seiner Verkehrssicherungspflichten zur Rechenschaft gezogen werden möchte.

Durch die Durchführung und fachgerechte Dokumentation des bestimmungsgemäßen Betriebs sowie ein durchdachtes Vorgehen bei der Wiederinbetriebnahme inklusive Beprobung zum Nachweis einer hygienisch einwandfreien Beschaffenheit des von ihm abgegebenen Trinkwassers begibt sich der Betreiber auf die sichere Seite der rechtlichen Vorgaben und normativen Anforderungen und kann somit nach der Stilllegung ruhigen Gewissens in den Normalbetrieb übergehen.

4.5 Betrieb und Hygiene von Trinkwasser-Installationen in Gebäuden

Allgemeine Pflichten von Betreibern von Trinkwasser-Installationen

Trinkwasser-Installationen gehören als Teil der Anlagen zur Wasserversorgung und -entsorgung ebenso wie beispielsweise Elektroinstallationen und Heizungsanlagen zu den haustechnischen Anlagen. Sie sind Teil einer Wasserversorgungsanlage. Daraus ergeben sich beispielsweise für Vermieter und Hauseigentümer Pflichten als Betreiber dieser Anlagen. Betreiber einer Wasserversorgungsanlage sind für die ordnungsgemäße Instandhaltung und Instandsetzung der Trinkwasser-Installationen verantwortlich. Betreiber ist ein Unternehmer oder sonstiger Inhaber einer Wasserversorgungsanlage (vgl. § 2 Nr. 3 TrinkwV). Die Pflichten hinsichtlich der Trinkwasser-Installation betreffen Betreiber von Wasserversorgungsanlagen nach § 2 Nr. 2 Buchstaben c), d), e) und f).

- Eigenversorgungsanlagen
- mobile Wasserversorgungsanlagen
- Gebäudewasserversorgungsanlagen
- zeitweilige Wasserversorgungsanlagen

Die Pflichten, die sich ggf. infolge etwaiger dazugehöriger Wassergewinnungsanlagen ergeben, werden dabei nicht betrachtet.

Zur Trinkwasser-Installation gehören sämtliche Trinkwasserleitungen, Trinkwasserspeicher, Apparate und Armaturen einer Wasserversorgungsanlage, die sich zwischen den Entnahmestellen für Trinkwasser und der Stelle befinden, ab der das Trinkwasser übernommen wird (vgl. § 2 Nr. 4 TrinkwV). Wird das Wasser von einer Wasserversorgungsanlage eines Wasserversorgungsunternehmens bereitgestellt, ist der Übergabepunkt die hauseigene Absperrvorrichtung hinter dem Wasserzähler. Das Wasserversorgungsunternehmen ist für die Lieferung des Trinkwassers in geforderter Qualität bis zum Übergabepunkt verantwortlich.

Ab Übergabepunkt ist der Betreiber einer Gebäudewasserversorgungsanlage verpflichtet, alle notwendigen und zumutbaren Vorkehrungen zu treffen, um eine Schädigung anderer möglichst zu vermeiden. Er ist bei Unterlassung ggf. schadensersatzpflichtig (vgl. §§ 535, 823 BGB).

Gesetzliche Grundlage für die Versorgung mit Trinkwasser sind die Trinkwasserverordnung (TrinkwV) und die Verordnung über die Allgemeinen Bedingungen für die Versorgung mit Wasser (ABVWasserV). Beide Verordnungen müssen auch in Zusammenhang mit Betrieb und Hygiene von Trinkwasser-Installationen in Gebäuden beachtet werden.

Allgemein anerkannte Regeln der Technik

Den daraus folgenden Pflichten müssen Betreiber der Trinkwasser-Installationen deshalb besondere Aufmerksamkeit widmen. Dazu gehört auch eine Überwachung möglicher Gefahrenquellen wie z. B. hohem Legionellenbefall. Maßstab für das Handeln ist mindestens die Einhaltung der anerkannten Regeln der Technik, worauf auch in der Trinkwasserverordnung wiederholt verwiesen wird. Die allgemein anerkannten Regeln der Technik umfassen nationale Normen – z. B. DIN (Normen des Deutschen Instituts für Normung), DVGW (Regelwerk des Deutschen Vereins des Gas- und Wasserfaches), VDI (Richtlinien des Vereins Deutscher Ingenieure) – und internationale Normen – z. B. CEN (Comité Européen de Normalisation – Europäisches Komitee für Normung). ISO (International Organization for Standardization – Internationale Organisation für Normung).

4.5.1 Überblick über die Betreiberpflichten

Die wichtigsten Regeln, die Betreiber von Trinkwasser-Installationen beachten müssen, die für den ordnungsgemäßen Betrieb von Trinkwasser-Installationen verantwortlich sind, fasst die DVGW-

Kompaktinfo für Trinkwasser „Hygienisch sicherer Betrieb von Trinkwasser-Installationen“ vom Februar 2025 zusammen.

- Trinkwasser ist eines der wichtigsten Lebensmittel.
  Nach § 2 Nr. 1 Buchstabe a TrinkwV ist es bestimmt
  - zum Trinken,
  - zum Kochen sowie zur Zubereitung von Speisen und Getränken,
  - zur Körperpflege und -reinigung,
  - zur Reinigung von Gegenständen, die bestimmungsgemäß mit Lebensmitteln in Berührung kommen (also bspw. Geschirr und Gläser),
  - zur Reinigung von Gegenständen, die bestimmungsgemäß nicht nur vorübergehend mit dem menschlichen Körper in Kontakt kommen (wie Kleidung und Wäsche), oder
  - zu sonstigen in Bezug auf die menschliche Gesundheit relevanten häuslichen Zwecken.

  Damit Trinkwasser bestimmungsgemäß verwendet werden kann, werden hohe Anforderungen an die Trinkwasserqualität gestellt. Diese muss der Betreiber einer Trinkwasseranlage gewährleisten.
- Die Trinkwasserqualität muss gesichert bleiben
  - Fachkunde ist erforderlich, um Arbeiten an Trinkwasser-Installationen (z. B. Austausch von Armaturen, Ändern von Rohrleitungen) auszuführen. Diese Arbeiten dürfen nur von einem Vertragsinstallationsunternehmen durchgeführt werden, das bei einem Wasserversorgungsunternehmen eingetragen ist.
  - Wasser, das kein Trinkwasser ist, also beispielsweise Regenwasser und Wasser in Heizungsanlagen, darf nicht in das Trinkwasser gelangen. Ein Rückfließen von Nichttrinkwasser in Trinkwasser-Installationen muss verhindert werden. Das ist durch den Einsatz dafür geeigneter Geräte, Bauteile und Materialien sicherzustellen (vgl. DIN EN 1717).
- Nur frisches Trinkwasser ist gutes Trinkwasser.
  - Es muss dafür gesorgt werden, dass das Wasser in einer Trinkwasser-Installation regelmäßig ausgetauscht wird, nicht längere Zeit an derselben Stelle steht. Dazu muss ab der Be-

füllung einer Trinkwasser-Installation, das Wasser in derselben regelmäßig ausgetauscht werden.

- Wasser, das längere Zeit in den Trinkwasserleitungen steht (Stagnationswasser), begünstigt die Vermehrung von Mikroorganismen. Deshalb muss der regelmäßige Wasseraustausch gewährleistet werden.
- In Abhängigkeit von der Stagnationsdauer sind unterschiedliche Maßnahmen erforderlich. Verwiesen wird in der DVGW-Kompaktinfo auf die Maßnahmen, wie sie bei Betriebsunterbrechungen gemäß VDI 3810 Blatt 2, Tabelle 2 (vgl. auch Abschnitt 2.5 Hygiene in Trinkwasser-Installationen – VDI 6023) auszuführen sind:
  - Stagnationsdauer größer 7 Tage
    Maßnahme zu Beginn der Unterbrechung: Schließen der Absperreinrichtung; Maßnahmen zu Ende der Unterbrechung: Spülen bei Wiederinbetriebnahme nach DVGW W 57 (A), mikrobiologische Kontrolluntersuchungen nach § 29 TrinkwV (Trinkwasser warm und kalt), Untersuchungen auf Legionellen nach § 43 Abs. 5 TrinkwV (Trinkwasser warm und kalt).
  - Stagnationsdauer größer 4 Wochen
    Maßnahme zu Beginn der Unterbrechung: Schließen der Absperreinrichtung, Trinkwasser-Installation in befülltem Zustand belassen, wenn keine Frostgefahr besteht. Maßnahme zu Ende der Unterbrechung: Bei Wiederinbetriebnahme vollständiger Wasseraustausch an allen Entnahmestellen durch Spülung mit Wasser nach DVGW W 557 (A).
  - Stagnationsdauer größer 6 Monate
    Erforderliche Maßnahmen am Ende der Unterbrechung: Benachrichtigung des Wasserversorgungsunternehmens (WVU), Wiederinbetriebnahme gemäß DIN EN 806-4 durch ein eingetragenes Installationsunternehmen; bei Wiederinbetriebnahme nach DVGW W 557 (A) spülen, mikrobiologische Kontrolluntersuchungen gemäß TrinkwV (Trinkwasser, warm und kalt) und auf Legionellen (Trinkwasser, warm und kalt) durchführen.

- Die Trinkwassertemperatur muss stabil bleiben.
  - Kaltes Trinkwasser muss kalt bleiben. Nach Öffnen der Entnahmearmatur an einer Entnahmestelle darf das Wasser nach 30 Sekunden nicht wärmer als 25 °C sein.
  - Warmes Trinkwasser muss warm sein und bleiben.
    Nach vollständigem Öffnen der Entnahmearmatur an einer Entnahmestelle muss das Wasser nach 30 Sekunden eine Temperatur von mindestens 55 °C erreichen. Das erfordert, dass die Wassertemperatur im Trinkwassererwärmer nicht unter 60 °C liegt. Ansonsten besteht die Gefahr, dass sich Legionellen in der Trinkwasser-Installation ausbreiten. Energieeinsparmaßnahmen dürfen nicht zulasten der Trinkwasserhygiene gehen.
- Die Trinkwasser-Installation muss regelmäßig inspiziert und gewartet werden.
  - Der Betreiber einer Trinkwasser-Installation hat die Inspektion und Wartung der Trinkwasser-Installation nach den allgemein anerkannten Regeln der Technik sicherzustellen. Die Hinweise zur Wartung und Inspektion von Einbauteilen, die Hersteller dieser Teile in den Betriebsanleitungen geben, müssen beachtet werden.
  - Die DIN EN 806-5 gibt Empfehlungen für die Häufigkeit der Inspektion und Wartung von Bauteilen von Trinkwasser-Installationen.
- Trinkwasser-Installationen müssen an Nutzungsänderungen angepasst werden.
  Wenn eine Trinkwasser-Installation anders als ursprünglich geplant genutzt werden soll, muss sie an die geänderten Bedingungen angepasst werden. Das kann beispielsweise der Fall sein, wenn Entnahmestellen nicht mehr benötigt werden. Mit den Umbauarbeiten muss ein Vertragsinstallationsunternehmen beauftragt werden.
- Verbraucher müssen informiert werden.
  Durch die TrinkwV sind Pflichten zur Information betroffener Verbraucher durch den Betreiber festgelegt. Dazu gehören Informationen über Blei, Legionellen und die Wasseraufbereitung.

Durch das Wasserversorgungsunternehmen wird einwandfreies Trinkwasser bis zur Übergabestelle im Gebäude bereitgestellt. Angaben zu Anforderungen an die Beschaffenheit des Trinkwassers macht Abschnitt 2 der Trinkwasserverordnung – §§ 5 bis 10 TrinkwV. Die Beschaffenheit des Trinkwassers kann durch einen nicht bestimmungsgemäßen Betrieb der Trinkwasser-Installation beeinträchtigt werden. Das kann sich unterschiedlich bemerkbar machen. Das ist beispielsweise der Fall, wenn das Wasser an der Entnahmestelle nicht kalt, sondern lauwarm ist oder wenn Färbung, Geruch oder Geschmack des Wassers beeinträchtigt sind (vgl. § 14 Nr. 2 TrinkwV. In einem solchen Fall werden Nutzer der Trinkwasser-Installation aufgefordert, den Betreiber (Vermieter) zu informieren, damit für Klärung und Beseitigung der Ursachen für eine Beeinträchtigung gesorgt werden kann. Betreiber sollen sich an ihr Vertragsinstallationsunternehmen, ihr Wasserversorgungsunternehmen und/oder das zuständige Gesundheitsamt wenden.

Wichtige Pflichten und Maßnahmen, die in Zusammenhang mit Betrieb und Hygiene von Trinkwasser-Installationen in Gebäuden zu beachten sind, werden in der TrinkwV, in der Richtlinie VDI 3810 Blatt 2; VDI 6023 Blatt 3:2020-05 und in der Technischen Regel DIN EN 806-5 näher beschrieben. Auf einige wichtige Gesichtspunkte wird im Folgenden eingegangen.

4.5.2 Anforderungen an den Betreiber aufgrund der TrinkwV

Wasser für den menschlichen Gebrauch muss so beschaffen sein, dass durch seinen Genuss oder Gebrauch eine Schädigung der menschlichen Gesundheit, insbesondere durch Krankheitserreger, nicht erfolgen kann (vgl. § 37 Abs. 1 Infektionsschutzgesetz). Die Bestimmungen der Trinkwasserverordnung sollen sicherstellen, dass dieses Ziel erreicht wird.

Anzeigepflichten in Bezug auf Wasserversorgungsanlagen

Anzeigepflichten der Betreiber von Wasserversorgungsanlagen sind in § 11 TrinkwV geregelt. So haben der Betreiber einer zentralen Wasserversorgungsanlage, einer dezentralen Wasserversorgungsanlage, einer Eigenwasserversorgungsanlage oder, sofern das Trinkwasser im Rahmen einer öffentlichen Tätigkeit bereitgestellt wird, einer Gebäudewasserversorgungsanlage dem Gesundheitsamt anzuzeigen.

1. die Errichtung der Wasserversorgungsanlage,
2. die Inbetriebnahme und die Wiederinbetriebnahme der Wasserversorgungsanlage,
3. die bauliche oder betriebstechnische Veränderung an Trinkwasser führenden Teilen der Wasserversorgungsanlage, wenn diese Veränderung wesentliche Auswirkungen auf die Beschaffenheit des Trinkwassers haben kann,
4. den Übergang des Eigentums oder des Nutzungsrechts an der Wasserversorgungsanlage auf eine andere Person und
5. die Stilllegung der Wasserversorgungsanlage oder von Teilen der Wasserversorgungsanlage.

Trinkwasser wird im Rahmen einer „öffentlichen Tätigkeit“ bereitgestellt, wenn es für einen unbestimmten, wechselnden und nicht durch persönliche Beziehungen mit der bereitstellenden Person verbundenen Personenkreis zur Verfügung gestellt wird (siehe § 2 Nr. 9 TrinkwV).

Anforderungen an Wasserversorgungsanlagen

Anforderungen an Wasserversorgungsanlagen enthält Abschnitt 4 der TrinkwV. Betreiber haben sicherzustellen, dass bei Errichtung und Instandhaltung dieser Anlagen nur trinkwasserhygienisch geeignete Produkte und Materialien verwendet werden. Diese müssen den Anforderungen nach § 14 TrinkwV entsprechen. Damit soll erreicht werden, dass Schadstoffe aus Produkten, die in Trinkwasser-Installationen eingesetzt werden, nicht in gesundheitsschädigendem Maße in das Trinkwasser migrieren. Das heißt, dass sich der Betreiber bei der Übernahme einer Anlage vergewissern muss, dass die Vorgaben der TrinkwV erfüllt sind. Andererseits hat er aber auch insbesondere dafür Sorge zu tragen, dass bei Instandsetzungsarbeiten nur trinkwasserhygienisch geeignete Produkte und Materialien eingesetzt werden.

Anforderungen bei Instandsetzungen

Wesentliche Veränderungen an einer Trinkwasser-Installation dürfen nur durch das Wasserversorgungsunternehmen oder ein in ein Installateurverzeichnis eines Wasserversorgungsunternehmens eingetragenes Installationsunternehmen unter Beachtung gesetzlicher oder behördlicher Bestimmungen nach den allgemein anerkannten Regeln der Technik erfolgen. Das Wasserversorgungsunternehmen ist berechtigt, die Ausführung der Arbeiten zu überwachen (siehe § 12 Abs. 2 der Verordnung über Allgemeine Bedingungen für die Versorgung mit Wasser – AVBWasserV).

Stilllegung von Leitungen aus Blei

Der Betreiber einer Wasserversorgungsanlage mit Trinkwasserleitungen oder Teilstücken von Trinkwasserleitungen aus dem Werkstoff Blei muss diese Trinkwasserleitungen oder Teilstücke bis zum 12.01.2026 nach den allgemein anerkannten Regeln der Technik entfernen oder stilllegen lassen. Nur auf Antrag des Betreibers kann das Gesundheitsamt diese Frist unter Umständen verlängern (vgl. § 17 TrinkwV).

Anforderungen bei gleichzeitigem Betrieb von Nichttrinkwasseranlagen

Zusätzlich zur einer Trinkwasser-Installation können Nichttrinkwasseranlagen im selben Gebäude installiert sein (vgl. § 2 Nr. 10 TrinkwV). Ein Beispiel für Nichttrinkwasser ist Wasser im Heizungskreislauf. Der Betreiber einer Gebäudewasserversorgungsanlage nach § 2 Nr. 2 Buchst. e (Abgabe von Trinkwasser an Verbraucher aus einer zentralen oder dezentralen Wasserversorgungsanlage) ist verpflichtet, dem Gesundheitsamt die Errichtung einer Nichttrinkwasseranlage spätestens vier Wochen vor Beginn der Errichtung und die Stilllegung der Nichtwasseranlage innerhalb von drei Tagen nach der Stilllegung anzuzeigen (vgl. § 12 TrinkwV). Trinkwasserverunreinigungen durch Rückfließen sind zu verhindern. Allgemeine Anforderungen an derartige Sicherungseinrichtungen beschreibt die Norm DIN EN 1717.

Untersuchungspflichten des Betreibers

- Untersuchungen auf den Parameter Legionella spec. sind nach § 31 Abs. 2 TrinkwV in Abhängigkeit von der Wasserversorgungsanlage wie folgt durchzuführen,
  - bei mobilen Wasserversorgungsanlagen in einer vom Gesundheitsamt festzulegenden Häufigkeit.
  - bei Gebäudewasserversorgungsanlagen
    a) mindestens alle drei Jahre bei Abgabe des Trinkwassers im Rahmen einer gewerblichen, nicht aber einer öffentlichen Tätigkeit,
    b) ansonsten mindestens einmal jährlich, falls nicht vom Gesundheitsamt ein längeres Untersuchungsintervall festgelegt wurde,
  - bei zeitweiligen Wasserversorgungsanlagen nach Festlegung des Gesundheitsamts.
  - Stellt eine zugelassene Untersuchungsstelle bei einer Untersuchung des Trinkwassers auf den Parameter Legionella spec. das Erreichen des Technischen Maßnahmenwerts (100 KBE/100 ml gem. Anlage 3 Teil II TrinkwV) fest, ist sie nach § 53 Abs. 1 TrinkwV verpflichtet, unverzüglich das zuständige Gesundheitsamt zu unterrichten.

  Für Gebäudewasserversorgungsanlagen können bei unveränderter Betriebsweise vom Gesundheitsamt auch Untersuchungsintervalle von bis zu drei Jahren festgelegt werden. Das ist u. a. aber nicht möglich für Pflegeeinrichtungen und sonstige Einrichtungen, in denen sich Patienten mit einem höheren Legionellen-Infektionsrisiko befinden (vgl. § 21 Abs. 3 TrinkwV). Die
- Untersuchungspflichten in Bezug auf mikrobiologische und chemische Parameter bestehen nach §§ 28, 29 TrinkvW bei einer zentralen oder einer dezentralen Wasserversorgungsanlage, für Betreiber von Eigenwasserversorgungsanlagen und für mobile Wasserversorgungsanlagen. Betreibern von Gebäudewasserversorgungsanlagen sind diese Untersuchungen zu empfehlen.
- Die Anforderungen an die Beschaffenheit des Trinkwassers nach §§ 6 bis 9 TrinkwV, das auf Grundstücken oder in Gebäuden bereitgestellt wird, müssen am Austritt aus den Entnahmestellen für Trinkwasser eingehalten werden (vgl. § 10 Abs. 1 TrinkwV).

Informationspflichten

Nach § 45 Abs. 1 bis 3 TrinkwV hat der Betreiber einer zentralen Wasserversorgungsanlage Anschlussnehmer und Verbraucher regelmäßig, mindestens einmal jährlich, über die Beschaffenheit des Trinkwassers zu informieren. Die Informationen werden regelmäßig über eine Internetseite bereitgestellt (vgl. § 46 TrinkwV).

Der Betreiber einer Wasserversorgungsanlage, z. B. einer Gebäudewasserversorgungsanlage, hat bei Überschreiten von Grenzwerten, Höchstwerten, Anforderungen, Parameterwerten oder bei Erreichen des technischen Maßnahmewerts nach § 52 TrinkwV betroffene Verbraucher unverzüglich zu informieren. Das trifft insbesondere bei einem Überschreiten des Grenzwerts für den Parameter Legionella spec. zu.

Abgabeverbot

Der Betreiber einer Wasserversorgungsanlage darf gem. § 49 Abs. 1 TrinkwV Wasser nicht als Trinkwasser abgeben und anderen nicht zur Verfügung stellen, wenn

1. die Grenzwerte oder Höchstwerte für mikrobiologische Parameter nicht eingehalten sind,
2. die Grenzwerte oder Höchstwerte für chemische Parameter nicht eingehalten sind oder
3. die Grenzwerte oder Anforderungen für Indikatorparameter (Grenzwerte, Anforderungen, technische Maßnahmewerte) gemäß Anlage 3 TrinkwV nicht eingehalten sind.

4.5.3 Betreiberpflichten für Trinkwasser-Installationen nach VDI 3810 Blatt 2; VDI 6023 Blatt 3:2020-05 (VDI/DVGW 6023)

Die Richtlinie VDI 3810 Blatt 2 / VDI 2023 Blatt 3 kombiniert

- Richtlinie VDI 3810 Blatt 2: Betreiben und Instandhalten von Gebäuden und gebäudetechnischen Anlagen – Trinkwasser-Installationen mit der
- Richtlinie VDI 6023 Blatt 3: Hygiene in Trinkwasser-Installationen – Betrieb und Instandhaltung

Die Richtlinie dient dem Schutz der Anwender und soll die Reinheit und Genießbarkeit des Trinkwassers sicherstellen. Sie beinhaltet auch Hinweise zum wirtschaftlichen Betrieb von Trinkwasser-Installationen sowie Aspekte des Arbeitsschutzes und der Verkehrssicherungspflicht und beschreibt den bestimmungsgemäßen Betrieb von Trinkwasser-Installationen. Die Richtlinie enthält die folgenden Abschnitte:

- Allgemeine Pflichten (Errichter, Betreiber und Nutzer von Anlagen, Arbeitgeber)
- Voraussetzungen für bestimmungsgemäßen Betrieb (Planung, Ausführung, Inbetriebnahme, Übergabe, Betreiberpersonal)
- Anforderungen an den bestimmungsgemäßen Betrieb (regelmäßige Wasserentnahme, Temperaturen, Anschlüsse an die Trinkwasser-Installation)
- Voraussetzungen für die Instandhaltung (Instandhaltungsplanung – Bewertungsgruppen, Instandhaltungsmaßnahmen, Fachpersonal, Werkzeuge und Materialien)
- Anforderungen an die Instandhaltung (Entnahme, Reinigung und Desinfektion, Häufigkeit)
- Anhang A Raumbuch „Trinkwasser“

Pflichten des Nutzers einer Trinkwasser-Installation

Anhang B beschreibt Nutzerinformationen zum bestimmungsgemäßen Betrieb einer Trinkwasser-Installation. Der Nutzer ist verpflichtet, alles zu unterlassen, was Schaden verursachen könnte. Dazu gehören beispielsweise übermäßiges Wassersparen und Nichtnutzung von Teilen der Trinkwasser-Installation (z. B. wegen damit verbundener Legionellenbildung). Frostschäden müssen durch entsprechendes Beheizen oder mikrobiologische Vermehrung durch einen regelmäßigen Wasseraustausch verhindert werden. Zu den Obhutspflichten des Nutzers gehört es auch, Mängel anzuzeigen.

Notwendige Maßnahmen, um die Trinkwasserhygiene bei längerer Abwesenheit zu erhalten, sind:

- Bei Abwesenheit von vier Stunden bis zu zwei Tagen ist Stagnationswasser ablaufen zu lassen, bis das Wasser spürbar kühler oder heißer wird.
- Bei Abwesenheit von mehr als zwei Tagen sollte das Wasser an allen Entnahmestellen jeweils fünf Minuten fließen.
- An selten genutzten Entnahmestellen sollte man das Wasser regelmäßig, mindestens alle 72 Stunden, fließen lassen.
- Bei Abwesenheit von mehr als sieben Tagen sollten Nachbarn oder Eigentümer während der Abwesenheit die Entnahmestellen spülen.

Nutzer sollten den Betreiber der Trinkwasser-Installation (Eigentümer) unverzüglich informieren, wenn

- nach drei Litern Auslaufvolumen kein kaltes Trinkwasser kommt (kühler als 25 °C),
- nach drei Litern Auslaufvolumen kein warmes Trinkwasser kommt (wärmer als 55 °C),
- das Trinkwasser wahrnehmbar riecht oder schmeckt,
- das Trinkwasser deutliche Verfärbungen zeigt,

Nutzer sollten beachten,

- dass sie kein Trinkwasser, das länger als vier Stunden in der Leitung gestanden hat, zur Speisenzubereitung verwenden,

- dass sie regelmäßig (Verschleiß-)Teile der Armaturen an den Entnahmestellen (z. B. Brauseschläuche) reinigen und entkalken oder austauschen,
- dass Armaturen in Bad und Küche nur durch ein vom Betreiber (Eigentümer) beauftragtes eingetragenes Installationsunternehmen durchgeführt werden dürfen.

4.5.4 Betrieb und Wartung von Trinkwasser-Installationen Technische Regel DIN EN 806-5:2012-4

In diesem Teil der Normenreihe DIN EN 806 werden Anforderungen an Betrieb und Wartung von Trinkwasser-Installationen innerhalb von Gebäuden und für Rohrleitungen außerhalb von Gebäuden, aber innerhalb von Grundstücken nach DIN EN 806-1, festgelegt. Die Norm gibt Empfehlungen für die ordnungsgemäße Funktionsweise der Trinkwasser-Installationen. Sie dient damit der Sicherstellung einer stabilen, kontinuierlichen Wasserversorgung. Durch die Aufrechterhaltung von Betriebsbedingungen zur Einhaltung der Bestimmungen der Trinkwasserverordnung sollen die Qualität des Trinkwassers sichergestellt und nachteilige Auswirkungen auf die Einrichtungen der Wasserversorgungsunternehmen vermieden werden.

Die Norm enthält zu beachtende Grundsätze bei Betrieb, Betriebsunterbrechungen, Außer- und Wiederinbetriebnahme und möglichen Störungen (u. a. Wassermangel, Beeinträchtigung der Wasserqualität, Geräuschemissionen).

Berücksichtigt werden im Folgenden nur die Anforderungen an Betrieb und Wartung, die Gegenstand von Teil 5 der Norm sind. Die sich anschließenden Anhänge enthalten Festlegungen zur Häufigkeit für die Inspektion und Wartung von Bauteilen der Trinkwasser-Installationen und zu Inspektions- und Wartungsverfahren, u. a. von Sicherungsarmaturen, thermostatischen Mischern für Warmwasserbereiter, Druckerhöhungspumpen, Löschwasserversorgungs-

und Brandschutzeinrichtungen, Rohrleitungen und Wasserzählern. Spezifische Inspektions- und Wartungsverfahren für Anlagen zur Behandlung von Trinkwasser werden berücksichtigt.

Anforderungen an die Dokumentation

Es wird gefordert, dass sämtliche für die Installation relevanten Angaben jederzeit verfügbar sein müssen, um einen ordnungsgemäßen Betrieb und eine korrekte Wartung zu ermöglichen. Diesbezügliche Herstellerunterlagen müssen aufbewahrt und angewendet werden. Die Wartung ist zu protokollieren und das Protokoll muss so aufbewahrt werden, dass die Daten überprüfbar sind.

Anforderungen an den Betrieb

Der Betrieb hat nach den einschlägigen Betriebsanweisungen zu erfolgen. Enthalten diese keine Angaben, ist nach den folgenden Grundsätzen zu verfahren.

- Absperr- und Wartungsarmaturen sind vollständig zu öffnen oder zu schließen. Sie müssen in regelmäßigen Abständen betätigt werden.
- Ersatzteile müssen stets verfügbar und einsatzbereit sein. Originale Ersatzteile sind vorzugsweise zu verwenden.
- Entnahmearmaturen dürfen nicht zum Anschluss von Schlauchverbindungen verwendet werden. Ist das unumgänglich, muss eine Sicherungseinrichtung nach EN 1717 Rückfließen von Wasser verhindern. Schlauchverbindungen, beispielsweise Gartenschläuche, dürfen ggf. nur an für diesen Zweck vorbereitete Entnahmestellen angeschlossen werden
- Anschluss von Geräten soll nur durch fachkundiges Personal erfolgen. Geräte und Apparate (z. B. Wasch- und Geschirrspülmaschinen) müssen angemessen gegen Rückfließen in Übereinstimmung mit der EN 1717 gesichert sein.
- Belüftungsöffnungen (bspw. Rohrbelüfter, freie Ausläufe) dürfen nicht verschlossen oder versperrt werden.
- In selten genutzten Anlageteilen (z. B. Zuleitungen zu Gästezimmern) muss das Wasser regelmäßig erneuert werden, vorzugsweise einmal in der Woche.
- Die Temperatur des Kalt- und Warmwassers in den Leitungen und Wasserbehältern sowie an den Entnahmestellen ist regel-

mäßig zu kontrollieren. Es müssen die Vorgaben der EN 806-2 eingehalten werden.
- Wasserleitungen dürfen keine äußeren Lasten tragen.
- Hygienische Gesichtspunkte sind beim Einbau von Anlagen zur Behandlung von Trinkwasser zu beachten.

Betriebsunterbrechungen

Maßnahmen bei Betriebsunterbrechungen richten sich bei Außerbetriebnahme und Wiederinbetriebnahme nach der Dauer der Unterbrechung. Zur Vermeidung von Schäden ist bei dauerhafter Abwesenheit von der Wohnung die Zuleitung zur Wohnung abzusperren.

Änderungen, Erweiterungen und Sanierungen

Bei wesentlichen Veränderungen und Erweiterungen muss die zuständige Behörde vor (!) Beginn der Arbeiten benachrichtigt werden.

Wartung

Unter die Wartung fallen

- Inspektion: Dazu ist die Anlage einer Sichtprüfung zu unterziehen.
- Routinemäßige Wartung: Die Arbeiten sind entsprechend den Herstellerangaben durchzuführen.

Diese Arbeiten sind vom Betreiber entsprechend der in Anhang A der Norm vorgegebenen Häufigkeit zu veranlassen. Dazu sind nachfolgend einige Beispiele angegeben.

1. Inspektion alle zwei Monate und halbjährliche Wartung von Anlagenbauteilen und Einheiten:
   - Dosiersystem, Enthärter
   - Elektrolytische Dosieranlage mit Aluminiumanaoden
   - Filter mit aktiven Substanzen, Membranfilteranlage
   - Gerät mit Quecksilberdampf-Niederdruckstrahlern
   - Nitratentfernungsanlage
   - Wassererwärmer (Ausnahme: Wartung jährlich)

2. Halbjährliche Inspektion und Wartung von Anlagenbauteilen und Einheiten
   - Ungehinderter freier Auslauf (AA), freier Auslauf mit nichtkreisförmigem Überlauf (AB)
   - Freier Auslauf mit Injektor (AD), Rohrunterbrecher mit ständig geöffneten Lufteintrittsöffnungen (AD)
   - Sicherheitsventil, kombiniertes Druck-Temperaturventil
   - Sicherheitsventil für Expansionswasser
   - Filter – rückspülbar, nicht rückspülbar oder kleiner 80 um
3. Halbjährliche Inspektion und jährliche Wartung von Anlagenbauteilen und Einheiten:
   - Systemtrenner mit kontrollierbarer druckreduzierter Zone (BA)
   - Systemtrenner mit unterschiedlichen nicht kontrollierbaren Druckzonen (CA)
   - Rohrtrenner, nicht durchflussgesteuert (GA)
   - Rohrtrenner, durchflussgesteuert (GB)
   - Hydraulische Sichersicherheitsgruppe, Sicherheitsgruppe für Expansionswasser
   - Thermostatischer Mischer für Warmwasseraufbereiter
4. Jährliche Inspektion und Wartung von Anlagenbauteilen und Einheiten
   - Freier Auslauf mit belüftetem Tauchrohr und Überlauf (AC)
   - Freier Auslauf mit kreisförmigem Überlauf (eingeschränkt) (AF)
   - Freier Auslauf mit kreisförmigem Überlauf mit Mindestdurchmesser (AG)
   - Rohrbelüfter in Durchgangsform (DA)
   - Rohrunterbrecher mit ständig geöffneten Lufteintrittsöffnungen (DC)
   - Kontrollierbarer Doppelrückflussverhinderer (EA)
   - Schlauchanschluss mit Rückflussverhinderer (HA)
   - Automatischer Umsteller (HC)
   - Rohrbelüfter für Schlauchanschlüsse, kombiniert mit Rückflussverhinderer (HC)
   - Druckbeaufschlagter Belüfter (LA)
   - Druckbeaufschlagter Belüfter, kombiniert mit Rückflussverhinderer (LB)
   - Druckminderer, Leitungsanlage

5. Sonderfälle
   - Nichtkontrollierbarer Rückflussverhinderer (EB) – jährliche Inspektion, Austausch alle 10 Jahre Wasserzähler, kalt – jährliche Inspektion, Wartung alle 6 Jahre
   - Wasserzähler, warm – jährliche Inspektion, Wartung alle 5 Jahre

4.5.5 Maßnahmen bei und gegen Legionellenbefall

Legionellen sind im Wasser lebende stäbchenförmige Bakterien aus der Gattung Legionella, die die Legionärskrankheit (Legionellen-Pneumonie), eine schwere, lebensbedrohliche Lungenentzündung, aber auch das Pontiac-Fieber, einen fiebrigen Infekt ohne Lungenentzündung, auslösen können. Besonders gefährdet sind Menschen, die rauchen, aber auch Menschen mit einem geschwächten Immunsystem und mit Grunderkrankungen wie Diabetes oder chronischen Herzerkrankungen.

Legionellen „schlummern" in feuchten Biotopen in zunächst meist geringer Konzentration. Unter für sie günstigen Bedingungen können sie sich aber schnell vermehren und infektionsrelevant werden. Wenn das Anwachsen des Bestandes an Legionellen rechtzeitig erkannt wird, kann angemessen reagiert werden. Deshalb ist die regelmäßige qualifizierte Untersuchung des Trinkwassers auf Legionellen so wichtig. Der Betreiber einer Wasserversorgungsanlage muss gem. § 31 TrinkwV regelmäßig Untersuchungen in Bezug auf Legionella spec. durchführen. Davon betroffen sind Betreiber einer mobilen Wasserversorgungsanlage, einer Gebäudewasserversorgungsanlage oder einer zeitweiligen Wasserversorgungsanlage, wenn Wasser im Rahmen einer öffentlichen oder gewerblichen Tätigkeit (z. B. in einem Kindergarten bzw. bei Vermietung) abgeben wird. In der Wasserversorgungsanlage müssen sich Anlagen zur Wassererwärmung (mit einem Trinkwassererwärmer mit einem Inhalt von mehr als 400 Litern oder nicht eingehaltener 3-Liter-Regel gem. DIN 1988-200) und Duschen oder andere Einrichtungen, die zu einer Vernebelung von Trinkwasser führen können, befinden. Wasserversorgungsanlagen in einem Ein- oder Zweifamilienhaus sind von der Untersuchungspflicht ausgenommen (vgl. § 31 Abs. 1 Nr. 8 TrinkwV). Die Untersuchung muss innerhalb von drei bis zwölf Monaten nach Inbetriebnahme einer Anlage (vgl. § 31 Abs. 4 TrinkwV), ansonsten in Abhängigkeit von den konkreten Bedingungen jährlich oder mindestens alle drei Jahre durchgeführt werden (vgl. § 31 Abs. 2 und 3 TrinkwV).

Bei einer Untersuchung muss der Parameter Legionella spec. bestimmt werden. Das ist ein technischer Parameter, ein Maß für die Anzahl von Legionellen im Wasser. Ermittelt wird bei den Untersuchungen die Konzentration von sog. „Kolonie Bildenden Einheiten (KBE)" im Wasser. Bei Untersuchungen auf *Legionella spec.* nach DIN EN ISO 11731 ist die Empfehlung des Umweltbundesamts „Systemische Untersuchungen von Trinkwasser-Installationen auf Legionellen nach Trinkwasserverordnung – Probennahme, Untersuchungsgang und Angabe des Ergebnisses" zu beachten (vgl. § 43 Abs. 5 TrinkwV). Wird bei der Untersuchung festgestellt, dass der Parameter *Legionella spec.* den Maßnahmenwert von 100 KBE/ml (siehe Anlage 3 Teil II TrinkwV) erreicht, muss der Betreiber unverzüglich reagieren (vgl. § 51 Abs. 1 TrinkwV):

- Das Erreichen des Maßnahmenwerts ist vom Betreiber oder von der zugelassenen Untersuchungsstelle dem Gesundheitsamt anzuzeigen.
- Es müssen Untersuchungen zur Klärung der Ursachen – einschließlich einer Ortsbesichtigung zur Prüfung der Einhaltung der allgemein anerkannten Regeln der Technik (a.a.R.d.T.) – durchgeführt werden.
- Eine schriftliche Risikoabschätzung unter Beachtung der „Empfehlungen für die Durchführung einer Gefährdungsanalyse gemäß Trinkwasserverordnung – Maßnahmen bei Überschreitung des technischen Maßnahmenwerts für Legionellen" des Umweltbundesamts vom Dezember 2012 muss erstellt werden.
- Unter Beachtung der Empfehlungen des UBA müssen Maßnahmen durchgeführt werden, die nach den a.a.R.d.T. zum Schutz der Verbraucher erforderlich sind.

Derartige allgemeine Regeln sind bspw. beschrieben in

- DIN CEN/TR 16355:2012-09 Empfehlungen zur Verhinderung des Legionellenwachstums in Trinkwasser-Installationen
- DVGW-Arbeitsblatt W 551 Technische Maßnahmen zur Verminderung des Legionellenwachstum

Die Einspruchsfrist zum Entwurf eines neuen Arbeitsblatts DVGW W 551-1 (A) Hygiene in der Trinkwasser-Installation – Teil 1: Prävention, Ursachenklärung und Beseitigung von Legionellenkontaminationen endete am 31.08.2025. Das neue Arbeitsblatt wird die bisherigen Arbeitsblätter W 551 und W 552 (mit Technischen Maßnahmen zur Verminderung des Legionellenwachstums; Sanierung und Betrieb) zusammenfassen.

Ausgangspunkt für zu ergreifende Maßnahmen sind die Eigenschaften von Legionellen, die zu ihrer Vermehrung beitragen. Dazu tragen vor allem Wassertemperaturen zwischen 25 °C und 50 °C und in langen Leitungen stehendes Wasser bei. Bei öffentlicher oder gewerblicher Nutzung (bspw. in Mehrfamilienhäusern) ist deshalb für warmes Wasser eine Temperatur von mindestens 55 °C vorgegeben. Bei Temperaturen über 70 °C sterben die Legionellen schnell ab.

Eine Sofortmaßnahme bei Legionellenbefall ist daher eine thermische Desinfektion. Dazu muss die Temperatur so eingestellt werden, dass sie an allen Stellen der Trinkwasser-Installation mindestens drei Minuten 70 °C beträgt. Der Biofilm, in dem sich die Legionellen ausbreiten, soll auf diese Weise zerstört werden. Die Maßnahme muss von qualifiziertem Personal durchgeführt werden. Es besteht Verbrühungsgefahr und auch die Anlage muss für dieses Verfahren geeignet sein. Das benötigte warme Wasser muss in ausreichender Menge zur Verfügung gestellt werden können. Auch müssen die in der Anlage verwendeten Materialien hitzebeständig sein. Es darf in der Anlage keine Totleitungen geben. Die Ergebnisse der Desinfektion müssen dokumentiert werden und die Durchführung muss bei Bedarf gegenüber dem Gesundheitsamt nachgewiesen werden können (vgl. § 51 Abs. 4 TrinkwV).

Auch mit richtigem Betrieb der Trinkwasser-Installation kann Legionellenbefall vorgebeugt werden. Bei bestimmungsgemäßem Betrieb muss regelmäßig Wasser entnommen, Stagnationswasser vermieden werden. Die Temperatur des kalten Wassers darf nicht über 25 °C ansteigen. Die Warmwassertemperatur soll in allen Leitungen, in denen das Wasser zirkulieren muss, nicht unter 55 °C absinken. Energiesparen bei der Warmwasseraufbereitung mit sog. Legionellenschaltungen hält das Umweltbundesamt deshalb in einer Stellungnahme vom September 2011 für ungeeignet. Legionellen sind aerobe Bakterien. Zusätzlicher Sauerstoff befördert ihre Vermehrung. Duschköpfe, über die warmes Wasser verstäubt wird, können daher das Risiko einer Legionelleninfektion erhöhen.

Bei der Planung und Errichtung einer Trinkwasser-Installation muss darauf geachtet werden, dass kaltes Wasser bei Nutzung der Installation kalt und warmes Wasser warm bleibt. Eventuell können zusätzliche Isolierungen dazu beitragen. Auch nahe beieinander liegende Kalt- und Warmwasserleitungen sind zu vermeiden.

Das neue Arbeitsblatt DVGW W 551-1 (A) unterscheidet und erläutert weitere Maßnahmen zur Vermeidung und Beseitigung von Legionellenkontaminationen:

- Primär-präventive Maßnahmen (Planung und Errichtung, Inbetriebnahme von Trinkwasser-Installationen, Betrieb und Instandhaltung)
- Sekundär-präventive Maßnahmen: Klärung der Ursache bei festgestellter Kontamination
- Tertiär-präventive Maßnahmen: Korrekturmaßnahmen (Sofortmaßnahmen, verfahrenstechnische Maßnahmen, betriebstechnische Maßnahmen, bautechnische Maßnahmen)

5 Qualitätsprüfung und Überwachung

5.1 Überwachung des Trinkwassers

Der Bericht des Bundesministeriums für Gesundheit und des Umweltbundesamts über die Qualität von Wasser für den menschlichen Gebrauch für die Jahre 2020 bis 2022, der im März 2025 vorgelegt wurde, bescheinigt dem Trinkwasser in den berichtspflichtigen Wasserversorgungsgebieten in Deutschland eine hohe Qualität. Es wird festgestellt, dass in mehr als 99 % der durchgeführten Untersuchungen nahezu alle mikrobiologischen und chemischen Grenzwerte erreicht wurden. Grenzwerte für einzelne Wirkstoffe des Parameters „Pestizide – einzeln“ (vgl. Anlage 2 Teil I TrinkwV) wurden in zwischen ein bis drei Prozent der Messungen überschritten. In über 99,9 % der Proben an der Entnahmestelle der Verbraucherin/des Verbrauchers, dem Wasserhahn, wurde im Jahr 2022 auch der Parameter „coliforme Bakterien“ nicht beanstandet.

An der Übergabestelle zur Trinkwasserinstallation des Verbrauchers kann bei Bezug des Wassers von einem Wasserversorgungsunternehmen davon ausgegangen werden, dass einwandfreies Trinkwasser geliefert wird.

Grenzwertüberschreitungen beim Parameter Blei sind ein Indiz für noch vorhandenes Blei in der Trinkwasserinstallation. In diesem Zusammenhang ist darauf hinzuweisen, dass der Betreiber einer Wasserversorgungsanlage mit Trinkwasserleitungen oder Teilstücken von Trinkwasserleitungen aus dem Werkstoff Blei, diese Trinkwasserleitungen oder Teilstücke bis zum 12.01.2026 nach den allgemein anerkannten Regeln der Technik zu entfernen oder stillzulegen hat. Nur auf Antrag des Betreibers kann das Gesundheitsamt diese Frist unter Umständen verlängern (vgl. § 17 TrinkwV).

Überschreitungen von Grenzwerten für Kupfer, Nickel und Cadmium in der Trinkwasserinstallation sind vielfach ein Indiz dafür, dass Nutzerinnen und Nutzer ungeeignete Armaturen selbst eingebaut haben, kein Installationsunternehmen mit ausreichender Qualifikation diese Arbeiten vorgenommen hat. Es wurden so oft Armaturen verwendet, die für den Kontakt mit Trinkwasser nicht geeignet sind, zu deren Herstellung Wertstoffe verwendet wurden, die nicht den Bewertungsgrundlagen des Umweltbundesamts entsprechen.

5.1.1 Überwachung der Trinkwasserqualität

Wasserversorgungsunternehmen

Die Aufgabe der Wasserversorgungsunternehmen ist es, einwandfreies und gesundheitlich unbedenkliches Trinkwasser herzustellen und zu liefern. Die Wasserversorgungsunternehmen haben als Bestandteil der betrieblichen Qualitätssicherung eine Eigenkontrolle der Trinkwasserqualität vorzunehmen. § 30 TrinkwV beschreibt Anforderungen für die betriebliche Kontrolle der Maßnahmen zur Risikobeherrschung (Programm für betriebliche Untersuchungen entsprechend DIN EN 15975-2) durch Betreiber von Wasserversorgungsanlagen.

Anschlussnehmer und Verbraucher einer zentralen oder dezentralen Wasserversorgungsanlage sind mindestens jährlich über die Beschaffenheit des Trinkwassers zu informieren. Die regelmäßigen Informationen sind internetbasiert zur Verfügung zu stellen (vgl. §§ 46, 46 TrinkwV).

Gesundheitsamt

Die unabhängige Überwachung der Qualität des Trinkwassers obliegt nach § 54 TrinkwV dem Gesundheitsamt. Eine Ausnahme bildet nach § 54 Abs. 1 Nr. 1 TrinkwV die Überwachung der radiologischen Parameter des Trinkwassers infolge künstlicher oder natürlicher Radioaktivität (vgl. § 9 TrinkwV). Diese erfolgt durch die gemäß § 57 TrinkwV zuständige Behörde. Verwiesen wird diesbezüglich auf den „Leitfaden zur Untersuchung und Bewertung von radioaktiven Stoffen im Trinkwasser bei der Umsetzung der Trinkwasserverordnung", 2017/2018 herausgegeben vom Bundesministerium für Umwelt, Naturschutz, Bau und Reaktorsicherheit (BMUB). Der Vollzug des Infektionsschutzgesetzes und der Trinkwasserverordnung fällt in die Kompetenz der Bundesländer. Jeweils zuständig sind die obersten oder oberen Landesbehörden. Das von der jeweiligen Behörde bestimmte Gesundheitsamt ist dann für die Überwachung zuständig.

Betreiber

Betreiber einer mobilen Wasserversorgungsanlage, einer Gebäudewasserversorgungsanlage oder einer zeitweiligen Wasserversorgungsanlage haben das Trinkwasser, sofern es im Rahmen einer gewerblichen oder öffentlichen Tätigkeit abgegeben wird, gem. § 31 TrinkwV auf den Parameter Legionella zu untersuchen bzw. untersuchen zu lassen. Stellt eine zugelassene Untersuchungsstelle bei einer Untersuchung des Trinkwassers auf den Parameter Legionella spec. das Erreichen des Technischen Maßnahmewerts (100/100 ml gem. Anlage 3 Teil II TrinkwV) fest, ist sie nach § 53 Abs. 1 TrinkwV verpflichtet, unverzüglich das zuständige Gesundheitsamt zu unterrichten. Bis zum 1. März, erstmalig bis zum 01.03.2026, sind nach § 53 Abs. 4 TrinkwV von zugelassenen Untersuchungsstellen Daten zu Untersuchungen im vorangegangenen Kalenderjahr auf den Parameter Legionella spec. dem Umweltbundesamt zu melden.

Der Betreiber einer Eigenwasserversorgungsanlage hat nach § 29 TrinkwV das Trinkwasser mindestens einmal im Jahr darauf zu untersuchen, ob die in Anlage 1 Teil I genannten Grenzwerte für Escherichia coli und intestinale Enterokokken sowie die in Anlage 3 Teil I festgelegten Grenzwerte für Clostridium perfringens, einschließlich Sporen, Coliforme Bakterien, Koloniezahl bei 22 Grad Celsius und Koloniezahl bei 36 Grad Celsius eingehalten werden. Zeitabstände für weitere Untersuchungen bestimmt das Gesundheitsamt. Das Gesundheitsamt bestimmt auch die durchzuführenden Untersuchungen für Betreiber mobiler und zeitweiliger Wasserversorgungsanlagen.

Betreiber einer Eigenwasserversorgungsanlage, einer mobilen Wasserversorgungsanlage oder einer zeitweiligen Wasserversorgungsanlage müssen Untersuchungen durchführen, mit denen nachgewiesen wird, dass den Allgemeinen Anforderungen an die Aufbereitung von Rohwasser gem. § 19 TrinkwV entsprochen wird. Zulässige Aufbereitungsstoffe und Desinfektionsverfahren werden durch das Umweltbundesamt festgelegt. Sie sind Inhalt der sog. §-20-Liste des UBA (vgl. § 20 TrinkwV). Den sich aus der Verwendung von Aufbereitungsstoffen und Desinfektionsverfahren ergebenden Pflichten des Betreibers zur Untersuchung des Trinkwassers in Bezug auf die eingesetzten Aufbereitungsstoffe, die zu untersuchenden Parameter und die Häufigkeit der Untersuchungen sowie die durchzuführenden Kontrollen des Dosiervorgangs und die zu erstellende Dokumentation ist Rechnung zu tragen.

5.1.2 Aufgaben des Gesundheitsamts

Das zuständige Gesundheitsamt, bzw. bei Vorkommen eventuell radioaktiver Stoffe im Trinkwasser die zuständige Behörde nach § 57 TrinkwV, hat die Aufsicht über sämtliche Proben, Probenahmestellen sowie die Dokumentation der festgestellten Befunde. Des Weiteren kann das Gesundheitsamt bzw. die zuständige Behörde Probenahmestellen festlegen und die zu überprüfenden Parameter im Einzelfall benennen. Die Berichte und Befunde sind der jeweiligen Behörde zuzustellen.

Abschnitt 13 Überwachung nach Trinkwasserverordnung

§ 54 Überwachung durch das Gesundheitsamt

§ 55 Umfang der Überwachung durch das Gesundheitsamt

§ 56 Berichtsplan des Gesundheitsamts für ein Wasserversorgungsgebiet

§ 58 Mitwirkungs- und Duldungspflichten

§ 59 Durchführung der Untersuchungen im Rahmen der Überwachung durch das Gesundheitsamt oder die zuständige Behörde

§ 60 Niederschrift über die Überwachung

Rolle des Gesundheitsamts

§ 54 TrinkwV

Überwachung durch das Gesundheitsamt

(1) Das Gesundheitsamt überwacht Wasserversorgungsanlagen im Hinblick auf die Einhaltung der Anforderungen dieser Verordnung und die Erfüllung der Pflichten, die dem Betreiber der Wasserversorgungsanlage aufgrund dieser Verordnung obliegen. Ausgenommen hiervon sind die durch die jeweils zuständige Behörde erfolgenden Überwachungen im Hinblick auf

1. radioaktive Stoffe nach § 57 und
2. die Erfüllung der Informationspflichten nach § 45 Absatz 4 Satz 1 Nummer 1 bis 4 und § 46 Absatz 2 Nummer 1 bis 3.

(2) Die folgenden Wasserversorgungsanlagen hat das Gesundheitsamt zu überwachen:

1. zentrale Wasserversorgungsanlagen,
2. dezentrale Wasserversorgungsanlagen,
3. Eigenwasserversorgungsanlagen,
4. mobile Wasserversorgungsanlagen, wenn das Trinkwasser im Rahmen einer gewerblichen oder öffentlichen Tätigkeit bereitgestellt wird,
5. Gebäudewasserversorgungsanlagen, wenn das Trinkwasser im Rahmen einer öffentlichen Tätigkeit bereitgestellt wird, und
6. zeitweilige Wasserversorgungsanlagen.

(3) Mobile Wasserversorgungsanlagen und Gebäudewasserversorgungsanlagen kann das Gesundheitsamt über die in Absatz 2 Nummer 4 und 5 bezeichneten Fälle hinausgehend in die Überwachung einbeziehen, sofern dies zum Schutz der menschlichen Gesundheit oder zur Sicherstellung der Einhaltung der Anforderungen an die Beschaffenheit des Trinkwassers nach Abschnitt 2 erforderlich ist.

Hinweis

Die Regelung beschreibt die Aufgaben des Gesundheitsamts im Rahmen der Überwachung von Wasserversorgungsanlagen.

Ausgenommen von der Überwachungspflicht sind Proben auf radioaktive Stoffe sowie die Einhaltung der Informationspflicht der Wasserversorger im Hinblick auf Gebühren und Preise, abgenommene Wassermengen für das Kalenderjahr, die vergleichbar durchschnittlich abgenommene Wassermenge von Haushalten etc.

Zentrale Wasserversorgungsanlagen, dezentrale Wasserversorgungsanlagen, Eigenwasserversorgungsanlagen, mobile Wasserversorgungsanlagen für eine gewerbliche oder öffentliche Tätigkeit sowie Gebäudewasserversorgungsanlagen, in denen im Rahmen einer öffentlichen Tätigkeit Trinkwasser bereitgestellt wird, werden durch die Gesundheitsbehörde mitüberwacht.

Dies bedeutet nicht zwangsläufig, dass alle Aufgaben durch das Gesundheitsamt erledigt werden müssen. Jedoch hat das Gesundheitsamt die notwendigen Auflagen zu überwachen und auch im Bereich der Trinkwasserversorgung Probenahmepläne vorzugeben, die den örtlichen Umständen Rechnung tragen.

§ 55 TrinkwV

Umfang der Überwachung durch das Gesundheitsamt

(1) Bei Wasserversorgungsanlagen nach § 54 Absatz 2 Nummer 1 bis 3 umfassen die Überwachungen nach § 54 Absatz 1 Satz 1 insbesondere

1. die Besichtigung der Wasserversorgungsanlage und
   a) der dazugehörigen Schutzzonen oder
   b) der Umgebung der Wasserfassungsanlage, wenn keine Schutzzonen festgesetzt sind und soweit die Umgebung der Wasserfassungsanlage für die Wassergewinnung von Bedeutung ist, und
2. die Entnahme und Untersuchung von Wasserproben.

(2) Bei Wasserversorgungsanlagen nach § 54 Absatz 2 Nummer 4 bis 6 umfassen die Überwachungen nach § 54 Absatz 1 Satz 1 insbesondere:

1. die Besichtigung der Wasserversorgungsanlage, wenn das Gesundheitsamt eine Besichtigung für erforderlich erachtet, und
2. die Entnahme und Untersuchung von Wasserproben.

(3) Das Gesundheitsamt entscheidet, in welcher Häufigkeit es die Überwachungen nach § 54 Absatz 1 Satz 1 durchführt. Bei den folgenden Wasserversorgungsanlagen hat das Gesundheitsamt die Überwachungen mindestens in folgender Häufigkeit vorzunehmen:

1. bei zentralen Wasserversorgungsanlagen und dezentralen Wasserversorgungsanlagen einmal jährlich oder, wenn die Überwachung während eines Zeitraums von vier Jahren zu keinen wesentlichen Beanstandungen geführt hat und das Gesundheitsamt eine Verringerung der Häufigkeit der Überwachungen für angemessen erachtet, in größeren Zeitabständen, mindestens aber einmal innerhalb von drei Jahren,
2. bei Eigenwasserversorgungsanlagen in Abständen von höchstens fünf Jahren,
3. bei mobilen Wasserversorgungsanlagen
   a) in der Regel einmal innerhalb von drei Jahren, wenn sie im Rahmen einer gewerblichen oder öffentlichen Tätigkeit betrieben werden, und
   b) in der Regel viermal jährlich, wenn es sich um Wassertransportfahrzeuge handelt, und
4. bei zeitweiligen Wasserversorgungsanlagen in der Regel einmal jährlich, wenn sie im Rahmen einer gewerblichen oder öffentlichen Tätigkeit betrieben werden.

(4) Die Überwachungen sollen nicht vorher angekündigt werden.

(5) Das Gesundheitsamt legt den Umfang der Entnahme und Untersuchung von Wasserproben nach den Absätzen 1 und 2 fest. In Bezug auf Parameter, von denen anzunehmen ist, dass sie sich in der Trinkwasserinstallation nachteilig verändern können, sind im Rahmen der Überwachung für das Trinkwasser aus den Trinkwasserinstallationen im jeweiligen Wasserversorgungsgebiet repräsentative Untersuchungen des Trinkwassers mindestens in der sich aus Anlage 6 Teil I ergebenden Häufigkeit zu veranlassen. Parameter, von denen anzunehmen ist, dass sie

sich in der jeweiligen Trinkwasserinstallation nachteilig verändern können, sind grundsätzlich insbesondere die in Anlage 2 Teil II genannten chemischen Parameter sowie die Indikatorparameter coliforme Bakterien, Koloniezahl bei 22 Grad Celsius und Koloniezahl bei 36 Grad Celsius. Für die Untersuchungen nach Satz 2 sind Stichproben an Entnahmestellen für Trinkwasser von Gebäudewasserversorgungsanlagen und von zeitweiligen Wasserversorgungsanlagen ohne eigene Wassergewinnung zu nehmen. Über die Anforderungen nach § 42 hinaus darf es sich nicht um Netzproben handeln.

Hinweis

Bei zentralen Wasserversorgungsanlagen, dezentralen Wasserversorgungsanlagen und Eigenwasserversorgungsanlagen umfasst die Überwachung die Besichtigung der Wasserversorgungsanlage, die dazugehörige Schutzzone sowie die Umgebung der Wasserversorgungsanlage, wenn keine Schutzzonen festgesetzt wurden. Hierbei entscheidet die Gesundheitsbehörde, in welcher Häufigkeit die Überwachung der Trinkwasserqualität erforderlich ist.

Bei zentralen und dezentralen Wasserversorgungsanlagen ist eine einmalig-jährliche Überprüfung der Trinkwasserqualität erforderlich. Sollten innerhalb von 4 Jahren keine wesentlichen Beanstandungen vorliegen, kann die Behörde größere Zeitabstände genehmigen, jedoch ist mindestens einmal innerhalb von 3 Jahren eine Untersuchung erforderlich.

Bei Eigenwasserversorgungen sind die maximalen Abstände zwischen zwei Trinkwasseruntersuchungen höchstens 5 Jahre.

Mobile Wasserversorgungsanlagen sind, sofern eine gewerbliche oder öffentliche Tätigkeit besteht, in der Regel einmal innerhalb von 3 Jahren zu untersuchen. Sollte die mobile Wasserversorgungsanlage ein Wassertransport-Fahrzeug sein, so ist die Trinkwasserqualität viermal jährlich zu überprüfen.

Zeitweilige Wasserversorgungsanlagen sind, sofern eine öffentliche oder gewerbliche Tätigkeit besteht, einmal jährlich zu untersuchen.

Bei den Wasserversorgungsanlagen legt das Gesundheitsamt den Umfang der Entnahme sowie die Untersuchung des Trinkwassers fest.

Unter Berücksichtigung der Parameter, von denen ausgegangen wird, dass die Trinkwasserinstallation nachteilig verändert wird, sollten im Rahmen der Überwachung für das Trinkwasser aus den Trinkwasserinstallationen im jeweiligen Wasserversorgungsgebiet repräsentative Untersuchungen entsprechend Anlage 6 Teil 1 durchgeführt werden.

Umfang und Häufigkeit der Untersuchungen von Trinkwasser in einem Wasserversorgungsgebiet

Tabelle 1: *Quelle: Trinkwasserverordnung, Anlage 6*

Menge des in einem Wasserversorgungsgebiet pro Tag abgegebenen oder produzierten Wassers in Kubikmetern pro Tag (siehe Anmerkung 1)	**Parameter der Gruppe A (siehe Anmerkung 2)** **Anzahl der Untersuchungen pro Jahr (siehe Anmerkungen 3 und 4)**	**Parameter der Gruppe B (siehe Anmerkung 2)** **Anzahl der Untersuchungen (siehe Anmerkung 4)**
≤ 10	1	1 pro 3 Jahre
≥ 10 bis ≤ 1.000	4	1 pro Jahr
> 1.000 bis ≤ 10.000	4 zuzüglich für die über 1.000 Kubikmeter pro Tag hinausgehende Menge jeweils 3 pro weitere 1.000 Kubikmeter pro Tag (Teilmengen als Rest der Berechnung werden auf 1.000 Kubikmeter aufgerundet.)	1 pro Jahr zuzüglich für die über 1.000 Kubikmeter pro Tag hinausgehende Menge jeweils 1 pro 4.500 Kubikmeter pro Tag (Teilmengen als Rest der Berechnung werden auf 4.500 Kubikmeter aufgerundet.)

Tabelle 1: *Quelle: Trinkwasserverordnung, Anlage 6*

Menge des in einem Wasserversorgungsgebiet pro Tag abgegebenen oder produzierten Wassers in Kubikmetern pro Tag (siehe Anmerkung 1)	**Parameter der Gruppe A (siehe Anmerkung 2)** **Anzahl der Untersuchungen pro Jahr (siehe Anmerkungen 3 und 4)**	**Parameter der Gruppe B (siehe Anmerkung 2)** **Anzahl der Untersuchungen (siehe Anmerkung 4)**
> 10.000 bis ≤ 100.000		3 pro Jahr zuzüglich für die über 10.000 Kubikmeter pro Tag hinausgehende Menge jeweils 1 pro 10.000 Kubikmeter pro Tag (Teilmengen als Rest der Berechnung werden auf 10.000 Kubikmeter aufgerundet.)
> 100.000		12 pro Jahr zuzüglich für die über 100.000 Kubikmeter pro Tag hinausgehende Menge jeweils 1 pro 25.000 Kubikmeter pro Tag (Teilmengen als Rest der Berechnung werden auf 25.000 Kubikmeter aufgerundet.)

Hinweis

Anmerkung 1: Die Mengen werden als Mittelwerte über ein Kalenderjahr berechnet.

Anmerkung 2:

Parameter der Gruppe A

- Coliforme Bakterien
- elektrische Leitfähigkeit
- Escherichia coli (E. coli)

- Färbung
- Geruch
- Geschmack
- intestinale Enterokokken
- Koloniezahl bei 22 °C
- Koloniezahl bei 36 °C
- Trübung
- Wasserstoffionenkonzentration

Unter den nachfolgend bestimmten Bedingungen werden die Parameter der Gruppe A durch die folgenden Parameter ergänzt:

- Aluminium, wenn es als Aufbereitungsstoff dazugegeben wird,
- Clostridium perfringens, einschließlich Sporen, wenn das Rohwasser von Oberflächenwasser stammt oder von Oberflächenwasser beeinflusst wird,
- Eisen, wenn es als Aufbereitungsstoff dazugegeben wird,
- Pseudomonas aeruginosa bei Trinkwasser, das zur Abfüllung in verschließbare Behältnisse zur Abgabe beim zeitweiligen Ersatz einer leitungsgebundenen Wasserversorgung bestimmt ist.

Parameter der Gruppe B

Parameter der Gruppe B sind alle Parameter, die nach § 28 Abs. 1 in Verbindung mit den Anlagen 1 bis 3 Teil I zu untersuchen sind, sofern diese nicht bereits als Parameter der Gruppe A zu untersuchen sind.

Anmerkung 3: Die angegebene Häufigkeit gilt für Trinkwasser, das zur Abgabe beim zeitweiligen Ersatz einer leitungsgebundenen Wasserversorgung bestimmt ist. Abweichend hiervon ist bei einer zeitweiligen, kurzfristigen Wasserversorgung durch Wassertransport-Fahrzeuge das in den Fahrzeugen bereitgestellte Wasser alle 48 Stunden zu untersuchen, wenn der betreffende Wasserspeicher nicht innerhalb dieses Zeitraums gereinigt oder neu befüllt worden ist.

Anmerkung 4: Die angegebene Häufigkeit wird wie folgt errechnet: z. B. 4.300 m^3/Tag = 16 Proben pro Jahr für Parameter der Gruppe A (vier für die ersten 1.000 m^3/Tag + vier mal drei für die zusätzlichen 3.300 m^3/Tag). Für die Parameter der Gruppe B ergeben sich zwei Proben (eine für die ersten 1.000 m^3/Tag + eine für die zusätzlichen 3.300 m^3/Tag).

§ 56 TrinkwV

Berichtsplan des Gesundheitsamts für ein Wasserversorgungsgebiet

(1) Das Gesundheitsamt legt für jedes Wasserversorgungsgebiet kalenderjährlich einen Plan fest, um sicherzustellen, dass die für die Erfüllung der Berichtspflicht nach § 69 Absatz 1 erforderlichen Untersuchungsdaten erhoben werden (Berichtsplan).

(2) Im Berichtsplan können für das Wasserversorgungsgebiet nur berücksichtigt werden Untersuchungen

1. der Betreiber von zentralen Wasserversorgungsanlagen und dezentralen Wasserversorgungsanlagen nach § 28,
2. der Betreiber von zeitweiligen Wasserversorgungsanlagen nach § 29 Absatz 3 Satz 1, sofern sie keine eigene Wassergewinnung haben,
3. der Betreiber von Gebäudewasserversorgungsanlagen und
4. im Rahmen der Überwachung nach den §§ 54 und 55 in Bezug auf die in den Nummern 1 bis 3 genannten Wasserversorgungsanlagen.

(3) Der Berichtsplan muss für das Wasserversorgungsgebiet Untersuchungen des Trinkwassers vorsehen,

1. die sich auf alle in den Anlagen 1 bis 3 Teil I festgelegten Parameter beziehen,
2. die in der sich aus Anlage 6 Teil I ergebenden Häufigkeit vorgenommen werden und
3. für die die Proben genommen werden
   a) an Probenahmestellen nach § 41, die für das Wasserversorgungsgebiet repräsentativ sind, und
   b) nach den Probenahmeverfahren nach § 42.

Von den Anforderungen nach Satz 1 kann in dem Berichtsplan in Bezug auf Parameter, bei denen in der Trinkwasserinstallation nicht mit einer nachteiligen Veränderung zu rechnen ist, abgewichen werden, wenn eine entsprechende Anpassung des Untersuchungsplans des Betreibers einer in diesem Wasserversorgungsgebiet gelegenen Wasserversorgungsanlage nach § 38 Absatz 4 genehmigt wurde. Auf eine Untersuchung auf den Parameter Kupfer kann in dem Berichtsplan in der Regel verzichtet werden, wenn die Wasserstoffionenkonzentration im Wasserversorgungsgebiet größer oder gleich pH 7,8 ist.

(4) Die zuständige oberste Landesbehörde oder eine andere nach Landesrecht zuständige Stelle kann bestimmen, dass

1. für die Erstellung der Berichtspläne einheitliche Vordrucke zu verwenden oder einheitliche elektronische Datenverarbeitungsverfahren anzuwenden sind und
2. die Berichtspläne zu bestimmten Terminen an die zuständige oberste Landesbehörde oder eine andere nach Landesrecht zuständige Stelle zu übermitteln sind.

Hinweis

Das Gesundheitsamt legt für jedes Wasserversorgungsgebiet kalenderjährlich einen Plan für die Erfüllung der Berichtspflicht fest. In dem Berichtsplan werden die zu beprobenden Parameter, die Untersuchungshäufigkeit sowie die Probennahme-Verfahren festgelegt.

§ 58 TrinkwV

Mitwirkungs- und Duldungspflichten

(1) Über die Pflichten und Befugnisse nach § 15a des Infektionsschutzgesetzes hinaus gelten im Rahmen der Überwachung durch das Gesundheitsamt nach § 54 und durch die zuständigen Behörden nach § 57 die Pflichten und Befugnisse nach den Absätzen 2 und 3. Zu den Büchern oder sonstigen Unterlagen nach § 15a Absatz 3 Satz 1 Nummer 3 des Infektionsschutzgesetzes gehören insbesondere

1. die Aufzeichnungen nach § 25 Absatz 1, die Dokumentationen nach § 27 Absatz 3, die der Dokumentation nach § 35

Absatz 3 zugrundeliegenden Unterlagen, die Niederschriften nach § 44 und die Aufzeichnungen nach § 51 Absatz 4,
2. die dem neuesten Stand entsprechenden technischen Pläne der Wasserversorgungsanlage sowie
3. Unterlagen über die zu der Wasserversorgungsanlage gehörigen Schutzzonen oder, sofern Schutzzonen nicht festgesetzt sind, Unterlagen über die Umgebung der Wasserfassungsanlage, soweit die Umgebung der Wasserfassungsanlage für die Wassergewinnung von Bedeutung ist.

(2) Der Betreiber einer Wasserversorgungsanlage hat dem Gesundheitsamt oder, wenn es sich um radioaktive Stoffe im Trinkwasser handelt, der zuständigen Behörde auf Verlangen folgende Unterlagen vorzulegen:

1. technische Pläne einer geplanten oder bestehenden Wasserversorgungsanlage,
2. bei einer baulichen oder betriebstechnischen Änderung die technischen Pläne für den Teil der Wasserversorgungsanlage, der von der Änderung betroffen ist, und
3. Unterlagen über die Schutzzonen oder, sofern Schutzzonen nicht festgelegt sind, Unterlagen über die Umgebung der Wasserfassungsanlage, soweit die Umgebung der Wasserfassungsanlage für die Wassergewinnung von Bedeutung ist.

(3) Der Betreiber einer Wasserversorgungsanlage hat dem Gesundheitsamt auf Verlangen folgende Unterlagen in Bezug auf eine Nichttrinkwasseranlage vorzulegen:

1. technische Pläne der geplanten oder bestehenden Nichttrinkwasseranlage und
2. bei einer baulichen oder betriebstechnischen Änderung der Nichttrinkwasseranlage die technischen Pläne mindestens für den Teil der Nichttrinkwasseranlage, der von der Änderung betroffen ist.

Hinweis

Durch den Wasserversorger sind technische Pläne und Unterlagen der Wasserversorgungsanlage, Unterlagen über die zur Wasserversorgungsanlage gehörigen Schutzzonen sowie Unterlagen über die Umgebung der Wasserversorgungsanlage vorzuhalten.

Diese Unterlagen hat der Betreiber der Wasserversorgungsanlage dem Gesundheitsamt oder, wenn es sich um radioaktive Stoffe im Trinkwasser handelt, der zuständigen Behörde auf Verlangen vorzulegen.

§ 59 TrinkwV

Durchführung der Untersuchungen im Rahmen der Überwachung durch das Gesundheitsamt oder die zuständige Behörde

(1) Das Gesundheitsamt oder, wenn es sich um radioaktive Stoffe im Trinkwasser handelt, die zuständige Behörde kann die Entnahme oder Untersuchung von Wasserproben im Rahmen der Überwachung von Wasserversorgungsanlagen selbst durchführen oder hierzu eine zugelassene Untersuchungsstelle beauftragen.

(2) Das Gesundheitsamt oder, wenn es sich um radioaktive Stoffe im Trinkwasser handelt, die zuständige Behörde kann den Betreiber der Wasserversorgungsanlage auffordern, eine bestimmte zugelassene Untersuchungsstelle zu benennen, die die Entnahme oder Untersuchung von Wasserproben vornehmen soll.

(3) Das Gesundheitsamt oder, wenn es sich um radioaktive Stoffe im Trinkwasser handelt, die zuständige Behörde kann anordnen, dass der Betreiber der Wasserversorgungsanlage, die im Rahmen der Überwachung erforderliche Untersuchung veranlasst und dazu eine zugelassene Untersuchungsstelle beauftragt; in diesem Fall hat der Betreiber der Wasserversorgungsanlage

dem Gesundheitsamt oder der zuständigen Behörde das Untersuchungsergebnis zu übermitteln.

(4) Das Gesundheitsamt oder, wenn es sich um radioaktive Stoffe im Trinkwasser handelt, die zuständige Behörde informiert den Betreiber der Wasserversorgungsanlage in den Fällen der Absätze 1 und 2 über das Ergebnis der im Rahmen der Überwachung vorgenommenen Untersuchung.

§ 60 TrinkwV

Niederschrift über die Überwachung

(1) Die Ergebnisse der Überwachung hat das Gesundheitsamt oder, wenn es sich um radioaktive Stoffe im Trinkwasser handelt, die zuständige Behörde in einer Niederschrift festzuhalten.

(2) Die zuständige oberste Landesbehörde oder eine andere nach Landesrecht zuständige Stelle kann bestimmen, dass für die Niederschriften einheitliche Vordrucke zu verwenden oder einheitliche elektronische Datenverarbeitungsverfahren anzuwenden sind.

(3) Eine Ausfertigung der Niederschrift ist dem Betreiber der Wasserversorgungsanlage zu übermitteln. Der Betreiber der Wasserversorgungsanlage hat die übermittelte Ausfertigung mindestens zehn Jahre aufzubewahren.

(4) Das Gesundheitsamt und die zuständige Behörde haben die Niederschrift zehn Jahre aufzubewahren.

Verbraucherinformationen und Berichtspflichten

Information der Verbraucher und Berichtspflichten

Sobald der Betreiber der Trinkwasser-Versorgungsanlage Kenntnis über eine mikrobielle oder chemische Belastung des Trinkwassers oberhalb der entsprechenden Grenz- bzw. technischen Maßnahmen hat, sind, nach Erörterung mit dem Gesundheitsamt oder der zuständigen Behörde, die Nutzer dieser Trinkwasser-Versorgungsanlage über die zur Besorgung der Schädigung der menschlichen

Gesundheit oder ein Risiko für die menschliche Gesundheit bei der Nutzung des Trinkwassers zu informieren. Insbesondere sollten Ratschläge zum Trinkwasserkonsum bzw. zur Trinkwasserverwendung erteilt werden.

Ein Hinweis auf den Eigenschutz, insbesondere bei gesundheitlich geschädigten Verbrauchergruppen, sollte ebenfalls gegeben werden.

In Bezug auf Legionella spec. sind die Nutzer der Trinkwasser-Verteilanlage über das Erreichen des Grenzwerts, eventuell notwendige Nutzungseinschränkungen, das Ergebnis der Risikoabschätzung sowie die Einschränkung für die Wiederverwendung des Trinkwassers zu informieren.

Sobald die Trinkwasser-Verteilanlage wieder in den Normalbetrieb übergehen kann, sind die Nutzer der Trinkwasser-Verteilanlage ebenfalls zu informieren.

§ 52 TrinkwV

Information der Verbraucher bei Überschreitungen von Grenzwerten, Höchstwerten, Anforderungen, Parameterwerten oder Erreichen des technischen Maßnahmenwerts

(1) Ordnet das Gesundheitsamt oder die zuständige Behörde Maßnahmen zur Gefahrenabwehr nach § 63 Absatz 1 oder Absatz 3 an, so hat der Betreiber der betroffenen Wasserversorgungsanlage nach einer Erörterung mit dem Gesundheitsamt oder der zuständigen Behörde unverzüglich

1. die betroffenen Verbraucher über eine zu besorgende Schädigung der menschlichen Gesundheit oder ein Risiko für die menschliche Gesundheit und über die Ursachen hierfür, über die Überschreitung eines Grenzwerts, Höchstwerts oder Parameterwerts sowie über die getroffenen Maßnahmen, insbesondere über Verwendungsverbote oder Verwendungseinschränkungen, in Kenntnis zu setzen, den betroffenen Verbrauchern die aufgrund der getroffenen Maßnahmen notwendigen Ratschläge zu Trinkwasserkonsum und Trinkwas-

serverwendung, insbesondere zur Vermeidung des Konsums von Stagnationswasser, zu erteilen und diese Ratschläge regelmäßig auf den neusten Stand zu bringen, bestimmte Verbrauchergruppen, für die in besonderem Maß eine Schädigung der menschlichen Gesundheit oder ein Risiko für die menschliche Gesundheit zu besorgen ist, darüber in Kenntnis zu setzen und auf mögliche Maßnahmen zum Eigenschutz hinzuweisen,

2. die betroffenen Verbraucher, sobald eine Schädigung der menschlichen Gesundheit oder ein Risiko für die menschliche Gesundheit nachweislich nicht mehr zu besorgen ist, darüber sowie über die Wiederaufnahme des Normalbetriebs in Kenntnis zu setzen und
3. die Betreiber von Wasserversorgungsanlagen, die Trinkwasser aus der betroffenen Wasserversorgungsanlage übernehmen, über die angeordneten Maßnahmen in Kenntnis zu setzen.

In den Fällen des Satzes 1 Nummer 5 gelten die Informationspflichten nach Satz 1 auch für die Betreiber der Wasserversorgungsanlagen, die Trinkwasser aus der betroffenen Wasserversorgungsanlage übernehmen.

(2) Lässt das Gesundheitsamt nach § 66 eine Abweichung von Grenzwerten oder Höchstwerten für chemische Parameter zu, die durch Maßnahmen nach § 65 Absatz 2 voraussichtlich nicht innerhalb von 30 Tagen behoben werden kann, so hat der Betreiber der Wasserversorgungsanlage in Abstimmung mit dem Gesundheitsamt unverzüglich

1. die betroffenen Verbraucher sowie die Betreiber anderer Wasserversorgungsanlagen, die von der Abweichung betroffen sind, über die Zulassung der Abweichung in Kenntnis zu setzen und
2. bestimmte Verbrauchergruppen, für die die Abweichung eine Schädigung der menschlichen Gesundheit besorgen lässt, zu beraten.

(3) Die betroffenen Verbraucher werden vom Betreiber einer Wasserversorgungsanlage unverzüglich in Kenntnis gesetzt, nachdem dieser die folgenden Informationen in Bezug auf den Parameter Legionella spec. erhalten hat:

1. das Ergebnis der Risikoabschätzung nach § 51 Absatz 1 Nummer 3 und
2. Einschränkungen für die Verwendung des Trinkwassers und andere an die betroffenen Verbraucher gerichtete Empfehlungen.

5.2 Allgemeine Anforderungen an Trinkwasser

5.2.1 Einhaltung und Abweichung von Grenzwerten

Was genau sind eigentlich Grenzwerte für Trinkwasser?

Grundsätzlich wird die Qualität des Wassers für den menschlichen Gebrauch anhand von konkreten Parametern beschrieben, die in den Anlagen zur Trinkwasserverordnung aufgelistet sind. Für die meisten dieser Parameter sind Grenzwerte bzw. Erfordernisse festgesetzt, die in der Praxis der Wasserversorgung eingehalten werden müssen. Diese Grenzwerte sind als Mindestanforderungen zu betrachten und gewährleisten die Qualität, die Wasser aufweisen muss, um als Trinkwasser deklariert werden zu dürfen.

Hierbei handelt es sich um Grenzwerte, die sowohl Schadstoffe, wie etwa Schwermetalle (z. B. Blei, Nickel, Kupfer), als auch mikrobiologische Höchstbelastungen des Wassers klar deklarieren.

Die Grenzwerte für Trinkwasser sind in der TrinkwV festgelegt und müssen lückenlos eingehalten werden. In der Praxis werden die Werte jedoch selten erreicht, in den meisten Fällen eher deutlich unterschritten.

Sollte es zu Grenzwertüberschreitungen kommen, so bedeuten sie nicht in jedem Falle eine Gefährdung der Gesundheit. Dies ist abhängig vom Parameter sowie von der Höhe und Dauer der Überschreitung. So zeigt z. B. das Auftreten coliformer Bakterien im Trinkwasser eine allgemeine Verschlechterung der Wasserqualität an und damit die Notwendigkeit weiterer Untersuchungen, um die Ursache zu klären und vorbeugende Maßnahmen zum Schutz der Gesundheit der Bevölkerung einzuleiten. Grenzwertüberschreitungen beim Parameter Blei sind z. B. ein Indiz für noch vorhandene Bleileitungen in der Trinkwasser-Installation oder für Armaturen, die nicht die allgemein anerkannten Regeln der Technik erfüllen.

Die allgemeinen Anforderungen an die Beschaffenheit des Trinkwassers sind im Abschnitt 2 der novellierten Trinkwasserverordnung aufgeführt.

Abschnitt 2 Beschaffenheit des Trinkwassers

§ 5 Allgemeine Anforderungen

§ 6 Mikrobiologische Anforderungen

§ 7 Chemische Anforderungen

§ 8 Anforderungen in Bezug auf Indikatorparameter

§ 9 Radiologische Anforderung

§ 10 Stelle der Einhaltung der Anforderungen

Die allgemeinen Anforderungen an die Wasserversorgungsanlage sind in Abschnitt 4 der novellierten Trinkwasserverordnung aufgeführt.

Abschnitt 4 Anforderungen an Wasserversorgungsanlagen

§ 13 Planung, Errichtung, Instandhaltung und Betrieb von Wasserversorgungsanlagen

§ 14 Allgemeine Anforderungen an Werkstoffe und Materialien für die Errichtung oder Instandhaltung von Wasserversorgungsanlagen

§ 15 Grundlagen für die Bewertung von Werkstoffen und Materialien im Kontakt mit Trinkwasser

§ 16 Konformitätsvermutung

§ 17 Trinkwasserleitungen aus Blei

5.2.2 Anforderungen aus der Trinkwasserverordnung

§ 5 TrinkwV

Allgemeine Anforderungen

Die Anforderungen nach § 37 Absatz 1 des Infektionsschutzgesetzes an die Beschaffenheit von Trinkwasser gelten als erfüllt, wenn

1. bei der Trinkwassergewinnung, der Trinkwasseraufbereitung und der Trinkwasserverteilung einschließlich der Wasserspeicherung mindestens die allgemein anerkannten Regeln der Technik eingehalten werden,
2. das Trinkwasser den Anforderungen der §§ 6 bis 9 entspricht und
3. es rein und genusstauglich ist.

Hinweis

Diese Anforderung an das Trinkwasser bedeutet konkret, dass sowohl die allgemein anerkannten Regeln der Technik des gebäudeinternen Trinkwasser-Installationssystems als auch die mikrobiologischen und chemischen Anforderungen an das Trinkwasser sowie die Grenzwerte der Indikatorparameter (Calcitlösekapazität, Chlorid, elektrische Leitfähigkeit, Sulfat und Wasserstoffkonzentration) und die radiologischen Anforderungen einzuhalten sind.

5.2.2.1 Chemische Anforderungen

§ 7 TrinkwV

Chemische Anforderungen

(1) Im Trinkwasser dürfen chemische Stoffe nicht in Konzentrationen enthalten sein, die eine Schädigung der menschlichen Gesundheit besorgen lassen.

(2) Im Trinkwasser dürfen die in Anlage 2 festgelegten Grenzwerte für chemische Parameter nicht überschritten werden.

(3) Wird dem Gesundheitsamt bekannt, dass im Trinkwasser eines Wasserversorgungsgebiets chemische Stoffe vorkommen, die eine Schädigung der menschlichen Gesundheit besorgen lassen und für die in dieser Verordnung kein Grenzwert festgelegt ist, so legt das Gesundheitsamt für das betroffene Wasserversorgungsgebiet unter Beachtung von Absatz 1 einen Höchstwert fest, der nicht überschritten werden darf.

(4) Chemische Stoffe, die das Trinkwasser verunreinigen oder seine Beschaffenheit nachteilig beeinflussen können, dürfen in Trinkwasser nur in Konzentrationen enthalten sein, die so niedrig sind, wie dies mit im Einzelfall angemessenem Aufwand unter Einhaltung mindestens der allgemein anerkannten Regeln der Technik möglich ist.

Chemische Parameter

Teil I Chemische Parameter, deren Konzentration sich im Verteilungsnetz einschließlich der Trinkwasserinstallation in der Regel nicht mehr erhöht

Parameter	Grenzwert* mg/l	Bemerkungen
Acrylamid	0,00010	Der Grenzwert bezieht sich auf die Restmonomerkonzentration im Trinkwasser, welche auf Grund der maximalen Freisetzung des Acrylamids nach den Spezifikationen des entsprechenden Polymers und der angewendeten Polymerdosis bei der Herstellung von Materialien im Kontakt mit Trinkwasser oder Verwendung von Aufbereitungsstoffen berechnet wird. Der Nachweis der Einhaltung des Grenzwerts kann auch durch die Untersuchung des Trinkwassers erbracht werden. Die Anforderungen an acrylamidhaltige Aufbereitungsstoffe nach § 20 bleiben unberührt.
Benzol	0,0010	
Bor	1,0	
Bromat	0,010	
Chrom	0,025	Der Grenzwert gilt bis zum Ablauf des 11. Januar 2030.
	0,0050	Der Grenzwert gilt ab dem 12. Januar 2030
Cyanid	0,050	
1,2-Dichlorethan	0,0030	
Fluorid	1,5	

Parameter	Grenzwert* mg/l	Bemerkungen
Microcystin-LR	0,0010	Dieser Parameter ist nur im Fall des Auftretens potenziell toxischer Cyanobakterien in dem Wasservorkommen zu bestimmen. Der Grenzwert gilt ab dem 12. Januar 2026.
Nitrat	50	Die Summe der Beträge aus Nitratkonzentration in mg/l geteilt durch 50 und Nitritkonzentration in mg/l geteilt durch 3 darf nicht größer als 1 sein.
Pestizide	0,00010	Pestizide sind Wirkstoffe im Sinne der Verordnung (EG) Nr. 1107/2009 des Europäischen Parlaments und des Rates vom 21. Oktober 2009 über das Inverkehrbringen von Pflanzenschutzmitteln und zur Aufhebung der Richtlinien 79/117/EWG und 91/414/EWG des Rates (ABl. L 309 vom 24.11.2009, S. 1), die zuletzt durch die Verordnung (EU) 2021/383 vom 3. März 2021 (ABl. L 74 vom 4.3.2021, S. 7) geändert wurde, und Wirkstoffe gemäß Artikel 3 Absatz 1 Buchstabe c der Verordnung (EU) Nr. 528/2012 über die Bereitstellung auf dem Markt und die Verwendung von Biozidprodukten, die in Produkten nach Artikel 3 Absatz 1 Buchstabe a in Verbindung mit Anhang V der Verordnung (EU) Nr. 528/2012 zum Einsatz kommen.

Parameter	Grenzwert* mg/l	Bemerkungen
		Dazu gehören Wirkstoffe unter anderem von organischen Insektiziden, organischen Herbiziden, organischen Fungiziden, organischen Nematiziden, organischen Akariziden, organischen Algiziden, organischen Rodentiziden, Antifoulings, Schleimbekämpfungsmitteln und verwandten Produkten (unter anderem Wachstumsregulatoren) sowie Metaboliten im Sinne von Artikel 3 Nummer 32 der Verordnung (EG) Nr. 1107/2009, die für Trinkwasser als relevant eingestuft werden. Ein Pestizid-Metabolit wird für Trinkwasser als relevant eingestuft, wenn Grund zu der Annahme besteht, dass er in Bezug auf seine pestizide Zielwirkung mit dem Ausgangsstoff vergleichbare inhärente Eigenschaften aufweist, und wenn er für Verbraucher eine Schädigung der menschlichen Gesundheit besorgen lässt oder seine Transformationsprodukte auf Grund der in der jeweiligen Wasserversorgungsanlage angewendeten Aufbereitungsverfahren eine Schädigung der menschlichen Gesundheit besorgen lassen. Es sind nur solche Pestizide zu untersuchen, deren Vorkommen im betreffenden Einzugsgebiet der Entnahmestellen für die Trinkwassergewinnung wahrscheinlich ist. Der Grenzwert gilt jeweils für die einzelnen Pestizide. Für die Pestizide Aldrin, Dieldrin, Heptachlor und Heptachlorepoxid gilt abweichend jeweils der Grenzwert von 0,000 030 mg/l.

Parameter	Grenzwert* mg/l	Bemerkungen
Pestizide-gesamt	0,00050	Pestizide-gesamt bezeichnet die Summe der bei der entsprechenden Untersuchung nachgewiesenen und mengenmäßig bestimmten einzelnen Pestizide. Messwerte für die Einzelsubstanz, die unterhalb der Bestimmungsgrenze des jeweiligen Untersuchungsverfahrens liegen, und nicht relevante Metaboliten werden bei der Summenbildung nicht berücksichtigt.
Summe PFAS-20	0,00010	Summe der folgenden nachgewiesenen und mengenmäßig bestimmten Stoffe: Perfluorbutansäure (PFBA), Perfluorpentansäure (PFPeA), Perfluorhexansäure (PFHxA), Perfluorheptansäure (PFHpA), Perfluoroctansäure (PFOA), Perfluornonansäure (PFNA), Perfluordecansäure (PFDA), Perfluorundecansäure(PFUnDA), Perfluordodecansäure (PFDoDA), Perfluortridecansäure (PFTrDA), Perfluorbutansulfonsäure (PFBS), Perfluorpentansulfonsäure (PFPeS), Perfluorhexansulfonsäure (PFHxS), Perfluorheptansulfonsäure (PFHpS), Perfluoroctansulfonsäure (PFOS), Perfluornonansulfonsäure (PFNS), Perfluordecansulfonsäure (PFDS), Perfluorundecansulfonsäure (PFUnDS), Perfluordodecansulfonsäure (PFDoDS) und Perfluortridecansulfonsäure (PFTrDS).

Parameter	Grenzwert* mg/l	Bemerkungen
		Messwerte für die Einzelsubstanz, die unterhalb der Bestimmungsgrenze des jeweiligen Untersuchungsverfahrens liegen, werden bei der Summenbildung nicht berücksichtigt. Die Konzentrationen der zur Summenbildung herangezogenen PFAS sind einzeln auszuweisen. Der Grenzwert gilt ab dem 12. Januar 2026.
Summe PFAS-4	0,000020	Summe der folgenden nachgewiesenen und mengenmäßig bestimmten Stoffe: Perfluoroctansäure (PFOA), Perfluornonansäure (PFNA), Perfluorhexansulfonsäure (PFHxS) und Perfluoroctansulfonsäure (PFOS). Messwerte für die Einzelsubstanz, die unterhalb der Bestimmungsgrenze des jeweiligen Untersuchungsverfahrens liegen, werden bei der Summenbildung nicht berücksichtigt. Die Konzentrationen der zur Summenbildung herangezogenen PFAS sind einzeln auszuweisen. Der Grenzwert gilt ab dem 12. Januar 2028.
Quecksilber	0,0010	
Selen	0,010	
Tetrachlorethen und Trichlorethen	0,010	Summe der nachgewiesenen und mengenmäßig bestimmten Einzelstoffe. Messwerte für die Einzelsubstanz, die unterhalb der Bestimmungsgrenze des jeweiligen Untersuchungsverfahrens liegen, werden bei der Summenbildung nicht berücksichtigt.
Uran	0,010	

Teil II Chemische Parameter, deren Konzentration im Verteilungsnetz einschließlich der Trinkwasserinstallation ansteigen kann

Parameter	Grenzwert* mg/l	Bemerkungen
Antimon	0,0050	
Arsen	0,010	Der Grenzwert gilt bis zum Ablauf des 11. Januar 2028. Der Grenzwert gilt für Wasserversorgungsanlagen, die vor dem 12. Januar 2028 in Betrieb genommen worden sind, bis zum Ablauf des 11. Januar 2036.
	0,0040	Der Grenzwert gilt ab 12. Januar 2036 für alle Wasserversorgungsanlagen. Der Grenzwert gilt für Wasserversorgungsanlagen, die ab dem 12. Januar 2028 neu in Betrieb genommen werden, bereits ab dem 12. Januar 2028.
Benzo(a) pyren	0,000010	
Bisphenol A	0,0025	Der Grenzwert gilt ab dem 12. Januar 2024.

Parameter	Grenzwert* mg/l	Bemerkungen
Blei	0,010	Der Grenzwert gilt bis zum Ablauf des 11. Januar 2028. Er gilt als überschritten, wenn bei einer gestaffelten Stagnationsbeprobung der Messwert einer der drei Proben S0, S1 oder S2 oder bei der Zufallsstichprobe der Messwert über dem Grenzwert liegt.
	0,0050	Der Grenzwert gilt ab dem 12. Januar 2028. Er gilt als überschritten, wenn bei einer gestaffelten Stagnationsbeprobung der Messwert einer der drei Proben S0, S1 oder S2 oder bei der Zufallsstichprobe der Messwert über dem Grenzwert liegt.
Cadmium	0,0030	

Parameter	Grenzwert* mg/l	Bemerkungen
Chlorat	0,070	Auf eine Untersuchung kann in der Regel verzichtet werden, wenn bei der Wassergewinnung, Wasseraufbereitung und Wasserverteilung keine Desinfektion mit chloratbildenden Aufbereitungsstoffen durchgeführt wurde. Für die zeitweise Dosierung gilt ein Grenzwert von 0,20 mg/l. Bei der Desinfektion mit Chlordioxid gilt der Grenzwert für die zeitweise Dosierung als eingehalten, wenn nicht mehr als 0,20 mg/l Chlordioxid dazugegeben wird. Wenn zur Gefahrenabwehr eine erhöhte Dosierung von Natrium- oder Calciumhypochlorit erforderlich ist, darf die Chloratkonzentration kurzzeitig 0,70 mg/l betragen. Wird von der Möglichkeit einer Untersuchung am Ausgang des Wasserwerks oder im Verteilungsnetz nach § 41 Absatz 3 Gebrauch gemacht, gilt ein Referenzwert von 0,020 mg/l Chlorat.
Chlorit	0,20	Auf eine Untersuchung kann in der Regel verzichtet werden, wenn keine Desinfektion mit Chlordioxid erfolgt. Der Grenzwert gilt als eingehalten, wenn nicht mehr als 0,20 mg/l Chlordioxid dazugegeben wird. Wird von der Möglichkeit einer Untersuchung am Ausgang des Wasserwerks oder im Verteilungsnetz nach § 41 Absatz 3 Gebrauch gemacht, gilt ein Referenzwert von 0,060 mg/l Chlorit.

Parameter	Grenzwert* mg/l	Bemerkungen
Epichlor-hydrin	0,00010	Der Grenzwert bezieht sich auf die Restmonomerkonzentration im Trinkwasser, welche auf Grund der maximalen Freisetzung des Epichlorhydrins nach den Spezifikationen des entsprechenden Polymers und der angewendeten Polymerdosis bei der Herstellung von Materialien im Kontakt mit Trinkwasser berechnet wird. Der Nachweis der Einhaltung des Grenzwerts kann auch durch die Untersuchung des Trinkwassers erbracht werden.

Parameter	Grenzwert* mg/l	Bemerkungen
Halogen-essigsäuren (HAA-5)	0,060	Summe der folgenden an der Entnahmestelle für Trinkwasser des Verbrauchers nachgewiesenen und mengenmäßig bestimmten Reaktionsprodukte im Trinkwasser, die bei der Desinfektion oder Oxidation des Wassers entstanden sind: Monochlor-, Dichlor- und Trichloressigsäure sowie Mono- und Dibromessigsäure. Messwerte für die Einzelsubstanz, die unterhalb der Bestimmungsgrenze des jeweiligen Untersuchungsverfahrens liegen, werden bei der Summenbildung nicht berücksichtigt. Die Konzentrationen der zur Summenbildung herangezogenen HAA-5 sind einzeln auszuweisen. Auf eine Untersuchung kann in der Regel verzichtet werden, wenn bei der Wassergewinnung, Wasseraufbereitung und Wasserverteilung keine Desinfektion mit HAA-5-bildenden Aufbereitungsstoffen durchgeführt wurde. Wird von der Möglichkeit einer Untersuchung am Ausgang des Wasserwerks oder im Verteilungsnetz nach § 41 Absatz 3 Gebrauch gemacht, gilt ein Referenzwert von 0,010 mg/l HAA-5. Der Grenzwert gilt ab dem 12. Januar 2026.
Kupfer	2,0	Der Grenzwert gilt als überschritten, wenn bei einer gestaffelten Stagnationsbeprobung der Messwert einer der drei Proben S0, S1 oder S2 oder der Messwert der Zufallsstichprobe über dem Grenzwert liegt.

Parameter	Grenzwert* mg/l	Bemerkungen
Nickel	0,020	Der Grenzwert gilt als überschritten, wenn bei einer gestaffelten Stagnationsbeprobung der Messwert einer der drei Proben S0, S1 oder S2 oder der Messwert der Zufallsstichprobe über dem Grenzwert liegt.
Nitrit	0,50	Die Summe der Beträge aus Nitratkonzentration in mg/l geteilt durch 50 und Nitritkonzentration in mg/l geteilt durch 3 darf nicht größer als 1 sein. Am Ausgang des Wasserwerks darf der Messwert für Nitrit 0,10 mg/l nicht überschreiten.
Polyzyklische aromatische Kohlenwasserstoffe (PAK)	0,00010	Summe der folgenden nachgewiesenen und mengenmäßig bestimmten Stoffe: Benzo(b)fluoranthen, Benzo(k)fluoranthen, Benzo(ghi)perylen und Indeno(1,2,3-cd)pyren. Messwerte für die Einzelsubstanz, die unterhalb der Bestimmungsgrenze des jeweiligen Untersuchungsverfahrens liegen, werden bei der Summenbildung nicht berücksichtigt.
Trihalogenmethane (THM)	0,050	Summe der folgenden an der Entnahmestelle für Trinkwasser des Verbrauchers nachgewiesenen und mengenmäßig bestimmten Reaktionsprodukte im Trinkwasser, die bei der Desinfektion oder Oxidation des Wassers entstanden sind: Trichlormethan (Chloroform), Bromdichlormethan, Dibromchlormethan und Tribrommethan (Bromoform). Messwerte für die Einzelsubstanz, die unterhalb der Bestimmungsgrenze des jeweiligen Untersuchungsverfahrens liegen, werden bei der Summenbildung nicht berücksichtigt.

Parameter	Grenzwert* mg/l	Bemerkungen
		Die Konzentrationen der zur Summenbildung herangezogenen THM sind einzeln auszuweisen. Das Gesundheitsamt kann befristet höhere Konzentrationen an der Entnahmestelle für Trinkwasser in der Trinkwasserinstallation bis 0,10 mg/l zulassen, wenn zur Gefahrenabwehr erhöhte Konzentrationen von THM-bildenden Desinfektionsmitteln erforderlich sind. Auf eine Untersuchung kann in der Regel verzichtet werden, wenn bei der Wassergewinnung, Wasseraufbereitung und Wasserverteilung keine Desinfektion mit THM-bildenden Aufbereitungsstoffen durchgeführt wurde. Wird von der Möglichkeit einer Untersuchung am Ausgang des Wasserwerks oder im Verteilungsnetz nach § 41 Absatz 3 Gebrauch gemacht, gilt ein Referenzwert von 0,010 mg/l THM.
Vinylchlorid	0,00050	Der Grenzwert bezieht sich auf die Restmonomerkonzentration im Trinkwasser, welche auf Grund der maximalen Freisetzung des Vinylchlorids nach den Spezifikationen des entsprechenden Polymers und der angewendeten Polymerdosis bei der Herstellung von Materialien im Kontakt mit Trinkwasser berechnet wird. Der Nachweis der Einhaltung des Grenzwerts kann auch durch die Untersuchung des Trinkwassers erbracht werden.

* Die festgelegten Werte berücksichtigen die Messunsicherheiten der Untersuchungs- und Probennahmeverfahren.

Blei

Hinweis

In der neuen EU-Trinkwasserverordnung wurden einige Grenzwerte verschärft. Der Grenzwert für Blei wurde auf 0,010 mg/l festgelegt.

Der Grenzwert gilt bis zum Ablauf des 11.01.2028. Er gilt als überschritten, wenn bei einer gestaffelten Stagnationsbeprobung der Messwert einer der drei Proben S0, S1 oder S2 oder bei der Zufallsstichprobe der Messwert über dem Grenzwert liegt.

Ab 12.01.2028 gilt ein neuer Grenzwert von 0,005 0 mg/l.

Blei (Pb) ist eines der ältesten bekannten Elemente und kann als silber-blau-weißes weiches Metall beschrieben werden. Es tritt in den Oxidationsstufen 0, +2 und +4 auf. Natives Blei kommt in der Natur nur selten vor.

Toxische Wirkungen von Blei beim Menschen können von anfänglicher Übelkeit und Erbrechen bis hin zu schweren Darmkoliken und zu einem Anstieg des Blutdrucks und zuletzt zu schweren, evtl. tödlichen Schädigungen der Leber und Nieren führen. Blei verhält sich im menschlichen Körper wie Calcium, kann somit an dessen Stelle in Knochen eingelagert werden. Zu einem großen Teil wird es über Lebensmittel aufgenommen. Hoch belastete Lebensmittel sind z. B. Meeresfrüchte, Rinderniere, Leber, Wein und auch Blattgemüse. Die Aufnahme von Blei hemmen kann die Zufuhr von Calcium, Eisen, Zink, Kupfer, Selen oder Vitamin D.

In Tierversuchen wurde belegt, dass eine langfristige Aufnahme von Blei krebserregend wirkt. Bei langfristig erhöhter Bleiaufnahme sind bei Kleinkindern neurotoxische Effekte zu erwarten, z. B. veränderte Reaktionszeiten oder auch schlechtes Abschneiden in psychologischen Tests; zusätzlich sind Einflüsse auf das Blutsystem möglich (bei Erwachsenen kann es z. B. zur Erhöhung des Blutdrucks oder zur Beeinträchtigung der Blutbildung kommen oder zu Magen-Darm-Beschwerden).

In der Trinkwasserhygiene spielt Blei weiterhin eine fundamentale Rolle, da es immer noch in Trinkwasser-Installationen verwendet wird: Bis Mitte der 1970er-Jahre wurden in deutschen Gebäuden Trinkwasser-Installationen größtenteils aus Blei verlegt. Erst 1973 wurde durch eine DIN-Norm die „Bedenklichkeit von Bleirohren im Trinkwassernetz“ festgestellt. Der Einbau ist bislang jedoch noch nicht verboten, jedoch durch die Grenzwerte im Prinzip nicht mehr möglich. Daher haben viele Altbauten noch Bleileitungen. Desgleichen gibt es noch viele Hausanschlüsse (Verkettung von der Hauptleitung bis zum Wasserzähler) aus Blei; außerdem findet es sich noch in Legierungen der Armaturen und in den Loten zum Weichlöten. Hier existieren trotz alledem klare Einsatzbeschränkungen nach der DIN 50930 Teil 6.

Trinkwasser muss so beschaffen sein, dass es nicht korrosiv wirkt. Wenn hier alle Anforderungen erfüllt sind und die Materialien entsprechend den technischen Vorschriften verwendet und verarbeitet werden, kann es zu keiner Auslösung von Blei kommen, die zu Grenzwertüberschreitungen und einer Gefährdung der menschlichen Gesundheit führen würde.

Hinweis

Um den Bleigrenzwert einzuhalten, muss davon ausgegangen werden, dass sämtliche bleihaltigen Installationsmaterialien, also insbesondere die Hausanschlüsse und die Bleileitungen in den Häusern, ausgewechselt werden müssen.

Für die Auswechslung der Anschlussleitungen sind die Wasserversorger zuständig, für die Montage jedoch die Hauseigentümer. Dies führt in der Praxis häufig zu Differenzen zwischen Mietern und Eigentümern.

Im Streitfall sollten Proben genommen werden. Dabei stellt sich jedoch oft heraus, dass trotz Blei im Anschluss oder in der Einrichtung die Grenzwerte eingehalten werden.

Chrom

> **Hinweis**
>
> Gemäß EU-Trinkwasserverordnung Anlage 2 Teil I wurde der Parameterwert auf 0,025 mg/l festgelegt. Dieser Grenzwert gilt bis 11.01.2030.
>
> Ab 12.01.2030 ist der Grenzwert auf 0,005 0 mg/ l herabgesetzt worden und ab diesem Datum einzuhalten.

Kupfer

> **Hinweis**
>
> Die Trinkwasserverordnung legt für Kupfer in Anlage 2 Teil II einen Grenzwert von 2,0 mg/l fest.

In Hausinstallationen werden überwiegend Kupferrohre verwendet. Es wird jedoch davon abgeraten, diese für die Trinkwasser-Installation zu nutzen (vor allem, wenn das Wasser einen niedrigen pH-Wert hat, was die Kupferfreisetzung begünstigen würde). Ab pH 7,4 oder weniger sieht die TrinkwV deshalb für Wasserversorgungsanlagen eine Überwachung des Gehalts an Kupfer vor.

Wenn im Trinkwasser erhöhte Kupferkonzentrationen auftreten, müssen diese nicht unbedingt von den Kupferrohren der Hausinstallation stammen; auch Warmwasserbereiter aus Kupfer oder Armaturen (Messing bzw. Rotguss) können ursächlich sein. Deshalb sollte bei kupferhaltigen Armaturen vor Probennahmen das in der Armatur stehende Wasser abgelassen werden, um einen erhöhten Eintrag an Kupfer aus der Armatur und somit ein erhöhtes Messergebnis zu unterbinden. Bei der Betrachtung der im Trinkwasser vorhandenen Konzentrationen an Kupfer sind zudem die Verweilzeit im Rohr, der pH-Wert des Wassers und dessen Temperatur zu berücksichtigen. Kupferkonzentrationen über 3 mg/l sind demnach noch kein Zeichen für eine gezielte Korrosionsanfälligkeit des Kupferrohrs.

Für den Menschen ist Kupfer eines der lebensnotwendigen Spurenelemente. Die World Health Organization (WHO) hat für den täglichen Bedarf von Erwachsenen 0,03 mg/kg Körpergewicht und für Säuglinge bzw. Kinder einen Wert von 0,08 mg/kg Körpergewicht festgelegt. Kupfer trägt zur biologischen Energiegewinnung in den Zellen bei und ist an der Bildung des roten Blutfarbstoffs und an der Ausbildung von Hautpigmenten beteiligt.

Gefährdungen ergeben sich vor allem für Säuglinge: Eine erhöhte Aufnahme von Kupfer kann bei ihnen schlimmstenfalls zu schweren Leberschädigungen führen. Eine gesundheitliche Gefährdung für Erwachsene ist durch eine Kupferaufnahme über Nahrung bzw. Trinkwasser in der Größenordnung von ca. 5 mg pro Tag nicht gegeben. Bei sehr empfindlichen Menschen können durch erhöhte Gehalte an Kupfer im Trinkwasser jedoch Störungen des Magen-Darm-Trakts auftreten.

Eisen

Hinweis

Die Trinkwasserverordnung legt für Eisen in Anlage 3 Teil I einen Grenzwert von 0,200 mg/l fest.

Eisen gelangt meist durch ältere, eisenhaltige Leitungsrohre in das Trinkwasser. Üblicherweise werden Eisenleitungen zum Schutz vor Korrosion (Rost) mit einem Zinküberzug versehen. Wenn Rohre aus unverzinktem Stahl oder Gusseisen vorhanden sind, greifen andere Prozesse: Bei gleichbleibender Wasserqualität und gleichmäßiger Strömung bildet sich hier eine Schutzschicht. Verzinkte Eisenrohre geben jedoch mit zunehmendem Abtrag der Zinkschicht immer mehr Eisen ins Wasser ab.

Hinweis

Belastungen können durch amtliche Erhebungen durch die Gesundheitsämter festgestellt werden. Wenn wiederkehrend bei Probennahmen Grenzwertüberschreitungen nach längerer Standzeit auftreten, müssen Hausbesitzer handeln, denn sie sind zum Austausch der Leitungsrohre verpflichtet.

Der durch die TrinkwV festgesetzte Grenzwert ist als technologische Vorgabe zu verstehen, die Behälter und Rohrleitungen vor Ablagerungen schützen und zudem aufwendigen Reinigungsmaßnahmen vorbeugen soll.

Eisen besitzt als elementares Spurenelement zentrale Bedeutung für den Organismus des Menschen. Der tägliche Bedarf muss mit 5 bis 30 mg Eisen zwingend gedeckt werden: Die Aufnahme kann mit der Nahrung oder durch das Trinkwasser erfolgen.

Meist liegt der Eisengehalt im Trinkwasser eindeutig unter 0,200 mg/l. Dennoch können ab einem Gehalt von mehr als 0,200 mg/l unerwünschte Nebenwirkungen im Wasser auftreten: In Kontakt mit gelöstem Sauerstoff flocken Eisenionen aus. Dadurch kann es zu Trübungen, Färbungen, Ablagerungen, Rostflecken oder auch metallischem Wassergeschmack kommen. Deshalb werden selbst winzige Mengen an Eisen als störend betrachtet, obwohl Eisen als Spurenelement im Trinkwasser toxikologisch grundsätzlich unbedenklich ist.

Zink

Auch in der aktuellen Trinkwasserverordnung wird Zink nicht berücksichtigt. In der ehemaligen TrinkwV aus dem Jahr 1990 wurde noch für den Gehalt an Zink in Trinkwasser ein Richtwert (kein Grenzwert) von 5 mg/l angegeben, der jedoch erst erreicht werden durfte, wenn das Wasser mehr als zwölf Stunden in der Leitung gestanden hatte.

Für den Menschen ist Zink ein lebenswichtiges Spurenelement; der Tagesbedarf eines Erwachsenen wird auf 0,200 mg/kg Körpergewicht festgelegt (bei Kindern verfünffacht sich der Tagesbedarf). Gefährdungen treten erst bei der Aufnahme immens großer Mengen (150-facher Tagesbedarf) auf; in diesem Fall kann es evtl. zu Unterleibskrämpfen und blutigem Durchfall kommen.

Große Zinkmengen führen zu einer Blockade der Kupferaufnahme; so können u. U. Kupfer-Mangel-Erscheinungen auftreten. Die Mengen an Zink, die jedoch üblicherweise aus verzinkten Eisenrohren abgegeben werden, können jedoch als ungefährlich gelten.

Cadmium

> **Hinweis**
>
> Die Trinkwasserverordnung legt für Cadmium in Anlage 2 einen Grenzwert von 0,0030 mg/l fest.

Als Verunreinigung von Zink kann Cadmium in verzinkten Eisenrohren auftreten. Es wird zu den Kumulationsgiften gezählt und reichert sich vor allem in den Nieren an. Der chronischen Toxizität von Cadmium muss deshalb größere Bedeutung beigemessen werden; akute Vergiftungen sind selten.

Neben Nierenschäden kann es in diesem Zuge zu negativen Folgen wie Eisenmangelanämie, Schmerzen der Wirbel, Gelbfärbung der Zahnhälse bis hin zu Knochenmarksschädigungen bzw. Osteoporose kommen. Eine eventuelle mutagene Wirkung von Cadmium ist noch nicht abschließend erforscht.

Nitrit, Nitrat und Stickstoffverbindungen

> **Hinweis**
>
> Die Trinkwasserverordnung legt für Nitrat in Anlage 2 Teil I einen Grenzwert von 50 mg/l fest; für Ammonium in Anlage 3 Teil I beträgt der Grenzwert 0,50 mg/l.

Ammonium und Nitrat werden vor allem in der Landwirtschaft verwendet, denn Pflanzen können Stickstoff in Form von Nitrat bzw. Ammonium aufnehmen. Quellen können mineralischer Dünger (Ammonium) oder Dung bzw. Gülle sein (Ammonium und Nitrat). Außerdem kann Ammonium über Abwasser aus Verrieselung oder aus undichten Kanälen in das Grundwasser gelangen.

Bei Übersteigen des natürlichen Gehalts an Nitrat und Nitrit im Wasser ist zu vermuten, dass eine Kontamination mit organischem Material vorliegt (meist fäkalen Ursprungs); außerdem kann auf anorganische Stickstoffverbindungen geschlossen werden. Wenn die jeweiligen Grenzwerte überschritten werden, besteht ein erhebliches Risiko für die menschliche Gesundheit.

Hinweis

Wasserversorger behelfen sich bei einer Überschreitung des Grenzwerts oft damit, das positiv getestete Wasser mit nitratärmeren Wassern zu mischen, um den Grenzwert einzuhalten. Jedoch gibt es bereits Wasseraufbereitungsverfahren (z. B. Umkehrosmose, Nanofiltration), die durch Teilentsalzung den Nitratwert im Wasser verringern.

Wenn der im Boden vorhandene Stickstoff aus der Düngung nicht durch die Pflanzen aufgenommen wird, wird er mithilfe des Niederschlags in tiefere Bodenschichten verfrachtet und gelangt so ins Grundwasser. Da im Boden und in den oberen Schichten ausreichend Sauerstoff vorhanden ist, kommt es hier zur Oxidation des Ammoniums zu Nitrit und Nitrat (Nitrit ist hier lediglich eine Zwischenstufe). Wird im Boden Nitrit gefunden, kann auf frische Kontaminationen geschlossen werden, denn sonst wäre lediglich Nitrat enthalten. Auch Ammonium kann geogen auftreten; in diesem Fall ist jedoch kein Nitrit bzw. Nitrat vorhanden, und das Grundwasser ist sauerstoffarm.

An einigen Standorten ist Wasser besonders gefährdet, vor allem, wenn diese schlecht geschützt sind (geringer Grundwasser-Flur-Abstand, keine bindigen Deckschichten), ein flurnaher Grundwasserstand oder sandige Böden vorhanden oder Einflüsse durch Oberflächenwasser zur befürchten sind.

Hinweis

Stickstoffverbindungen treten in der folgenden Reihenfolge auf: $NH_4 > NO_2 > NO_3 > N$

Grundsätzlich ist Nitrat im Bereich der Grenzwerte vollkommen ungiftig; die Grenzwerte dienen eher als Indikatoren für eine generelle Belastung von Trinkwasserquellen durch stickstoffhaltige organische Verschmutzungen, welche vermieden werden sollen. Die Ursache für gesundheitliche Risikosituationen durch diese Stoffe liegt in der Gefahr einer Reduktion des Nitrats zu Nitrit und der dadurch bedingten Bildung von krebserregenden Nitrosaminen. Eine solche Umwandlung kann im Darm oder durch die Speicheldrüsen stattfinden und vor allem für Säuglinge und Menschen mit entarteter Darmflora Gefahren bergen.

Die Darmflora des Menschen kann Nitrit bildende Bakterien enthalten. Das dadurch entstehende Nitrit oxidiert das Hämoglobin zu Methämoglobin, welches bei Säuglingen aufgrund von deren noch nicht ausgereifter Reduktionskapazität nicht von Neuem zu Hämoglobin rückreduzieren kann, was zu innerem Ersticken führt.

Auch bei Wiederkäuern besteht aufgrund von möglichen Nitratreduktionen im Pansen eine akute Gefahr der Nitritbildung. Hier werden Nitratkonzentrationen über 20 mg/l im Trinkwasser als schädlich betrachtet.

Microcystin-LR

Hinweis

In der Trinkwasserverordnung wird der Grenzwert für Microcystin-LR mit 0,001 0 mg/ l festgelegt. Dieser Parameter ist nur im Fall des Auftretens potenziell toxischer Cyanobakterien in dem Wasservorkommen zu bestimmen.

Der Grenzwert ist ab 12.01.2026 einzuhalten.

Microcystin-LR ist eine von Blaualgen produzierte bedenkliche Substanz. Durch den Klimawandel kommt es zu vermehrten Algenblüten in Oberflächengewässern, die auch für die Trinkwassergewinnung genutzt werden. Durch die Festlegung des Grenzwerts wird diesem Umstand Rechnung getragen.

Arzneimittel

Umweltexperten beschäftigen sich zunehmend mit der Problematik von Arzneimittelrückständen im Trinkwasser. Häufig nachgewiesen werden ca. zehn Wirkstoffe, darunter

- Arzneimittel zur Senkung der Blutfettwerte (z. B. Bezafibrat),
- Schmerzmittel bzw. Entzündungshemmer (z. B. Diclofenac, Ibuprofen) sowie
- Antibiotika und Röntgenkontrastmittel.

Beispiel

Arzneimittel gelangen auf vielfältigen Wegen in den Wasserkreislauf, z. B. Diclofenac: Im Jahr werden ca. 90 t des Schmerzmittels in Deutschland verbraucht. 70 % des Wirkstoffs verlassen den Körper jedoch wieder auf natürlichem Wege – und gelangen so ins Abwasser. Dadurch gelangen bis zu 63 t des Arzneimittels Diclofenac über den Urin in den Wasserkreislauf.

Ein durchschnittlicher Erwachsener, der regelmäßig ca. 2 l Wasser täglich zu sich nimmt, verbraucht innerhalb von 80 Jahren über 50.000 l Wasser. Unklar ist, wie viele Medikamentenrückstände er währenddessen aufnimmt.

Über mögliche Reaktionen der Rückstände verschiedener Arzneimittel, die im Wasser aufeinandertreffen, ist nichts bekannt. Bei Tieren jedoch sind drastische Folgen bereits beobachtet worden: Durch die Aufnahme von Östrogenen aus Rückständen der Antibabypille ist es zu Geschlechtsumwandlungen bei Fischen gekommen, die im Bereich von Kläranlagenausgängen leben.

Das Umweltbundesamt macht zudem darauf aufmerksam, dass Verbraucher (sei es aus Unwissen oder aus Bequemlichkeit) Medikamentenreste oft direkt über die Toiletten entsorgen. Schließlich hat auch die Massentierhaltung ihre Konsequenzen: Durch die Güllebehandlung landwirtschaftlich genutzter Böden gelangen in der Tiermedizin genutzte Medikamente ins Grundwasser und so letztlich wieder zum Menschen.

§ 10 TrinkwV

Stelle der Einhaltung der Anforderungen

Die Anforderungen an die Beschaffenheit des Trinkwassers nach den §§ 6 bis 9 müssen an folgender Stelle eingehalten werden:

1. bei Trinkwasser, das auf Grundstücken oder in Gebäuden und Einrichtungen, auf Meeresbauwerken oder an Bord von Land-, Wasser- oder Luftfahrzeugen auf Leitungswegen bereitgestellt wird, am Austritt aus den Entnahmestellen für Trinkwasser,
2. bei Trinkwasser in einem an die Trinkwasserinstallation angeschlossenen Apparat, der entsprechend den allgemein anerkannten Regeln der Technik nicht Teil der Trinkwasserinstallation ist, an der nach den allgemein anerkannten Regeln der Technik notwendigen Sicherungseinrichtung,
3. bei Trinkwasser aus Wassertransport-Fahrzeugen an der Entnahmestelle für Trinkwasser am Fahrzeug,
4. bei Trinkwasser, das zur Abgabe in verschlossenen Behältnissen bestimmt ist, am Punkt der Abfüllung und
5. bei Trinkwasser, das in Lebensmittelunternehmen verwendet wird, an der Stelle der Verwendung.

5.2.2.2 Mikrobiologische Anforderungen

§ 6 TrinkwV

Mikrobiologische Anforderungen

(1) Im Trinkwasser dürfen Krankheitserreger im Sinne des § 2 Nummer 1 des Infektionsschutzgesetzes, die durch Trinkwasser übertragen werden können, nicht in Konzentrationen enthalten sein, die eine Schädigung der menschlichen Gesundheit besorgen lassen.

(2) In Trinkwasser dürfen die in Anlage 1 Teil I festgelegten Grenzwerte für mikrobiologische Parameter nicht überschritten werden.

(3) Im Trinkwasser, das zur Abgabe in verschlossenen Behältnissen bestimmt ist, dürfen die in Anlage 1 Teil II festgelegten Grenzwerte für mikrobiologische Parameter nicht überschritten werden.

(4) Wird dem Gesundheitsamt bekannt, dass im Trinkwasser eines Wasserversorgungsgebiets Mikroorganismen vorkommen, die eine Schädigung der menschlichen Gesundheit besorgen lassen und für die in dieser Verordnung kein Grenzwert festgelegt ist, so legt das Gesundheitsamt für das betroffene Wasserversorgungsgebiet unter Beachtung von Absatz 1 einen Höchstwert fest, der nicht überschritten werden darf.

(5) Mikroorganismen, die das Trinkwasser verunreinigen oder seine Beschaffenheit nachteilig beeinflussen können, dürfen in Trinkwasser nur in Konzentrationen enthalten sein, die so niedrig sind, wie dies mit im Einzelfall angemessenem Aufwand unter Einhaltung mindestens der allgemein anerkannten Regeln der Technik möglich ist.

§ 2 TrinkwV

Infektionsschutzgesetz Begriffsbestimmungen

Im Sinne dieses Gesetzes ist

1. Krankheitserreger

ein vermehrungsfähiges Agens (Virus, Bakterium, Pilz, Parasit) oder ein sonstiges biologisches transmissibles Agens, das bei Menschen eine Infektion oder übertragbare Krankheit verursachen kann.

Anlage 1 TrinkwV Mikrobiologische Parameter

Teil I Allgemeine Anforderungen an Trinkwasser

Parameter	Grenzwert *
Escherichia coli (E. coli)	0/100 ml
Intestinale Enterokokken	0/100 ml

* Die festgelegten Werte berücksichtigen die Messunsicherheiten der Untersuchungs- und Probennahmeverfahren.

Teil II

Anforderungen an Trinkwasser, das zur Abgabe in verschlossenen Behältnissen bestimmt ist

Parameter	Grenzwert *
Escherichia coli (E. coli)	0/250 ml
Intestinale Enterokokken	0/250 ml
Pseudomonas aeruginosa	0/250 ml

* Die festgelegten Werte berücksichtigen die Messunsicherheiten der Untersuchungs- und Probennahmeverfahren.

Teil II (zu § 39 Absatz 4 Nummer 2, § 51 Absatz 1, § 53 Absatz 1 § 68 Absatz 1)

Spezieller Indikatorparameter für Anlagen der Trinkwasserinstallation

Parameter	Technischer Maßnahmenwert *
Legionella spec.	100/100 ml
* Der festgelegte Wert berücksichtigt die Messunsicherheiten der Untersuchungs- und Probennahmeverfahren.	

Teil III (zu § 36 Absatz 2 Satz 1)

Spezieller Indikatorparameter für das Auftreten bestimmter mikrobieller Gefährdungen

Parameter	Referenzwert *
Somatische Coliphagen	im Rohwasser: 50 plaquebildende Einheiten (PFU) pro 100 ml
* Der festgelegte Wert berücksichtigt die Messunsicherheiten der Untersuchungs- und Probennahmeverfahren.	

Klassifizierung von Erregern in Trinkwasser

Die im Trinkwasser zu klassifizierenden Krankheitserreger sind pathogene Bakterien, Viren, Pilze sowie Parasiten.

Die WHO hat in ihren „Guidelines for drinking-water quality“ das Spektrum der wasserbezogenen übertragbaren Krankheitserreger derzeit auf 28 Pathogene, für die eine Übertragung mittels Trinkwasser gesichert ist, und mindestens weitere 18 Organismen, für die eine Übertragung angenommen werden kann, aber eine Evidenz bislang fehlt, festgelegt. Aber nicht alle Erreger sind für die Bundesrepublik Deutschland relevant.

Hinweis

Die Veröffentlichung der aktualisierten WHO-Guidelines erfolgte im Jahr 2020.

Generell gilt: Da die meisten Erreger niedrig-pathogen sind, sind hohe Dosen von z. T. über 1 Mio. Keime/ml Wasser erforderlich, um eine Infektion auszulösen. Nur wenige Erreger sind hochpathogen, wie z. B. *Salmonella typhi* oder Noroviren.

Mikrobiologische Untersuchungen

Bei mikrobiologischen Untersuchungen nach der aktuellen Trinkwasserverordnung stehen u. a. folgende Parameter im Mittelpunkt:

- Bestimmung der Koloniezahl/ml bei 22 °C (100 KBE/ml am Zapfhahn, 20 KBE/ml nach der Aufbereitung) und 36 °C (100 KBE/ml ...)
- coliforme Bakterien und Escherichia coli (Anzahl/100 ml Wasserprobe)
- Fäkalstreptokokken (in 250 ml Wasserprobe)
- Pseudomonas aeruginosa (in 250 ml Wasserprobe)

Die o. g. Vorgaben der aktuellen Trinkwasserverordnung beziehen sich grundsätzlich auf koloniebildende Einheiten (KBE), auch Keimzahl (KZ) genannt.

Der Terminus der „Koloniezahl" existiert im deutschen Bundesrecht seit 1975. Er besagt zum einen, dass lediglich die zu Kolonien auswachsenden Bakterien einbezogen werden, und zum anderen, dass Bakterien, die potenziell in Verbänden vorkommen, nur einmal in der Berechnung berücksichtigt werden.

5.2.2.3 Radiologische Anforderungen

§ 9 TrinkwV

Radiologische Anforderung

Trinkwasser darf keine Stoffe aufweisen, die ein oder mehrere Radionuklide enthalten, deren Aktivität oder Konzentration unter dem Gesichtspunkt des Strahlenschutzes nicht außer Acht gelassen werden kann. Diese Anforderung gilt als erfüllt, wenn die in Anlage 4 Teil I festgelegten Parameterwerte für radioaktive Stoffe nicht überschritten werden.

Anlage 4 TrinkwV

Teil I Parameter für Radon-222, Tritium und Richtdosis

Parameter	Einheit	Parameterwert
Radon-222	Bq/l	100
Tritium	Bq/l	100
Richtdosis	mSv/a	0,10

Teil II Berechnung der Richtdosis

Die „Richtdosis" ist die effektive Folgedosis für die Aufnahme von Trinkwasser während eines Jahres, die sich aus allen im Trinkwasser nachgewiesenen Radionukliden sowohl natürlichen als auch künstlichen Ursprungs ergibt, mit Ausnahme von Tritium und Radon-222 sowie Kalium-40 und kurzlebigen Radon-Zerfallsprodukten.

Die Richtdosis wird berechnet, indem die folgenden drei Faktoren miteinander multipliziert werden: die gemessenen Radionuklidkonzentrationen mit den im Bundesanzeiger Nummer 160a und b vom 28. August 2001 Teil II veröffentlichten Dosiskoeffizienten und der angenommenen jährlichen Aufnahme von 730 Litern Trinkwasser. Dabei sind grundsätzlich die in der nachfolgenden Tabelle aufgeführten Radionuklide zu berücksichtigen. Die Aktivitätskonzentrationen von Kalium-40, Tritium und Radon-222 sowie kurzlebige Radon-Zerfallsprodukte bleiben unberücksichtigt. Wenn Informationen vorliegen, dass andere Radionuklide im Trinkwasser vorhanden sein können, deren Dosisbeitrag zu einer Überschreitung der Richtdosis führen kann, sind auch diese einzubeziehen.

Anstelle der Berechnung der Richtdosis kann die zuständige Behörde den Nachweis darüber, dass der Parameterwert für die Richtdosis nicht überschritten wird, als erbracht ansehen, wenn die Summe der Verhältniszahlen aus den gemessenen Radionuklidkonzentrationen und den in der Tabelle angegebenen Referenz-Aktivitätskonzentrationen kleiner oder gleich 1 ist:

$$\sum_{i=1}^{n} \frac{C_{i\,(\text{mess})}}{C_{i\,(\text{ref})}} \leq 1$$

Dabei gilt:

$C_{i\,(\text{mess})}$ = gemessene Aktivitätskonzentration des Radionuklids *i*

$C_{i\,(\text{ref})}$ = Referenz-Aktivitätskonzentration des Radionuklids i

n = Anzahl der nachgewiesenen Radionuklide

Referenz-Aktivitätskonzentrationen für radioaktive Stoffe im Trinkwasser

Radionuklid	Referenz-Aktivitäts-konzentration (siehe Anmerkung)
Radionuklide natürlichen Ursprungs	
Blei-210	0,2 Bq/l
Polonium-210	0,1 Bq/l
Radium-226	0,5 Bq/l
Radium-228	0,2 Bq/l
Uran-234	2,8 Bq/l
Uran-238	3,0 Bq/l
Radionuklide künstlichen Ursprungs	
Americium-241	0,7 Bq/l
Cäsium-134	7,2 Bq/l
Cäsium-137	11 Bq/l
Cobalt-60	40 Bq/l
Iod-131	6,2 Bq/l
Kohlenstoff-14	240 Bq/l
Plutonium-239/Plutonium-240	0,6 Bq/l
Strontium-90	4,9 Bq/l

Anmerkung: Diese Tabelle enthält die für die häufigsten natürlichen und künstlichen Radionuklide berechneten Referenz-Aktivitätskonzentrationen. Hierbei handelt es sich um genaue Werte, die für eine Dosis von 0,1 mSv und anhand der zuvor genannten Grundlagen und Annahmen berechnet wurden. Die Referenz-Aktivitätskonzentrationen für weitere Radionuklide können auf die gleiche Weise berechnet werden.

Teil III Beurteilung der Richtdosis

Die Richtdosis kann mit unterschiedlichen Verfahren bestimmt bzw. beurteilt werden:

Screening-Verfahren nach Nummer 1 oder Nummer 2 mit Bestimmung der Gesamt-Alpha-Aktivitätskonzentration $C_{\text{alpha-ges}}$ und Einzelnuklidbestimmung nach Nummer 3. Kann die Einhaltung des Parameterwerts für die Richtdosis mittels Screening-Verfahren nach Nummer 1 oder Nummer 2 nicht nachgewiesen werden, sind zur Beurteilung der Richtdosis Einzelnuklidbestimmungen nach Nummer 3 erforderlich.

1. Screening-Verfahren mit Prüfwert für $C_{\text{alpha-ges}} \leq 0{,}1$ Becquerel pro Liter
   Es werden die Gesamt-Alpha-Aktivitätskonzentration und die Aktivitätskonzentration von Blei-210 und Radium-228 bestimmt, gemittelt über vier unterschiedliche Quartale.
   Die Referenz-Aktivitätskonzentrationen für Blei-210 und Radium-228 werden Teil II entnommen. Für die Gesamt-Alpha-Aktivitätskonzentration ist dabei ein Prüfwert von 0,1 Becquerel pro Liter vorzusehen:

$$\frac{C_{\text{alpha-ges (mess)}}}{0{,}1\ \text{Bq/l}} + \frac{C_{\text{Ra-228 (mess)}}}{0{,}2\ \text{Bq/l}} + \frac{C_{\text{Pb-210 (mess)}}}{0{,}2\ \text{Bq/l}} \leq 1$$

Dabei gilt:

$C_{\text{alpha-ges (mess)}}$ = gemessene Gesamt-Alpha-Aktivitätskonzentration

$C_{\text{Ra-228 (mess)}}$ = gemessene Radium-228-Aktivitätskonzentration

$C_{\text{Pb-210 (mess)}}$ = gemessene Blei-210-Aktivitätskonzentration

1. Screening-Verfahren mit Prüfwert für $C_{\text{alpha-ges}} \leq 0{,}05$ Becquerel pro Liter
   Der Parameterwert für die Richtdosis gilt ohne weitere nuklidspezifische Untersuchungen ebenfalls als eingehalten, wenn die Gesamt-Alpha-Aktivitätskonzentration gleich oder weniger als 0,05 Becquerel pro Liter beträgt.
   Sofern die zuständige Behörde eine Untersuchung künstlicher Radionuklide angeordnet hat, muss für die Beurteilung

der Rest-Beta-Aktivitätskonzentration folgende Bedingung eingehalten werden:

$$C_{\text{beta-rest}} \leq 1{,}0 \text{ Becquerel pro Liter}$$

$C_{\text{beta-rest}}$ = Gesamt-Beta-Aktivitätskonzentration abzüglich der Kalium-40-Aktivitätskonzentration

Die Bestimmung der Gesamt-Alpha- und Gesamt-Beta-Aktivitätskonzentration kann entfallen, wenn direkt die Einzelnuklidbestimmung nach Nummer 3 vorgenommen wird.

1. Einzelnuklidbestimmung
   Es werden die Aktivitätskonzentrationen der Einzelnuklide bestimmt und die Richtdosis nach Teil II berechnet.

5.2.2.4 Anforderungen an Wasserversorgungsanlagen/Trinkwasserinstallationssysteme

Prinzipiell gilt, dass Wasserversorgungsanlagen mindestens entsprechend den allgemein anerkannten Regeln der Technik zu planen und zu errichten sind sowie entsprechend den allgemein anerkannten Regeln der Technik zu betreiben sind.

Dies hat Auswirkungen auf Reparatur-, Sanierungs- und Instandhaltungsmaßnahmen.

Ausdrücklich zu vermeiden sind unmittelbar Verbindungen zwischen Trinkwasser- und Nicht- Trinkwasseranlagen.

Solche Verbindungen sind entsprechend §§ 72 ff. als Ordnungswidrigkeiten benannt.

Werden neben einer Trinkwasserversorgungsanlage auch Nicht-Trinkwasserversorgungsanlage betrieben, hat der Betreiber der Wasserversorgungsanlage sicherzustellen, dass die Leitungen der Wasserversorgungsanlage und die Leitungen der Nicht-Trinkwasseranlage dauerhaften unverwechselbar nach den allgemein anerkannten Regeln der Technik gekennzeichnet sind, die Stelle zur Entnahme von Wasser aus Nicht-Trinkwasseranlagen dauerhaft dahin gehend gekennzeichnet ist, dass es sich um Nichttrinkwasser handelt, und die Stellen zur Entnahme von Wasser aus Nicht-Trinkwasseranlagen gegen einen versehentlichen Gebrauch des Wassers als Trinkwasser gesichert sind.

Werkstoffe und Materialien, die für die Errichtung oder Instandhaltung von Wasserversorgungsanlagen verwendet werden, dürfen den Schutz der menschlichen Gesundheit weder mittelbar noch unmittelbar mindern, die Färbung, den Geruch oder den Geschmack des Wassers nicht beeinträchtigen, die Vermehrung von Mikroorganismen nicht fördern und Stoffe nicht in das Wasser abgeben, die bei Einhaltung der allgemein anerkannten Regeln der Technik nicht benötigt würden.

Das Umweltbundesamt veröffentlicht entsprechende Bewertungsgrundlagen und Festlegungen, welche Werkstoffe bzw. Materialien in Trinkwasser-Installationsanlagen eingesetzt werden dürfen.

Werden nur Werkstoffe und Materialien verwendet, die den allgemein anerkannten Regeln der Technik sowie den allgemeinen Anforderungen an die Werkstoffe entsprechend den Vorgaben des Umweltbundesamts entsprechen, so ist dies durch ein Zertifikat eines akkreditierten Zertifizierers zu bestätigen.

Ein besonderer Fokus wird auf Trinkwasserleitungen aus Blei gelegt.

Der Betreiber einer Wasserversorgungsanlage, in der Trinkwasserleitungen oder Teilstücke von Trinkwasserleitungen aus dem Werkstoff Blei vorhanden sind, hat diese Trinkwasserleitungen oder Teilstücke bis zum Ablauf des 12.01.2026 aus dem Trinkwasser-Verteilsystem zu entfernen oder das Trinkwasser-Verteilsystem stillzulegen.

Die zuständige Gesundheitsbehörde kann diese Frist bis längstens zum 12.01.2036 verlängern, wenn

- es sich um ein Gebäude einer Wasserversorgungsanlage oder eine Wasserversorgungsanlage handelt,
- das Trinkwasser nur für den eigenen Haushalt des Betreibers der Wasserversorgungsanlage genutzt wird und
- eine Schädigung der Gesundheit der Verbraucher, die die Wasserversorgungsanlage regelmäßig nutzen, insbesondere unter Berücksichtigung von deren Alter und Geschlecht, nicht zu besorgen ist.

§ 13 TrinkwV

Planung, Errichtung, Instandhaltung und Betrieb von Wasserversorgungsanlagen

(1) Wasserversorgungsanlagen sind so zu planen und zu errichten, dass sie mindestens den allgemein anerkannten Regeln der Technik entsprechen. Sie sind mindestens nach den allgemein anerkannten Regeln der Technik zu betreiben.

(2) Der Betreiber einer Wasserversorgungsanlage hat sicherzustellen, dass bei ihrer Errichtung und Instandhaltung nur Werkstoffe und Materialien verwendet werden, die

1. den allgemeinen Anforderungen nach § 14 entsprechen und
2. den Bewertungsgrundlagen nach § 15, sofern vorhanden, entsprechen.

(3) Wasserversorgungsanlagen dürfen nur dann mit einer Nichttrinkwasseranlage verbunden werden, wenn die Wasserversorgungsanlagen mit einer Sicherungseinrichtung ausgestattet sind, die den allgemein anerkannten Regeln der Technik entspricht.

(4) Ist neben einer Wasserversorgungsanlage eine Nichttrinkwasseranlage vorhanden, hat der Betreiber der Wasserversorgungsanlage sicherzustellen, dass

1. die Leitungen der Wasserversorgungsanlage und die Leitungen der Nichttrinkwasseranlage dauerhaft und unverwechselbar nach den allgemein anerkannten Regeln der Technik gekennzeichnet sind,

2. die Stellen zur Entnahme von Wasser aus der Nichttrinkwasseranlage dauerhaft dahingehend gekennzeichnet sind, dass es sich nicht um Trinkwasser handelt, und
3. die Stellen zur Entnahme von Wasser aus der Nichttrinkwasseranlage gegen einen versehentlichen Gebrauch des Wassers für in § 2 Nummer 1 genannte Zwecke gesichert sind.

(4) Bei dem Betrieb von Wasserversorgungsanlagen dürfen, wenn sie in Kontakt mit dem Rohwasser oder Trinkwasser kommen, nur solche Stoffe oder Gegenstände verwendet und nur solche physikalische, chemische oder biologische Verfahren angewendet werden, die dazu bestimmt sind, der Trinkwasserversorgung zu dienen. Bereits eingebrachte Stoffe oder Gegenstände, die nicht dazu bestimmt sind, der Trinkwasserversorgung zu dienen, hat der Betreiber der Wasserversorgungsanlage bis zum Ablauf des 9. Januar 2025 aus dem Rohwasser oder Trinkwasser zu entfernen. Die Anwendung von Verfahren, die nicht dazu bestimmt sind, der Trinkwasserversorgung zu dienen, hat der Betreiber der Wasserversorgungsanlage bis zum Ablauf des 9. Januar 2025 einzustellen.

(5) Das Gesundheitsamt kann dem Betreiber einer zentralen Wasserversorgungsanlage genehmigen, abweichend von Absatz 5 Stoffe oder Gegenstände zu verwenden oder Verfahren anzuwenden, um für Zwecke des Betriebs der zentralen Wasserversorgungsanlage Energie zu nutzen oder abzuführen, sofern eine nachteilige Veränderung der Beschaffenheit des Trinkwassers nicht zu erwarten ist. Die Genehmigung ist zu befristen und kann verlängert werden, sofern die in Satz 1 genannten Voraussetzungen weiterhin erfüllt sind.

Hinweis

Wasserversorgungsanlagen sind so zu planen, zu errichten und zu betreiben, dass sie mindestens den allgemein anerkannten Regeln der Technik entsprechen.

5.2.3 Indikatorparameter

§ 8 TrinkwV

Anforderungen in Bezug auf Indikatorparameter

(1) Im Trinkwasser müssen die in Anlage 3 festgelegten Grenzwerte und Anforderungen für Indikatorparameter eingehalten sein. Dies gilt nicht für den technischen Maßnahmenwert für *Legionella spec.* in Anlage 3 Teil II und den Referenzwert für somatische Coliphagen in Anlage 3 Teil III.

(2) Im Trinkwasser, das zur Abgabe in verschlossenen Behältnissen bestimmt ist, darf der in Anlage 3 Teil I festgelegte Grenzwert für den Parameter Coliforme Bakterien nicht überschritten werden.

(3) Trinkwasser soll nicht korrosiv wirken. Die Beurteilung, ob Trinkwasser in Bezug auf die Werkstoffe und Materialien, mit denen es in Kontakt kommt, korrosiv wirkt, erfolgt nach den allgemein anerkannten Regeln der Technik und ist insbesondere im Hinblick auf die folgenden Indikatorparameter vorzunehmen:

1. Calcitlösekapazität,
2. Chlorid,
3. elektrische Leitfähigkeit,
4. Sulfat und
5. Wasserstoffionenkonzentration.

Parameter	**Einheit**	**Grenzwert/ Anforderung***	**Bemerkungen**
Aluminium	mg/l	0,200	
Ammonium	mg/l	0,50	
Calcitlöse-kapazität	mg/l $CaCO_3$	5	Die Anforderung gilt für zentrale Wasserversorgungsanlagen und dezentrale Wasserversorgungsanlagen. Die Anforderung gilt als erfüllt, wenn die Wasserstoffionenkonzentration am Wasserwerksausgang ≥ 7,7 ist. Hinter der Stelle der Mischung von Trinkwasser aus zwei oder mehr Wasserwerken darf die Calcitlösekapazität im Verteilungsnetz den Wert von 10 mg/l nicht überschreiten.
Chlorid	mg/l	250	
Clostridium perfringens (einschließlich Sporen)	Anzahl/ 100 ml	0	Dieser Parameter braucht nur bestimmt zu werden, wenn das Rohwasser von Oberflächenwasser stammt oder von Oberflächenwasser beeinflusst wird.
Coliforme Bakterien	Anzahl/ 100 ml	0	Für Trinkwasser, das zur Abgabe in verschlossenen Behältnissen bestimmt ist, gilt der Grenzwert 0/250 ml.
Eisen	mg/l	0,200	

Parameter	Einheit	Grenzwert/ Anforderung*	Bemerkungen
Elektrische Leitfähigkeit	μS/cm	2 790 bei 25 °C	Messungen bei anderen Temperaturen sind zulässig. Der Messwert ist nach den allgemein anerkannten Regeln der Technik auf die Bezugstemperatur von 25 °C umzurechnen.
Färbung	m^{-1}	0,5	Bestimmung des spektralen Absorptionskoeffizienten mit Spektralphotometer oder Filterphotometer bei der Wellenlänge 436 nm (Quecksilberlinie)
Geruch		für den Verbraucher annehmbar und ohne anormale Veränderung	
Geschmack		für den Verbraucher annehmbar und ohne anormale Veränderung	Bei Verdacht auf eine mikrobielle Kontamination kann auf eine Geschmacksprobe verzichtet werden.

Parameter	Einheit	Grenzwert/ Anforderung*	Bemerkungen
Koloniezahl bei 22 °C		ohne anormale Veränderung	Für Trinkwasser, das zur Abgabe in verschlossenen Behältnissen bestimmt ist, gilt der Grenzwert 100/ml. Bei der Anwendung des Untersuchungsverfahrens nach § 43 Absatz 3 gelten folgende Grenzwerte: 100/ml an der Entnahmestelle für Trinkwasser des Verbrauchers; 20/ml unmittelbar nach Abschluss der Aufbereitung im desinfizierten Trinkwasser; 1 000/ml bei Eigenwasserversorgungsanlagen sowie in Wasserspeichern von mobilen Wasserversorgungsanlagen.
Koloniezahl bei 36 °C		ohne anormale Veränderung	Für Trinkwasser, das zur Abgabe in verschlossenen Behältnissen bestimmt ist, gilt der Grenzwert 20/ml. Bei der Anwendung des Untersuchungsverfahrens nach § 43 Absatz 3 gilt der Grenzwert von 100/ml.
Mangan	mg/l	0,050	
Natrium	mg/l	200	
Organisch gebundener Kohlenstoff (TOC)		ohne anormale Veränderung	

Parameter	Einheit	Grenzwert/ Anforderung*	Bemerkungen
Oxidierbarkeit	mg/l O_2	5,0	Dieser Parameter braucht nicht bestimmt zu werden, wenn der Parameter TOC analysiert wird.
Sulfat	mg/l	250	
Trübung	Nephelometrische Trübungseinheiten (NTU)	1,0	Der Grenzwert gilt als eingehalten, wenn am Ausgang des Wasserwerks der Grenzwert nicht überschritten wird.
Wasserstoffionenkonzentration	pH-Einheiten	≥ 6,5 und ≤ 9,5	

*Die festgelegten Werte berücksichtigen die Messunsicherheiten der Untersuchungs- und Probennahmeverfahren.

Hinweis

Die Indikatorparameter sind einzuhalten.

Ebenso ist der technische Maßnahmenwert für Legionella spec. sowie der Referenzwert für somatische Coliphagen einzuhalten.

Trinkwasser soll nicht korrosiv wirken. Um den Korrosionseinfluss von Trinkwasser auf metallische Werkstoffe zu bestimmen, sollte eine Prüfung auf folgende Bestandteile des Trinkwassers erfolgen: Calcitlösekapazität, Chlorid, elektrische Leitfähigkeit, Sulfat und die Wasserstoffionenkonzentration. Die Grenzwerte sind einzuhalten.

5.3 Steckbriefe von möglichen Kontaminanten in Trinkwasser

5.3.1 Rechtliche Grundlagen

§ 5 TrinkwV

Allgemeine Anforderungen

Die Anforderungen nach § 37 Absatz 1 des Infektionsschutzgesetzes an die Beschaffenheit von Trinkwasser gelten als erfüllt, wenn

1. bei der Trinkwassergewinnung, der Trinkwasseraufbereitung und der Trinkwasserverteilung einschließlich der Wasserspeicherung mindestens die allgemein anerkannten Regeln der Technik eingehalten werden,
2. das Trinkwasser den Anforderungen der §§ 6 bis 9 entspricht und
3. es rein und genusstauglich ist.

§ 6 TrinkwV

Mikrobiologische Anforderungen

(1) Im Trinkwasser dürfen Krankheitserreger im Sinne des § 2 Nummer 1 des Infektionsschutzgesetzes, die durch Trinkwasser übertragen werden können, nicht in Konzentrationen enthalten sein, die eine Schädigung der menschlichen Gesundheit besorgen lassen.

(2) In Trinkwasser dürfen die in Anlage 1 Teil I festgelegten Grenzwerte für mikrobiologische Parameter nicht überschritten werden.

(3) Im Trinkwasser, das zur Abgabe in verschlossenen Behältnissen bestimmt ist, dürfen die in Anlage 1 Teil II festgelegten Grenzwerte für mikrobiologische Parameter nicht überschritten werden.

(4) Wird dem Gesundheitsamt bekannt, dass im Trinkwasser eines Wasserversorgungsgebiets Mikroorganismen vorkommen, die eine Schädigung der menschlichen Gesundheit besorgen lassen und für die in dieser Verordnung kein Grenzwert festgelegt ist, so legt das Gesundheitsamt für das betroffene Wasserversorgungsgebiet unter Beachtung von Absatz 1 einen Höchstwert fest, der nicht überschritten werden darf.

(5) Mikroorganismen, die das Trinkwasser verunreinigen oder seine Beschaffenheit nachteilig beeinflussen können, dürfen in Trinkwasser nur in Konzentrationen enthalten sein, die so niedrig sind, wie dies mit im Einzelfall angemessenem Aufwand unter Einhaltung mindestens der allgemein anerkannten Regeln der Technik möglich ist.

Um diesen allgemeinen Anforderungen an die Qualität des Trinkwassers gerecht zu werden, wurden in der TrinkwV Grenzwerte definiert, die bei einer Überschreitung den Betreiber zu Handlungen verpflichten, um die Ursache der Grenzwertüberschreitung festzustellen und zu beseitigen.

5.3.2 Steckbriefe

5.3.2.1 Escherichia coli (E. coli)

Grenzwert entsprechend Trinkwasserverordnung	0/100 ml
Art	*Escherichia coli* ist ein Bakterium aus der Gruppe der coliformen Bakterien.
Vorkommen und Vermehrung	EHEC-Bakterien kommen im Darm von Wiederkäuern, insbesondere Rindern, Schafen und Ziegen, aber auch Rehen und Hirschen vor. Diese mit EHEC infizierten Tiere erkranken selbst nicht, scheiden die Erreger aber mit dem Kot aus. EHEC-Bakterien können über viele Wochen im Boden und im Wasser überleben.
Erkrankung	Lebensmittelvergiftungen mit teils schweren Verläufen
Desinfektion/ Beseitigung in Trinkwasseranlagen	Spülungen entsprechend DVGW W 551-3, bisher DVGW W 557:2020-5

5.3.2.2 Legionellen

Technischer Maßnahmenwert	100 KBE/100 ml
Art	Legionellen sind eine Gattung stäbchenförmiger Bakterien aus der Familie der *Legionellaceae*. Es handelt sich um gramnegative und nicht sporenbildende Bakterien, die sich durch eine oder mehrere polare oder subpolare Flagellen (Geißeln) bewegen können.
Vorkommen und Vermehrung	Legionellen kommen dort vor, wo warmes Wasser optimale Bedingungen für ihre Vermehrung bietet. Sie sind im Temperaturbereich von 5 bis 55 °C lebensfähig, ab 60 °C werden sie nach wenigen Minuten inaktiv. Unter optimalen Bedingungen verdoppeln sich Legionellen ca. alle 2,8 bis 4 Stunden.
Erkrankung	Legionellen sind Bakterien, die bei Aufnahme in den Körper unterschiedliche Krankheitsbilder von grippeartigen Beschwerden bis zu Lungenentzündungen verursachen. Etwa 3,4 bis 7 % der ambulant erworbenen Pneumonien sind vermutlich auf die Legionärskrankheit zurückzuführen, was in Deutschland bei vorsichtiger Schätzung mindestens 6.000 (bis 10.000) Fällen entsprechen dürfte. Die Letalität ist abhängig von der gesundheitlichen Konstitution der Erkrankten und liegt um 15 %, kann aber bei zwei unbehandelten immundefizienten Patienten auf bis zu 80 % ansteigen (RKI 2001). Anhand der Meldedaten von 2002 ergab sich in Deutschland eine Letalität von 9,7 %. Laut RKI dürften aber in Deutschland nicht alle durch Legionella hervorgerufenen Erkrankungen als solche erkannt werden; insbesondere die leichte Form als Pontiac-Fieber wird nicht entsprechend diagnostiziert und im Falle einer Legionella-Pneumonie fehlt häufig die spezifische Erregerdiagnostik.
Desinfektion/Beseitigung in Trinkwassersystemen	Analyse des Trinkwasser-Verteilsystems (Risikoabschätzung), technische Sanierung, thermische bzw. chemische Maßnahme zur Desinfektion

Hinweis

Bei Legionellen gibt es keinen Grenzwert, sondern einen technischen Maßnahmenwert.

Der „technische Maßnahmenwert" ist ein Wert, bei dessen Erreichen eine von der Trinkwasser-Installation ausgehende vermeidbare Gesundheitsgefährdung zu besorgen ist und Maßnahmen zur hygienisch-technischen Überprüfung der Trinkwasser-Installation im Sinne einer anlassbezogenen Risikoabschätzung eingeleitet werden müssen.

Um eventuelle Risiken nicht entstehen zu lassen, können auch nicht anlassbezogene Risikoabschätzungen (Water-Safety-Plan-Konzept in Gebäuden entsprechend CEN/ TR 17801) durchgeführt werden.

5.3.2.3 Enterokokken

Grenzwert entsprechend Trinkwasserverordnung	0/100 ml
Art	Bei Enterokokken handelt es sich um kugelförmige Bakterien der Ordnung der Milchsäurebakterien.
Vorkommen und Vermehrung	Enterokokken kommen in der Natur, bei Menschen und Tieren und in einigen tierischen Lebensmitteln vor. Enterokokken vermehren sich nicht im Wasser, sondern nur im menschlichen oder tierischen Körper. Ins Trinkwasser gelangen sie also nur durch fäkale Verunreinigungen von außen.
Erkrankung	• Harnwegsinfekte • postoperative Peritonitiden • Wundinfektionen • Bakteriämie und Sepsis • Endokarditis
Desinfektion/Beseitigung in Trinkwasseranlagen	Spülungen entsprechend DVGW-Arbeitsblatt W 551-3, bisher DVGW W 557:2020-05

5.3.2.4 Salmonellen

Grenzwert entsprechend Trinkwasserverordnung	Für Salmonellen gibt es in der aktuellen Fassung der Trinkwasserverordnung keine Grenzwerte. In Mitteleuropa spielen Salmonellen in Trinkwasser-Verteilanlagen nahezu keine Rolle.
Art	Salmonellen sind fakultativ anaerobe, Oxidase-negative, nicht sporenbildende gramnegative Stäbchenbakterien und gehören zur Familie der *Enterobacteriaceae*, die unterschiedlich stark für Mensch und Tier pathogen sind.
Infektionsmöglichkeiten	• durch Unsauberkeit im Lebensmittelbereich • durch die Ausscheidungen von erkrankten bzw. infizierten Menschen und Tieren, vor allem auch von unerkannt infizierten Reptilien • durch verunreinigtes und abgestandenes Oberflächenwasser (bspw. nach Stillstand, in Duschschläuchen oder Wasserspendern) • durch unhygienisch aufgetautes Geflügel (viele Bakterien befinden sich v. a. im Tauwasser) • durch (rohe) Eier von mit Salmonellen infiziertem Geflügel (die Salmonellen befinden sich normalerweise auf der Schale der Eier, können bei Rissen in der Schale jedoch auch ins Innere gelangen)
Erkrankung	Man unterscheidest zwischen Enteritis-Salmonellen und Thyphus/Parathyphus-Salmonellen bei Krankheitsverläufen, wobei Paratyphus-Salmonellen aufgrund von Virulenzfaktoren und eines Kapselproteins (Virulenz-Antigen) schwerere Erkrankungen verursachen (z. B. Salmonella enterica subsp. enterica Serovar typhi, kurz Salmonella typhi). Salmonella typhi kommt nur beim Menschen vor. Enteritis-Salmonellen verursachen beim Menschen milde Durchfallerkrankungen, die i. d. R. nicht antibiotisch behandelt werden müssen. Allerdings können bei Risikogruppen (Säuglinge, Kleinkinder, alte Menschen sowie immunschwache Patienten) schwere Erkrankungen hervorgerufen werden.

5.3.2.5 Pseudomonas aeruginosa

Grenzwert entsprechend Trinkwasserverordnung	0/250 ml (Anforderung an Trinkwasser, das zur Abgabe in verschlossenen Behältnisse bestimmt ist) *Pseudomonas aeruginosa* unterliegt keiner regelmäßigen Untersuchungspflicht, Untersuchungen des Trinkwassers können anlassbezogen durch die Aufsichtsbehörde gefordert werden.
Art	Bei *Pseudomonas aeruginosa* handelt es sich um ein humanpathogenes Stäbchenbakterium der Gattung Pseudomonas. Von besonderer Bedeutung sind die geringen Wachstumsansprüche an seine Umgebung. Es bevorzugt zwar ein feuchtes Milieu, weshalb es auch als Nass- oder Pfützenkeim bezeichnet wird, ist aber selbst in einem trockenen Umfeld lange überlebensfähig.

Vorkommen	*Pseudomonas aeruginosa* ist ein ubiquitär verbreitetes Umweltbakterium, das als natürlicher Bewohner im feuchten Milieu in geringen Konzentrationen vorkommt (assoziiert in Erde und Wasser). *Pseudomonas aeruginosa* zeichnet sich durch Eigenschaften wie geringe Nährstoffansprüche, Wachstum in einem breiten Temperaturbereich sowie die Fähigkeit zur Biofilmbildung aus und ist in der Lage, sowohl in wasserführenden Systemen als auch in destilliertem Wasser zu überleben und sich zu vermehren. Der Eintrag in das Trinkwassersystem kann über kontaminierte Materialien bei Bauarbeiten am Leitungsnetz oder bei Arbeiten an bestehenden bzw. neu errichteten Trinkwasser-Installationen erfolgen. Als Folge eines Eintrags ist die Besiedlung verschiedenster Materialklassen wie Edelstahl, Kunststoffe, Weich-PVC oder Dichtmaterialien möglich, wobei neue Materialien ohne bestehenden Biofilm stärker besiedelt werden als Oberflächen mit einem vorhandenen Trinkwasser-Biofilm. Eine Vermehrung ist nur dann gegeben, wenn eine Nährstoffquelle vorliegt, z. B. auf der Oberfläche von Materialien ohne Eignung entsprechend DVGW W 270.
Erkrankung	*Pseudomonas aeruginosa* zählt weltweit zu den häufigsten Ursachen von nosokomialen Lungenentzündungen bei Beatmung, Wund- und Harnwegsinfektionen; die Bakterien können auch eine Blutstrominfektion (Sepsis) auslösen. In erster Linie sind immunsupprimierte Patienten betroffen. Nosokomiale Lungenentzündung und Sepsis sind mit einer hohen Sterblichkeit verbunden.

	Aber auch bei Personen ohne prädisponierende Faktoren kann *P. aeruginosa* zu einer Infektion führen, das Spektrum der Erkrankungen bei immunkompetenten Personen schließt Wundinfektionen, Ohrinfektionen (*Otitis externa*), Bindehautentzündungen (*Keratokonjunktivitis*) und Haarbalginfektionen (*Folliculitis*) ein. Der Haupteintragspfad von P. aeruginosa über kontaminiertes Wasser ist der Kontakt mit verletzter Haut. Reinigung und Aufbewahrung von Kontaktlinsen in kontaminiertem Wasser sind weitere Infektionsquellen. *P. aeruginosa* gilt zudem als einer der häufigsten Erreger von chronischen Wundinfektionen, die bei älteren Personen wie auch Personen mit Diabetes eine wichtige epidemiologische Bedeutung haben.
Desinfektion/Beseitigung in Trinkwasseranlagen	Desinfektion der betroffenen Bauteile mit chlorhaltigen Lösungen entsprechend DVGW-Arbeitsblatt W 551-3, bisher DVGW W557:2020-05

5.3.2.6 Blei

Grenzwert entsprechend Trinkwasserverordnung	Bis zum 11.01.2028 0,010 mg/l Ab dem 12.01.2028 0,005 mg/l
Art	Blei ist ein chemisches Element und ein giftiges Schwermetall.
Vorkommen	Grenzwertüberschreitungen beim Parameter Blei werden hauptsächlich an Trinkwasserentnahmearmaturen der Endverbraucherinnen und -verbraucher nachgewiesen und sind ein Indiz für noch vorhandene Bleileitungen in der Trinkwasser-Installation. Auch Armaturen, die nicht die allgemein anerkannten Regeln der Technik erfüllen, können die Ursache sein.

Erkrankung	Blei kann sich in den Knochen ablagern. Liegt eine schwere Krankheit oder eine Schwangerschaft vor, löst sich das Schwermetall aus den Knochen und gelangt auf diese Weise in den Organismus. Dort kann es beispielsweise zu Nervenschäden, Störungen bei der Blutbildung sowie Verdauungsproblemen führen. Besonders gefährlich ist Blei für ungeborene Kinder im Entwicklungsstadium, da es über die Plazenta aufgenommen wird. Auch für Neugeborene ist ein hoher Bleigehalt im Trinkwasser gefährlich, denn der Konsum von belastetem Trinkwasser kann Schäden am Nervensystem und im Gehirn zur Folge haben.
Desinfektion/Beseitigung in Trinkwasseranlagen	Austausch von bleihaltigen Bauteilen in Trinkwasser-Installationen

5.3.2.7 Cadmium

Grenzwert entsprechend Trinkwasserverordnung	0,0030 mg/l
Messunsicherheit in Prozent des Grenzwerts (gem. Trinkwasserverordnung, Anlage 7)	25
Art	Schwermetall

Vorkommen	Einsatz in diversen technischen Prozessen Umweltfreisetzung durch Verbrennungsprozesse und über Klärschlamm sowie in geringeren Mengen via Phosphatdüngung. Wurzeln nehmen Cd auf. Durch tierischen und/oder menschlichen Verzehr sowie Akkumulation in Leber und Niere gelangt es in den Wasserkreislauf.
Erkrankung	Knochenerweichung mit Spontanfrakturen sowie in Leber- und Nierenschädigungen und Anämie.
Beseitigung in Trinkwasser-Installationen	Diverse Filterverfahren, bevorzugt Umkehrosmose

5.3.2.8 Arsen

Grenzwert entsprechend Trinkwasserverordnung	0,010 bis 11. Januar 2028. Der Grenzwert gilt für Wasserversorgungsanlagen, die vor dem 12. Januar 2028 in Betrieb genommen worden sind, bis zum Ablauf des 11. Januar 2036. 0,0040 ab 12. Januar 2036 für alle Wasserversorgungsanlagen. Der Grenzwert gilt für Wasserversorgungsanlagen, die ab dem 12. Januar 2028 neu in Betrieb genommen werden, bereits ab dem 12. Januar 2028
Messunsicherheit in Prozent des Grenzwerts (gem. Trinkwasserverordnung, Anlage 7)	30
Art	Schwermetall

Vorkommen	Bis zu 10 ppm überall im Boden. Größere Vorkommen z.B. im Schwarzwald (Baden-Württemberg), im bayerischen Spessart und Oberpfälzer Wald, im hessischen Odenwald, in den Silberlagerstätten des Westerzgebirges (Sachsen), am Hunsrück (Rheinland-Pfalz) sowie im Thüringer Wald.
Erkrankung	Hautveränderungen, Krebs, Herz-Kreislauf-Erkrankungen, neurologischen Störungen
Beseitigung in Trinkwasser-Installationen	Ionenaustausch, Membranfiltration oder Eisen- und Aluminiumkoagulation

5.3.2.9 Chrom

Grenzwert entsprechend Trinkwasserverordnung	Bis zum 11. Januar 2030 0,025 mg/l Ab dem 12. Januar 2023 0,0050 mg/l
Messunsicherheit in Prozent des Grenzwerts (gem. TrinkwV2023, Anlage 7)	30
Art	Schwermetall

Vorkommen	Natürliche Vorkommen beschränken sich fast ausschließlich auf das Erz, den sog. Chromeisenstein ($FeCr_2O_4$). Früher wurden häufig chromhaltige Farbpigmente eingesetzt. In der Abwasser-analytik ist noch heute Kaliumdichromat ($K_2Cr_2O_7$) gebräuchlich, um den Chemischen Sauerstoffbedarf (CSB) zu bestimmen. Technisch eingesetzt wird Chrom insbesondere zur Herstellung von hitze- und korrosionsbeständigen Metall-Legierungen. Chromstahl oder Chrom-Nickel-Stahl wird sehr häufig eingesetzt, sodass stetiger Wasserkontakt (z. B. bei Badeleitern, Schachteinstiegen, o.ä.) oder durch (sauren) Regen Chrom in geringen Mengen gelöst wird.
Erkrankung	Bei Chrom hängen die Krankheitsbilder sehr stark mit der chemischen Wertigkeit zusammen. Während bei metallischem Chrom und Chrom-(III)-Verbidungen eine dauerhafte, hohe Exposition z.B. Lungenfibrosen verursachen kann, zeigen Chrom-(VI)-Verbindungen diverse Krankheitsbilder. Diese reichen von akuten Schäden an Augen, Haut, Atemwegen und Magen-Darm-Trakt bis hin zu chronischen Schädigungen bis hin zum sog. „Chromatlungenkrebs“.
Beseitigung in Trinkwasser-Installationen	Aktivkohle-Filter oder Ionenaustauscher

5.3.2.10 Per- und polyfluorierte Alkylverbindungen (PFAS)

Grenzwert entsprechend Trinkwasserverordnung	ab dem 12.01.2026: 0,00010 mg/l für die Summe der 20 Einzelsubstanzen (PFAS-20): • Perfluorbutansäure (PFBA) • Perfluorpentansäure (PFPeA) • Perfluorhexansäure (PFHxA) • Perfluorheptansäure (PFHpA) • Perfluoroctansäure (PFOA) • Perfluornonansäure (PFNA) • Perfluordecansäure (PFDA) • Perfluorundecansäure (PFUnDA) • Perfluordodecansäure (PFDoDA) • Perfluortridecansäure (PFTrDA) • Perfluorbutansulfonsäure (PFBS) • Perfluorpentansulfonsäure (PFPeS) • Perfluorhexansulfonsäure (PFHxS) • Perfluorheptansulfonsäure (PFHpS) • Perfluoroctansulfonsäure (PFOS) • Perfluornonansulfonsäure (PFNS) • Perfluordecansulfonsäure (PFDS) • Perfluorundecansulfonsäure (PFUnDS) • Perfluordodecansulfonsäure (PFDoDS) • Perfluortridecansulfonsäure (PFTrDS) Einzelsubstanzen, deren Messwert unter der Bestimmungsgrenze des angewendeten (adäquaten) Untersuchungsverfahrens liegen, werden bei der Summenbildung nicht berücksichtigt. ab dem 12.01.2028: 0,000020 mg/l für die Summe der vier Einzelsubstanzen (PFAS-4): • Perfluoroctansäure (PFOA) • Perfluornonansäure (PFNA) • Perfluorhexansulfonsäure (PFHxS) • Perfluoroctansulfonsäure (PFOS)

	Einzelsubstanzen, deren Messwert unter der Bestimmungsgrenze des angewendeten (adäquaten) Untersuchungsverfahrens liegen, werden bei der Summenbildung nicht berücksichtigt.
Art	Stoffgruppe aus seit den 1940ern synthetisch hergestellten organischen Verbindungen mit über 10.000 Einzelsubstanzen. Die Besonderheit sind die durch Fluoratome ersetzten Wasserstoffatome, sodass per-(vollständig) oder poly-(teilweise) fluorierte Verbindungen entstehen.
Vorkommen	Durch ihre technisch hervorragend einsetzbaren chemisch-physikalischen Eigenschaften (wasser-, fett- und schmutzabweisend, chemische und thermische Stabilität) wurden und werden PFAS in vielen Produkten des täglichen Gebrauchs verwendet. Der Anwendungsfall reicht von Kosmetika über Textilien oder Ski-Wachsen bis hin zur Oberflächenbehandlung von Kunststoffen und Metallen. Auch in Pflanzenschutz- sowie Feuerlöschmitteln ist der Einsatz verbreitet. Durch den globalen Stoffkreislauf und die extreme Stabilität der Verbindungen sind die sog. Ewigkeitschemikalien bereits heute ziemlich immer und überall zumindest in kleinen Mengen vorhanden. Ziel des Gesetzgebers ist es, diese Mengen so gering wie möglich zu halten.
Erkrankung	Die Forschung zu den toxikologischen Auswirkungen ist noch verhältnismäßig am Anfang. PFAS werden mit einem erhöhten Risiko für Langzeitschäden wie Leber- und/oder Schilddrüsenerkrankungen, Fettleibigkeit, Fruchtbarkeitsstörungen und Krebs in Verbindung gebracht.
Desinfektion/Beseitigung in Trinkwasseranlagen	Aktivkohle und diverse andere technische Filter (ggf. Fuzzy filter, etc.)

5.4 Probennahme

Die Probennahme wurde in der 2. Verordnung zur Novellierung der Trinkwasserverordnung in die Abschnitte 8 – Zugelassene Untersuchungsstellen – und den Abschnitt 9 – Durchführung von Trinkwasseruntersuchungen – aufgeteilt.

Abschnitt 8 Zugelassene Untersuchungsstellen

§ 39 Beauftragung einer zugelassenen Untersuchungsstelle

§ 40 Zugelassene Untersuchungsstellen

Abschnitt 9 Durchführung von Trinkwasseruntersuchungen

§ 41 Stelle der Probennahme

§ 42 Probennahmeverfahren

§ 43 Untersuchungsverfahren

§ 44 Niederschrift über das Untersuchungsergebnis

Die Probennahme als Bestandteil des Analyseverfahrens

An eine Trinkwasser-Probennahme sind hohe fachliche Anforderungen zu stellen, da nur eine fehlerfreie und problemorientierte Probennahme eine entsprechende Ergebnisqualität bei der nachfolgenden Analytik ermöglicht. Die Probennahme ist als integraler Bestandteil des Analyseverfahrens anzusehen, wie auch die Abbildung verdeutlicht. In diesem Zusammenhang ist besonders darauf hinzuweisen, dass das Verfahren der Probennahme auf das Untersuchungsziel abzustimmen ist.

Hinweis

Fehler, die bei der Probennahme gemacht werden, können durch die Analytik nicht mehr korrigiert werden!

Die für die Untersuchung relevanten Parameter sowie die geeigneten Probennahme-Techniken und Analysemethoden müssen anhand des Untersuchungsziels festgelegt werden.

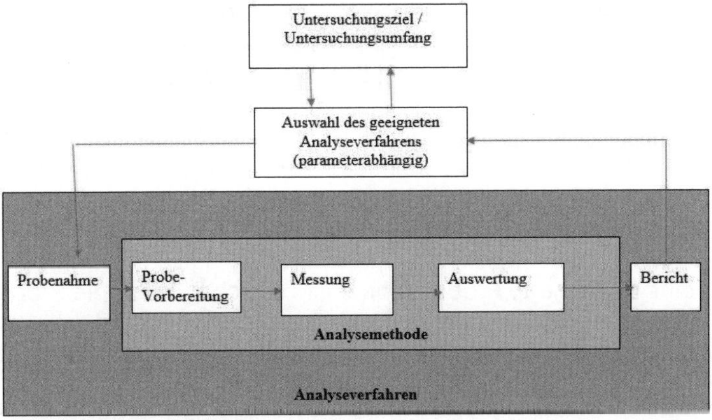

Bild 1: *Darstellung des schematischen Ablaufs von Trinkwasseranalysen (Quelle: Stroheker)*

Anforderungen an eine parameterabhängige Probennahme

Allgemein sind im Kontext der TrinkwV an eine sinnvolle parameterabhängige Probennahme folgende grundlegende Forderungen zu stellen:

- Die entnommene Probe muss repräsentativ für das Trinkwasser sein.
- Durch die Probennahme darf es zu keiner Kontamination bzw. keinem Verlust an den zu analysierenden Inhaltsstoffen kommen.

- Die Proben sind in geeignete Gefäße abzufüllen. Je nach Untersuchungsumfang sind verschiedene Glas- oder Kunststoffgefäße optimal.
- Die Probe muss je nach Untersuchungsumfang bis zur Analyse mit geeigneten Maßnahmen stabilisiert werden. Ziel der Stabilisierung ist es, biologische, chemische und fotochemische Reaktionen zu unterdrücken sowie die Verflüssigung und die Sorption von Stoffen zu minimieren.
- Für die Analyse ist eine ausreichende Probemenge zu entnehmen.
- Die Probennahme ist detailliert zu protokollieren.
- Die entnommenen Proben sind eindeutig zu kennzeichnen.
- Der Stand der Technik ist zu berücksichtigen.
- Probennahmen zur Trinkwasserüberwachung sind unter Berücksichtigung des Normenwerks durchzuführen. Es gelten sowohl die allgemeinen Vorschriften der Gruppe A der „Deutschen Einheitsverfahren“ wie auch die speziellen Hinweise in den einzelnen Analysennormen.

Für eine qualifizierte Probennahme ist es wichtig, dass die Probennehmer entsprechend unterwiesen bzw. geschult sind und über Kenntnisse des theoretischen Hintergrunds der Probennahme bzw. Vor-Ort-Messung verfügen.

Hinweis

Probennahme von mikrobiologischen Indikator-Parametern:

Für ein **aussagekräftiges Ergebnis** müssen die Proben an **repräsentativen Stellen** der Trinkwasser-Installation entnommen werden. Dabei ist auf stabile Bedingungen zu achten, damit eine Reproduzierbarkeit der Proben gegeben ist.

Die **Probennahmestellen zur Prüfung der Trinkwasserqualität** bzw. zur Beurteilung des Einflusses der Trinkwasser-Installation werden ausschließlich durch unser geschultes Personal u. a. nach DIN EN ISO 19458, DVGW-Arbeitsblatt W 551 bzw. VDI/DVGW 6023 festgelegt.

Um die Trinkwasserqualität für den menschlichen Gebrauch zu bestimmen,

- erfolgt die Beprobung im **täglichen Routinebetrieb,**
- müssen alle für eine qualifizierte Aussage notwendigen Proben **am gleichen Tag** genommen werden,
- müssen geeignete Maßnahmen getroffen werden, um die Aussagekraft des Untersuchungsergebnisses nicht zu verfälschen.

Eine **Desinfektion** der Entnahmearmatur durch **Abflammen** oder auf **chemische Weise** (Ethanol oder Iso-Propanol) ist z. B. bei der Legionellen-Probennahme empfehlenswert und sogar vorgeschrieben.

Probennahme von Schwermetallen:

Der Einsatz **ungeeigneter Rohrleitungs- und Armaturenmaterialien** (z. B. alte Bleirohre, Kupferrohre, verzinkte Rohre oder Rohre mit Cadmiumanteil) kann zu **Reaktionen** zwischen dem Trinkwasser und dem Leitungsmaterial der Trinkwasser-Installation führen.

Die **Abgabe der Schwermetalle** aus den Leitungen in das Trinkwasser hängt sehr stark von der Verweildauer (Stagnation) des Wassers in den entsprechenden Leitungen ab. Deshalb werden für Schwermetalluntersuchungen sowohl **Zufallsproben** als auch **Stagnationsproben** entnommen.

Zufallsprobe (Z-Probe)

Die **Zufallsprobe** wird zu einem zufälligen Zeitpunkt entnommen. Diese ist in der Regel **nicht aussagekräftig**, da weder Stagnationszeiten/Stillstand bzw. Spül-Zeiten bekannt sind.

Stagnationsproben (S0, S1, S2)

Probennahme nach Ablaufen und Stagnation (gestaffelte Stagnationsbeprobung, Staffelbeprobung)

Die **Stagnationsbeprobung** von Schwermetallen wird bevorzugt am Morgen, vor der ersten Nutzung des Wasserhahns oder nach einer Stagnationszeit von vier Stunden genommen. An der Zapfstelle, an der normalerweise das Wasser zum Verzehr entnommen wird, ist so lange zu spülen, bis Wasser in der vom Wasserversorger gelieferten Qualität aus der Zapfstelle tritt (z. B. bei Temperaturkonstanz). Die Probe von 1 l Volumen wird aus dem fließenden Wasser entnommen (Probe S0) und repräsentiert die vom Wasserversorger angelieferte Trinkwasserqualität. Nach dieser Spülung wird der Zapfhahn für einen Zeitraum *t* (Stagnationszeit in Stunden) von vier Stunden, mindestens aber zwei Stunden, geschlossen. Dabei ist sicherzustellen, dass in der Zeit an dieser Zapfstelle keine Entnahme erfolgt. Der Verbrauch im übrigen Gebäude wird nicht beeinflusst. Nach dieser Stagnationszeit werden ohne weiteren Ablauf **zwei weitere direkt aufeinanderfolgende Proben** von je 1 l Volumen entnommen (Proben S1 und S2). Die Konzentrationen in der Probe S1 spiegeln dabei neben der Hausinstallation auch den Einfluss der Entnahmeapparatur wider (wichtig z. B. bei Nickel und Blei), während S2 nur den Einfluss der übrigen Hausinstallation umfasst.

§ 39 TrinkwV

Beauftragung einer zugelassenen Untersuchungsstelle

(1) Die nach dieser Verordnung erforderlichen Untersuchungen des Trinkwassers einschließlich der Probennahmen dürfen nur von dafür zugelassenen Untersuchungsstellen durchgeführt werden.

(2) Absatz 1 gilt nicht für Untersuchungen auf den Betriebsparameter Trübung nach § 24 und betriebliche Untersuchungen nach § 30 Absatz 2. Werden diese Untersuchungen mit Messgeräten durchgeführt, sind diese nach Herstellerangaben zu betreiben und zu warten und ebenso wie die Untersuchungsverfahren in eine betriebsinterne Qualitätssicherung einzubeziehen.

(3) Ein Untersuchungsauftrag an eine zugelassene Untersuchungsstelle muss sich auch auf die Durchführung der Probennahme für die jeweilige Untersuchung erstrecken.

(4) Bei der Beauftragung der zugelassenen Untersuchungsstelle stellt der Betreiber einer Wasserversorgungsanlage vertraglich

sicher, dass die zugelassene Untersuchungsstelle ihn unverzüglich in Kenntnis zu setzen hat über:

1. festgestellte Abweichungen von den in den §§ 6 bis 8 festgelegten Grenzwerten, Höchstwerten oder Anforderungen für mikrobiologische und chemische Parameter sowie Indikatorparameter,
2. ein Erreichen des in § 51 Absatz 1 in Verbindung mit Anlage 3 Teil II festgelegten technischen Maßnahmenwerts für den Parameter Legionella spec. und über die erfolgte Anzeige nach § 53 Absatz 1 an das zuständige Gesundheitsamt und
3. eine Überschreitung der nach § 9 Satz 2 in Verbindung mit Anlage 4 Teil I festgelegten Parameterwerte für radioaktive Stoffe.

Hinweis

In der Novellierung der Trinkwasserverordnung wird erstmals explizit darauf hingewiesen, dass die Beauftragung von Trinkwasseruntersuchungen gesamtheitlich (Laboranalyse und Probennahme) über eine zugelassene Untersuchungsstelle erfolgen muss.

§ 40 TrinkwV

Zugelassene Untersuchungsstellen

(1) Auf die Zulassung von Untersuchungsstellen ist bis zum Erlass einer Rechtsverordnung auf Grund von § 38 Absatz 1 Satz 1 Nummer 11 des Infektionsschutzgesetzes § 15 Absatz 4 Satz 2 bis 5 und Absatz 5 und 6 sowie § 19 Absatz 3 Satz 5 der Trinkwasserverordnung in der Fassung der Bekanntmachung vom 10. März 2016 (BGBl. I S. 459), die zuletzt durch Artikel 1 der Verordnung vom 22. September 2021 (BGBl. I S. 4343) geändert worden ist, weiter anzuwenden.

(2) Die zuständige oberste Landesbehörde oder eine andere nach Landesrecht zuständige Stelle hat eine Liste der von ihr zugelassenen Untersuchungsstellen im Internet zu veröffentlichen oder auf andere geeignete Weise bekannt zu machen. In der Liste ist für jede Untersuchungsstelle der Parameterumfang anzugeben.

Hinweis

Mikrobielle Trinkwasseruntersuchungen dürfen somit nur durch entsprechend dem § 40 benannte Untersuchungsstellen durchgeführt werden.

Die Beauftragung bezieht sich auf die Laboranalytik und die Probennahme.

§ 41 TrinkwV

Stelle der Probennahme

(1) Trinkwasserproben sind grundsätzlich an der Stelle der Einhaltung der Anforderungen nach § 10 zu nehmen.

(2) Der Betreiber einer zentralen Wasserversorgungsanlage oder einer dezentralen Wasserversorgungsanlage kann abweichend von Absatz 1 Trinkwasserproben an einer Stelle nehmen, bei der nicht zu erwarten ist, dass sich das Trinkwasser bezüglich des zu untersuchenden Parameters zwischen der Stelle der Probennahme und den Stellen, an denen das Trinkwasser in Trinkwasserinstallationen oder an eine andere zentrale oder dezentrale Wasserversorgungsanlage übergeben wird, nachteilig verändert. Das Gesundheitsamt kann im Rahmen der Genehmigung einer Anpassung des Untersuchungsplans nach § 38 Absatz 4 von den Vorgaben nach Absatz 1 und nach Satz 1 abweichende Probennahmestellen festlegen. Für Probennahmen im Rahmen der Überwachung von zentralen Wasserversorgungsanlagen

und dezentralen Wasserversorgungsanlagen durch das Gesundheitsamt gilt Satz 1 entsprechend.

(3) Der Betreiber einer zentralen Wasserversorgungsanlage oder einer dezentralen Wasserversorgungsanlage kann nach Abschluss der Aufbereitung am Ausgang des Wasserwerks oder im Verteilungsnetz untersuchen, ob der jeweilige Referenzwert, der für einen der Parameter Chlorat, Chlorit, Halogenessigsäuren oder Trihalogenmethane in den Bemerkungen in Anlage 2 Teil II genannt ist, überschritten wird. Wird dieser Referenzwert nicht überschritten, gilt der jeweilige Grenzwert nach Anlage 2 Teil II an der Stelle der Einhaltung der Anforderungen nach § 10 als eingehalten.

(4) Der Betreiber einer Wasserversorgungsanlage hat Trinkwasserproben, die nach § 31 Absatz 1 auf den Parameter Legionella spec. zu untersuchen sind, nach den allgemein anerkannten Regeln der Technik an mehreren repräsentativen Stellen zu nehmen. Der Betreiber der Wasserversorgungsanlage hat dafür sicherzustellen, dass an der Wasserversorgungsanlage nach den allgemein anerkannten Regeln der Technik geeignete Probennahmestellen vorhanden sind. Bei der Probennahme ist die in § 43 Absatz 5 genannte Empfehlung des Umweltbundesamts „Systemische Untersuchungen von Trinkwasser-Installationen auf Legionellen nach Trinkwasserverordnung – Probennahme, Untersuchungsgang und Angabe des Ergebnisses“ zu beachten.

(5) Der Betreiber einer Wasserversorgungsanlage hat Trinkwasserproben zur Bestimmung von radioaktiven Stoffen abweichend von den Absätzen 1 und 2 am Ausgang des Wasserwerks zu nehmen, sofern nicht im Einvernehmen mit der zuständigen Behörde eine andere Stelle für die Probennahme festgelegt wird oder die Behörde eine Anordnung nach § 61 Nummer 1 trifft. Die zuständige Behörde kann im Rahmen der Überwachung Trinkwasserproben zur Bestimmung von radioaktiven Stoffen am Ausgang des Wasserwerks oder an einer anderen geeigneten Stelle nehmen.

(6) Ist die Probennahme für eine Untersuchung von Rohwasser nach § 27 Absatz 2 erforderlich, hat der Betreiber die Stelle der Probennahme mit dem Gesundheitsamt oder, wenn es sich um

radioaktive Stoffe im Trinkwasser handelt, mit der zuständigen Behörde zu erörtern.

Hinweis

Zusammengefasst sind die Probennahmen generell am Austritt aus den Entnahmestellen für Trinkwasser durchzuführen.

Bei Trinkwasserproben auf Legionella spec. sind Trinkwasserproben an mehreren repräsentativen Stellen zu entnehmen. Einen Hinweis auf diese Stellen gibt die Empfehlung des Umweltbundesamts „Systemische Untersuchungen von Trinkwasserinstallationen auf Legionellen nach Trinkwasserverordnung".

Prinzipiell scheint es sinnvoll und zielführend zu sein, mit der Auswahl der Probenahmestellen einen fachkundigen Experten zu beauftragen.

§ 42 TrinkwV

Probennahmeverfahren

(1) Die Proben für die Untersuchung von Wasser nach dieser Verordnung sind nach den allgemein anerkannten Regeln der Technik zu nehmen.

(2) Die Einhaltung der allgemein anerkannten Regeln der Technik bei der Probennahme nach Absatz 1 wird vermutet

1. für die Probennahme zur Untersuchung der mikrobiologischen Beschaffenheit des Trinkwassers von zentralen Wasserversorgungsanlagen und dezentralen Wasserversorgungsanlagen, wenn DIN EN ISO 19458, wie dort unter Zweck a beschrieben, eingehalten worden ist,
2. für die Probennahme zur Untersuchung der mikrobiologischen Beschaffenheit des Trinkwassers, einschließlich der Untersuchung auf den Parameter Legionella spec. nach § 31, von Eigenwasserversorgungsanlagen, mobilen Wasserver-

sorgungsanlagen, Gebäudewasserversorgungsanlagen und zeitweiligen Wasserversorgungsanlagen, wenn

a) DIN EN ISO 19458, wie dort unter Zweck b beschrieben, eingehalten worden ist und
b) bei Untersuchungen auf den Parameter Legionella spec. nach § 31 zusätzlich die in § 43 Absatz 5 genannte Empfehlung des Umweltbundesamts „Systemische Untersuchungen von Trinkwasser-Installationen auf Legionellen nach Trinkwasserverordnung – Probennahme, Untersuchungsgang und Angabe des Ergebnisses" beachtet worden ist,

3. für die Probennahme im Verteilungsnetz bis zur Übergabestelle in die Trinkwasserinstallation zur Untersuchung der chemischen Beschaffenheit des Trinkwassers, wenn DIN ISO 5667-5 eingehalten worden ist.

(3) Wenn Trinkwasser in einer Trinkwasserinstallation auf die chemischen Parameter Blei, Kupfer und Nickel zu untersuchen ist, sind die Proben so zu nehmen, dass sie für die durchschnittliche wöchentliche Aufnahme des Trinkwassers durch die Verbraucher repräsentativ sind. Für die repräsentative Probennahme ist eine gestaffelte Stagnationsbeprobung nach der Empfehlung des Umweltbundesamts „Beurteilung der Trinkwasserqualität hinsichtlich der Parameter Blei, Kupfer und Nickel" vom Dezember 2018 (Bundesgesundheitsblatt 2019 S. 1026) durchzuführen. Bei Untersuchungen des Trinkwassers in einer Trinkwasserinstallation auf die Parameter Blei, Kupfer und Nickel, die im Rahmen der Umsetzung des Berichtsplans vorzunehmen sind, kann sowohl eine gestaffelte Stagnationsbeprobung als auch eine Zufallsstichprobe nach der in Satz 2 genannten Empfehlung des Umweltbundesamts erfolgen.

(4) Bei der Probennahme zur Untersuchung des Trinkwassers in der Trinkwasserinstallation auf die Indikatorparameter Aluminium und Eisen und auf die neben Blei, Kupfer und Nickel in Anlage 2 Teil II genannten chemischen Parameter ist die in Absatz 3 Satz 2 genannte Empfehlung des Umweltbundesamts zu beachten.

(5) Sind zu einem Parameter im Laufe eines Jahres mehrere Proben zu nehmen, so sollen der Betreiber einer Wasserversorgungsanlage, das Gesundheitsamt und die zuständige Behörde

die Proben so nehmen, dass sie für die Beschaffenheit des im Laufe des gesamten Jahrs gelieferten oder entnommenen Trinkwassers repräsentativ sind. Jahreszeitliche und saisonale Besonderheiten sind zu berücksichtigen.

Hinweis

Die Entnahme der Trinkwasserproben soll entsprechend den allgemein anerkannten Regeln der Technik durchgeführt werden.

Die Einhaltung der allgemein anerkannten Regeln der Technik bei der Probennahme wird vermutet, wenn DIN EN ISO 19458 Zweck A eingehalten wurde, bei der Probennahme zu Untersuchung auf Legionella spec. die DIN EN ISO 19458 Zweck B eingehalten wurde und bei der Probennahme zur Untersuchung der chemischen Beschaffenheit des Trinkwassers DIN ISO 5667-5 eingehalten wurde.

§ 43 TrinkwV

Untersuchungsverfahren

(1) Bei den Untersuchungen der mikrobiologischen Beschaffenheit des Trinkwassers sind die in den folgenden technischen Normen beschriebenen Untersuchungsverfahren anzuwenden:

1. für Coliforme Bakterien und Escherichia coli: DIN EN ISO 9308-1 oder DIN EN ISO 9308-2,
2. für intestinale Enterokokken: DIN EN ISO 7899-2,
3. für Pseudomonas aeruginosa: DIN EN ISO 16266,
4. zur Bestimmung kultivierbarer Mikroorganismen, Koloniezahl bei 22 Grad Celsius und Koloniezahl bei 36 Grad Celsius: DIN EN ISO 6222,
5. für Clostridium perfringens, einschließlich Sporen: DIN EN ISO 14189 und
6. für Legionella spec.: DIN EN ISO 11731.

Für die Untersuchungen des Wassers auf den Indikatorparameter somatische Coliphagen soll die Norm DIN EN ISO 10705-2 und, sofern abhängig von den zu untersuchenden Konzentrationsbereichen für die Untersuchung ein Anreicherungsschritt nötig ist, zusätzlich die Norm ISO 10705-3 angewendet werden.

(2) Andere als die in Absatz 1 Satz 1 genannten Untersuchungsverfahren dürfen bei der Untersuchung der in Absatz 1 genannten Parameter angewendet werden, wenn das Umweltbundesamt auf Antrag festgestellt hat, dass die damit erzielten Ergebnisse nach den allgemein anerkannten Regeln der Technik gleichwertig und mindestens genauso zuverlässig sind wie die mit den Untersuchungsverfahren nach Absatz 1 ermittelten Ergebnisse.

(3) Außer mit dem in Absatz 1 Satz 1 Nummer 4 genannten Untersuchungsverfahren oder einem Untersuchungsverfahren nach Absatz 2 darf die Koloniezahl kultivierbarer Mikroorganismen bei 22 Grad Celsius und 36 Grad Celsius auch dadurch bestimmt werden, dass die Zahl der mit 6- bis 8-facher Lupenvergrößerung sichtbaren Kolonien ausgewertet wird, die sich aus den in 1 Milliliter des zu untersuchenden Wassers befindlichen Bakterien in Plattengusskulturen mit nährstoffreichen, peptonhaltigen Nährböden (1 Prozent Fleischextrakt, 1 Prozent Pepton) bei einer Bebrütungstemperatur von (20 ± 2) Grad Celsius und (36 ± 1) Grad Celsius nach (44 ± 4) Stunden Bebrütungsdauer bilden. Abhängig von dem verwendeten Nährboden sind folgende Methoden möglich:

1. Agar-Gelatine-Nährböden: Bebrütungstemperatur (20 ± 2) Grad Celsius und (36 ± 1) Grad Celsius, Bebrütungsdauer (44 ± 4) Stunden oder
2. Agar-Nährböden: Bebrütungstemperatur (20 ± 2) Grad Celsius und (36 ± 1) Grad Celsius, Bebrütungsdauer (44 ± 4) Stunden.

Das Untersuchungsverfahren nach den Sätzen 1 und 2 darf nicht angewendet werden für Trinkwasser, das zur Abgabe in verschlossenen Behältnissen bestimmt ist.

(4) Das Umweltbundesamt veröffentlicht eine Liste der Untersuchungsverfahren nach den Absätzen 1 bis 3 im Bundesgesundheitsblatt.

(5) Die Empfehlung des Umweltbundesamts „Systemische Untersuchungen von Trinkwasser-Installationen auf Legionellen nach Trinkwasserverordnung – Probennahme, Untersuchungsgang und Angabe des Ergebnisses“ vom Dezember 2018 (Bundesgesundheitsblatt 2019 S. 1032) einschließlich der Aktualisierung dieser Empfehlung vom Dezember 2022 (Bundesgesundheitsblatt 2023 S. 181) ist neben den Vorgaben für die Untersuchungsverfahren nach Absatz 1 Satz 1 Nummer 6 oder Absatz 2 zu beachten.

(6) Bei Untersuchungen des Trinkwassers nach dieser Verordnung auf die in Anlage 2 und in Anlage 3 genannten chemischen und chemisch-physikalischen Parameter sind Untersuchungsverfahren mindestens nach den allgemein anerkannten Regeln der Technik anzuwenden, die hinreichend zuverlässige Messwerte liefern und dabei die in Anlage 7 Teil I genannten spezifizierten Verfahrenskennwerte einhalten. Bei den Untersuchungen des Trinkwassers wird

1. für die Indikatorparameter unter Anwendung der folgenden Referenzverfahren bei der Beurteilung der Einhaltung der Anforderungen und Grenzwerte vermutet, dass die allgemein anerkannten Regeln der Technik eingehalten werden:
   a) Calcitlösekapazität: DIN 38404-10,
   b) elektrische Leitfähigkeit: DIN EN 27888,
   c) Geruch: DIN EN 1622 und
2. für die chemischen Parameter und Indikatorparameter unter Anwendung der folgenden Referenzverfahren bei der Beurteilung der Einhaltung der Anforderungen an die Verfahrenskennwerte vermutet, dass die allgemein anerkannten Regeln der Technik eingehalten werden:
   a) organisch gebundener Kohlenstoff: DIN EN 1484,
   b) Oxidierbarkeit: DIN EN ISO 8467,
   c) Trübung: DIN EN ISO 7027-1.

Kann der für den chemischen Parameter Benzo(a)pyren in der Anlage 7 Teil I aufgeführte Wert der Messunsicherheit nicht erreicht werden, so ist für die Analyse ein Verfahren mindestens nach dem Stand der Technik zu wählen. In diesem Fall darf die Messunsicherheit des Verfahrens bis zu 60 Prozent des Grenzwerts für den Parameter Benzo(a)pyren in Anlage 2 Teil II betragen.

(7) Bei Untersuchungen des Trinkwassers nach dieser Verordnung auf radioaktive Stoffe sind Untersuchungsverfahren nach den allgemein anerkannten Regeln der Technik anzuwenden, die mindestens geeignet sein müssen, die Aktivitätskonzentrationen mit den in Anlage 7 Teil II angegebenen Verfahrenskennwerten zu messen. Die Berechnung und die Beurteilung der Richtdosis erfolgen nach den in Anlage 4 Teil II und III beschriebenen Verfahren.

5.5 Aufbereitung und Desinfektion

In der 2. Verordnung zur Novellierung der Trinkwasserverordnung wurde die Aufbereitung des Trinkwassers unter Abschnitt 5 in neun Paragrafen untergliedert.

Abschnitt 5 Aufbereitung

§ 18 Aufbereitungszwecke

§ 19 Allgemeine Anforderungen an die Aufbereitung

§ 20 Liste zulässiger Aufbereitungsstoffe und Desinfektionsverfahren

§ 21 Ausnahmen

§ 22 Abgabeverbot bei unzulässiger Aufbereitung

§ 23 Pflicht zur Aufbereitung

§ 24 Untersuchung auf den Betriebsparameter Trübung bei Filtration

§ 25 Aufzeichnungspflichten des Betreibers

§ 26 Information der Anschlussnehmer und Verbraucher über Aufbereitung

Die hier aufgeführten Abschnitte sind für Regeln, unter Berücksichtigung der Liste der zulässigen Aufbereitungsstoffe und Desinfektionsverfahren des Umweltbundesamts, für den Einsatz, die Kontrolle, die Qualität sowie die Information der Nutzer des Trinkwassers.

5.5.1 Aufbereitungszweck

§ 18 TrinkwV

Aufbereitungszwecke

Eine Aufbereitung von Rohwasser zu Trinkwasser und eine Aufbereitung von Trinkwasser dürfen nur zu den folgenden Aufbereitungszwecken erfolgen:

1. zur Entfernung von Stoffen und Partikeln aus dem Rohwasser einschließlich jener Krankheitserreger, die bei der Aufbereitung von Rohwasser zu Trinkwasser von einer Desinfektion nicht erfasst werden,
2. zur Entfernung von Feststoffpartikeln in der Trinkwasserinstallation,
3. zur Veränderung der physikochemischen Zusammensetzung des Trinkwassers bei der Aufbereitung und Verteilung,
   a) um die Einhaltung der Anforderungen an die Beschaffenheit des Trinkwassers im Verteilungsnetz bis zur Stelle der Einhaltung der Anforderungen nach § 10 sicherzustellen,
   b) um korrosionschemische Eigenschaften des Trinkwassers einzustellen,
   c) zur Leckagesuche oder
   d) um den Calcium- und Magnesiumgehalt einzustellen, oder
4. zur Desinfektion
   a) bei der Aufbereitung von Rohwasser zu Trinkwasser,
   b) bei der Verteilung des Trinkwassers in zentralen, dezentralen, mobilen oder zeitweiligen Wasserversorgungsanlagen,
   c) bei der Speicherung des nicht erwärmten Trinkwassers in Behältern,
   d) begleitend zu der Sanierung einer Trinkwasserinstallation oder
   e) auf Anordnung des Gesundheitsamts.

Hinweis

Wichtig in diesem Zusammenhang ist, dass Desinfektionsverfahren insbesondere in gebäudeinternen Trinkwasser-Installationssystemen nicht als Dauerlösung zu sehen sind, sondern ausschließlich begleitend zur Sanierung des Trinkwasser-Installationssystems einzusetzen sind.

5.5.2 Allgemeine Anforderungen an die Aufbereitung

§ 19 TrinkwV

Allgemeine Anforderungen an die Aufbereitung

(1) Die Aufbereitung von Rohwasser oder Trinkwasser hat mindestens nach den allgemein anerkannten Regeln der Technik zu erfolgen.

(2) Andere Stoffe als Aufbereitungsstoffe dürfen dem Rohwasser und dem Trinkwasser nicht zugesetzt werden.

(3) Bei der Aufbereitung dürfen nur solche Aufbereitungsstoffe eingesetzt und nur solche Desinfektionsverfahren angewendet werden, die in der Liste zulässiger Aufbereitungsstoffe und Desinfektionsverfahren nach § 20 enthalten sind.

(4) Der Betreiber hat vor dem Einsatz eines Aufbereitungsstoffs sicherzustellen, dass dessen Reinheit nach den allgemein anerkannten Regeln der Technik geprüft worden ist, um die Konformität mit den Reinheitsanforderungen nach § 20 Absatz 2 Nummer 1 Buchstabe a sicherzustellen.

(5) Bei dem Einsatz von Aufbereitungsstoffen und bei der Anwendung von Desinfektionsverfahren sind die nach § 20 Absatz 2 und 3 festgelegten Anforderungen, Einsatzbedingungen und Einsatzbereiche sowie bei einer Ausnahmegenehmigung nach § 21 Absatz 1 die damit verbundenen Auflagen einzuhalten.

(6) Aufbereitungsstoffe sind nach abgeschlossener Aufbereitung vollständig aus dem Trinkwasser zu entfernen, es sei denn, sie sind dazu bestimmt, im Trinkwasser zu verbleiben. Die Anforderung nach Satz 1 gilt als erfüllt, wenn im Trinkwasser nur nach den allgemein anerkannten Regeln der Technik unvermeidbare Reste der Aufbereitungsstoffe und ihrer Reaktionsprodukte enthalten sind, die technologisch unwirksam sind, deren Mengen gesundheitlich unbedenklich sind und die die Färbung, den Geruch sowie den Geschmack des Trinkwassers nicht beeinträchtigen.

(7) Die Menge eines Aufbereitungsstoffs, der dem Rohwasser oder dem Trinkwasser zugesetzt wird und der dazu bestimmt ist, im Trinkwasser zu verbleiben, ist auf das nach den allgemein anerkannten Regeln der Technik erforderliche Maß zu beschränken.

Hinweis

Generell gilt, dass zur Aufbereitung des Trinkwassers nur Desinfektionsmittel und Aufbereitungsstoffe sowie Desinfektionsverfahren eingesetzt werden durften, die dem § 20 der Trinkwasserverordnung entsprechen (Ausnahmen entsprechend § 21 sind zulässig).

5.5.3 Zugelassene Aufbereitungsstoffe und Desinfektionsverfahren

§ 20 TrinkwV

Liste der zulässigen Aufbereitungsstoffe und Desinfektionsverfahren

(1) Das Umweltbundesamt führt eine Liste der zulässigen Aufbereitungsstoffe und Desinfektionsverfahren (Liste zulässiger Aufbereitungsstoffe und Desinfektionsverfahren). Es macht die Liste zulässiger Aufbereitungsstoffe und Desinfektionsverfahren im amtlichen Teil des Bundesanzeigers bekannt und veröffentlicht sie im Internet.

(2) In der Liste zulässiger Aufbereitungsstoffe und Desinfektionsverfahren legt das Umweltbundesamt Folgendes fest:

[...]

1. in Bezug auf die Desinfektionsverfahren die Einsatzbedingungen, bei deren Einhaltung
   a) eine hinreichende Wirksamkeit gewährleistet ist und
   b) keine vermeidbaren oder unvertretbaren Auswirkungen auf die menschliche Gesundheit und die Umwelt entstehen,

[...]

1. Pflichten des Betreibers zur Untersuchung des Trinkwassers in Bezug auf die eingesetzten Aufbereitungsstoffe, die zu untersuchenden Parameter und die Häufigkeit der Untersuchungen,
2. vom Betreiber durchzuführende Kontrollen des Dosiervorgangs und
3. die vom Betreiber zu erstellende Dokumentation.

Hinweis

Wichtig für den Einsatz von Aufbereitungsstoffen und Desinfektionsverfahren sind folgende Punkte:

- Es dürfen nur Desinfektions- und Aufbereitungsstoffe eingesetzt werden, die in der entsprechenden Liste des Umweltbundesamts aufgeführt sind.
- Der Betreiber der Trinkwasser-Verteilanlage ist verpflichtet, den Dosiervorgang regelmäßig zu kontrollieren.
- Der Betreiber der Trinkwasser-Verteilanlage hat eine Dokumentation über den Betrieb der Dosieranlage zu erstellen und aufzubewahren.

Beispiel:

Bei der volumenproportionalen Dosierung eines Desinfektionsmittels zur temporären Erhaltung der Trinkwasserqualität ist eine wöchentliche Dokumentation des verbrauchten Dosiermittels sowie eine tägliche Dokumentation der Konzentration des Desinfektionsmittels an exponierten Stellen des Trinkwasser-Installationssystems durchzuführen.

Eine Ausnahme von dieser Dokumentationspflicht besteht, wenn eine automatische Dokumentation lückenlos Aufschluss über die Konzentration des Desinfektionsmittels an der exponierten Stelle gibt.

Ungeachtet dessen ist die Zugabe eines Aufbereitungs- oder Desinfektionsmittels in das Trinkwasser sämtlichen Nutzern in schriftlicher Form anzuzeigen.

Liste der Aufbereitungsstoffe und Desinfektionsverfahren

Die Liste der Aufbereitungsstoffe und Desinfektionsverfahren gemäß § 20 der Trinkwasserverordnung (TrinkwV) (§-20-Liste) wird vom Umweltbundesamt geführt., genauer gesagt wird sie durch die im Fachgebiet II 3.3 „Wasseraufbereitung“ angesiedelte Geschäftsstelle aktualisiert.

Das Dokument regelt, welche Aufbereitungsstoffe und Desinfektionsverfahren in der Trinkwasserhygiene angewendet werden dürfen.

Von Amts wegen oder auf Antrag können Änderungen erfolgen. Zum Zeitpunkt der Drucklegung gilt die Liste der Aufbereitungsstoffe und Desinfektionsverfahren gem. § 20 der Trinkwasserverordnung in der zweiten Novellierung der Trinkwasserverordnung (24.06.2023).

§ Gesetz

Bekanntmachung der Liste der Aufbereitungsstoffe und Desinfektionsverfahren gem. § 20 der Trinkwasserverordnung (Stand: Januar 2023)

Einleitung

Der Anwendungsbereich dieser Liste entspricht dem Anwendungsbereich der Trinkwasserverordnung (TrinkwV).

Für die Aufbereitung von Rohwasser und Trinkwasser dürfen nur solche Aufbereitungsstoffe eingesetzt und nur solche Desinfektionsverfahren angewandt werden, die in der vorliegenden Liste enthalten sind. Ausnahmen hiervon gelten bei Vorliegen einer Genehmigung des Umweltbundesamtes unter den Voraussetzungen des § 21 TrinkwV.

Aufbereitungsstoffe sind Stoffe und Filtermedien, die bei der Gewinnung, Aufbereitung und Verteilung des Trinkwassers bis zur Entnahmestelle eingesetzt werden und durch die sich die Zusammensetzung des Rohwassers oder entnommenen Trinkwassers verändern kann (§ 2 Nummer 7 TrinkwV).

Es dürfen nur Aufbereitungsstoffe eingesetzt (einschließlich ihrer Ionen, sofern diese durch Ionentauscher oder durch Elektrolyse zugeführt werden) und Desinfektionsverfahren angewandt werden, die notwendig sind, um die nach § 18 Trinkwasserverordnung zulässigen Zwecke zu erreichen.

Wenn für den jeweiligen Zweck mehrere geeignete Aufbereitungsstoffe/-produkte zur Verfügung stehen, sollte der Betreiber der Wasserversorgungsanlage stets die Aufbereitungsstoffe/-produkte einsetzen, die im Vergleich zu den Alternativprodukten den geringeren Gehalt an Verunreinigungen aufweisen oder toxikologisch weniger bedenklich sind. Wenn zur Desinfektion mehrere vergleichbare Desinfektionsverfahren zur Verfügung stehen, sollte der Betreiber der Wasserversorgungsanlage das Desinfektionsverfahren auswählen, das geringere Belastungen an unerwünschten Nebenprodukten erzeugt. Insbesondere in den Fällen, in denen keine Desinfektionskapazität im Trinkwasser aufrechterhalten werden soll, sind Alternativen für die Zugabe von Chlor und Chlordioxid zu prüfen.

Bei der Überprüfung, ob die eingesetzten Aufbereitungsstoffe den Anforderungen nach dieser Liste entsprechen (z. B. Prüfung der Reinheit nach § 19 Absatz 3 TrinkwV), ist grundsätzlich das Europäische Regelwerk der Normungsreihe

„Produkte zur Aufbereitung von Wasser für den menschlichen Gebrauch" zu Grunde zu legen. Bei der Prüfung der Reinheit ist ferner das DVGW-Arbeitsblatt W 204 „Aufbereitungsstoffe in der Trinkwasserversorgung – Regeln für Auswahl, Beschaffung und Qualitätssicherung" zu beachten.

Nicht gelistete Ionentauscher, Membranen und andere Filtermedien (zum Beispiel Fülle Körper, natürliche Sande für die Langsamfiltration) sowie Stoffe für die Bildung von Kristallkeimen des Calciumcarbonats zur Aufbereitung von Trinkwasser, die schon vor 2023 eingesetzt wurden, dürfen weiter nach den allgemein anerkannten Regeln der Technik eingesetzt werden, wenn die Wirksamkeit durch den Betreiber nachgewiesen werden kann. Der Nachweis ist dem Gesundheitsamt auf Verlangen vorzulegen. Des Weiteren ist vom Betreiber der Wasserversorgungsanlage sicherzustellen, dass keine chemischen Substanzen, die vermeidbar oder unvertretbare Auswirkungen auf die Gesundheit oder die Umwelt haben, aus Membranen, Ionentauscher oder anderen Filtermaterialien in das aufbereitete Wasser übergehen.

Gliederung der Liste zulässiger Aufbereitungsstoffe und Desinfektionsverfahren nach § 20 TrinkwV

Diese Liste gliedert sich wie folgt:
Teil I a: Aufbereitungsstoffe, die als Lösungen oder als Gase eingesetzt werden

Teil I b: Aufbereitungsstoffe, die als Feststoffe eingesetzt werden

Teil I c: Aufbereitungsstoffe, die zur Desinfektion des Wasers eingesetzt werden

Teil II: Desinfektionsverfahren

Teil III: Aufbereitungsstoffe, die für den Bedarf der Bundeswehr im Auftrag des Bundesministeriums der Verteidigung, für den zivilen Bedarf in einem Verteidigungsfall im Auftrag des Bundesministeriums des Innern und für Heimat sowie in Katastrophenfällen oder bei Großschadensereignissen bei ernsthafter Gefährdung der Wasserversorgung mit Zustimmung der für den Katastrophenschutz zuständigen Behörden eingesetzt werden
[...]

Umfang und Häufigkeit von Untersuchungen und Kontrollen

Die anzuwendenden Untersuchungsverfahren richten sich nach den a. a. R. d. T. Die Untersuchungshäufigkeit und der Untersuchungsumfang richten sich nach der Art des Aufbereitungsstoffs und sind in Tabelle 1 aufgeführt. In Bezug auf die eingesetzten Aufbereitungsstoffe und angewandten Desinfektionsverfahren hat der Betreiber der Wasserversorgungsanlage Untersuchungen des Trinkwassers und Kontrollen des Zugabevorgangs durchzuführen.

Bei der Bestimmung des erforderlichen Untersuchungsumfangs beim Einsatz von Aufbereitungsstoffen und der Anwendung von Desinfektionsverfahren differenziert das UBA zwischen den folgenden zwei Bereichen:

- die Kontrolle des Zugabevorgangs hinsichtlich der zugesetzten Menge des Aufbereitungsstoffs und
- Untersuchungen des Trinkwassers auf die verbliebene Konzentration des Aufbereitungsstoffs nach abgeschlossener Aufbereitung.

Tabelle 1: *Untersuchungsumfang, Untersuchungshäufigkeit und Kontrolle nach § 20 Absatz 2 Satz 2 TrinkwV*

Untersuchungsumfang	**Untersuchungshäufigkeit**	**Dokumentation**	**Bemerkungen**
a) Für Aufbereitungsstoffe, die für die Desinfektion eingesetzt werden			
Kontrolle des Zugabevorgangs hinsichtlich des zugesetzten Aufbereitungsstoffs	wöchentlich	Betriebsbuch	Entfällt bei kontinuierlicher Kontrolle und Speicherung der Daten
Untersuchung des Trinkwassers auf die verbliebene Konzentration des Aufbereitungsstoffs nach ab- geschlossener Aufbereitung	täglich	Betriebsbuch + Untersuchungsbefund	Die tägliche Kontrolle hat durch geschultes Personal zu erfolgen. Entfällt bei kontinuierlicher Kontrolle und Speicherung der Daten
b) Für Aufbereitungsstoffe mit begrenzter Höchstkonzentration nach Aufbereitung			
Kontrolle des Zugabevorgangs hinsichtlich des zugesetzten Aufbereitungsstoffs	wöchentlich	Betriebsbuch	Entfällt bei kontinuierlicher Kontrolle und Speicherung der Daten

Tabelle 1: *Untersuchungsumfang, Untersuchungshäufigkeit und Kontrolle nach § 20 Absatz 2 Satz 2 TrinkwV*

Untersuchungsumfang	**Untersuchungshäufigkeit**	**Dokumentation**	**Bemerkungen**
Untersuchung des Trinkwassers auf die verbliebene Konzentration des Aufbereitungsstoffs nach abgeschlossener Aufbereitung	wöchentlich	Betriebsbuch + Untersuchungsbefund	Entfällt bei kontinuierlicher Kontrolle und Speicherung der Daten
c) Für alle übrigen Aufbereitungsstoffe			
Kontrolle des Zugabevorgangs hinsichtlich des zugesetzten Aufbereitungsstoffs	wöchentlich	Betriebsbuch	Entfällt bei kontinuierlicher Kontrolle und Speicherung der Daten
d) für Wirkstoffe zur Hemmung der Korrosion und für Regeneriersalze von Ionentauscher für die dezentrale Enthärtung			

***Tabelle 1:** Untersuchungsumfang, Untersuchungshäufigkeit und Kontrolle nach § 20 Absatz 2 Satz 2 TrinkwV*

Untersuchungsumfang	**Untersuchungshäufigkeit**	**Dokumentation**	**Bemerkungen**
Kontrolle der zu gegebenen Menge (als Masse in Kilogramm) und die damit aufbereitete Wassermenge (also Volumen in m^3)	Bei jeder Ergänzung oder Neubefüllung des Vorrats	Betriebsbuch	Entfällt bei kontinuierlicher Kontrolle und Speicherung der Daten Die verbrauchte Menge sollte in einem Bereich liegen, der den Herstellerangaben entspricht. Zudem ist für die Regenerierung von Ionentauschern die Anforderung zur Wirksamkeit der bei Salzungen nach DIN EN 14743 einzuhalten

[...]

Liste zulässiger Aufbereitungsstoffe und Desinfektionsverfahren gemäß § 20 der Trinkwasserverordnung Stand: Januar 2023

Hinweis

- Listen zulässiger Aufbereitungsstoffe und Desinfektionsverfahren gemäß § 20 der Trinkwasserverordnung; Stand: Januar 2023
- Teil I a Aufbereitungsstoffe, die als Lösung oder als Gase eingesetzt werden
- Teil 1b Aufbereitungsstoffe, die als Feststoffe eingesetzt werden
- Teil 1 c Aufbereitungsstoffe, die zur Desinfektion des Wassers eingesetzt werden
- Teil II Desinfektionsverfahren
- Teil III Aufbereitungsstoffe, die für den Bedarf der Bundeswehr im Auftrag des Bundesministeriums der Verteidigung für den zivilen Bedarf in einem Verteidigungsfall im Auftrag des Bundesministeriums des Inneren und für Heimat sowie in Katastrophenfällen oder bei Schadensereignis bei ernsthafter Gefährdung der Wasserversorgung mit Zustimmung der für den Katastrophenschutz zuständigen Behörde eingesetzt werden

Diese Listen können unter

https://www.umweltbundesamt.de/themen/wasser/trinkwasser/rechtliche-grundlagen-empfehlungen-regelwerk/aufbereitungsstoffe-desinfektionsverfahren-ss-20

von der Homepage des Umweltbundesamts heruntergeladen werden.

5.5.4 Abgabeverbot bei unzulässiger Aufbereitung

§ 22 TrinkwV

Abgabeverbot bei unzulässiger Aufbereitung

Der Betreiber einer Wasserversorgungsanlage darf Wasser nicht als Trinkwasser abgeben, wenn das Wasser ohne eine Ausnahmegenehmigung nach § 21 Absatz 1 Satz 1 oder Absatz 5 oder nicht entsprechend § 21 Absatz 6 mit Aufbereitungsstoffen oder Desinfektionsverfahren aufbereitet wurde, die nicht in der Bekanntmachung der Liste zulässiger Aufbereitungsstoffe und Desinfektionsverfahren gemäß § 20 der Trinkwasserverordnung vom 13. Januar 2023 (BAnz AT 27.01.2023 B12) aufgeführt sind.

5.5.5 Pflichten zur Aufbereitung

§ 23 TrinkwV

Pflichten zur Aufbereitung

(1) Eine Aufbereitung muss erfolgen, wenn der Betreiber einer Wasserversorgungsanlage hinsichtlich des Rohwassers Tatsachen feststellt, die zum Auftreten von Krankheitserregern im Sinne des § 2 Nummer 1 des Infektionsschutzgesetzes oder zu einer sonstigen mikrobiellen Belastung des Rohwassers oder des Trinkwassers führen können, oder wenn Anhaltspunkte für das Vorliegen solcher Tatsachen bestehen. Wenn durch eine Aufbereitung ohne Desinfektion eine Schädigung der menschlichen Gesundheit nicht ausgeschlossen werden kann, hat die Aufbereitung auch eine Desinfektion zu umfassen.

(2) Betreiber der folgenden Wasserversorgungsanlagen müssen in Leitungsnetzen oder Teilen davon eine hinreichende Desinfektionskapazität durch freies Chlor, Chlordioxid oder andere zugelassene Desinfektionsmittel oder Desinfektionsverfahren vorhalten, wenn die mikrobiologischen Anforderungen nach § 6

Absatz 1 und 2 in den Leitungsnetzen oder Teilen davon nur durch Desinfektion eingehalten werden können:

1. zentrale Wasserversorgungsanlagen,
2. dezentrale Wasserversorgungsanlagen und
3. mobile Wasserversorgungsanlagen und zeitweilige Wasserversorgungsanlagen, sofern die Trinkwasserbereitstellung im Rahmen einer gewerblichen oder öffentlichen Tätigkeit erfolgt.

(3) Ist der Zustand einer Trinkwasserinstallation die Ursache dafür, dass im Trinkwasser mikrobiologische Anforderungen nach § 6 Absatz 1 und 2 nicht eingehalten werden, so

1. darf eine Desinfektion des Trinkwassers in der Trinkwasserinstallation nur erfolgen, wenn das Gesundheitsamt dies anordnet, und
2. hat der Betreiber der betroffenen Wasserversorgungsanlage eine Sanierung der Trinkwasserinstallation vorzunehmen.

Hinweis

Innerhalb von Trinkwasser-Installationssystemen darf eine Desinfektion des Trinkwassers nur auf Anordnung des Gesundheitsamts erfolgen.

Die Desinfektion kann eine Sanierung des Trinkwasser-Installationssystems nicht ersetzen.

5.5.6 Untersuchung auf den Betriebsparameter Trübung bei Filtration

§ 24 TrinkwV

Untersuchung auf den Betriebsparameter Trübung bei Filtration

(1) Der Betreiber einer zentralen Wasserversorgungsanlage hat ab der Anwendung eines Filtrationsverfahrens in der partikelabscheidenden Filterstufe der Aufbereitung das Filtrat in der sich aus Anlage 5 Teil II ergebenden Häufigkeit auf den Betriebsparameter Trübung zu untersuchen. Satz 1 gilt nicht für den Betreiber einer zentralen Wasserversorgungsanlage, die Grundwasserressourcen nutzt und bei der die Trübung durch Eisen oder Mangan verursacht wird.

(2) Bei den Untersuchungen auf den Betriebsparameter Trübung sind mindestens die allgemein anerkannten Regeln der Technik einzuhalten.

(3) Bei einer Überschreitung der in Anlage 5 Teil I festgelegten Referenzwerte für den Betriebsparameter Trübung hat der Betreiber geeignete Maßnahmen nach den allgemein anerkannten Regeln der Technik mit dem Ziel der Einhaltung der Referenzwerte durchzuführen.

5.5.7 Aufzeichnungspflichten des Betreibers

§ 25 TrinkwV

Aufzeichnungspflichten des Betreibers

(1) Der Betreiber einer zentralen Wasserversorgungsanlage, einer dezentralen Wasserversorgungsanlage oder, sofern das Trinkwasser im Rahmen einer gewerblichen oder öffentlichen Tätigkeit abgegeben wird, einer mobilen Wasserversorgungsanlage, einer Gebäudewasserversorgungsanlage oder einer zeitweiligen Wasserversorgungsanlage hat die verwendeten Aufbereitungsstoffe sowie ihre Konzentrationen im Trinkwasser mindestens wöchentlich aufzuzeichnen. Die Daten müssen schriftlich oder auf Datenträgern aufgezeichnet werden.

(2) Für mobile Wasserversorgungsanlagen, Gebäudewasserversorgungsanlagen und zeitweilige Wasserversorgungsanlagen kann das Umweltbundesamt in der Liste zulässiger Aufbereitungsstoffe und Desinfektionsverfahren oder in der Ausnahmegenehmigung nach § 21 Absatz 1 eine abweichende Aufzeichnungshäufigkeit festlegen.

(3) Der Betreiber hat die Aufzeichnungen vom Zeitpunkt des Einsatzes der Aufbereitungsstoffe an sechs Monate lang

1. für die Anschlussnehmer und Verbraucher während der üblichen Geschäftszeiten zur Einsichtnahme bereit zu halten und
2. den Anschlussnehmern und Verbrauchern auf deren Verlangen in Kopie zur Verfügung zu stellen.

Hinweis

Bei dem Einsatz einer Desinfektionsanlage ist die Aufzeichnung des verwendeten Desinfektionsmittels sowie die Konzentration im Trinkwasser täglich aufzuzeichnen (siehe Bekanntmachung der Liste der Aufbereitungsstoffe und Desinfektionsverfahren gem. § 20 der Trinkwasserverordnung (Stand: Januar 2023) Tabelle a). Die Aufzeichnung hat schriftlich oder auf Datenträgern zu erfolgen.

Das Umweltbundesamt hat die Möglichkeit, in der Liste zulässiger Aufbereitungsstoffe und Desinfektionsverfahren bzw. bei Ausnahmegenehmigung nach § 21 Abs. 1 eine abweichende Aufzeichnungshäufigkeit festzulegen.

5.5.8 Information der Anschlussnehmer und Verbraucher über Aufbereitung

§ 26 TrinkwV

Information der Anschlussnehmer und Verbraucher über Aufbereitung

(1) Der Betreiber einer zentralen Wasserversorgungsanlage, einer dezentralen Wasserversorgungsanlage, einer mobilen Wasserversorgungsanlage, einer Gebäudewasserversorgungsanlage oder einer zeitweiligen Wasserversorgungsanlage, der das Trinkwasser an Anschlussnehmer oder Verbraucher abgibt, hat den betroffenen Anschlussnehmern und Verbrauchern unverzüglich Folgendes schriftlich bekannt zu geben:

1. den Beginn des Einsatzes eines Aufbereitungsstoffs oder der Anwendung eines Desinfektionsverfahrens und
2. bei der Zugabe eines Aufbereitungsstoffs dessen Konzentration im Trinkwasser.

(2) Für zentrale Wasserversorgungsanlagen und dezentrale Wasserversorgungsanlagen kann die Bekanntgabe nach Absatz 1 in örtlichen Tageszeitungen erfolgen. Für Gebäudewasserversorgungsanlagen, die im Rahmen einer gewerblichen oder öffentlichen Tätigkeit betrieben werden, kann die Bekanntgabe durch Aushang an geeigneter Stelle erfolgen.

5.6 Neue Schadstoffe und ihre Relevanz für die Betreiber

Bei der Bereitstellung von Wasser für den menschlichen Gebrauch müssen immer stärker neue Schadstoffe berücksichtigt werden, die teilweise nur in geringer Konzentration im Wasser nachgewiesen werden können. Das bedeutet aber nicht, dass sie weniger problematisch sind. Schon geringe Konzentrationen im Bereich von Mikro- bis Nanogramm pro Liter können zu schweren Schäden für Umwelt und Gesundheit führen. Vor allem Säuglinge, Kleinkinder und Heranwachsende können in ihrer Entwicklung geschädigt werden, bei älteren Erwachsenen kann das Krebsrisiko steigen. Eine Schadstoffkonzentration von 1 μg/l bedeutet, dass sich in einem Liter Wasser ein Millionstel Gramm eines Schadstoffes befindet, bei einer Konzentration von 1 ng/l ist es ein Millionstel Milligramm in einem Liter. Zudem ist ein anderer Effekt in vielen Fällen zu beobachten. Neuartige Schadstoffe bauen sich in der natürlichen Umwelt nicht ab, sondern reichern sich mit der Zeit immer stärker an, was zu höheren Konzentrationen und Aufwendungen bei der Aufbereitung von Trinkwasser führen kann.

In den Anlagen der Trinkwasserverordnung werden daher Forderungen für die maximale Höhe von Schadstoffkonzentrationen aufgestellt, die sichern sollen, dass die geforderte Qualität von Wasser für den menschlichen Gebrauch erhalten bleibt. Um diesen Anforderungen gerecht werden zu können, müssen Schadstoffe erforderlichenfalls einerseits aus dem Wasserkreislauf entfernt werden, andererseits muss ihr Einbringen in den Wasserkreislauf minimiert werden.

Die Trinkwassereinzugsgebieteverordnung (TrinkwEGV) dient dem Schutz des Grund- und Oberflächenwassers zum Schutz der Beschaffenheit des Rohwassers, das für die Aufbereitung des Trinkwassers verwendet wird. Betreiber von Wasserversorgungsanlagen müssen das Wasser so aufbereiten, dass es den Anforderungen der TrinkwV entspricht und dazu Schadstoffe aus dem Wasser entfernen. Für Trinkwasser-Installationen gelten Mindestanforderungen für Materialien und Werkstoffe, die eine Migration von Schadstoffen in das Trinkwasser verhindern sollen. Das genutzte Trinkwasser wird dann weitergeleitet und der Abwasserbehandlung zugeführt. Dabei erfolgt eine Entfernung von Schadstoffen, bevor das Wasser wieder in den Wasserkreislauf kommt. Für die Abwasserbehandlung werden mit der Richtlinie (EU) 2024/3019 vom 27.11.2024 über die Behandlung von kommunalem Abwasser neue Maßstäbe gesetzt. Mit einer vierten Reinigungsstufe bei der Behandlung von kommunalem Abwasser soll ein breites Spektrum an Mikroschadstoffen aus dem Wasser entfernt werden.

Das alles sind Aspekte, die für Betreiber im Bereich der Trinkwasserversorgung viele Herausforderungen – sowohl organisatorischer Art, als auch hinsichtlich der entstehenden Kosten – mit sich bringen. Je mehr Schadstoffe in den Wasserkreislauf eingeführt werden, desto höher sind die erforderlichen Aufwendungen für die Schadstoffentfernung. Die Minimierung von Schadstoffeinträgen ist deshalb ein Ziel, für das nicht nur Betreiber, sondern auch Verbraucher sensibilisiert werden müssen. Auf einige Aspekte, die in Hinblick auf die neue EU-Richtlinie und ausgewählte Schadstoffe zu beachten sind, wird im Folgenden kurz eingegangen.

Richtlinie (EU) 2024/3019 über die Behandlung von kommunalem Abwasser

Die Kommunalabwasserrichtlinie (KARL) muss bis spätestens 31.07.2027 in nationales Recht umgesetzt. Wie das im Einzelnen erfolgt, liegt in der Hand des Gesetzgebers. Den Vorgaben der Richtlinie (EU) muss bei der Umsetzung Rechnung getragen werden. Der deutsche Gesetzgeber kann aber durchaus auch anspruchsvollere Ziele setzen.

Angewendet werden muss die Richtlinie für Kläranlagen ab 1.000 Einwohnerwerten (EW). Einwohnerwert ist ein Maß für den Schadstoffeintrag in das Abwasser. Näherungsweise entspricht die Anzahl der Einwohnerwerte, der Zahl der Einwohner, im Einzugsgebiet einer Kläranlage. Der Umfang der Anforderungen, die in der Richtlinie gestellt werden, hängt von der Zahl der Einwohner im Einzugsgebiet und dem Risiko des Eintrags von Schadstoffen ab. Dafür einige Beispiele:

- Für Siedlungsgebiete mit 100.000 und mehr EW wird ein integrierter Plan für die kommunale Abwasserbewirtschaftung bis zum 31.12.2033 gefordert. Für Gebiete mit Einleitungen von Mischwasserüberläufen und von Siedlungsabläufen aus Trennkanalisation, die als umwelt- und gesundheitsgefährdend bewertet werden können, ist ein derartiger Plan bis zum 31.12.2039 zu erstellen (vgl. Art. 5 Abs. 1 bis 3 der EU-Richtlinie).
- Wesentlicher Verursacher für die Erhöhung des Nährstoffgehalts von Ökosystemen (Eutrophierung) sind Stickstoff und Phosphor. Die Anforderungen an die Abwasserbehandlung zur Reduzierung der Konzentration von Stickstoff und Phosphor sind an den Stand der Technik angepasst worden.
- Es soll eine erweiterte finanzielle Verantwortung für die Hersteller von Humanarzneimitteln und kosmetischen Mitteln geben. Mit den aufzubringenden finanziellen Mitteln sollen mindestens 80 % der Gesamtkosten, die durch die Entfernung von Mikroschadstoffen in der 4. Reinigungsstufe der Abwasserbehandlung anfallen, abgedeckt werden. Die im Einzelnen dazu erforderlichen organisatorischen Regelungen werden Teil der Umsetzung der Kommunalabwasserrichtlinie in nationales Recht sein. Ausnahmen können für in Verkehr gebrachte Produkte gewährt werden, die im Abwasser rasch biologisch abbaubar sind oder am Ende ihrer Lebensdauer keine Mikroschadstoffe im Abwasser hinterlassen. Zu den Mikroschadstoffen werden sowohl Mikroplastik als auch PFAS gerechnet. Mit dieser erweiterten Herstellerverantwortung (vgl. Art. 9 der EU-Richtlinie) sollen einerseits im kommunalen Abwassersektor tätige Unternehmen entlastet werden, andererseits soll es für Unternehmen einen Anreiz geben, auf die Verwendung trinkwasserhygienisch sehr bedenklicher Materialien zu verzichten.

Die Richtlinie (EU) 2024/3019 beschreibt vier Reinigungsstufen.

1. In der ersten Reinigungsstufe erfolgt die Behandlung des kommunalen Abwassers durch ein **physikalisches oder chemisches Verfahren** (vgl. Art. 2 Nr. 11 der EU-Richtlinie).
2. Die zweite Reinigungsstufe ist eine **biologische Stufe** mit einem Nachklärbecken oder es wird ein anderes Verfahren eingesetzt, mit dem der Anteil an organisch-biologisch abbaubarem Materi-

al im kommunalen Abwasser verringert wird (vgl. Art. 6 der EU-Richtlinie).

3. Für die dritte Reinigungsstufe gibt es **reduzierte Grenzwerte** gegenüber dem aktuellen Stand (September 2025) für die Einleitung von **Phosphat und Stickstoff** aus den Kläranlagen in Gewässer. Die Anforderungen unterscheiden sich für Gebiete mit 10.000 EW, aber weniger als 150.000 EW (Gruppe 1) und Gebiete mit mehr als 150.000 EW (Gruppe 2). Für Gruppe 1 beträgt der Grenzwert für die Konzentration von Phosphor-gesamt 0,7 mg/l, für die Konzentration von Stickstoff-gesamt 10 mg/l. In Gruppe 2 liegen diese Werte etwas niedriger, für Phosphor-gesamt bei 0,5 mg/l und für Stickstoff-gesamt bei 8 mg/l. Die Konzentrationen von Phosphor und Stickstoff des eingeleiteten Wassers müssen i. d. R. mindestens um 80 % verringert werden. Die Vorgaben müssen Betreiber von kommunalen Abwasserbehandlungsanlagen – in Abhängigkeit von den zeitlichen Vorgaben in Art. 7 der EU-Richtlinie – spätestens bis zum 31.12.2039 erfüllen.
4. Die Vorgaben für die **vierte Reinigungsstufe** (Viertbehandlung gem. Art. 8 der EU-Richtlinie) müssen bis zum 31.12.2045 für Einleitungen aus kommunalen Abwasserbehandlungsanlagen mit einer Abwasserfracht von 150.000 EW und mehr erfüllt werden, für Einleitungen von 20 % dieser Anlagen schon bis zum 31.12.2033 und für 60 % der Anlagen bis zum 31.12.2039. Bis zum 31.12.2030 müssen Mitgliedsstaaten der EU eine Liste der Gebiete erstellen, in denen Konzentration und Akkumulation von Mikroschadstoffen ein Risiko für Umwelt und menschliche Gesundheit darstellen.
   In der vierten Reinigungsstufe soll eine **Reduzierung des Anteils von Mikroschadstoffen im Abwasser** erfolgen und es ist nachzuweisen, dass wenigstens sechs Schadstoffe, die in der folgenden Tabelle (entnommen aus Anhang 1 Teil B Tabelle 3 der EU-Richtlinie, S. 45/59) aufgeführt sind, zu mindestens 80 % durch die bei der Abwasserbehandlung angewandten Verfahren entfernt werden. Vorgaben zur Auswahl der Stoffe werden in der EU-Richtlinie präzisiert.

Tabelle 1: *Erläuterungen tlw. nach VKU-Angaben – Verband Kommunaler Unternehmen e. V.*

Kategorie 1: Sehr leicht behandelbare Stoffe	**Kategorie 2: Nicht leicht entfernbare Stoffe**
• Amisulprid (Antipsychotikum) • Carbamazepin (Antiepileptikum) • Citalopram (Antidepressivum) • Clarithromycin (Antibiotikum) • Diclofenac (Schmerzmittel) • Hydrochlorothiazid (Blutdrucksenker) • Metoprolol (Betablocker) • Venlafaxin (Antidepressivum)	• Benzotriazol • (Industriechemikalie, Korrosionsschutz) • Candesartan (Blutdrucksenker) • Irbesartan (Blutdrucksenker) • Gemisch aus 4-Methylbenzotriazol und 5-Methylbenzotriazol (Tolyltiazol, TTA)

Die genannten Substanzen werden nach einer Verordnung des Eidgenössischen Departements für Umwelt, Verkehr, Energie und Kommunikation (UEVK) aus dem Jahr 2016 für die Überprüfung des Reinigungseffekts von Maßnahmen zur Elimination von organischen Spurenstoffen bei Abwasserreinigungsanlagen auch in der Schweiz in der vierten Reinigungsstufe verwendet.

PFAS – per- und polyfluorierte Alkylsubstanzen

Bei PFAS handelt es sich um eine Familie von etwa 5.000 bis 10.000 per- und polyfluorierten Alkylsubstanzen, die nicht natürlichen Ursprungs sind. PFAS werden als toxische, persistente und bioakkumulative Ewigkeitschemikalien (forever chemicals) eingestuft. PFAS sind besonders wasser-, fett- und schmutzabweisende Industriechemikalien, die fast überall eingesetzt werden. Die Stoffe sind thermisch und chemisch sehr stabil und werden auf natürlichem Weg nicht abgebaut. Sie sind u. a. in Regenjacken, Kosmetik, Skiwachs und Löschschäumen zu finden, die in der Vergangenheit an zahlreichen Flughäfen eingesetzt wurden.

PFAS befinden sich auch auf landwirtschaftlichen Flächen, auf denen Industrieabfälle unsachgemäß entsorgt wurden. Auch Kläranlagen und Deponien, in denen sich PFAS-haltige Abwässer und Gegenstände sammeln, tragen zur Anreicherung dieser Stoffe in der Umwelt bei. Für die Vermutung, dass Windkraftanlagen eine entscheidende Kontaminationsquelle für PFAS sind, gibt es derzeit keine Anhaltspunkte (vgl. Deutscher Bundestag WD 8 – 3000 - 031/25, S. 9).

Als kritisch für die menschliche Gesundheit wird ein nachteiliger Effekt für das Immunsystem, insbesondere von Kindern, angesehen. So konnte eine verminderte Antikörperbildung nach Impfungen gegen Diphtherie, Tetanus und Röteln beobachtet werden, wenn mehr PFAS im Blut festgestellt wurden. Auch besteht der Verdacht, dass von PFAS eine krebserzeugende und reproduktionstoxische Wirkung ausgeht. Die Europäische Behörde für Lebensmittelsicherheit (EFSA) hat 2024 Lebensmittel wie Fisch, Obst, Eier und Eiprodukte ebenso wie Trinkwasser als wichtige Quelle für die Aufnahme von PFAS angesehen. Kritisch wird auch das Ersetzen von einzelnen Substanzen der PFAS-Familie durch andere, weniger überwachte angesehen, da nicht pauschal davon ausgegangen werden kann, dass sie toxikologisch und ökotoxikologisch unbedenklicher sind. Einen Überblick zum Vorkommen und der gesundheitlichen Wirkung von PFAS hat 2025 der Wissenschaftliche Dienst des Deutschen Bundestages zusammengestellt (WD 8 – 3000 – 031/25).

PFOS und PFOA wurden bereits 2006 bzw. 2020 in der EU verboten. PFHxA und PFHxA-verwandte Stoffe dürfen aufgrund der Verordnung 2024/2462 vom 19.09.2024 schrittweise bis zum 10.10.2029 nicht mehr eingesetzt werden. Als „Altlasten“ sind die Stoffe aber weiterhin zu berücksichtigen.

Grenzwerte

Die TrinkwV gibt in Anlage 2 Chemische Parameter Teil I für Belastungen mit zwanzig bzw. vier ausgewählten PFAS Grenzwerte vor.

- Summe PFAS-20: einzuhalten ab 12.01.2026: 0,000 100 mg/l (gleich 100 ng/l)
- Summe PFAS-4: einzuhalten ab 12.01.2028: 0,000 020 mg/l (gleich 20 ng/l)

Der in der Trinkwasserrichtlinie (Richtlinie (EU) 2020/2184 Anhang I Teil B) vorgegebene Grenzwert für die Summe aller im Trinkwasser auftretenden PFAS (PFAS gesamt) beträgt 0,50 μg/l (gleich 500 ng/l). Dieser Wert ist nicht in die TrinkwV übernommen worden.

Bis zum 02.01.2027 soll die EU-Kommission Durchführungsrechtsakte erlassen, um eine Methode zur Messung von „PFAS Gesamt" und der „Summe der PFAS" im kommunalen Abwasser festzulegen (vgl. Art. 21 Abs. 5 der Richtlinie (EU) 2024/3019 Kommunalabwasserrichtlinie).

Konsequenzen

Im Rahmen der zentralen und dezentralen Wasseraufbereitung muss für die Einhaltung der genannten Grenzwerte PFAS-20 und PFAS-4 gesorgt werden.

Die Überwachung von PFAS ist in den Zu- und Abläufen kommunaler Abwasserbehandlungsanlagen entsprechend Richtlinie (EU) 2024/3019 (Erwägungsgrund Nr. 45) erforderlich. Diesem Anspruch muss sicher zukünftig in der vierten Bearbeitungsstufe von Abwasserbehandlungsanlagen Rechnung getragen werden.

Im Rahmen des Projekts „Geschlossener Wasserkreislauf in der Industrie – Abwasserfreie Industrieproduktion" des Bayerischen Landesamts für Umwelt sind mögliche Verfahren zur Behandlung PFAS-haltiger Industrieabwässer betrachtet worden – beispielweise Membranfiltration, Aktivkohleadsorption, Ionentauscher und Ozonfraktionierung.

Zukünftig sind auch eine Identifizierung von Altlasten und eine Feststellung des Sanierungsbedarfs erforderlich.

TFA – Trifluoracetat/Trifluoressigsäure

TFA ist eine Substanz, die zur PFAS-Familie gehört, aber nicht in die Gruppen PFAS-4 und PFAS-20 fällt. TFA entsteht als Abbauprodukt (Metabolit) von Stoffen, mit einer C-CF2 oder C-CF3-Gruppe im Molekül.

TFA entsteht u. a. als Abbauprodukt PFAS-haltiger Pestizide. Die PFAS-Bausteine der Pestizide tragen zu einer höheren Wirksamkeit der Pflanzenschutzmittel (PSM) bei. Dadurch hat der Einsatz derartiger Pestizide stark zugenommen. Das hat zu einer verstärkten Bildung von TFA geführt. Bei der Pflanzenschutzmittelbewertung ist TFA u. a. auch als Abbauprodukt von Flufenacet bemerkt worden. TFA führt zu einer hohen Belastung des Grundwassers. 2025 ist die Zulassung für Flufenacet gemäß Durchführungsverordnung (EU) 2025/910 deshalb widerrufen worden. Spätestens nach dem 10.12.2026 sind eventuelle Reste von Pflanzenschutzmitteln mit dem Wirkstoff Flufenacet entsorgungspflichtig. Eine Übersicht der Zulassung von Pflanzenschutzmitteln mit dem Wirkstoff Flufenacet ist online im Internet-Portal des Bundesamts für Verbraucherschutz und Lebensmittelsicherheit abrufbar. Weitere Wirkstoffe, die das Potenzial zum Freisetzen großer Mengen von TFA haben, sind nach Angaben des Umweltbundesamts Diflufenican, Fluazinam und Fluopyram.

TFA entsteht aber auch aus einer Reihe anderer fluorierter Stoffe – so aus Kältemitteln von Klimaanlagen, Arzneimitteln und in Prozessen in der Industrie. TFA ist ein sehr stabiler Stoff und baut sich in der Umwelt nicht weiter ab. Wegen seiner extremen Wasserlöslichkeit dringt TFA durch Versickern und Abfließen von landwirtschaftlichen Flächen leicht in den Wasserkreislauf ein. TFA aus fluorhaltigen Gasen verteilt sich in der Atmosphäre und erreicht mit Niederschlägen den Wasserkreislauf. Mit herkömmlichen Aufbereitungsmethoden ist TFA aus dem Wasser nicht zu entfernen.

Das Bundesinstitut für Risikobewertung bewertet TFA als fortpflanzungsgefährdend. Die vorgeschlagene offizielle Gefahrenklasse heißt „Reproduktionstoxisch, Kategorie 1B“ mit den Gefahrenhinweisen H360Df: „Kann das Kind im Mutterleib schädigen. Kann vermutlich die Fruchtbarkeit beeinträchtigen.“

Grenzwert

Einen gesetzlichen Grenzwert für die TFA-Konzentration im Trinkwasser gibt es derzeit nicht. Es muss in diesem Zusammenhang aber auch angemerkt werden, dass es gegenwärtig praktisch keine

Methoden gibt, TFA aus der Umwelt zu entfernen. Dadurch kommt es zu einer weiteren Anreicherung von TFA in der Umwelt.

Konsequenzen

Aufgrund fehlender Methoden zum Abbau von TFA ist ein Weg, um eine weitere Belastung mit diesem Stoff zu vermeiden, eine Minimierung des Einbringens in den Wasserkreislauf. Diesbezüglich gibt es teilweise schon Absprachen von Wasserversorgern mit landwirtschaftlichen Betrieben, die in oder in der Nähe von Trinkwassereinzugsgebieten tätig sind, hinsichtlich des Einsatzes geeigneter Pflanzenschutzmittel.

TFA im Grundwasser basiert hauptsächlich auf einem flächenhaften Eintrag durch landwirtschaftliche Pestizide. Es gibt daher Bestrebungen, im Zulassungsprozess von Pflanzenschutzmitteln deren Wirkstoffe hinsichtlich des Entstehens von TFA im Abbauprozess zu bewerten. TFA ist ein in der Umwelt beständiger, nicht abbaubarer Stoff. Dänemark erteilt deshalb keine Zulassungen mehr für Pflanzenschutzmittel mit sehr beständigen Wirkstoffen (mit Halbwertszeiten von mehr als 180 Tagen).

Nitrate

Nitrate sind sehr gut in Wasser lösliche Salze der Salpetersäure. In der Landwirtschaft werden sie als anorganischer Dünger (Mineraldünger) in Form von:

- Kalisalpeter (Kaliumnitrat),
- Kalksalpeter (Kalziumnitrat) oder
- Natronsalpeter (Natriumnitrat) verwendet.

Auch Ammoniumnitrat findet bei der Herstellung von Düngemitteln Verwendung. Wegen der guten Wasserlöslichkeit verteilen sich Nitrate gut im Wasser.

Durch einen zu hohen Nitratgehalt im Trinkwasser werden insbesondere Säuglinge gefährdet, die jünger als drei bis sechs Monate sind. Ein weniger saures Magenmilieu bei ihnen als bei älteren Kindern kann zu einer Reduktion von Nitrat in Nitrit führen. Gelangt dieses Nitrit ins Blut, wird durch Oxidation der rote Blutfarbstoff Hämoglobin zu Methämoglobin, das keinen Sauerstoff mehr binden kann. Weniger Sauerstoff wird aufgenommen. Die ungenügende Sauerstoffsättigung kann als bläuliche Verfärbung der Haut, Zyanose (Blausucht), wahrgenommen werden. Die Säuglingszyanose („blue infant syndrome") ist eine lebensbedrohliche Erkrankung. Auch eine zu hohe Nitritkonzentration erhöht das Risiko für die Säuglinge.

Bei älteren Menschen können Nitrate insbesondere durch Bakterien im Darm in Nitrite umgewandelt werden. Es entstehen dabei sog. Nitrosamine, die krebserregend sein können.

Grenzwerte im Verteilungsnetz einschließlich der Trinkwasser-Installation

- Grenzwert für Nitrat nach Anlage 2 Teil I TrinkwV: 50 mg/l
- Grenzwert für Nitrit nach Anlage 2 Teil II TrinkwV: 0,50 mg/l

Am Ausgang des Wasserwerks darf der Messwert für Nitrit 0,10 mg/l nicht überschreiten. Es muss zusätzlich sichergestellt sein, dass die Summe der Beträge von Nitratkonzentration in mg/l geteilt durch 50 und Nitritkonzentration in mg/l geteilt durch 3 nicht größer als 1 ist. Die Messunsicherheit bei der Bestimmung der Nitratkonzentration darf höchstens 7,5 mg/l, bei der Nitritkonzentration höchstens 0,1 mg/l betragen.

Grenzwerte nach Abwasserbehandlung

Stickstoff gesamt nach Richtlinie 91/271/EWG vom 21.05.1991 – Anhang I Tabelle 2 (bisher)

- Stickstoff gesamt: Anlagen für 10.000 bis 100.000 EW: 15 mg/l
- Stickstoff gesamt: Anlagen für mehr als 100.00 EW: 10 mg/l

Die Mindestverringerung muss 70 bis 80 % betragen.

Stickstoff gesamt nach Richtlinie (EU) 2024/3019 vom 27.11.2024 – Anhang I Teil C

- Stickstoff gesamt: Anlagen für 10.000 bis 150.000 EW: 10 mg/l
- Stickstoff gesamt: Anlagen für mehr als 150.00 EW: 8 mg/l

Die Mindestverringerung muss 80 % betragen. Bezüglich weiterer Anmerkungen wird auf die Kommentare in der Richtlinie (EU) 2024/3019 verwiesen.

Konsequenzen

Im Zuge der Wasseraufbereitung muss für die Einhaltung der Grenzwerte für die Nitrat- und Nitritkonzentration gesorgt werden. Die Richtlinie 91/676/EWG zum Schutz der Gewässer vor Verunreinigungen durch Nitrat aus landwirtschaftlichen Quellen (Nitratrichtlinie) ist mit der neuen Düngeverordnung (DüV) in nationales Recht umgesetzt worden. Damit können besonders belastete Gebiete, verbunden mit strengeren Bewirtschaftungsauflagen ausgewiesen werden (vgl. § 13a DüV). Damit eröffnen sich ggf. für Wasserversorgungsunternehmen Möglichkeiten, auf einen geringeren Stickstoffeintrag bei Düngung landwirtschaftlicher Flächen hinzuwirken.

Für die Abwasserbehandlung werden in der Richtlinie (EU) 2024/3019 teilweise neue, reduzierte Grenzwerte für Stickstoff im Abwasser vorgegeben. Diese Werte sind derzeit noch nicht verbindlich. Wann die Vorgaben der Kommunalabwasserrichtlinie Konsequenzen haben, wird von der Umsetzung dieser Richtlinie in nationales Recht abhängen. Betroffen sein könnten von den strengeren Vorgaben Anlagen zur Abwasserbehandlung mit einem Einzugsbereich von 10.000 bis 100.000 EW, für die der neue Grenzwert etwa 67 % des alten betragen würde. Bei einem Einzugsbereich mit mehr als 150.000 EW würde der neue Grenzwert 80 % des alten betragen. Die Stickstoffelimination erfolgt in der dritten Reinigungsstufe der Abwasserbehandlung.

Arzneimittel

Eine Vielzahl von Arzneimitteln ist im human- und veterinärmedizinischen Bereich zugelassen. Zunehmend sind Rückstände von Arzneimitteln im Trinkwasser festzustellen.

Aus Sicht der Trinkwasserversorgung erfolgt eine Bewertung der Arzneimittelrückstände im Wasserkreislauf in der DVGW-Information Wasser Nr. 54 (April 2015). Einträge von Arzneimitteln in den Wasserkreislauf können u. a. folgende Ursachen haben:

- Bei bestimmungsgemäßem Gebrauch können Reste von Arzneimitteln ins Abwasser gelangen. Das ist beispielsweise durch das Abwaschen von Salben und Cremes möglich.
- Arzneimittel können aus Haushalten zudem durch unsachgemäße Entsorgung über Toilette und Spüle ins Abwasser geraten.
- Das Umweltbundesamt weist darauf hin, dass auch durch Ausscheidungen von Menschen und Tieren Rückstände von Arzneimittelwirkstoffen und ihre Zwischen- und Abbauprodukte auf unterschiedlichen Wegen in Gewässer und Böden gelangen können,
- Zu Einleitungen in den Wasserkreislauf kann es im Rahmen des Herstellungsprozesses von Arzneimitteln kommen.
- Über undichte Abwasserkanäle ist ein direkter Eintrag von Arzneimitteln in den Boden und das Grundwasser möglich.
- Arzneimittelrückstände können teilweise in den Klärschlamm gelangen, der als Wirtschaftsdünger verwendet wird, und auf diesem Weg dann in den Wasserkreislauf kommen.
- Auch über Gülle von behandelten Nutztieren aus der Intensivtierhaltung und über Gärreste aus Biogasanlagen, die auf landwirtschaftlichen Nutzflächen ausgebracht werden, können Arzneimittelreste in den Wasserkreislauf gelangen.

Haupteintragsweg von Arzneimittelrückständen sind i. d. R. kommunale Abwässer.

Zunehmend gelangen mehr Arzneimittelreste ins Abwasser. Das hängt auch mit einer alternden Bevölkerung mit höherem Medikamentenverbrauch zusammen. Die verordneten Wirkstoffmengen gelangen tlw. vollständig ins Abwasser und werden als „humantoxikologisches Risiko“ eingestuft. Hormone aus Verhütungsmitteln beeinflussen die Fortpflanzung von Fröschen. Durch Rückstände von Antibiotika im Abwasser wird eine zunehmende Verbreitung multiresistenter Mikroorganismen befürchtet. Zu Antibiotika und Antibiotikaresistenzen in der Umwelt informiert das Umweltbundesamt in einigen Broschüren (abrufbar unter www.umweltbundesamt.de/publikationen).

Gesundheitliche Orientierungswerte für Arzneimittel

Grenzwerte für Konzentrationen von Arzneimittelwirkstoffen, die als unkritisch erachtet werden, sind in die Tabelle für Gesundheitliche Orientierungswerte (GOW) des Umweltbundesamts (Stand März 2023) aufgenommen worden. Angegeben ist in der GOW-Liste die Konzentration für die Substanzen, bei der bei täglicher Einnahme mit dem Trinkwasser nach gegenwärtigem Kenntnisstand keine gesundheitlichen Schäden zu erwarten sind. Die vollständige GOW-Liste enthält zusätzlich Angaben zu Arzneimittelmetaboliten. Diese Orientierungswerte sind aber nicht Teil der TrinkwV.

Tabelle 2: *Grenzwerte für Konzentrationen von Arzneimittelwirkstoffen*

Wirkstoff	GOW	Stand
Aciclovir	0,3 µg/l	2016
Azithromycin	0,3 µg/l	2016
Candesartan	0,3 µg/l	2015
Carbamazepin	0,3 µg/l	2008
Clofibrat	3,0 µg/l	2003
Diclofenac	0,3 µg/l	2008
Gabapentin	1,0 µg/l	2015
Iopamidol	1,0 µg/l	2010
Iotalaminsäure	1,0 µg/l	2018
Lamotrigin	0,3 µg/l	2015
Metformin	1,0 µg/l	2013
Olmesartan	0,3 µg/l	2015
Oxipurinol	0,3 µg/l	2015
Phenazon	0,3 µg/l	2016
Phenobarbital (PB)	0,3 µg/l	2009
Primidon	3,0 µg/l	2010
Propyphenazon	0,3 µg/l	2016

Konsequenzen

Verstärkt gelangen in Ballungsräumen Rückstände von Arzneimitteln in das Abwasser. Mit der Einführung der vierten Reinigungsstufe in Anlagen zur Behandlung des Abwassers in Einzugsgebieten mit 150.000 EW werden auch Arzneimittelrückstände aus dem Abwasser besser entfernt werden können.

Das UBA empfiehlt, für Arzneimittel im Grundwasser einen Schwellenwert von 100 Nanogramm pro Liter in die Grundwasserverordnung einzuführen. Das Grundwasser würde dadurch regelmäßiger auf Arzneimittel untersucht, Überschreitungen könnten rechtzeitig erkannt und Ursachen systematisch festgestellt werden.

Neben der Entfernung von Arzneimittelrückständen aus dem Abwasser gibt es Vorschläge zur Reduzierung des Einbringens von Rückständen in den Wasserkreislauf. Dazu gehören u. a. Maßnahmen zur Risikominimierung bei der Zulassung von Arzneimitteln und die Forschung zu umweltverträglichen Wirkstoffen von Arzneimitteln.

Eine wichtige Rolle spielen auch die Informationen zur richtigen Entsorgung von Arzneimitteln. Betreiber von Trinkwasser-Installationen sollten Verbraucher darauf hinweisen, dass Arzneimittelreste (ebenso wie Feuchttücher) nicht über Toilette und Spüle, sondern über den Hausmüll, Schadstoffmüll oder eine Apotheke zu entsorgen sind. Das Umweltbundesamt stellt dazu seit Januar 2025 das „Faltblatt: Arzneimittel NICHT in die Toilette oder Spüle – Entsorgungsweg Hausmüll“ in verschiedenen Sprachen zur Verfügung, abrufbar unter www.umweltbundesamt.de/publikationen (Suche: Faltblatt).

Mikroplastik

Zur Beschränkung der Herstellung, des Inverkehrbringens und der Verwendung von Mikroplastik ist mit der Verordnung (EU) 2023/2055 vom 25.09.2023 der Anhang XVII der Verordnung (EG) 1907/2006 (REACH-Verordnung) geändert worden. Als Hilfestellung zur Umsetzung der Verordnung hat die EU-Kommission einen Leitfaden für Unternehmen und betroffene Interessengruppen veröffentlicht – REACH restriction of synthetic polymer microparticles Explanatory Guide (Version 1 vom 07.03.2025).

Die Verschmutzung durch Mikroplastik entsteht größtenteils unbeabsichtigt. Sie ist beispielsweise die Folge des Abbaus größerer Stücke von Kunststoffabfällen, der Abnutzung von Reifen und Straßenmarkierungsfarbe. Auch beim Waschen synthetischer Kleidung gelangen Mikroplastikpartikel ins Wasser. Bis zu 35 % der Mikroplastiken finden aus Textilerzeugnissen den Weg in die Umwelt.

Mikroplastik ist nicht nur in der Umwelt weitverbreitet, sondern zunehmend auch in Lebensmitteln und im Trinkwasser zu finden. Winzige Plastikteilchen konnten bei Menschen bereits in Darm, Leber, Nieren und Gehirn nachgewiesen werden. Diese Beobachtungen geben Anlass zur Sorge, andererseits erweist sich die Bewertung der Folgen für die menschliche Gesundheit – bspw. anhand der Größe der Mikroplastikpartikel – als schwierig. Das Bundesinstitut für Risikobewertung (BfR) und auch die europäische Lebensmittelbehörde (EFSA) beschäftigen sich schon seit Längerem mit dieser Thematik. Forschungen auf diesem Gebiet sind aber auch auf die Verfügbarkeit solider Daten angewiesen. Dazu werden geeignete praktikable Mess- und Analysemethoden für einen Einsatz an vielen Stellen benötigt. Auf Grundlage von Messungen können dann möglicherweise Grenzwerte für Mikroplastik in verschiedenen Materialien und Produkten und auch im Trinkwasser festgelegt werden.

Mit der Delegierten Verordnung (EU) 2024/1441 vom 11.03.2024 ist in Ergänzung der Trinkwasserrichtlinie, der Richtlinie (EU) 2020/2184, eine Methodik zur Messung von Mikroplastik in Wasser für den menschlichen Gebrauch ausgegeben worden.

Mikroplastik im Sinn der Verordnung ist ein kleines einzelnes Teilchen, das fest und nicht in Wasser löslich ist sowie teilweise oder ganz aus synthetischen Polymeren oder chemisch modifizierten natürlichen Polymeren besteht. Die Methodik ist im Anhang der Verordnung beschrieben. Sie ist auf Partikel mit Abmessungen von 20 µm bis 5 mm und auf Fasern mit einer Länge von 20 µm bis 15 mm beschränkt. Damit soll die Mikroplastik-Konzentration, ausgedrückt als Anzahl der Mikroplastikteilchen pro Kubikmeter Wasser, entsprechend Größenordnung, Form und Zusammensetzung bestimmt werden.

Die Norm DIN EN 24187:2024-04 enthält Grundsätze für die Analyse von Mikroplastik. Diese umfassen auch die eindeutige Klassifizierung der Partikelgrößen von Kunststoffen, Hinweise zur Probennahme, Probenvorbereitung und zur Bestimmung repräsentativer Probenmengen – auch für Wasserproben.

Grenzwerte

Einen Grenzwert für Mikroplastik im Trinkwasser gibt es derzeit in der TrinkwV und im EU-Recht nicht.

Konsequenzen

Die Höhe der Belastung von Trinkwasser in Deutschland mit Mikroplastik wird derzeit im internationalen Vergleich als vergleichsweise gering eingeschätzt. Wahrscheinlich ist Mineralwasser aus Plastikflaschen weitaus höher belastet. Eine Bewertung der gesundheitlichen Folgen von Mikropartikeln im Trinkwasser ist zurzeit noch schwierig (vgl. https://www.umweltbundesamt.de (Suche: Mikroplastik Fragen)).

Trotzdem ist zu empfehlen, dass Wasserversorgungsunternehmen und in der Abwasserbehandlung tätige Unternehmen die weitere Bewertung der Exposition von Trinkwasser mit Mikropartikeln aufmerksam verfolgen, um rechtzeitig auf neue Anforderungen reagieren zu können. Unabhängig davon sollte aber alles Mögliche unternommen werden, um Plastikabfälle sachgerecht und nicht in die Umwelt zu entsorgen oder aus dieser wieder zu entfernen.

Nach der Richtlinie (EU) 2024/3019 soll in allen Siedlungsgebieten mit 10.000 EW und mehr das Vorhandensein von Mikroplastik in Zu- und Abläufen von kommunalen Abwasserbehandlungsanlagen überwacht werden (vgl. Art. 21 Abs. 3 Buchst. d der Richtlinie). Von der vierten Reinigungsstufe in Abwasserbehandlungsanlagen wird eine Reduzierung von Mikroplastik im Wasserkreislauf erwartet.

5.7 DIN EN 12873-2:2022-02 „Einfluss von Materialien auf Trinkwasser“

Einleitung

Im Februar 2022 ist die DIN EN 12873-2:2022-02 mit dem Titel „Einfluss von Materialien auf Trinkwasser – Einfluss infolge der Migration – Teil 2: Prüfverfahren für vor Ort aufgebrachte nicht metallische und nicht zementgebundene Materialien; Deutsche Fassung EN 12873-2:2021“ in Kraft getreten. Mit der neuen Norm wird die bisherige DIN EN 12873-2:2005-04 vollständig ersetzt.

Die EN-Fassung wurde vom Technischen Komitee CEN/TC 164 „Wasserversorgung“ erarbeitet, dessen Sekretariat von AFNOR in Frankreich geführt wird und sie ist am 15.11.2021 in Kraft getreten. Das bei uns zuständige deutsche Normungsgremium ist der Arbeitsausschuss NA 119-07-09 AA „Werkstoffe im Kontakt mit Trinkwasser“ im DIN-Normenausschuss Wasserwesen (NAW). Die DIN EN 112873-2 ist Teil der DIN EN 12873-Familie, die die Prüfverfahren bezüglich des Einflusses der Migration auf die eingesetzten Materialien regelt. Dazu gehören neben der DIN EN 12873-2 auch die

- DIN EN 12873-1:2014-09 „Einfluss von Materialien auf Trinkwasser – Einfluss infolge der Migration – Teil 1: Prüfverfahren für fabrikmäßig hergestellte Produkte aus oder mit organischen oder glasartigen Materialien (Emails/Emaillierungen); Deutsche Fassung EN 12873-1:2014“,
- DIN EN 12873-3:2019-05 „Einfluss von Materialien auf Wasser für den menschlichen Gebrauch – Einfluss infolge der Migration – Teil 3: Prüfverfahren für Ionenaustauscher- und Adsorberharze; Deutsche Fassung EN 12873-3:2019“ und
- DIN EN 12873-4:2022-01 „Einfluss von Materialien auf Wasser für den menschlichen Gebrauch – Einfluss infolge der Migration – Teil 4: Prüfverfahren für Membranen für die Wasserbehandlung; Deutsche Fassung EN 12873-4:2021“.

Im deutschen Einführungsbeitrag wird vorangestellt, dass die DIN EN 12873-2:2022-02 ein Verfahren zur Bestimmung der Migration von Stoffen aus vor Ort aufgebrachten nicht metallischen und nicht zementgebundenen Materialien festlegt, die für die Verwendung in Kontakt mit dem für den menschlichen Gebrauch bestimmten Wasser vorgesehen sind. Dieses Verfahren gilt für vor Ort aufgebrachte Materialien, die zum Einsatz unter unterschiedlichen Bedingungen für den Transport und die Speicherung von für den menschlichen Gebrauch bestimmtem Wasser, einschließlich von Rohwasser, das für die Herstellung von für den menschlichen Gebrauch bestimmtem Wasser verwendet wird, vorgesehen sind. Behandelt wird die Extraktion von Bestandteilen aus diesen Materialien durch Wasser nach ihrer Aufbringung vor Ort. Die Norm ist auf Materialien anwendbar, deren physikalische oder chemische Eigenschaften sich bei oder nach der Aufbringung vor Ort ändern, bspw.

- Beschichtungsstoffe,
- Anstrichstoffe und
- Klebstoffe.

Außerdem sind in der DIN EN 12873-2 auch einige vor Ort aufgebrachte Materialien enthalten, die sich nicht auf diese Art und Weise verändern, wie z. B. Schmierfette oder Schmierflüssigkeiten. Gegenüber der bisherigen DIN EN 12873-2:2005-04 erfolgten neben redaktionellen Überarbeitungen v. a. die nachfolgenden Änderungen:

1. In Abschnitt 4 wurden die neuen Werte für die Prüftemperaturen spezifischer angegeben,
2. die Verwendung von Chromsäure wurde aus Sicherheitsgründen gestrichen und
3. in Anhang C wurden die Beispiele für die Analyse von Migrationswässern systematisiert und erweitert.

Die 32-seitige Norm ist in 11 Unterabschnitte gegliedert und enthält fünf Anhänge (davon drei normativ, also verbindlich).

Hinweis

In der Einleitung wird ausdrücklich festgehalten, dass hinsichtlich möglicher nachteiliger Auswirkungen der Materialien auf die Beschaffenheit des für den menschlichen Gebrauch bestimmten Wassers beachtet werden muss, dass die entsprechenden nationalen Vorschriften so lange gültig bleiben, bis verifizierbare europäische Annahmekriterien verabschiedet worden sind.

Außerdem wird ausgeführt, dass die DIN EN 12873-2 mit dem Ziel verfasst wurde, ein Prüfverfahren zur Bestimmung der Migration von Stoffen aus Produkten aus oder mit organischen und glasartigen Materialien (Emails/Emaillierungen) zu beschreiben, die dafür bestimmt sind, mit für den menschlichen Gebrauch vorgesehenem Wasser in Kontakt zu kommen. Im Hinblick auf mögliche nachteilige Auswirkungen auf die Qualität von Wasser für den menschlichen Gebrauch, die durch die in dieser Norm behandelten Materialien verursacht werden, enthält das Dokument keine Vorgabe, dass ein nach dieser Methodik geprüftes Endprodukt in einem der Mitgliedstaaten der EU oder EFTA uneingeschränkt verwendet werden darf.

Hinweis

Laut deutscher Anmerkung bedeutet Konformität mit dieser Norm nicht, dass das Material in einem der Mitgliedstaaten der EU oder EFTA akzeptiert oder zugelassen ist. Die Anwendung der hier behandelten Methodik unterliegt grundsätzlich der Regulierung oder Kontrolle durch nationale Behörden.

Anwendungsbereich und normative Verweisungen (Abschnitte 1 und 2)

Im ersten Abschnitt wird klargestellt, dass die DIN EN 12873-2 ein Verfahren zur Bestimmung der Migration von Stoffen aus vor Ort aufgebrachten nicht metallischen und nicht zementgebundenen Materialien ist, die für die Verwendung in Kontakt mit dem für den menschlichen Gebrauch bestimmten Wasser vorgesehen sind. Das Verfahren gilt für vor Ort aufgebrachte Materialien, die zum Einsatz unter unterschiedlichen Bedingungen für den Transport und die Speicherung von für den menschlichen Gebrauch bestimmtem Wasser, einschließlich von Rohwasser, das für die Herstellung von für den menschlichen Gebrauch bestimmtem Wasser verwendet wird, vorgesehen sind. Behandelt wird die Extraktion von Bestandteilen aus diesen Materialien durch Wasser nach ihrer Aufbringung vor Ort. Die Norm findet Anwendung auf Materialien, deren physikalische oder chemische Eigenschaften sich bei oder nach der Aufbringung vor Ort verändern. Dies umfasst u. a. Beschichtungsstoffe, Anstrichstoffe und Klebstoffe. Es sei jedoch angemerkt, dass auch einige vor Ort aufgebrachte Materialien betroffen sind, die sich nicht auf diese Art und Weise verändern. Dazu zählen auch Schmierfette und Schmierflüssigkeiten. Bezüglich der normativen Verweisungen wird im zweiten Abschnitt wie üblich hervorgehoben, dass bei datierten Verweisungen nur die in Bezug genommene Ausgabe gilt. Bei undatierten Verweisungen gilt die letzte (jüngste) Ausgabe des in Bezug genommenen Dokuments (einschließlich aller Änderungen). Genannt wird hier nur die EN ISO 7393-2 „Wasserbeschaffenheit — Bestimmung von freiem Chlor und Gesamtchlor — Teil 2: Kolorimetrisches Verfahren mit N,N-Dialkyl-1,4-Phenylendiamin für Routinekontrollen (ISO 7393-2)".

Begriffsdefinitionen (Abschnitt 3)

Zunächst wird darauf hingewiesen, dass für die Anwendung dieser Norm die nachfolgenden Begriffe dieses Abschnitts einschlägig sind. Ausdrücklich genannt werden hier die terminologischen Datenbanken von IEC und ISO, und zwar die

- ISO Online Browsing Platform: verfügbar unter https://www.iso.org/ und die
- IEC Electropedia: verfügbar unter https://www.electropedia.org/.

Wichtiger ist allerdings der Begriffskatalog der DIN EN 12873-2:2022-2 selbst.

Tabelle 1: *Begrifflichkeiten gemäß DIN EN 12873-2:2022-02*

Begriff	Definition	Unterab-schnitt
Prüfung	Technischer Arbeitsablauf, der die Bestimmung eines oder mehrerer charakteristischer Merkmale eines bestimmten Produkts umfasst	3.1
Prüfverfahren	Festgelegtes technisches Verfahren zur Durchführung einer Prüfung	3.2
Prüfbericht	Dokument, in dem die Prüfergebnisse und weitere mit einer Prüfung zusammenhängende Angaben dargestellt werden	3.3
Prüflaboratorium	Laboratorium, das Prüfungen durchführt	3.4
Material	Hergestellte Gegenstände zur Anwendung vor Ort und zum anschließenden Kontakt mit Wasser für den menschlichen Gebrauch	3.5
Produkt	Gegenstände im verarbeiteten Zustand nach dem Aufbringen vor Ort, die in Kontakt mit dem für den menschlichen Gebrauch bestimmten Wasser kommen	3.6
Prüfstück	Zu prüfendes Objekt	3.7

***Tabelle 1:** Begrifflichkeiten gemäß DIN EN 12873-2:2022-02*

Begriff	**Definition**	**Unterab-schnitt**
Leitungswasser	Wasser für den menschlichen Gebrauch *(In der deutschen Anmerkung wird diesbezüglich auf den Unterabschnitt 5.2.1 der Norm verwiesen, wonach Leitungswasser einen Gehalt an freiem Chlor von weniger als 0,2 mg/l als Cl_2 aufweisen muss.)*	3.8
Versuchswasser	Wasser für den Migrationsversuch *(In der deutschen Anmerkung wird hier zusätzlich auf die Anforderungen der Unterabschnitte 5.2.2 und 5.2.3 verwiesen.)*	3.9
Wasser zum Vorwaschen	Wasser, das zum Vorwaschen verwendet wird *(Laut deutscher Anmerkung siehe Unterabschnitt 5.2.4)*	3.10
Nullwasser	Versuchswasser, das unter denselben festgelegten Bedingungen wie das Migrationswasser aufbewahrt wird, jedoch ohne Kontakt mit den Prüfstücken *(Laut deutscher Anmerkung siehe Unterabschnitte 5.2.2 und 5.2.3)*	3.11
Migration	Wanderung eines oder mehrerer Stoffe aus dem Prüfstück in das Versuchswasser	3.12

Tabelle 1: *Begrifflichkeiten gemäß DIN EN 12873-2:2022-02*

Begriff	Definition	Unterabschnitt
Migrationsperiode	Zeitabschnitt, in dem die Migration unter festgelegten Bedingungen stattfindet *(Laut deutscher Anmerkung kann der Zeitabschnitt 24 h oder 72 h betragen, siehe Abschnitt 4.)*	3.13
Migrationswasser	Versuchswasser, nachdem es unter festgelegten Bedingungen einem Prüfstück ausgesetzt war	3.14
Migrationsrate	Masse eines ermittelten Stoffes oder von Stoffen (in mg), die an einem Tag bei einer festgelegten Temperatur (°C) aus einem Quadratdezimeter Prüfstück in das Versuchswasser migriert	3.15
Auskleidung	Materialschichten, die vor Ort aufgebracht werden und als Fertigprodukt dafür vorgesehen sind, mit Wasser für den menschlichen Gebrauch in Kontakt zu kommen, z. B. die innere Oberfläche von Rohren, Fittings oder Speicherbehältern *(Laut deutscher Anmerkung sind Schichten wie Beschichtungen, die nicht dafür vorgesehen sind, mit Trinkwasser in Kontakt zu kommen, z. B. bei Aufbringung an den Außenflächen von Rohren und Fittings als Korrosionsschutz, ausgenommen.)*	3.16
Härten	Umwandlung eines Materials in seine endgültige Form *(Laut deutscher Anmerkung bspw. durch chemische Reaktion oder Trocknung)*	3.17

Kurzbeschreibung (Abschnitt 4)

Dieser Abschnitt enthält eine Kurzbeschreibung des Prüfverfahrens:

- Zunächst wird gefordert, dass jedes Prüfstück vor Ort entnommen oder unter bestimmten Bedingungen hergestellt werden muss, die dafür vorgesehen sind, die Aufbringung vor Ort unter Berücksichtigung der schriftlichen Anweisungen des Herstellers zu simulieren.
- Das Prüfstück muss einer festgelegten Vorbehandlung unterzogen werden, die aus Stagnation und Vorwaschen besteht.
- Die Oberfläche des Prüfstücks, die in der Praxis dem für den menschlichen Gebrauch bestimmten Wasser ausgesetzt ist, muss für mindestens drei aufeinanderfolgende Migrationsperioden mit dem Versuchswasser in Kontakt gebracht werden. Eine Migrationsperiode entspricht entweder
  - 72 h bei (23 ± 2) °C bei Produkten, die dafür vorgesehen sind, mit kaltem Wasser in Kontakt zu kommen, oder
  - 24 h bei einer festgelegten Temperatur von (60 ± 2) °C (Warmwasserprüfung) und/oder (85 ± 2) °C (Heißwasserprüfung) bei Produkten, die dafür vorgesehen sind, mit warmem oder heißem Wasser in Kontakt zu kommen.

Die Migrationsraten für die ersten drei Migrationsperioden müssen durch Analyse der verlangten Stoffe in den entsprechenden Migrationswässern bestimmt werden.

Hinweis

Bezugnehmende Produktnormen und/oder nationale Regeln setzende Behörden dürfen die Anzahl der durchzuführenden aufeinanderfolgenden Migrationsperioden selbst festlegen.

Für die Anwendung dieser Kurzbeschreibung sind drei deutsche Anmerkungen zu beachten.

1. Die Prüfung muss laut Anmerkung 1 unter Bedingungen durchgeführt werden, die sicherstellen, dass die Berechnung einer zuverlässigen Migrationsrate erleichtert wird. Diese Bedingungen sind nicht dazu bestimmt, „tatsächliche Gebrauchsbedingun-

gen“ zu simulieren. Die nach dieser Norm erhaltenen Ergebnisse werden über ein Umrechnungsverfahren auf die „tatsächlichen Gebrauchsbedingungen“ bezogen. Das Verfahren wird in Produktnormen oder nationalen Vorschriften festgelegt.
2. Die Wahl der Art des Versuchswassers (gechlort und/oder nicht gechlort), die Temperatur des Versuchswassers und die Anzahl zusätzlicher Migrationsperioden müssen laut Anmerkung 2 in Produktnormen oder nationalen Vorschriften festgelegt sein.
3. Wenn Prüfungen bei warmen oder heißen Temperaturen erforderlich sind, können laut Anmerkung 3 durch nationale Vorschriften zusätzliche Kaltwasserprüfungen gefordert werden.

Reagenzien (Abschnitt 5)

In Unterabschnitt 5.1 (Allgemeines) wird darauf verwiesen, dass für die Anwendung der Norm die in Abschnitt 5 aufgeführten Reagenzien benötigt werden. Unterabschnitt 5.2 legt bestimmte Anforderungen bezüglich der für die Prüfung zu verwendenden Wässer fest.

- Leitungswasser muss Wasser sein, das für den menschlichen Gebrauch bestimmt ist und einen Gehalt an freiem Chlor von weniger als 0,2 mg/l als Cl_2 enthält (Unterabschnitt 5.2.1).
- Versuchswasser ist chlorfreies Wasser mit einer Leitfähigkeit von < 2 mS/m und einem Gehalt an gesamtem organischem Kohlenstoff (TOC, engl.: total organic carbon) von < 0,2 mg/l C, z. B. hergestellt durch Umkehrosmose, Vollentsalzung oder Destillation, mit anschließender Aktivkohle-Filtration (Unterabschnitt 5.2.2).
- Gechlortes Versuchswasser ist Versuchswasser nach 5.2.2 mit einem Gehalt an freiem Chlor von (1 ± 0,2) mg/l als Cl_2 (Unterabschnitt 5.2.3).
- Wasser zum Vorwaschen muss Leitungswasser gemäß Unterabschnitt 5.2.1 sein (Unterabschnitt 5.2.4).

Bezüglich der Reinigungsflüssigkeiten für Glasgeräte werden die folgenden Reagenzien gefordert:

- Konzentrierte Salzsäure (30 % Massenanteil) zur Analyse (Unterabschnitt 5.3.1)

- Salzsäure-Lösung (hergestellt durch langsames Hinzufügen von (0,5 ± 0,01) l konzentrierter Salzsäure (5.3.1) zu (0,5 ± 0,01) l Versuchswasser gemäß 5.2.2) (Unterabschnitt 5.3.2). Da die Vorbereitung der Lösung Wärme erzeugen kann, ist besondere Vorsicht erforderlich!
- Konzentrierte Salpetersäure (65 % Massenanteil) zur Analyse (Unterabschnitt 5.3.3)
- Salpetersäure-Lösung (hergestellt durch langsames Hinzufügen von (0,5 ± 0,01) l konzentrierter Salpetersäure (5.3.3) zu (0,5 ± 0,01) l Versuchswasser gemäß 5.2.2) (Unterabschnitt 5.3.4). Auch hier ist Vorsicht geboten, da die Vorbereitung der Lösung Wärme erzeugen kann.

Unterabschnitt 5.4 behandelt die Anforderungen bezüglich weiterer Reagenzien. Laut Unterabschnitt 5.4.1 muss Natriumhypochlorit-Lösung aus Natriumhypochlorit (NaOCl) mit einer Reinheit für technische oder allgemeine Zwecke, mit Versuchswasser (5.2.2) und mit einer bekannten Konzentration von etwa 0,1 Masse-% an freiem Chlor (EN ISO 7393-2) hergestellt werden.

Praxistipp

Wenn nicht durch Prüfungen das Gegenteil nachgewiesen wurde, sollte die Natriumhypochlorit-Lösung als instabil angesehen und erst am Tag der Verwendung hergestellt werden.

Geräte (Abschnitt 6)

Dieser Abschnitt enthält verschiede Geräteanforderungen.

- Laut Unterabschnitt 6.1 müssen Gefäße, Behälter, Stopfen und Verbindungsstücke aus einem Material bestehen, das unter den festgelegten Prüfbedingungen (siehe Abschnitt 9) inert ist (bspw. Glas, PTFE, Stahl und nichtrostender Stahl).

Praxistipp

Es wird hier empfohlen, den Werkstoff Polytetrafluorethylen (PTFE) nur dann zu verwenden, wenn eine geringe Kontaktfläche mit dem Versuchswasser vorhanden ist. Demzufolge sei PTFE für Behälter nicht geeignet.

In 6.2 wird gefordert, Platten aus nichtrostendem Stahl, weichem Stahl, (mit Sandstrahl mattiertem) Glas oder Beton-/Zementmörtelplatten für die Materialprüfung einzusetzen. Die Platten müssen vollständig mit dem zu prüfenden Material überzogen sein.

- Unterabschnitt 6.3 verlangt, dass die Ausrüstung in der Lage sein muss, die entsprechende Migrationstemperatur aufrechtzuerhalten (bspw. (23 ± 2) °C, (60 ± 2) °C oder (85 ± 2) °C).
- Laut Unterabschnitt 6.4 müssen Laborglasgeräte, Platten aus Stahl, nichtrostendem Stahl und mit Sandstrahl mattiertem Glas durch Waschen mit biologisch abbaubarem Laborwaschmittel gereinigt werden, anschließend 2 bis 3 Tage einer Salzsäure-Lösung (5.3.2) (mit Ausnahme von nichtrostendem Stahl) oder Salpetersäure-Lösung (5.3.4) ausgesetzt und abschließend gründlich mit Versuchswasser (5.2.2) abgespült werden. Die Platten sollen entwässert und in einem Heißluftschrank getrocknet werden.

Prüfstück (Abschnitt 7)

1. Allgemeine Anforderungen

In Unterabschnitt 7.1 wird verlangt, dass der Hersteller den Materialien eine Kopie genauer Anweisungen zum Aufbringen beilegen muss. Die Anweisungen zum Aufbringen müssen diesbezüglich folgende Angaben enthalten:

1. Vorbereitung der Oberfläche
2. Mischverhältnisse und Mischverfahren
3. Aufbringungsverfahren
4. Mindesttemperatur und -dauer zum Härten
5. Schichtdicke des Produkts
6. Zugehörige Materialien (bspw. Grundierungen und Zwischenanstrichstoffe)

Außerdem muss er sämtliche notwendigen Angaben zu dem Material und zum sicheren Umgang mit Chemikalien bereitstellen. Des

Weiteren wird gefordert, dass die Prüfstücke vom Prüflaboratorium nach den schriftlichen Anweisungen des Herstellers in dem Prüflaboratorium hergestellt werden müssen. Wenn zum Aufbringen spezielle Ausrüstung erforderlich ist, dürfen die Prüfstücke vom Hersteller/Auftragnehmer unter Aufsicht des Prüflaboratoriums unter Bedingungen hergestellt werden, die die Aufbringung vor Ort simulieren.

Hinweis

Muss von diesen Anweisungen abgewichen werden, darf dies nur nach vorheriger Absprache mit dem Prüflaboratorium und dem Hersteller bzw. Auftragnehmer erfolgen.

Können die Prüfstücke nicht in dem Prüflaboratorium hergestellt werden, müssen sie zumindest unter der Aufsicht des Prüflaboratoriums hergestellt werden. Ggf. erforderliche Transportbedingungen müssen gewährleisten, dass die Härtungsbedingungen (z. B. Dauer und Temperatur) eingehalten werden.

Das Prüflaboratorium muss genaue Aufzeichnungen zur Herstellung der Prüfstücke und zu den Härtungsbedingungen führen. Verständlicherweise muss darauf geachtet werden, dass die Prüfstücke beim Transport grundsätzlich nicht verunreinigt werden können.

2. Anforderungen an die Vorbereitung von Prüfstücken

Unterabschnitt 7.2 enthält die Vorgaben bezüglich der Vorbereitung der Prüfstücke. 7.2.1 ist mit „Vor Ort aufgebrachte organische Auskleidungssysteme für Rohre" überschrieben. Laut 7.2.1.1 müssen die Prüfstücke nach den in 7.1 genannten allgemeinen Anforderungen hergestellt werden.

Praxistipp

Es wird empfohlen, Rohre mit dem kleinsten Durchmesser auszukleiden, für den das Produkt zur Nutzung vorgesehen ist, um die Anforderungen in 7.3 zu erfüllen.

Vom ausgekleideten Rohr sollen laut 7.2.1.2 Prüfstücke von geeigneter Länge geschnitten werden. Prüfstücke müssen nicht geschnitten werden, wenn das ausgekleidete Rohr bereits eine geeignete Länge aufweist. In 7.2.1.3 wird darauf hingewiesen, dass Rohre mit DN > 80 nach Anhang B geprüft werden müssen, um die Anforderungen nach 7.3 zu erfüllen. Die Prüfstücke müssen gemäß Abschnitt 8 vorbehandelt werden (7.2.1.4).

Elf Rohrlängen mit zehn Doppelmuffen sollen laut Unterabschnitt 7.2.2.1 mit Zement/Klebstoff nach den Anweisungen der Hersteller der Rohre/Fittings und der Hersteller der Zemente/Klebstoffe oder den relevanten Produkt-/System-Normen entsprechend so verbunden werden, dass ein Prüfstück von 1 m Länge entsteht.

Ist dies nicht durchführbar, sollen so viele Verbindungen wie möglich auf 1 m untergebracht werden. 7.2.2.3 fordert, dass die Prüfstücke nach den Anweisungen des Herstellers gehärtet werden sollen.

Die diesbezüglich einzusetzenden Rohre und Doppelmuffen dürfen entweder vom Hersteller oder in relevanten Produkt-/System-Normen festgelegt werden.

Die deutsche Anmerkung, dass zusätzliche Informationen auch Vorschriften entnommen werden können, ist etwas unverständlich. Denn im Allgemeinen geben „Vorschriften“ keine Informationen an, sondern sind verbindliche rechtliche Anweisungen oder Erlaubnistatbestände. In Unterabschnitt 7.2.3 werden weitere vor Ort aufgebrachte Materialien (z. B. Auskleidungen für Behälter, Schmierfette und Dichtungsstoffe) behandelt. Laut 7.3.1 sind die Prüfstücke durch das Beschichten von Platten (6.2) und nach den allgemeinen Anforderungen in 7.1 herzustellen. Die beschichteten Platten sind ebenfalls gemäß Abschnitt 8 vorzubehandeln (Unterabschnitt 7.2.3.2).

3. Oberflächen-/Volumenverhältnis (S/V)

Es wird gefordert, sowohl das Verhältnis zwischen der Oberfläche (S) und dem Prüfstück, das dafür vorgesehen ist, mit dem Versuchswasser in Kontakt zu kommen, als auch zwischen der Oberfläche

(S) und dem Volumen (V) des Versuchswassers je Dezimeter anzugeben, d. h. dm^{-1} (das entspricht dm^2/dm^3 oder dm^2/l). Anzuwenden ist ein Oberflächen-/Volumenverhältnis im Bereich von 5 dm^{-1} bis 40 dm^{-1}. Laut deutscher Anmerkung können S/V-Verhältnisse auch durch nationale Vorschriften festgelegt sein. Weist das Prüfstück eine unregelmäßige oder texturierte Oberfläche hat, wird für die Berechnungen die Oberfläche als glatt angesehen.

Praxistipp

Ist die Form des Prüfstücks derart ausgestaltet, dass eine genaue Berechnung der Oberfläche nicht durchführbar ist, dann wird eine geschätzte Oberfläche des Prüfstücks verwendet. Diesbezüglich müssen Länge und Breite zusammen mit einer ausreichend genauen Beschreibung der Produkte aufgezeichnet werden, um die Herstellung weiterer Prüfstücke zu ermöglichen, deren Oberfläche nicht mehr als ± 10 % von dem Original-Prüfstück abweicht.

Der Lieferant des Prüfstücks muss angewiesen werden, sicherzustellen, dass es sich um ein repräsentatives Prüfstück des Produkts handelt wie es in Kontakt mit Wasser für den menschlichen Gebrauch verwendet wird.

Vorbehandlung der Prüfstücke (Abschnitt 8)

Laut 8.1 (Allgemeines) müssen die Prüfstücke vor dem Migrationsversuch mittels Spülen, Stagnation und Vorwaschen vorbehandelt werden. Mit der Vorbehandlung soll unmittelbar nach der vom Hersteller festgelegten Härtezeit begonnen werden. Laut deutscher Anmerkung kann die Härtezeit auch in Vorschriften festgelegt sein.

Hinweis

Die Migrationsperioden müssen ohne Unterbrechung aufeinander folgen!

1. Kaltwasserprüfung

Unterabschnitt 8.2 behandelt die bei (23 ± 2) °C zu prüfenden Prüfstücke (Kaltwasserprüfung). Laut 8.2.1 „Spülen" sind die Prüfstücke für (60 ± 5) min wenn möglich mit fließendem Leitungswasser zu spülen, das mit einer Geschwindigkeit von 1 m/min bis 3 m/min von dem Prüfstück fließt.

Praxistipp

Um den Verbrauch großer Mengen an Wasser zu vermeiden, soll für das Spülen von Produkten mit einem großen Durchmesser die in Anhang A beschriebene Anordnung angewendet werden.

Prüfstücke, die nicht gespült werden können, sollen in einem geeigneten Gefäß (bspw. einem Eimer) untergebracht werden, in dem eine derartige Wasserströmung von unten nach oben herrscht, dass die berechnete Geschwindigkeit hinsichtlich der oberen offenen Oberfläche des Gefäßes 1 m/min bis 3 m/min für (60 ± 5) min ist.

8.2.2 regelt das Stagnationsverfahren mit Versuchswasser. Hier werden die nachfolgenden Schritte verlangt. Die Prüfstücke müssen

1. für die Dauer von (24 ± 1) h bei (23 ± 2) °C in Versuchswasser (5.2.2 und/oder 5.2.3) eingetaucht werden, mit diesem befüllt oder ausgesetzt,
2. das Wasser entfernt und
3. nach 8.4 vorgewaschen

werden.

2. Bei erhöhter Temperatur (60 °C und/oder 85 °C) zu prüfende Prüfstücke (Abschnitt 8.3)

Laut Unterabschnitt 8.3.1 sind die Prüfstücke nach 8.2.1 zu spülen. Das Stagnationsverfahren bei erhöhter Temperatur erfordert gemäß 8.3.2 die folgenden Schritte:

1. Die Prüfstücke müssen für die Dauer von (24 ± 1) h bei (60 ± 2) °C (Warmwasserprüfung) oder (85 ± 2) °C (Heißwasserprüfung) in Versuchswasser (5.2.2 und/oder 5.2.3) eingetaucht, mit diesem befüllt oder diesem ausgesetzt,
2. das Wasser entfernt und
3. nach 8.4 vorgewaschen werden.

3. Vorwaschen

Das Vorwaschverfahren umfasst laut Unterabschnitt 8.4 die folgenden Schritte. Die Prüfstücke sind

1. nach 8.2.1 und
2. für 2 min mit Versuchswasser (5.2.2 und/oder 5.2.3)

zu spülen.

Durchführung (Abschnitt 9)

9.1 thematisiert die Migration von Stoffen.

1. Allgemeines

In 9.1.1 wird unter Allgemeines gefordert, dass das Migrationsverfahren gemäß 9.1.2 bei (23 ± 2) °C durchgeführt werden muss.

Hinweis

Produkte, die dafür vorgesehen sind, mit Trinkwasser mit erhöhter Temperatur in Kontakt zu kommen, müssen bei erhöhten Temperaturen (9.1.3) und bei (23 ± 2) °C (Kaltwasserprüfung) geprüft werden.

Bezogen auf die vorgesehene Nutzung des Produkts und die ggf. existierenden Angaben in der Produktnorm muss die Prüfung bei erhöhten Temperaturen entweder bei (60 ± 2) °C (Warmwasserprüfung) oder bei (85 ± 2) °C (Heißwasserprüfung) durchgeführt werden. Für Deutschland gilt über eine Anmerkung, dass die Anzahl der durchzuführenden Prüfungen, z. B. Einzelprüfungen oder Doppelbestimmungen bei jeder Wasserart, in Produktnormen oder nationalen Vorschriften festgelegt wird. In einer zweiten Anmerkung wird die Wahl der Art des Versuchswassers (gechlort und/oder nicht gechlort) ebenfalls in den Geltungsbereich der Produktnormen oder nationalen Vorschriften verschoben.

Praxistipp

Laut Anmerkung 3 dürfen in Deutschland Kammern für die Dünnschichtchromatografie (mit einem Volumen von 3,5 l bis 4 l) mit Glasdeckeln als Behälter zur Durchführung der Prüfungen verwendet werden.

2. Prüfverfahren für die Kaltwasserprüfung

Laut 9.1.2.1 muss das Prüfverfahren mit chlorfreiem Versuchswasser (5.2.2) und/oder mit gechlortem Versuchswasser (5.2.3) durchgeführt werden. Dabei sind die Prüfstücke nach 9.1.2.2 mit dem entsprechenden Versuchswasser zu füllen und (72 ± 1) h bei (23 ± 2) °C stehen zu lassen.

Hinweis

In beiden Fällen muss darauf geachtet werden, dass die Prüfstücke oder Gefäße/Behälter vollständig eingetaucht oder gefüllt sind und kein Luftraum vorhanden ist, um flüchtige Stoffe zurückzuhalten!

Am Ende dieser Periode wird das Migrationswasser zur Analyse gesammelt. Für jeden Analyten muss die Konzentration b_n^T (Unterabschnitt 10) bestimmt werden.

Laut 9.1.2.3 ist der vorgehend festgelegte Schritt zweimal mit frischem Versuchswasser zu wiederholen, wobei sicherzustellen ist, dass die Prüfstücke bei allen drei Perioden mit derselben Art Versuchswasser in Kontakt kommen (bspw. chlorfrei). In 9.1.2.4 wird darauf hingewiesen, dass es erforderlich sein kann, die Anzahl der Migrationsperioden zu erhöhen. Die Abfolge bei einer erweiterten Anzahl Migrationsperioden muss Tabelle C.1 entsprechen.

3. Prüfverfahren mit erhöhter Temperatur

Nach Unterabschnitt 9.1.3.1 ist dieses Verfahren mit chlorfreiem Versuchswasser bei der in 9.1.1 angegebenen Prüftemperatur durchzuführen. Laut 9.1.3.2 sind die Prüfstücke mit dem Versuchswasser (5.2.2) zu füllen oder darin einzutauchen und (24 ± 1) h bei der Prüftemperatur stehen zu lassen.

Hinweis

Es muss darauf geachtet werden, dass das Versuchswasser innerhalb 1 h nach dem Füllen oder Eintauchen der Produkte die Prüftemperatur erreicht.

Am Ende der Periode wird das Migrationswasser zur Analyse gesammelt. Für jeden Analyten ist die Konzentration b_n^T (Abschnitt 10) zu bestimmen. Die Prüfung muss nach 9.1.3.3 zweimal mit frischem ungechlortem Versuchswasser (5.2.2) wiederholt werden.

In 9.1.3.4 wird darauf hingewiesen, dass es erforderlich sein kann, die Anzahl der Migrationsperioden zu erhöhen. Die Abfolge bei einer erweiterten Anzahl Migrationsperioden muss der Tabelle C.2 der DIN EN 12873-2:2022-02 entsprechen.

4. Verfahrensgemäße Blindproben

Laut 9.2.1 soll bei jeder Migrationsperiode unter denselben Prüfbedingungen (Versuchswasser, Prüftemperatur, Migrationsperioden, Stopfen usw.), wie in 9.1 beschrieben, jedoch ohne Prüfstück, ein Blindversuch durchgeführt werden.

Praxistipp

Sollten nur Platten und/oder Stopfen aus Glas oder nichtrostendem Stahl zum Verschließen der Prüfstücke (z. B. mit Versuchswasser gefüllte Rohre) verwendet werden, sind laut 9.2.2 für die verfahrensgemäße Blindprobe Glasbehälter zu verwenden. Werden andere Stopfen, Verbindungsstücke oder Dichtungsstoffe verwendet (bspw. PTFE), müssen diese unter denselben Kontaktbedingungen in der verfahrensgemäßen Blindprobe enthalten sein.

Am Ende jeder Migrationsperiode muss die Konzentration b_n^T (Abschnitt 10) jedes Analyten, der von Interesse ist, bestimmt werden (9.2.3).

Hinweis

Sollte eines der Ergebnisse für die Blindprobe größer sein als die betreffende niedrigste Konzentration von Interesse des bestimmten Stoffs (z. B. ein Wert liegt zwischen der Nachweisgrenze und der Konzentration, die für Trinkwasser nicht überschritten werden darf), müssen Maßnahmen eingeleitet werden, um die Quelle der Verunreinigung zu beseitigen. Laut 9.2.4 muss anschließend der gesamte Prüfablauf wiederholt werden.

5. Analyse

Die notwendige Analyse der Migrationswässer wird gemäß 9.3 unter Anwendung der entsprechenden Analyseverfahren durchgeführt. Am Ende jeder Migrationsperiode wird die Konzentration des Analyten ermittelt. Die Normverfasser weisen hier darauf hin, dass eine allgemeine Richtlinie zu analytischen Leistungsanforderungen in der EN ISO 13530, „Richtlinie zur analytischen Qualitätssicherung in der Wasseranalytik“, enthalten ist.

Hinweis

Wenn die Migrationswässer nicht unverzüglich analysiert werden können, ist zu gewährleisten, dass Aufbewahrungsdauer und -bedingungen die Analysenergebnisse nicht nachteilig beeinflussen.

Für Deutschland wird angemerkt, dass bei einigen Analyseverfahren und/oder bestimmten Prüfverfahren die Wiederfindungsraten für die ermittelten Stoffe mit Positiv-Kontrollen festgestellt werden müssen.

Berechnung der Prüfergebnisse (Abschnitt 10)

Abschnitt 10 wird an dieser Stelle der Vollständigkeit halber aufgeführt. Die Vorgaben zur Berechnung der Prüfergebnisse können in der DIN EN 12873-2:2022-02 nachgelesen werden.

Prüfbericht (Abschnitt 11)

Laut Unterabschnitt 11.1 muss der Prüfbericht grundsätzlich die Angaben aus 11.2 bis 11.6 enthalten.

1. Allgemeine Angaben

Der datierte Prüfbericht muss gemäß 11.2 die nachfolgenden allgemeinen Angaben enthalten:

- Name und Anschrift des Prüflaboratoriums und Ort, an dem die Prüfung durchgeführt wurde, wenn sich dieser von der Anschrift des Prüflaboratoriums unterscheidet
- Eindeutige Kennzeichnung des Berichts (etwa mit einer laufenden Nummer) und jeder Seite sowie die Gesamtanzahl der Seiten des Berichts
- Name und Anschrift des Kunden
- Beschreibung und Kennzeichnung des Prüfgegenstands
- Den vorgesehenen Verwendungszweck des Produkts
- Unterschrift und Titel oder eine gleichwertige Signierung der Personen, die die fachliche Verantwortung für den Prüfbericht übernehmen, und Datum der Herausgabe
- Eine Erklärung mit dem Inhalt, dass sich die Ergebnisse nur auf die geprüften Gegenstände beziehen
- Eine Erklärung mit dem Inhalt, dass der Prüfbericht nicht vervielfältigt werden darf, es sei denn in vollem Umfang, und nur mit der schriftlichen Zustimmung des Prüflaboratoriums

2. Angaben zum Material

Die Angaben zum Material müssen laut Unterabschnitt 11.3 mindestens Folgendes enthalten:

- Handelsname oder Bezeichnung des hergestellten Materials

- Vollständige Kennzeichnung und Eingangsdatum des Prüfgegenstands sowie Datum der Durchführung der Prüfung
- Die Bezeichnungen der verwendeten Grundierungen und Zwischenanstrichstoffe sowie die Nassfilmdicke jeder aufgebrachten Schicht
- Einzelheiten zur Vorbereitung der Prüfstücke
- Name des Materialherstellers
- Produktionsort und -datum
- Organisation, die das Material vorgelegt hat
- Beschreibung des Probenahmeverfahrens

3. Angaben zu den Prüfstücken

Die Angaben zum Prüfstück müssen laut 11.4 mindestens Folgendes enthalten:

- Typische Verwendungszwecke des Materials
- Herkunft von Anweisungen für die Aufbringung
- Ort der Prüfstückherstellung/-vorbereitung, einschließlich Umgebungstemperatur und Luftfeuchte (falls zutreffend)
- Für die Prüfstückvorbereitung verantwortliche Personen
- Datum und Uhrzeit der Prüfstückherstellung/-vorbereitung
- Sämtliche Einzelheiten der Probenherstellung, einschließlich Mischungsverhältnis der Bestandteile (falls zutreffend), Verfahren der Aufbringung (Bürste/Pinsel, luftloses Sprühen usw.), Anzahl und Art von Komponentenschichten (Überzügen), die Dicke jeder Schicht, Härtezeit und Härtungstemperatur sowohl der oberen als auch der Zwischenschichten, alle besonderen Härtungsbedingungen (bspw. geregelte Luftfeuchte, Mindesttemperatur bei der Aufbringung)
- Beaufsichtigungs- bzw. Aufbewahrungskette der Prüfstücke, Verfahren zum Transport ins Prüflaboratorium und Temperaturprofile der Prüfstücke während des Transports zum Laboratorium zum endgültigen Härten (wenn erforderlich)
- Datum und Uhrzeit des Eingangs der Prüfstücke im Prüflaboratorium (wenn erforderlich)
- Beschreibung des Prüfstücks
- Datum und Uhrzeit des Beginns der Vorbehandlung

- Beschreibung zusätzlicher Vorbehandlungsverfahren (sofern zutreffend)
- Sämtliche Abweichungen von den Anweisungen des Herstellers/Lieferanten zur Aufbringung

4. Angaben zum Prüfverfahren

Die Angaben zum Prüfverfahren müssen laut 11.5 Folgendes enthalten:

- Verweisung auf dieses Dokument und (gegebenenfalls) auf relevante Produkt-/System-Normen einschließlich Jahr der Veröffentlichung
- Anzahl der in einem Migrationsversuch zusammen verwendeten Prüfstücke
- Volumen der Prüfflüssigkeit (V) in Litern
- Oberfläche des Prüfstücks, das der Prüfflüssigkeit (S) ausgesetzt ist, berechnet aus den tatsächlichen Maßen des Prüfstücks, in Quadratdezimetern
- Tatsächliches S/V-Verhältnis
- Desinfektionsverfahren (falls zutreffend)
- Herkunft des Referenzwassers und des Versuchswassers und (falls zutreffend) Einzelheiten der Vorbereitung
- Versuchswässer und Prüftemperatur
- Alle Abweichungen von dem in diesem Dokument festgelegten Verfahren
- Sämtliche Faktoren, die die Ergebnisse beeinflusst haben könnten, wie z. B. sämtliche Vorfälle, oder
- Sämtliche Einzelheiten bei der Durchführung, die nicht in diesem Dokument festgelegt sind
- Datum des Beginns und der Beendigung der Prüfung

5. Prüfergebnisse

Die Prüfergebnisse müssen laut 11.6 mindestens die Werte der Doppelbestimmung und die Mittelwerte (sofern durchgeführt) enthalten. Die Berechnungen müssen für jede Prüftemperatur und jede Art von Versuchswasser und analysierten Stoff in Tabellenform dargestellt werden, bspw.

- geprüftes Produkt,
- Datum der Durchführung der Prüfung,
- Prüftemperatur,
- S/V-Verhältnis,
- angewendeter Umrechnungsfaktor (FC),
- Gesamtzahl der Migrationsperioden und
- analysierter Stoff.

Anhänge der DIN EN 12873-2:2022-02

Der normative Anhang A beschreibt eine Anordnung zum Spülen von Rohren mit einer Nennweite größer als DN 80.

Der normative Anhang B beschreibt die Versuchsanordnung zur Prüfung von nicht homogenen Produkten und Rohren mit einer Nennweite größer als DN 80.

Informativ sind die Anhänge C, D und E.

Anhang C enthält Beispiele für die Abfolge zum Erhalt von Migrationswasser bei 72-Stunden-Kaltwasserspülung sowie für die Abfolge zum Erhalt von Migrationswasser bei 24-Stunden-Warm- und Heißwasserspülung.

Anhang D beschreibt verfahrenstechnische Überprüfungen mit Standardadditionen (Positiv-Kontrollen).

Zwei Fließbilder zur Durchführung von Migrationsversuchen mit kaltem Wasser und mit Wasser mit erhöhter Temperatur sind in Anhang E aufgenommen.

6 Rechtsfragen

6.1 Rechts- und Haftungsfragen

Die am 01.01.2003 in Kraft getretene Trinkwasserverordnung vom 21.05.2001 wurde seit ihrem Erscheinen im Wesentlichen durch fünf Änderungsverordnungen auf Basis neuer wissenschaftlicher Erkenntnisse, technischen Fortschritts und EU-politischer Anforderungen modifiziert. Die bisher letzte Änderungsverordnung ist am 23.06.2023 im Bundesgesetzblatt veröffentlicht worden.

Jede Änderung der Trinkwasserverordnung (TrinkwV) hat Auswirkungen auf die rechtliche Beurteilung der Wasserbeschaffenheit, das Verteilungsnetz und die Bereitstellung beim Verbraucher sowie die regelmäßige Überprüfung an der Entnahmestelle. Besonders wichtig dabei ist die Tatsache, dass sich die juristische Auslegung i. d. R. nicht ausschließlich an der gültigen Fassung der TrinkwV orientiert, sondern meist ebenfalls die allgemein anerkannten Regeln der Technik (a. a. R. d. T.) würdigt. Der Rahmen der Würdigung bemisst sich an der aktuellen Erkenntnislage, die neben reinen Rechtsakten, Normen und ähnlichen Publikationen insbesondere von den Auffassungen und Empfehlungen des Umweltbundesamts (UBA) technisch-wissenschaftlicher Verbände wie dem DVGW (Deutscher Verein des Gas- und Wasserfaches e. V.), der DWA (Deutsche Vereinigung für Wasserwirtschaft, Abwasser und Abfall) und weiteren geprägt ist. Es genügt also nicht, sich stringent an die aktuelle Fassung der TrinkwV zu halten, um in Sachen Trinkwasser in Rechts- und Haftungsfragen aus dem Schneider zu sein.

Die bisher wichtigste Zäsur in der TrinkwV war die Einführung der Pflicht zur Legionellenuntersuchung, die im Jahr 2011 veröffentlicht wurde. Mit einer Frist zum 31.12.2013 mussten auch Trinkwassererwärmungsanlagen in Wohnanlagen regelmäßig untersucht werden. Dies brachte private Wohnungseigentümer, Wohnungseigentümergemeinschaften (WEGs) und auch viele gewerbliche Betreiber (z. B. im Hotel- und Gaststättengewerbe, Bürobetreiber etc.) in eine juristisch neue Ausgangslage, sie gehörten plötzlich zu den Kreisen der sog. UsI, den Unternehmern und sonstigen Inhabern einer Wasserversorgungsanlage (gem. TrinkwV 2023 Betreiber). Mit etwas Anlaufschwierigkeiten hat sich im Jahr 2014 und den Folgejahren durch die gute Zusammenarbeit von Betreibern, gewerblichen Laboren und staatlichen Überwachungsbehörden eine gewisse Routine in den Untersuchungszyklen eingependelt. Im Jahr 2023 wurde nun der im Fachjargon über die Jahre gebräuchliche UsI durch den Begriff „Betreiber" ersetzt.

Vorsicht: Der Begriff des Unternehmers oder sonstigen Inhabers ist damit nicht vollständig aus der Norm getilgt. Gemäß § 2 Abs. 3 ist ein „Betreiber" als Unternehmer oder sonstiger Inhaber einer Wasserversorgungsanlage definiert. Wenn man so will, wurde aus den bisher meist als UsI abgekürzten vier Wörtern ein im Fließtext zugunsten der Lesbarkeit für sich sprechendes Wort. Es ist jedoch davon auszugehen, dass der UsI im täglichen Sprachgebrauch des Fachjargons noch viele weitere Jahre erhalten bleibt.

Die folgenden Teile sind weder als juristischer Kommentar noch als individuelle Rechtsberatung zu verstehen. An ausgewählten Beispielen sollen dem juristisch weniger versierten Betreiber Einblicke in die rechtlichen Dimensionen ihrer Position dargestellt werden.

Haftung und Verantwortung

Ein Betreiber einer Wasserversorgungsanlage darf nur Wasser als Trinkwasser abgeben oder zur Verfügung stellen, welches den Anforderungen des § 37 des Infektionsschutzgesetzes sowie den § 5 bis § 10 der TrinkwV 2023 entspricht.

Wasserversorgungsanlagen im Sinne der TrinkwV sind Anlagen, welche Trinkwasser transportieren.[1] Der Begriff der Wasserversorgungsanlage gliedert sich in sechs Kategorien von zentralen Wasserwerken (§ 2 Abs. 2 Buchstabe a TrinkwV 2023) bis zu Anlagen zur zeitweiligen Wasserversorgung (§ 2 Abs. 2 Buchstabe f TrinkwV 2023), siehe auch Kap. 1.1. Der entscheidende Teil für das Gros an Leserschaft und Anlagen sind jedoch die sog. Gebäudewasser-

[1] Detaillierte Definition siehe Kapitel 3.

versorgungsanlagen (§ 2 Abs. 2 Buchstabe e TrinkwV), die im Fachjargon häufig als Trinkwasser-Hausinstallation oder nur Hausinstallation bezeichnet werden.

Die Betreiber sind vollumfänglich in der Haftung und tragen entsprechend die Verantwortung. Diese erstreckt sich über die gesamte zielgerichtete Bereitstellung von Trinkwasser, sowohl mittelbar als auch unmittelbar im Rahmen einer Vermietung oder einer sonstigen selbstständigen, regelmäßigen und in Gewinnerzielungsabsicht ausgeübten Tätigkeit. Der Begriff des Betreibers bezieht sich damit nicht zwangsläufig auf einen Unternehmer im landläufig klassischen Sinne außerhalb der TrinkwV. Er ist definitionsgemäß insbesondere in weiten Teilen auch auf private Immobilienbesitzer, Wohnungseigentümergemeinschaften (WEGs) sowie Inhaber von Schwimmbädern usw. anwendbar.

Was ist somit unter der sonstigen Inhaberschaft zu verstehen? Der abstrakte und weit gefasste Begriff soll den Schutz des Wassers und des Rechtssubjekts Mensch stärken und ausbauen. Eine sonstige Inhaberschaft liegt vor, sofern der Inhaber einer Trinkwasserversorgungsanlage kein Unternehmer ist, aber dennoch Trinkwasser an Dritte abgibt. Ein Beispiel für eine sonstige Inhaberschaft wäre z. B. das Betreiben eines Springbrunnens. Nachdem in weiten Teilen von Deutschland eine kommunalrechtlich geregelte Anschlusspflicht besteht, ist eine Vielzahl der Immobilien an das Trinkwassernetz angeschlossen. Als eine der Kernaufgaben der Daseinsvorsorge bzw. der öffentlichen Dienstleistungen obliegt die Mehrheit des benannten Trinkwassernetzes den Kommunen als Betreiber, welche mit eigenen Betrieben die Qualität des Trinkwassers kontrollieren und bereitstellen.[2] Das Wasser wird von dem Immobilieneigentümer bzw. dem Betreiber der Gebäudewasserversorgungsanlage an einer definierten Übergabestelle, meist dem Wasserzähler des

[2] Die hoheitliche Aufgabe kann zwar auch an private Betreiber delegiert werden, bleibt jedoch formaljuristisch in der Verantwortung der Kommune. Beispiele wie aus Berlin zeigen, dass Privatisierung nicht immer nachhaltig die gewünschten Vorteile bringt und folglich die 1999 teilweise privatisierten Berliner Wasserbetriebe wieder rekommunalisiert wurden.

Objekts, samt aller rechtlichen Pflichten übernommen und in die Hausinstallation verteilt.

Privatrechtliche Auswirkungen der TrinkwV

Mit dem zunehmenden Fokus der TrinkwV auf die Trinkwasser-Installation sowie die im Zuge der Legionellenuntersuchung eingeführte regelmäßige Beprobung an der Entnahmestelle, d. h. am Wasserhahn des Endverbrauchers, wurden bereits mit der Änderungsverordnung von 2011 neue privatrechtliche Anspruchsgrundlagen begründet. In der Verantwortung des Betreibers z. B. als Vermieter liegt implizit ein aus Verbrauchersicht verbesserter Anspruch des Mieters vor. Ein Großteil möglicher Gefahrenquellen und Haftungsrisiken wird in der vierten Änderungsverordnung explizit genannt und mündet im Zuge der Empfehlung zur vorsorglichen Schadenminimierung. Der damit verbundene Hinweis zur Überwachung begründet regelmäßige (z. B. 1- oder 3-jährige) Kontrollen durch akkreditierte, notifizierte Laboratorien. Im Falle einer Überschreitung von Grenzwerten oder im Falle von Legionellen des technischen Maßnahmenwerts gibt die TrinkwV explizite konsekutive Schritte vor.

Gefährdungsanalyse, Risikobewertung und Risikomanagement als zentraler Bestandteil des rechtskonformen Betreibens einer Gebäudewasserverordnungsanlagen

Neu in der TrinkwV 2023 ist, dass neben den Hausinstallationen nun auch **komplette Versorgungsnetze** vom Einzugsgebiet bis zum Verbraucher einer regelmäßigen Risikobewertung unterzogen werden müssen und daraus ein konsequentes Risikomanagement abgeleitet sowie umgesetzt werden muss. Dies erfolgt i. d. R. in enger Zusammenarbeit von Trinkwasserversorgern/Betreibern und Kommunen.

Die Gefährdungsanalyse der (Gebäude-)Wasserversorgungsanlage dient der systematischen Ermittlung von Gefährdungen und beeinträchtigenden Ereignissen in der Wasserversorgung, insbesondere der Hausinstallation. Das DVGW-Merkblatt W 1001:2020-11 enthält dafür umfangreiche Beispiellisten zu Gefährdungsereignissen und Auslösern von Krisen sowie Maßnahmen zur Risikobeherrschung. Es integriert die Inhalte der beiden zurückgezogenen

Beiblätter W 1001-B1 und W 1001-B2. Wie zu vermuten, ist dies nicht die einzige Vorschrift. Gemeinsam mit den VDI 6023, DIN EN 806, DIN 1988, DIN 1717, DVGW W 551 sowie der UBA-Empfehlung 12/2012 bildet es einen Kanon, den es für eine umfassende, i. d. R. rechtssichere Gefährdungsanalyse zu beachten gilt. Dabei ist ein umfassender Soll-Ist-Vergleich mit entsprechender Dokumentation der erste Schritt zur Begutachtung der Trinkwasser-Installation.

Im Weiteren wird zwischen ereignisorientiertem und systemorientiertem Vorgehen differenziert. Während bei einer ereignisorientierten Gefährdungsbeurteilung meist akut ein mikrobiologischer Befund vorliegt, wird bei der systemorientierten Gefährdungsbeurteilung das gesamte Leitungsnetz von der Übergabestelle bis zur Entnahmestelle, z. B. dem Wasserhahn, bewertet.

Eine fachmännisch korrekt durchgeführte Gefährdungsanalyse muss mit einer ausführlichen Orts- bzw. Anlagenbegehung individuell auf die betrachtete Wasserversorgungsanlage abgestimmt werden. Der Betreiber sollte dabei stets an der Begehung teilnehmen. Nachfolgend ist die Dokumentation so greifbar wie möglich zu formulieren, um eine konkrete Feststellung der planerischen, bau- oder betriebstechnischen Mängel der Anlage zu liefern. Neben althergebrachten Dokumenten in Schriftform können heute auch Fotoprotokolle oder um kurze Videos ergänzte Dokumente sinnvoll sein. Die Rechtssicherheit wird deutlich erhöht, wenn es sich beim Inspekteur um einen hygienisch-technischen Sachverständigen handelt. Individuell zugeschnittene Maßnahmenempfehlungen zur dauerhaften Beseitigung der Gefahrenquellen und Mängel runden eine gute Gefährdungsanalyse ab und bieten zeitliche Priorisierungen hinsichtlich der Gesundheitsgefährdung auf Skalen von Sofortmaßnahmen bis hin zu längerfristig umzusetzenden Maßnahmen.

Anhand der dokumentierten Mängel und des im Idealfall abgeleiteten Maßnahmenkatalogs kann der Betreiber ein Konzept zur Beseitigung der Kontaminationsursachen sowie ggf. zur Anlagensanierung erarbeiten. Obwohl das Konzept nicht Teil der Gefährdungsanalyse ist, ist es die konsequente Weiterführung des Prozesses, um dauerhaft den Anforderungen der TrinkwV 2023 §§ 5 und 6 gerecht zu werden.

Praxistipp

Die Durchführung einer regelmäßigen, fachmännischen Überprüfung führt zu einer Minimierung von Schadensersatzpflichten und ist gegenüber der Höhe der Prüfungsgebühren nur marginal.

Rechtliche Grundlagen

Die Trinkwasserverordnung fußt selbstredend auf dem Bürgerlichen Gesetzbuch (BGB) und ist zu weiten Teilen die Umsetzung europäischer Richtlinien in nationales Recht. Dabei spannen die Richtlinie (EU) 2020/184 vom 16. Dezember 2020 über die Qualität von Wasser für den menschlichen Gebrauch (ABl. L 435 vom 23.12.2020, S. 1) sowie die Richtlinie 2013/51/EURATOM des Rates vom 22.10.2013 zur Festlegung von Anforderungen an den Schutz der Gesundheit der Bevölkerung hinsichtlich radioaktiver Stoffe in Wasser für den menschlichen Gebrauch (ABl. L 296 vom 07.11.2013, S. 12) den europäischen Rahmen der Verordnung auf. Ein auf den ersten Blick weniger offensichtliches Zusammenspiel besteht mit dem Infektionsschutzgesetz vom 20.07.2000, das zuletzt durch Artikel 1a und 2 des Gesetzes vom 17.07.2023 (BGBl. 2023, Nr. 190) geändert worden ist. Beide deutschen Rechtsnormen enthalten entsprechende Paragrafen zu Ordnungswidrigkeiten und Straftaten, die mit hohen Bußgeldern und bis zu fünf Jahren Freiheitsstrafe geahndet werden können. Ergänzend dazu sind auch Schadensersatzpflichten denkbar, sofern Nutzern einer Trinkwasseranlage z. B. durch die Nichtwahrnehmung seiner Prüfpflicht, Nicht- oder unsachgemäßes Handeln des Betreibers signifikanter Schaden entsteht.

Anspruchsgrundlagen

Die Grundlage zur Beanspruchung von Schadensersatz finden sich im Bürgerlichen Gesetzbuch (BGB). So sind in den Schuldrechtsparagrafen §§ 280 ff. BGB Schadensersatzansprüche wegen Pflichtverletzung nicht oder nicht wie geschuldet erbrachter Leistung und Verfehlungen definiert. Die §§ 535 ff. BGB aus dem Mietrecht definieren beispielsweise Inhalt und Hauptpflichten des Mietvertrags sowie Mietminderungsansprüche oder Schadens- und Aufwendungsersatzansprüche eines Mieters wegen Mängeln. §§ 823 ff. BGB regeln den Schadensersatz bei unerlaubten Handlungen.

Es ist keine Bedingung, die gesetzlichen Regelungen als juristischer Laie zu beherrschen, es ist jedoch bedeutsam zu wissen, wo diese im Falle eines Falles nachzulesen sind und wann man juristischen Beistand zurate ziehen sollte.

Praxistipp

Welches Vertragsverhältnis auf den Einzelfall zutrifft, bedarf grundsätzlich einer Prüfung des individuellen Falls. Hier wird empfohlen, im Schadensfall eine rechtliche Beratung durch einen Fachanwalt vornehmen zu lassen.

Sofern eine Verkeimung von Trinkwasser zu Einschränkungen der Mietsache und deren Gebrauch führt, liegt auch ein Mangel vor, der wiederum zu einer Minderung der Bruttomiete führen kann.

Sollten körperliche Schäden auf das Trinkwasser zurückzuführen sein, welches vom Betreiber an Dritte abgegeben wurde, können zu der Mietminderung ebenfalls weitere Schadensersatzansprüche hinzukommen. Im Wege der Naturalrestitution ist der Geschädigte so zu stellen, wie er ohne das schädigende Ereignis gestanden hätte.

Führt eine Abgabe von schlechtem Trinkwasser zu Verletzungen der körperlichen Integrität oder gar zum Tode, so sind deliktische Ansprüche in Verbindung mit der Schutznorm heranzuziehen. Neben den Kosten der Heilbehandlung können zudem Schäden beansprucht werden, welche durch die Erkrankung entstanden sind. Denn wenn die Abgabe des schlechten Trinkwassers dies verursacht hat und das wiederum beweisbar kausal für die Erkrankung war, dann ist der Schaden zu regulieren.

Hinweis

Es darf nicht unerwähnt bleiben, dass der Geschädigte unabhängig von der Schwere des erlittenen Schadens gegenüber dem Betreiber eine Anzeige bei den Strafverfolgungsbehörden stellen kann.

Fazit

Das Haftungsrisiko als Betreiber ist verhältnismäßig hoch, sodass unsachgemäßer Umgang mit der Trinkwasseranlage und eine Laisser-faire-Auslegung der gültigen Vorschriften dramatische Konsequenzen haben können. Daher ist jedem Betreiber dringend anzuraten, die ihn betreffenden Vorschriften zu kennen und seinen regelmäßigen Überprüfungspflichten ordnungsgemäß nachzukommen.

6.2 Straftaten

Eine Straftat liegt vor, wenn gegen Regelungen der Trinkwasserverordnung verstoßen wird, deren Nichteinhaltung durch das Infektionsschutzgesetz (IfSG) unter Strafe gestellt ist. Der rechtliche Rahmen für die Strafverfolgung wird durch das Strafgesetzbuch (StGB) vorgegeben. Strafbar ist nur vorsätzliches Handeln, wenn nicht das Gesetz fahrlässiges Handeln ausdrücklich mit Strafe bedroht (§ 15 StGB). Das heißt: Wenn fahrlässiges Handeln ausdrücklich unter Strafe gestellt wird, ist auch dieses strafbar. Straftaten können mit Freiheits- oder Geldstrafe geahndet werden.

Strafbare Handlungen, festgelegt durch § 71 Abs. 1 TrinkwV

- Strafbar macht sich, wer vorsätzlich oder fahrlässig als Betreiber einer Wasserversorgungsanlage unzulässig aufbereitetes Wasser für den menschlichen Gebrauch abgibt
- Strafbar macht sich auch, wer vorsätzlich oder fahrlässig als Betreiber einer Wasserversorgungsanlage Wasser abgibt oder anderen zur Verfügung stellt, bei dem die Grenzwerte oder Höchstwerte nach § 6 Abs. 1 bis 4 TrinkwV für mikrobiologische Parameter nicht eingehalten sind.
- Strafbar macht sich auch, wer vorsätzlich oder fahrlässig als Betreiber einer Wasserversorgungsanlage Wasser abgibt oder anderen zur Verfügung stellt, bei dem die Grenzwerte oder Höchstwerte nach § 7 Abs. 1 bis 3 TrinkwV für chemische Parameter nicht eingehalten sind

Die strafbare Handlung kann nach § 75 Absatz 2, 4 IfSG mit Freiheitsstrafe bis zu zwei Jahren, bei Fahrlässigkeit bis zu einem Jahr oder mit Geldstrafe bestraft werden.

Strafbare Handlungen, festgelegt durch § 71 Abs. 2 TrinkwV

Strafbar macht sich, wer vorsätzlich Handlungen unterlässt, die in der Trinkwasserverordnung gefordert sind (vgl. § 72 Abs. 1 Nr. 1 bis 37), und dadurch zur Verbreitung beiträgt von:

- meldepflichtigen Krankheiten, die in § 6 Abs. 1 Satz 1 Nr. 1 IfSG genannt sind (u. a. Cholera, Diphtherie, Keuchhusten, Masern ...),
- in § 7 IfSG genannten Krankheitserreger, die bei Nachweis meldepflichtig sind,
- Krankheiten oder Krankheitserreger, die in einer Rechtsverordnung nach § 15 Abs. 1 oder Abs. 3 IfSG genannt sind.

Die vorsätzliche Unterlassung dieser Handlungen kann nach § 74 Abs. 1 IfSG mit Freiheitsstrafe bis zu fünf Jahren oder mit Geldstrafe bestraft werden.

Was ist zu beachten?

Da es i. d. R. keine Entschuldigungs- oder Rechtfertigungsgründe geben wird, handelt derjenige rechtswidrig und schuldhaft, der Trinkwasser an Dritte abgibt, das nicht den Vorgaben der Trinkwasserverordnung entspricht. Nicht nur die Trinkwasserverordnung sieht eine Ahndung von Tätern vor, die die genannten Straftatbestände erfüllen. Es ist zu bedenken, dass zu den Vorgaben der Trinkwasserverordnung ggf. weitere Tatbestände auf Grundlage anderer Rechtsnormen kommen können, welche durch die Abgabe von gesundheitsschädlichem Trinkwasser parallel erfüllt werden, beispielsweise der Tatbestand der Körperverletzung.

Der Wortlaut der Regelungen, die bei strafbewehrten Verstößen gegen die TrinkwV angewendet werden können, ist nachfolgend angegeben.

§ 71 TrinkwV

(1) Nach § 75 Absatz 2, 4 des Infektionsschutzgesetzes wird bestraft, wer vorsätzlich oder fahrlässig entgegen § 22 oder § 49 Absatz 1 Nummer 1 oder 2 Wasser als Trinkwasser abgibt oder anderen zur Verfügung stellt.

(2) Wer durch eine in § 72 Absatz 1 bezeichnete vorsätzliche Handlung eine in § 6 Absatz 1 Satz 1 Nummer 1 des Infektionsschutzgesetzes genannte Krankheit, einen in § 7 des Infektionsschutzgesetzes genannten Krankheitserreger oder eine in einer

Rechtsverordnung nach § 15 Absatz 1 oder 3 des Infektionsschutzgesetzes genannte Krankheit oder einen dort genannten Krankheitserreger verbreitet, ist nach § 74 Absatz 1 des Infektionsschutzgesetzes strafbar.

§ 74 IfSG

(1) Mit Freiheitsstrafe bis zu fünf Jahren oder mit Geldstrafe wird bestraft, wer eine in § 73 Absatz 1 oder Absatz 1a Nummer 1 bis 7, 11, 11a, 12 bis 20, 22, 22a, 23 oder 24 bezeichnete vorsätzliche Handlung begeht und dadurch eine in § 6 Absatz 1 Satz 1 Nummer 1 genannte Krankheit, einen in § 7 genannten Krankheitserreger oder eine in einer Rechtsverordnung nach § 15 Absatz 1 oder Absatz 3 genannte Krankheit oder einen dort genannten Krankheitserreger verbreitet.

(2) Mit Freiheitsstrafe bis zu zwei Jahren oder mit Geldstrafe wird bestraft, wer eine in § 73 Absatz 1a Nummer 8 bezeichnete Handlung begeht, indem er wissentlich eine Schutzimpfung gegen das Coronavirus SARS-CoV-2 zur Täuschung im Rechtsverkehr nicht richtig dokumentiert.

§ 75 IfSG

(1) Mit Freiheitsstrafe bis zu zwei Jahren oder mit Geldstrafe wird bestraft, wer

1. einer vollziehbaren Anordnung nach § 30 Absatz 1 Satz 1, auch in Verbindung mit einer Rechtsverordnung nach § 32 Satz 1, zuwiderhandelt,
2. entgegen § 42 Abs. 1 Satz 1, auch in Verbindung mit Satz 2, jeweils auch in Verbindung mit einer Rechtsverordnung nach § 42 Abs. 5 Satz 1, oder § 42 Abs. 3 eine Person beschäftigt oder eine Tätigkeit ausübt,
3. ohne Erlaubnis nach § 44 Krankheitserreger verbringt, ausführt, aufbewahrt, abgibt oder mit ihnen arbeitet oder
4. entgegen § 52 Satz 1 Krankheitserreger oder Material abgibt.

(2) Ebenso wird bestraft, wer einer Rechtsverordnung nach § 38 Absatz 1 Satz 1 Nummer 8 oder Absatz 2 Satz 1 Nummer 4 oder

einer vollziehbaren Anordnung aufgrund einer solchen Rechtsverordnung zuwiderhandelt, soweit die Rechtsverordnung für einen bestimmten Tatbestand auf diese Strafvorschrift verweist.

(3) Wer durch eine in Absatz 1 bezeichnete Handlung eine in § 6 Abs. 1 Nr. 1 genannte Krankheit oder einen in § 7 genannten Krankheitserreger verbreitet, wird mit Freiheitsstrafe von drei Monaten bis zu fünf Jahren bestraft, soweit nicht die Tat in anderen Vorschriften mit einer schwereren Strafe bedroht ist.

(4) Handelt der Täter in den Fällen der Absätze 1 oder 2 fahrlässig, so ist die Strafe Freiheitsstrafe bis zu einem Jahr oder Geldstrafe.

(5) Mit Freiheitsstrafe bis zu einem Jahr oder mit Geldstrafe wird bestraft, wer entgegen § 24 Satz 1, auch in Verbindung mit Satz 2, dieser auch in Verbindung mit einer Rechtsverordnung nach § 15 Abs. 1, eine Person behandelt.

6.3 Ordnungswidrigkeiten

Bezug zum Infektionsschutzgesetz

Ordnungswidrig handelt, wer vorsätzlich oder fahrlässig seinen Untersuchungs- und Anzeigepflichten nicht nachkommt. Das ist der Fall, wenn aufgrund von Verletzung derartiger durch die Trinkwasserverordnung vorgegebener Pflichten gegen Bestimmungen des Infektionsschutzgesetzes verstoßen wird. Das betrifft allgemein Verstöße gegen Bestimmungen i. S. v. § 73 Abs. 1a Nr. 24 Infektionsschutzgesetz.

Konkretisierungen in § 72 TrinkwV

Konkretisiert werden die Ordnungswidrigkeiten in § 72 Abs. 1 TrinkwV. Ordnungswidrig i. S. d. § 73 Abs. 1a Nr. 24 des Infektionsschutzgesetzes handelt, wer vorsätzlich oder fahrlässig

1. entgegen § 11 (Anzeigepflichten in Bezug auf Wasserversorgungsanlagen) Abs. 1, Abs. 2 Satz 1, 2 oder 3 oder Abs. 3, § 12 (Anzeigepflichten in Bezug auf Nichttrinkwasseranlagen) Satz 1, § 47 (Anzeigepflichten) Abs. 1, auch in Verbindung mit § 47 Abs. 2, oder entgegen § 53 (Anzeigepflicht und Meldepflicht der zugelassenen Untersuchungsstelle in Bezug auf Legionella spec.) Abs. 1 eine Anzeige nicht, nicht richtig, nicht vollständig oder nicht rechtzeitig erstattet,
2. entgegen § 13 (Planung, Errichtung, Instandhaltung oder Betrieb von Wasserversorgungsanlagen) Abs. 1 eine Anlage nicht richtig plant, nicht richtig errichtet oder nicht richtig betreibt,
3. entgegen § 13 (Planung, Errichtung, Instandhaltung oder Betrieb von Wasserversorgungsanlagen) Abs. 3 eine Wasserversorgungsanlage mit einer Nichttrinkwasseranlage verbindet,
4. entgegen § 13 (Planung, Errichtung, Instandhaltung oder Betrieb von Wasserversorgungsanlagen) Abs. 4 nicht sicherstellt, dass eine dort genannte Leitung oder Stelle zur Entnahme von Wasser gekennzeichnet oder eine dort genannte Stelle zur Entnahme von Wasser gesichert ist,
5. entgegen § 13 (Planung, Errichtung, Instandhaltung oder Betrieb von Wasserversorgungsanlagen) Abs. 5 Satz 1 einen Stoff

oder Gegenstand verwendet oder ein dort genanntes Verfahren anwendet,

6. entgegen § 13 (Planung, Errichtung, Instandhaltung oder Betrieb von Wasserversorgungsanlagen) Abs. 5 Satz 2 oder 3 einen Stoff oder einen Gegenstand nicht oder nicht rechtzeitig entfernt oder die Anwendung eines Verfahrens nicht oder nicht rechtzeitig einstellt,
7. entgegen § 17 (Trinkwasserleitungen aus Blei) Abs. 1 eine Trinkwasserleitung oder ein Teilstück nicht oder nicht rechtzeitig entfernt und nicht oder nicht rechtzeitig stilllegt,
8. entgegen § 17 (Trinkwasserleitungen aus Blei) Abs. 5 Satz 1 eine Information nicht, nicht richtig, nicht vollständig oder nicht rechtzeitig gibt,
9. entgegen § 23 (Pflicht zur Aufbereitung) Abs. 2 eine Desinfektionskapazität nicht oder nicht richtig vorhält,
10. entgegen § 24 (Untersuchung auf den Betriebsparameter Trübung bei Filtration) Abs. 1 Satz 1, § 28 (Untersuchungspflichten in Bezug auf mikrobiologische Parameter, chemische Parameter, Indikatorparameter und Aufbereitungsstoffe bei zentralen und dezentralen Wasserversorgungsanlagen; Untersuchungsplan) Abs. 1, § 29 (Untersuchungspflichten in Bezug auf mikrobiologische Parameter, chemische Parameter, Indikatorparameter und Aufbereitungsstoffe bei anderen Wasserversorgungsanlagen) Abs. 1 Satz 1, § 31 Abs. 1, § 48 (Klärung der Ursachen und Maßnahmen zur Abhilfe) Abs. 1 Satz 1 Nr. 1 oder Abs. 2 Satz 1 Nr. 1 oder § 51 (Handlungspflichten des Betreibers in Bezug auf Legionelle spec.) Abs. 1 Nr. 2 eine dort genannte Untersuchung nicht oder nicht rechtzeitig durchführt,
11. entgegen § 25 (Aufzeichnungspflichten des Betreibers) Abs. 1 Satz 1 oder § 51 Abs. 4 Satz 1 eine Aufzeichnung nicht, nicht richtig, nicht vollständig, nicht in der vorgeschriebenen Weise oder nicht rechtzeitig macht,
12. entgegen § 25 (Aufzeichnungspflichten des Betreibers) Abs. 3 Nr. 1 eine Aufzeichnung nicht oder nicht mindestens sechs Monate bereithält,
13. entgegen § 25 (Aufzeichnungspflichten des Betreibers) Abs. 3 Nr. 2 eine Aufzeichnung nicht oder nicht rechtzeitig zur Verfügung stellt,

14. entgegen § 26 (Information der Anschlussnehmer und Verbraucher über Aufbereitung) Abs. 1 den Beginn des Einsatzes eines Aufbereitungsstoffs oder der Anwendung eines Desinfektionsverfahrens oder die Konzentration eines Aufbereitungsstoffs im Trinkwasser nicht, nicht richtig, nicht vollständig, nicht in der vorgeschriebenen Weise oder nicht rechtzeitig bekannt gibt,
15. entgegen § 27 (Besichtigung von Schutzzonen, Untersuchung von Rohwasser) Abs. 1 Satz 1 oder 3 eine Schutzzone oder die Umgebung einer Wasserfassungsanlage nicht oder nicht rechtzeitig besichtigt,
16. entgegen § 27 (Besichtigung von Schutzzonen, Untersuchung von Rohwasser) Abs. 2 eine dort genannte Untersuchung nicht oder nicht rechtzeitig vornimmt,
17. entgegen § 27 (Besichtigung von Schutzzonen, Untersuchung von Rohwasser) Abs. 3 Satz 1 ein dort genanntes Ergebnis nicht, nicht richtig, nicht vollständig, nicht in der vorgeschriebenen Weise oder nicht rechtzeitig dokumentiert,
18. entgegen § 27 (Besichtigung von Schutzzonen, Untersuchung von Rohwasser) Abs. 3 Satz 2 eine Dokumentation nicht oder nicht mindestens zehn Jahre verfügbar hält,
19. einer vollziehbaren Anordnung nach § 29 (Untersuchungspflichten in Bezug auf mikrobiologische Parameter, chemische Parameter, Indikatorparameter und Aufbereitungsstoffe bei anderen Wasserversorgungsanlagen) Abs. 1 Satz 2 oder Abs. 2 Satz 1, § 32 Abs. 1 Satz 2 oder Abs. 5 Satz 3 oder 4, § 59 Abs. 3 erster Halbsatz, § 61, § 63 Abs. 1 Satz 3, § 64 Abs. 1, § 65 Abs. 1 oder 2 Satz 1 oder § 67 Abs. 1 zuwiderhandelt,
20. entgegen § 32 (Untersuchungspflichten in Bezug auf radioaktive Stoffe) Abs. 1 Satz 1 in Verbindung mit Abs. 3 Satz 2 oder 3, Abs. 6 Satz 1 oder 3 oder Abs. 7 Satz 1 oder 2 eine Feststellung nicht oder nicht rechtzeitig trifft,
21. entgegen § 34 (Pflicht zum Risikomanagement für Wasserversorgungsanlagen) Abs. 2 ein Risikomanagement nicht oder nicht rechtzeitig durchführt oder nicht oder nicht rechtzeitig überprüft,
22. entgegen § 39 (Beauftragung einer zugelassenen Untersuchungsstelle) Abs. 1 Satz 1 eine Untersuchung durchführt,
23. entgegen § 44 (Niederschrift über das Untersuchungsergebnis) Abs. 1 Satz 1 ein Ergebnis nicht oder nicht rechtzeitig in einer Niederschrift festhält,

24. entgegen § 44 (Niederschrift über das Untersuchungsergebnis) Abs. 2 Satz 2 erster Halbsatz oder Satz 4 eine Kopie nicht oder nicht rechtzeitig übersendet,
25. entgegen § 44 (Niederschrift über das Untersuchungsergebnis) Abs. 3 Satz 1, auch in Verbindung mit Satz 2, das Original oder eine dort genannte Ausfertigung nicht oder nicht mindestens zehn Jahre aufbewahrt,
26. entgegen § 45 (regelmäßige Information der Anschlussnehmer und Verbraucher in Textform) Abs. 1 Satz 1 Informationsmaterial nicht, nicht richtig, nicht vollständig oder nicht rechtzeitig übermittelt,
27. entgegen § 45 (regelmäßige Information der Anschlussnehmer und Verbraucher in Textform) Abs. 1 Satz 2 Informationsmaterial nicht, nicht richtig, nicht vollständig oder nicht rechtzeitig weitergibt,
28. entgegen § 48 (Klärung der Ursachen und Maßnahmen zur Abhilfe) Abs. 1 Satz 1 Nr. 2 oder § 51 Abs. 1 Nr. 4 eine Maßnahme nicht oder nicht rechtzeitig durchführt,
29. entgegen § 48 (Klärung der Ursachen und Maßnahmen zur Abhilfe) Abs. 1 Satz 1 Nr. 3 oder 4 das Gesundheitsamt oder die zuständige Behörde nicht, nicht richtig, nicht vollständig oder nicht rechtzeitig unterrichtet,
30. entgegen § 50 (Maßnahmeplan des Betreibers) Abs. 1 Satz 1 einen Maßnahmenplan nicht, nicht richtig, nicht vollständig oder nicht rechtzeitig aufstellt,
31. entgegen § 51 (Handlungspflichten des Betreibers in Bezug auf Legionella spec.) Abs. 1 Nr. 3 eine Risikoabschätzung nicht oder nicht rechtzeitig erstellt,
32. entgegen § 51 (Handlungspflichten des Betreibers in Bezug auf Legionella spec.) Abs. 3 Satz 1 eine Mitteilung nicht, nicht richtig, nicht vollständig oder nicht rechtzeitig macht,
33. entgegen § 51 (Handlungspflichten des Betreibers in Bezug auf Legionella spec.) Abs. 3 Satz 2 eine Risikoabschätzung nicht oder nicht rechtzeitig übermittelt,
34. entgegen § 51 (Handlungspflichten des Betreibers in Bezug auf Legionella spec.) Abs. 4 Satz 2 eine dort genannte Dokumentation nicht oder nicht mindestens zehn Jahre verfügbar hält oder nicht oder nicht rechtzeitig übermittelt,

35. entgegen § 52 (Information der Verbraucher bei Überschreitungen von Grenzwerten, Höchstwerten, Anforderungen, Parameterwerten oder Erreichen des technischen Maßnahmewerts) Abs. 1 Satz 1 Nr. 1 oder 4 oder Abs. 3 einen Verbraucher nicht oder nicht rechtzeitig in Kenntnis setzt,
36. entgegen § 52 (Information der Verbraucher bei Überschreitungen von Grenzwerten, Höchstwerten, Anforderungen, Parameterwerten oder Erreichen des technischen Maßnahmewerts) Abs. 1 Satz 1 Nr. 3 eine Verbrauchergruppe nicht oder nicht rechtzeitig in Kenntnis setzt oder einen Hinweis nicht oder nicht rechtzeitig gibt oder
37. entgegen § 58 (Mitwirkungs- und Duldungspflichten) Abs. 2 oder 3 eine Unterlage nicht oder nicht rechtzeitig vorlegt.

§ 72 Abs. 2 TrinkwV weist darauf hin, dass die Zuständigkeit für die Verfolgung und Ahndung von Ordnungswidrigkeiten nach Abs. 1 auf das Eisenbahn-Bundesamt übertragen wird, soweit nach § 54b des Infektionsschutzgesetzes der Vollzug dieser Verordnung dem Eisenbahn-Bundesamt obliegt.

Ordnungswidrigkeitenrecht

Die Abgrenzung zwischen Straftaten und Ordnungswidrigkeiten fällt dem juristischen Laien objektiv betrachtet häufig schwer. Sie fällt ihm ebenso schwer wie manchmal das Verständnis von Gesetzestexten, nach denen er sich richten soll.

Eine Ordnungswidrigkeit ist in Deutschland als eine geringfügige Verletzung von Recht und Gesetz definiert. Sie ist als Gesetzesübertretung zu verstehen, für die das Gesetz als Ahndung eine Geldbuße vorsieht (§ 1 Abs. 1 Gesetz über Ordnungswidrigkeiten – OWiG).

Der Gesetzgeber befindet es bei leichten Rechtsverstößen als genügend, statt mit dem harten Mittel der Strafe nur mit im Verhältnis juristisch milder bewerteten Geldbußen zu reagieren. Dies betrifft vornehmlich leichte Fälle der Gefährdung oder Beeinträchtigung von Rechtsgütern anderer Personen sowie für einige Fälle des Ungehorsams gegenüber Verwaltungsvorschriften. Im Unterschied zum Strafrecht gibt es im OWiG keine Teilnahme in Form von Anstiftung oder Beihilfe. Es werden konsequent alle Tatbeteiligten als Täter bzw. Einheitstäter behandelt. Zudem erlaubt das Ordnungswidrigkeitenrecht über die Ordnungswidrigkeiten i. S. d. TrinkwV hinaus die Einleitung von Verfahren durch die zuständige Behörde, z. B. das Gesundheitsamt. Die Lenkungsfunktion der Trinkwasserverordnung ist sehr ausgeprägt und bedingt eine restriktive Anwendung.

Verstöße gegen die TrinkwV, die als Ordnungswidrigkeit i. S. d. Infektionsschutzgesetzes geahndet werden, können eine Geldbuße von bis zu 25.000 EUR nach sich ziehen (vgl. § 73 Abs. 2 IfSG).

Hinweis

Hier wird deutlich, wie wichtig die Einhaltung der vorgeschriebenen Prüfpflichten und die Ableitung entsprechender Maßnahmen durch den Betreiber (ehem. UsI – Unternehmer und sonstige Inhaber) sind, um durch vorausschauendes Handeln im Sinne der TrinkwV sowie angrenzender Vorschriften bestmöglich und frühzeitig die lauernden Gefahren abwenden zu können. Die klare und restriktive Sprache der TrinkwV lässt im Falle eines Verstoßes keine wohlwollende behördliche Ermessenserwägung erwarten. Verantwortlichen ist daher zu empfehlen, sich in Zweifelsfällen mit dem Text des Gesetzes auseinanderzusetzen. Das Umweltbundesamt stellt zahlreiche Informationen mit Bezug zur Gewährleistung der Trinkwasserhygiene zur Verfügung. Ausführungshinweise zur Trinkwasserverordnung geben teilweise auch Landesbehörden.

6.4 Beispiele aus der Rechtspraxis

1. Wettbewerbsrecht: Leitungswasser ist doch „gesund"

Nicht erst seit gestern wird zwischen Wasserversorgern und den Herstellern von Mineralwässern gestritten, ob Leitungswasser als „gesund" bezeichnet werden darf. 2019 ist der Verband der Deutschen Mineralbrunnen e.V. (VDM) gegen den Marktauftritt eines Versorgers aus Bayern mit einer wettbewerbsrechtlichen einstweiligen Verfügung des Landgerichts (LG) Landshut vorgegangen (1 HK O 3323/19). Der Wasserversorger hatte auf seiner Internetseite sein Wasser mehrfach als „gesund" bezeichnet und diese Aussage jeweils mit bestimmten Eigenschaften kombiniert. Konkret ging es dabei darum, in welchem Verhältnis die Veröffentlichungspflichten des § 21 TrinkwV a. F. zu wettbewerbsrechtlichen Unterlassungsansprüchen eines vermeintlichen Wettbewerbers stehen. Das LG Landshut gab dem Antrag auf einstweilige Verfügung statt und untersagte dem Wasserversorger mit der Berufung auf die Health-Claim-Verordnung (HCVO) diese Aussage. Die Entscheidung des LG wurde allerdings 2020 in zweiter Instanz vom Oberlandesgericht (OLG) München in der Berufung aufgehoben (29 U 769/20). Das OLG München vertritt die Auffassung, dass es sich bei den Äußerungen des Wasserversorgers auf der Internetseite nicht um eine geschäftliche Handlung im Sinne des Gesetzes gegen den unlauteren Wettbewerb (UWG) handelt. Stattdessen habe der Wasserversorger mit der Darstellung auf der Homepage seine Verpflichtung aus § 21 TrinkwV a. F. erfüllt. Die Veröffentlichung auf der Internetseite sei damit durch eine gesetzliche Ermächtigungsgrundlage gedeckt.

Hinweis

In der bis 23.06.2023 geltenden Fassung des § 21 Abs. 1 TrinkwV mit der Überschrift „Information der Verbraucher und Berichtspflichten" mussten die Wasserversorger Verbrauchern mindestens jährlich geeignetes und aktuelles Informationsmaterial über die Qualität des bereitgestellten Trinkwassers übermitteln. Mit der Neufassung der TrinkwV 2023 ist diese Informationsverpflichtung in die §§ 45 und 46 gewandert, allerdings taucht der Begriff

„Qualität" nicht auf. Stattdessen wird „Beschaffenheit" verwendet und durch bestimmte Anforderungen an einzeln aufgeführten Untersuchungen bzw. deren zu veröffentlichte Ergebnisse konkretisiert.

Das OLG München hat auch geprüft, ob ein Verstoß gegen die HCVO vorliegt. Dies wurde verneint, da es für die Eröffnung des Anwendungsbereichs der HCVO ausschlaggebend sei, ob überhaupt eine kommerzielle Mitteilung vorliegt. Wenn es an der Absicht fehle, den Wasserverkauf zu fördern, dann sei das nicht der Fall.

Das OLG hatte in seinem Urteil keine Revision zugelassen. Daher erhob der unterlegene Mineralbrunnenverband Nichtzulassungsbeschwerde beim Bundesgerichtshof (BGH). Der BGH hat diese Beschwerde im Mai 2023 ohne nähere Begründung abgewiesen (I ZR 146/22), sodass das Urteil des OLG München rechtskräftig geworden ist.

Fazit: Ob das vom BGH bestätigte OLG-Urteil tatsächlich die Rechte der Wasserversorger im Hinblick auf die Informationsmöglichkeiten der Trinkwasserkunden verbessert, ist entgegen mancher Äußerungen von Experten offen. Der Grund liegt darin, dass sich durch die Neufassung der TrinkwV die entsprechenden Formulierungen geändert haben. Ein erneuter Rechtsstreit durch alle Instanzen aufgrund der geänderten Informationspflichten dürfte vermutlich die Folge sein. Versorger sollten sich daher bemühen, ihre Aussagen über die Wasserqualität äußerst genau zu prüfen und sie an die Anforderungen der §§ 45 und 46 der TrinkwV n. F. anzupassen.

Bei der wettbewerbsrechtlichen Zulässigkeit dürfte ausschlaggebend sein, ob eine Aussage der Förderung des Absatzes von Wasser dient oder bezweckt ist, die Verbraucher verordnungskonform zu informieren.

2. Aktuelle Urteile zur Mietminderung bei Legionellenbefall

Immer wieder wird vor den Zivilgerichten über die Zulässigkeit von Mietminderungen wegen Legionellen gestritten. Legionellen können einen Mietmangel darstellen, wenn sich der Genuss und Gebrauch von Wasser negativ auf die Gesundheit auswirkt. Die rechtliche Verantwortung liegt u. a. bei Eigentümern, Verwaltern und Vermietern in Mehrfamilienhäusern. Als Faustregel gilt, dass bei nachgewiesenem Legionellenbefall Mieter eine Mietminderung i. H. v. bis zu 25 % geltend machen dürfen, wenn die Gebrauchstauglichkeit des Trinkwassers erheblich eingeschränkt ist.

Hinweis

Der technische Maßnahmenwert der neuen TrinkwV 2023 liegt laut Anlage 3 Teil II für Legionella spec. jetzt bei 100 KBE/100 ml (koloniebildenden Einheiten/100 ml). In § 8 Abs. 1 Satz 1 wird vorgeschrieben, dass im Trinkwasser die in Anlage 3 festgelegten Grenzwerte und Anforderungen für Indikatorparameter eingehalten sein müssen. Dies gilt laut Satz 2 aber nicht für den technischen Maßnahmenwert für Legionella spec. in Anlage 3 Teil II.

Der technische Maßnahmenwert dient also nur als Orientierung und es kommt immer auf den jeweiligen Einzelfall an. Ab > 1000 KBE/100 ml sind laut DVGW-Arbeitsblatt W 551 kurzfristige Sanierungsmaßnahmen zur Verringerung erforderlich. Ab dem „Gefahrenwert" von > 10.000 KBE/100 ml sind zudem Sofortmaßnahmen zur Gefahrenabwehr (bspw. Duschverbot, Einsatz endständiger Filter etc.) erforderlich.

Nachfolgend geben wir eine Übersicht der wichtigsten Urteile.

Kein Mietmangel bei Legionellenbefall in Nachbarwohnungen

Vor dem Amtsgericht Langen war streitig, ob der Legionellenbefall in anderen Wohnungen eines Mehrfamilienhauses einen Mietmangel für die eigene Wohnung darstellt. Die Mieter hatten ihre Mietzahlungen um 20 % gemindert, nachdem in Nachbarwohnungen ein Legionellenbefall festgestellt worden war. Der Vermieter war überzeugt, dass hier kein Mietmangel vorliege, und verklagte die Mieter vor dem Amtsgericht auf Zahlung der ausstehenden Miete i. H. v. 1.957,72 Euro sowie auf Feststellung, dass die Mieter nicht berechtigt seien, die Miete unter Vorbehalt zu zahlen.

Das Amtsgericht gab der Klage des Vermieters in vollem Umfang statt (55 C 72/23). Der Legionellenbefall in anderen Wohnungen stelle grundsätzlich keinen Mietmangel im Sinne des § 536 BGB dar. Ein Mietmangel liege nur dann vor, wenn die Gebrauchstauglichkeit der gemieteten Wohnung selbst beeinträchtigt ist. Ein Legionellenbefall in anderen Wohnungen erfüllt dieses Kriterium nach Ansicht des Gerichts nicht. Solange die Wohnung der Mieter selbst nicht von Legionellen betroffen ist, besteht kein Grund zur Mietminderung. Die Mieter müssen daher zahlen.

Landgericht hält Mietminderung bei abstrakter Gesundheitsgefährdung für rechtens

Das LG Berlin hat jetzt in einem Einzelfall bestätigt, dass auch niedrigere Grenzwertüberschreitungen eine Mietminderung rechtfertigen können. Im Ausgangsfall ging es um einen Mieter, in dessen Wohnung nach Trinkwasseruntersuchungen innerhalb von drei Jahren (2014 bis 2017) wiederholt Legionellenbefall von bis zu maximal 3.700 KBE/100 ml festgestellt wurde. Im Rahmen einer durch den Vermieter beauftragten Gefährdungsanalyse wurden aufgrund Ende 2015 und Anfang 2016 entnommener Proben die Gefahrenquellen in den Wohnungen mit den Risikoklassen 4 (signifikant) bis 6 (hoch), an den außerhalb der Wohnung gelegenen Leitungen mit bis zu Risikoklasse 7 (sehr hoch) eingestuft und konkrete Maßnahmen zur Behebung dieser Gefahrenquellen empfohlen. Der Mieter erhob Feststellungsklage, dass die Bruttomiete um 10 % gemindert werden könne, da es sich um einen Mangel der Mietsache handele. Das Amtsgericht Berlin-Mitte hatte die Klage abgewiesen. Ein Mangel liege nicht vor, da eine akute Gesundheitsgefährdung durch Legionellen im Trinkwasser auch nach den Ausführungen des gerichtlichen Sachverständigen nicht zweifelsfrei festgestellt werden könne.

Dem widersprach das LG Berlin und gab der Berufung vollumfänglich recht (67 S 17/21). Für die Feststellung des Mangels der Mietsache, der eine lediglich 10%ige Minderung rechtfertigt, kommt es nach Ansicht des Gerichts nicht darauf an, ob die Nutzung der Wasserversorgung tatsächlich mit Sicherheit zu einer Gesundheitsgefährdung geführt hat, wie etwa bei der Überschreitung eines durch Richtlinien oder Verordnungen aufgestellten – für den Legionellenbefall nicht festgelegten – Grenzwerts. Vielmehr genügt, dass eine solche Gefährdung in dem nunmehr streitgegenständlichen Zeitraum nicht ausgeschlossen werden kann. Bereits die aufgrund der Feststellungen des Sachverständigen in dieser Zeit begründete Besorgnis einer nicht nur unerheblichen Gesundheitsgefahr führt zu einer erheblichen Beeinträchtigung des Wohngebrauchs. Dies gilt, wenn und weil der Wohngebrauch nur in der Befürchtung benutzt werden kann, dass eine mit ihr in einer konkreten Beziehung stehenden Gefahrenquelle begründete Gefahr verwirklicht werden kann. Damit ist der ungestörte Gebrauch der Mietsache so lange beeinträchtigt, bis die Gesundheitsgefahr sicher behoben ist, ohne dass es aufgrund der bereits minderungsrelevanten latenten Gesundheitsgefahr eines tatsächlichen Schadenseintritts oder der Feststellung unmittelbar bevorstehender Schädigungen bedarf. Nach dieser Maßgabe steht zur Überzeugung des LG Berlin fest, dass die Wohnung der Klägerin jedenfalls im fraglichen Zeitraum mit einem Mangel behaftet war. Für eine begründete Gefahr durch Legionellenbelastung sprechen bereits die durchgeführten Gefährdungsanalysen mit dem Ergebnis, dass auch die Wasserversorgungsleitungen der Beklagten und nicht nur einzelne Wohnungen betroffen sind und Werte vorliegen, die den Maßnahmenwert um ein Vielfaches überschreiten mit einer mindestens mittleren Kontamination von zuletzt bis zu 3.700 KBE/100 ml. Davon ausgehend ist aufgrund der wiederholt festgestellten und nicht als gering einzustufenden Legionellenkonzentration – unabhängig von der Wahrscheinlichkeit einer tatsächlichen Erkrankung des Klägers – von einer hinreichend begründeten und den Mietgebrauch beeinträchtigenden Gesundheitsgefährdung auszugehen. Dieser hatte der Vermieter durch Tätigwerden im Sinne der in der Gefährdungsanalyse benannten Maßnahmen zu begegnen. Dass er dem nachgekommen war, ist von dem hierfür darlegungs- und beweispflichtigen Vermieter weder konkret dargetan noch ersichtlich. Der Vermieter verweist auf von ihm im Jahr 2016 ergriffene technische Maßnahmen. Eine endgültige und als sicher erscheinende Mangelbeseitigung dadurch wird jedoch widerlegt aufgrund der erneut festgestellten Legionellenbelastung in einer Konzentration, die die vorherigen Messwerte sogar überschreitet.

Räumungsklage nach unberechtigter Mietminderung zulässig

Der Mieter einer Wohnung im sechsten Stock eines Mehrfamilienhauses hatte wegen Legionellenbefalls die Miete um 20 bis 25 % gemindert. Daraufhin kündigte ihm der Vermieter wegen Zahlungsverzugs fristlos, hilfsweise ordentlich. Er klagte auf Räumung der Mietwohnung und Nachzahlung der rückständigen Miete. Laut Mieter waren allerdings bei mehreren Messungen Werte zwischen maximal 2.800 KBE/100 ml und mindestens 200 KBE/100 ml festgestellt worden. Durch diese Konzentration sei seine Gesundheit gefährdet worden, er habe unter Lungenbeschwerden gelitten. Das Gericht entschied, dass der Mieter nicht zur Mietminderung berechtigt gewesen sei (143 C 2593/22). Es habe kein Mietmangel vorgelegen. Eine bloße Überschreitung des Grenzwerts der Trinkwasserverordnung reiche nicht aus, um von einer Gesundheitsgefährdung eines durchschnittlichen Mieters durch Legionellenbefall auszugehen. Für eine konkrete Gesundheitsgefahr habe der Mieter keine hinreichenden Tatsachen vorgetragen.

Höhere Legionellenkonzentration führt nicht zwingend zur Mietminderung

Eine andere Auffassung als das LG Berlin hat schon vor längerer Zeit das Amtsgericht München vertreten. Danach darf ein Mieter die Miete nur mindern, wenn durch den Legionellenbefall objektiv eine Gefahr für die Gesundheit vorliegt (452 C 2212/14). Eine solche Gefährdung ist nach Auffassung des Amtsgerichts erst ab einer Konzentration von 10.000 KBE/100 ml gegeben. Im Ausgangsfall hatte sich der Mieter geweigert, eine fast 3.000 Euro hohe Monatsmiete zu überweisen, weil die Hausverwaltung eine über dem Grenzwert liegende Legionellenkonzentration festgestellt hatte, die durch weitere Tests bestätigt wurde. Der Vermieter klagte auf Mietzahlung, der Mieter rechnete mit Gegenforderungen auf.

Dem Vermieter wurde recht gegeben. Es bestehe kein Mangel aufgrund einer Gesundheitsgefährdung. Den vorgelegten Untersuchungsberichten habe das Gericht entnommen, dass zu keinem Zeitpunkt an keiner der Entnahmestellen eine Legionellen-Konzentration über dem Grenzwert von 10.000 KBE/100 ml gemessen wurde, ab der laut DGVW-Arbeitsblatt W 551 von einer Gesundheitsgefährdung auszugehen und direkte Gefahrenabwehr notwendig sei. Festgestellt worden sei nur einmal ein etwas stärker erhöhter Legionellenbefall von 1.700 KBE/100 ml, allerdings nur an einer Entnahmestelle und nicht in der Wohnung des Beklagten. Auch dieser Wert liege noch weit unter dem Grenzwert. Das Gericht gehe deshalb davon aus, dass eine konkrete Gesundheitsgefahr, die über das normale Lebensrisiko hinausgehe, nicht vorgelegen habe. Eine rein subjektive Wahrnehmung einer Gefahr oder die Angst vor einer Gesundheitsgefährdung führt nach Auffassung des Amtsgerichts nicht zu einem Mangel der Wohnung.

Mietminderung um 25 % bei erhöhter Konzentration berechtigt

Die Untersuchung einer Mietwohnung auf Legionellenbefall hatte im Zeitraum vom 29.09.2012 bis 13.10.2012 eine Konzentration von 14.000 KBE/100 ml ergeben. Der Mieter minderte ab 15.10.2012 die Miete und forderte den Vermieter auf, für Abhilfe zu sorgen. Kurz darauf ließ dieser im Bad der Mieter einen Filter in den Duschkopf einbauen. Eine Wasserprobe Mitte Dezember 2012 ergab eine Legionellenkonzentration von 3.700 KBE/100 ml.

Der Vermieter erhob Klage, die jedoch erfolglos war. Der Mieter durfte die Miete gemäß § 536 Abs. 1 BGB vom 15.10.2012 bis zum 17.12.2012 i. H. v. 25 % wegen des legionellenhaltigen Trinkwassers mindern (148 C 5353/13). Das Vorkommen der Legionellen und die Höhe der Konzentration in der Wasserversorgungsanlage der Wohnung sind hier unstreitig. Die seitens des Vermieters zur Eindämmung der Gefahr getroffenen Maßnahmen haben nicht dazu geführt, dass die erhebliche Beeinträchtigung der Mietsache vollständig beseitigt und die Gebrauchstauglichkeit wiederhergestellt wurde. Vielmehr bestand auch weiterhin eine von der erhöhten Legionellenkonzentration ausgehende abstrakte Gefahr. Maßgeblich sei hier, dass durch den Filtereinbau im Duschkopf die Gefahr lediglich dezimiert, jedoch nicht beseitigt wurde. Die Gefahr war weiterhin existent. Die Mieter konnten die Wohnung nur in dem Wissen über den erheblich überschrittenen Grenzwert nutzen. Es bestand nach wie vor die Gefahr, dass die Legionellen über das Trinkwasser aufgenommen werden bzw. ein Defekt der Filter zum

Austritt der Legionellen führt. Ein Mietobjekt ist nach Auffassung des Amtsgerichts auch dann mangelhaft, wenn und weil es nur in der Befürchtung der Gefahrverwirklichung genutzt werden kann.

Eine zum Aufenthalt von Menschen bestimmte Räumlichkeit entspricht laut Gericht nur dann dem Vertragszweck, wenn sie nicht gesundheitsgefährdend ist. Bei der gemessenen Legionellenkonzentration, die den technischen Maßnahmenwert nach der Trinkwasserverordnung deutlich überstiegen habe, sei von einer akuten Gesundheitsgefährdung auszugehen. Die Tauglichkeit der Wohnung war nicht unerheblich vermindert.

Auch durch den Einbau des Filters sei die Gebrauchstauglichkeit der Wohnung nicht vollständig wiederhergestellt gewesen: Die Legionellenkonzentration war weiterhin erhöht und es bestand eine davon ausgehende abstrakte Gefahr. Die Mieter konnten die Wohnung nur in dem Wissen über den erheblich überschrittenen Grenzwert nutzen. Bereits wenn die Verwirklichung einer Gefahr zu befürchten ist, sei ein Mietobjekt mangelhaft. Nicht entscheidend sei, dass ein Schaden eingetreten ist oder unmittelbar bevorsteht (AG Dresden, Urteil vom 11.11.2013, 148 C 5353/13).

6.5 WHO-Leitlinien zur Verbesserung kleiner Trinkwasserversorgungen

Von der Weltgesundheitsorganisation (WHO) wurden im Februar 2024 neue Leitlinien und Arbeitshilfen zur Verbesserung kleiner Trinkwasserversorgungen vorgestellt. Es handelt sich um die Leitlinien „Guidelines for drinking water quality: small water supplies, Volume 4" und Arbeitshilfen für Hygienebegehungen „Sanitary inspection packages". Sie bezwecken,

- die Trinkwasserqualität zu verbessern,
- die Systeme und deren Versorgungsleistungen resilienter zu machen,
- vulnerable Gruppen besser vor Krankheiten zu schützen und
- Krankheiten in ressourcenlimitierten Gemeinden zu bekämpfen.

Die Leitlinien richten nach Angaben des Umweltbundesamts (UBA) ihren Fokus auf Regelungen zur Trinkwasserqualität (basierend auf dem Gesundheitsschutz und angemessen für den jeweiligen Kontext). Empfohlen werden u. a. ein proaktives Risikomanagement (Water Safety Planning) und Hygienebegehungen sowie eine unabhängige Überwachung der kleinen Trinkwasserversorgungen

Die in den Leitlinien enthaltenen Empfehlungen werden durch verschiedene sog. Best-Practice-Beispiele (u. a. auch aus Deutschland) veranschaulicht.

Die „Guidelines for drinking water quality: small water supplies" lösen mit ihrem Erscheinen die von der WHO 1997 veröffentlichten „Guidelines for drinking-water quality, Volume 3: Surveillance and control of community supplies" ab. Laut UBA besteht eine der wichtigsten Änderungen im Vergleich zu der Veröffentlichung von 1997 darin, dass ein stärkerer Fokus auf das präventive Risikomanagement gelegt wird. Die neuen bzw. aktualisierten Empfehlungen adressieren eine größere Bandbreite von kleinen Versorgungen und Rahmenbedingungen, sodass die aktuellen Leitlinien auch für den deutschen Kontext eine höhere Relevanz gewinnen können.

Die zuständigen Gesetzgeber und Behörden werden laut UBA von der WHO ermutigt, die in den Leitlinien enthaltenen Empfehlungen für kleine Systeme in entsprechenden Richtlinien, Rechtsakten und unterstützenden Programmen umzusetzen.

Hinweis

Die WHO verwendet einen immens breiten Begriff der „small water supplies" (kleine Wasserversorgungen). Treffender wäre der Begriff „small suppliers" gewesen, denn gerade um diese geht es im Grunde. Eine klare Definition der „small water supplies" wird nicht gegeben. Im Unterabschnitt 1.2 wird lediglich ausgeführt, dass mit den „small water supplies" ggf. nur ein einziger Haushalt oder eine bestimmte Anzahl von Abnehmern (mehrere Haushalte, Gewerbe, Schulen und Gesundheitseinrichtungen) versorgt wird. Die Örtlichkeit oder die Anzahl der Abnehmer wird nicht berücksichtigt.

Kleine Wasserversorger im europäischen und deutschen Kontext

1. Kleine Wasserversorger gemäß der europäischen Trinkwasserrichtlinie

Auch die aktuell geltende Richtlinie (EU) 2020/2184 differenziert nicht mehr groß. Lediglich in Erwägungsgrund 16 wird ausgeführt, dass Wasserversorger, die im Durchschnitt zwischen 10 m^3 und 100 m^3 Wasser pro Tag bereitstellen oder zwischen 50 und 500 Personen mit Wasser versorgen, von den Mitgliedstaaten von der Durchführung einer Risikobewertung des Versorgungssystems befreit werden können. Voraussetzung dafür ist, dass eine regelmäßige Überwachung gemäß der Trinkwasserrichtlinie erfolgt. Lediglich im Erwägungsgrund 43 wird noch festgehalten, dass schon in der „alten" Richtlinie 98/83/EG keine Berichtspflichten für kleine Wasserversorger festgelegt wurden. Um dem abzuhelfen und dem Bedarf an Informationen über Durchführung und Einhaltung gerecht zu werden, sollte mit der Richtlinie 2020/2184 ein neues System eingeführt werden, nach dem die Mitgliedstaaten verpflichtet sind, Datensätze zu erstellen. Diesen sollen nur relevante Daten

(z. B. Überschreitungen von Parameterwerten und Vorfälle einer bestimmten Signifikanz) enthalten und müssen auf dem neuesten Stand gehalten und der Kommission sowie der Europäischen Umweltagentur (EUA) zugänglich gemacht werden.

2. Kleine Wasserversorger gemäß aktueller Trinkwasserverordnung

In der neuen Trinkwasserverordnung (TrinkwV), mit der die Trinkwasserrichtlinie 2020/2184 umgesetzt wird, taucht der Begriff „kleine Trinkwasserversorger" gar nicht auf, allerdings werden in § 2 sechs Anlagetypen deutlich differenziert.

Tabelle 1: *Anlagetypen nach § 2 TrinkwV*

Begriff	Definition/Fundstelle
Zentrale Wasserversorgungsanlagen	Anlagen einschließlich dazugehörender Wassergewinnungsanlagen und eines dazugehörenden Leitungsnetzes, aus denen pro Tag mindestens 10 Kubikmeter Trinkwasser entnommen oder auf festen Leitungswegen an Zwischenabnehmer geliefert werden oder aus denen auf festen Leitungswegen Trinkwasser an mindestens 50 Personen abgegeben wird (§ 2 Nr. 2 a) TrinkwV)
Dezentrale Wasserversorgungsanlagen	Anlagen einschließlich dazugehörender Wassergewinnungsanlagen und eines dazugehörenden Leitungsnetzes, aus denen pro Tag weniger als 10 Kubikmeter Trinkwasser entnommen oder im Rahmen einer gewerblichen oder öffentlichen Tätigkeit genutzt werden, ohne dass eine zentrale Wasserversorgungsanlage oder eine Eigenwasserversorgungsanlage vorliegt (§ 2 Nr. 2 b) TrinkwV)
Eigenwasserversorgungsanlagen	Anlagen einschließlich dazugehörender Wassergewinnungsanlagen und einer dazugehörenden Trinkwasserinstallation, aus denen pro Tag weniger als 10 Kubikmeter Trinkwasser zur eigenen Nutzung entnommen werden (§ 2 Nr. 2 c) TrinkwV)

Tabelle 1: *Anlagetypen nach § 2 TrinkwV*

Begriff	Definition/Fundstelle
Mobile Wasserversorgungsanlagen	Bewegliche Anlagen, aus denen Trinkwasser entnommen wird einschließlich Anlagen an Bord von Land-, Wasser- und Luftfahrzeugen sowie Anlagen, aus denen auf Meeresbauwerken Trinkwasser entnommen wird, jeweils einschließlich der Trinkwasserinstallation und etwaiger Wassergewinnungsanlagen (§ 2 Nr. 2 d) TrinkwV)
Gebäudewasserversorgungsanlagen	Anlagen, aus denen aus einer zentralen Wasserversorgungsanlage oder einer dezentralen Wasserversorgungsanlage übernommenes Trinkwasser über eine Trinkwasserinstallation an Verbraucher abgegeben wird (§ 2 Nr. 2 e) TrinkwV)
Zeitweilige Wasserversorgungsanlagen	Anlagen, aus denen Trinkwasser entnommen oder an Verbraucher abgegeben wird und die aa) zeitweise betrieben werden, einschließlich einer dazugehörenden Wassergewinnungsanlage und einer dazugehörenden Trinkwasserinstallation, oder bb) zeitweise an eine zentrale Wasserversorgungsanlage, eine dezentrale Wasserversorgungsanlage, mobile Wasserversorgungsanlage oder eine Gebäudewasserversorgungsanlage angeschlossen sind (§ 2 Nr. 2 f) TrinkwV)

In Deutschland würden die kleinen Wasserversorger der WHO am nächsten den dezentralen Wasserversorgungs- bzw. Eigenversorgungsanlagen kommen.

An diese sechs verschiedenen Wasserversorgungsanlagen knüpft die TrinkwV unterschiedliche rechtliche Vorgaben und Pflichten für die Betreiber.

Grundlagen der WHO-Richtlinien zum Schutz der Trinkwasserqualität

Die nachfolgenden Punkte sind Grundlage der aktuellen WHO-Richtlinien für Trinkwasserqualität bezüglich kleiner Wasserversorgungen.

Notwendigkeit der Richtlinien: Kleine Wasserversorgungen spielen eine wesentliche Rolle bei der Bereitstellung von sichereren Trinkwasser, insbesondere in ländlichen Gebieten. Diese Richtlinien zielen darauf ab, die Sicherheit und Nachhaltigkeit dieser Wasserversorgungen zu verbessern.

Zielgruppe: Die Richtlinien richten sich hauptsächlich an Entscheidungsträger auf nationaler und subnationaler Ebene, die für die Entwicklung und Umsetzung von Regulierungsrahmen für Trinkwasserqualität verantwortlich sind. Auch andere Akteure wie NGOs und kleine Wasserversorger profitieren von diesen Richtlinien.

Verbindung zu anderen WHO-Veröffentlichungen: Diese Richtlinien basieren auf den WHO-Richtlinien für Trinkwasserqualität und bieten spezifische Anleitungen für kleine Wasserversorgungen. Sie umfassen drei Hauptelemente: Entwicklung von Vorschriften und Standards, Durchführung von Wassersicherheitsplänen und unabhängige Überwachung.

Empfohlene Maßnahmen: Die Richtlinien geben Empfehlungen zur Verbesserung der Sicherheit von kleinen Wasserversorgungen, darunter die Bewertung des Umfelds, die Festlegung von Vorschriften, die Förderung von Wassersicherheitsplänen und die Stärkung der Überwachung.

Kleine Wasserversorgungen: Diese umfassen eine Vielzahl von Versorgungen, die von einzelnen Haushalten bis hin zu Gemeinschaften reichen. Sie können nicht leitungsgebundene Versorgungen wie Brunnen oder Regenwassersammelsysteme oder leitungsgebundene Versorgungen sein.

Leitprinzipien: Die Richtlinien basieren auf zehn übergreifenden Prinzipien, die darauf abzielen, die Sicherheit von Trinkwasser in kleinen Versorgungen zu verbessern. Dazu gehören die Priorisierung der öffentlichen Gesundheit, ein risikobasierter Ansatz und die Anpassung an den Kontext.

Überwachung und Datenverwendung: Die Richtlinien betonen die Bedeutung einer risikobasierten Überwachung und der Nutzung von Daten zur Entscheidungsfindung und Maßnahmen auf allen Ebenen.

Notwendigkeit der WHO-Leitlinien 2024

Diesbezüglich führt die WHO in der Einleitung zu den „Guidelines for drinking water quality: small water supplies, Volume 4" aus, dass die Bereitstellung des Zugangs zu sichern und angemessenen Trinkwasserdienstleistungen eines der wirksamsten Mittel zur Förderung der Gesundheit und zur Verringerung der Armut ist. Gerade kleine Wasservorräte spielen eine wesentliche Rolle bei der Deckung dieses Bedarfs. Für einen erheblichen Teil der Weltbevölkerung stamme Trinkwasser aus kleinen Vorräten, die von einzelnen Haushaltsbrunnen bis hin zu Leitungsvorräten für ganze Gemeinden reichen. Mehr als 40 % der Weltbevölkerung lebte in ländlichen Gebieten, die i. d. R. mit kleinen Vorräten versorgt werden. Menschen, die in Kleinstädten, stadtnahen und städtischen Gebieten leben, können ebenfalls auf eine geringe Wasserversorgung angewiesen sein. Bei kleinen Vorräten sei die Wahrscheinlichkeit von Mängeln in Bezug auf die Wassersicherheit höher, die zu wasserbedingten Krankheiten sowie zu negativen sozialen und wirtschaftlichen Auswirkungen führen können. Die Verbesserung der sicheren Bewirtschaftung und Leistung kleiner Wasserversorgungen stellt daher eine wichtige Gelegenheit dar, einen bedeutenden Beitrag zur öffentlichen Gesundheit und zum Wohlergehen der Bevölkerung zu leisten, Ungleichheiten zu beseitigen und die Lebensgrundlagen zu verbessern.

Hinweis

Die Gewährleistung der Sicherheit von Trinkwasser, das über kleine Wasservorräte geliefert wird, erfordert laut WHO eine ausdrückliche Berücksichtigung in Richtlinien und Vorschriften.

Obwohl kleine Wasserversorgungen vielfältig sind, sehen sich diese i. d. R. mit einer Reihe von betrieblichen Herausforderungen, Management-, Technik- und Ressourcenproblemen konfrontiert, die sich auf ihre Fähigkeit auswirken können, nachhaltiges Trinkwasser zu liefern. Diese Herausforderungen würden durch die Auswirkungen des Klimawandels auf die Wasserqualität und -quantität noch verschärft. Kleine Wasserversorgungen bedürfen daher einer ausdrücklichen politischen und regulatorischen Erwägung und der damit verbundenen Unterstützung. Die „Guidelines for drinking water quality" wurden entwickelt, um den Bedürfnissen und Möglichkeiten im Zusammenhang mit kleinen Versorgungsunternehmen gerecht zu werden und eine schrittweise Verbesserung hin zu einer sicheren und nachhaltigen Trinkwasserversorgung für alle zu ermöglichen.

Zielgruppe der Leitlinien sind Entscheidungsträger

Nach Angaben der WHO sollen die Leitlinien Regierungen und Praktikern helfen, die Sicherheit von Trinkwasser zu verbessern, das durch kleine Vorräte geliefert wird. Der Leitfaden richtet sich in erster Linie an Entscheidungsträger auf nationaler und subnationaler Ebene, die für die Entwicklung und Umsetzung von Regelungsrahmen für die Trinkwasserqualität und die damit verbundenen Programme für das Risikomanagement und die Überwachung zuständig sind. Andere Interessengruppen, die an der Bereitstellung von Wasserversorgung beteiligt sind, werden ebenfalls von den Leitlinien profitieren, einschließlich Nichtregierungsorganisationen und gemeindebasierten Organisationen, die den Betrieb und die Verwaltung kleiner Trinkwasservorräte unterstützen. Die Leitlinien sind auch für kleine Wasserversorger wichtig, obwohl sich die meisten Empfehlungen an die Institutionen richten, die sie regulieren und unterstützen.

Inhalt der WHO-Leitlinien

Die 220-seitigen Leitlinien basieren auf der Hauptempfehlung der Leitlinien für die Trinkwasserqualität (GDWQ) der WHO – einem Rahmenwerk für sicheres Trinkwasser. Dieser Rahmen für sicheres Trinkwasser umfasst drei Elemente:

1. Entwicklung von Vorschriften und Normen, die gesundheitsbezogene Ziele (z. B. Wasserqualitätsziele) enthalten

2. Durchführung einer Wassersicherheitsplanung (WSP), bei der es sich um einen umfassenden und proaktiven Risikobewertungs- und Risikomanagementansatz handelt, der alle Schritte der Wasserversorgungskette (vom Einzugsgebiet bis zum Verbraucher) umfasst
3. Durchführung einer unabhängigen Überwachung, um sicherzustellen, dass die Risikomanagementpraktiken wirksam sind und gesundheitsbezogene Ziele erreicht werden

Praxistipp

Die Leitlinien 2024 werden durch die Sanitärinspektionspakete (Sanitary Inspection Packages) 2024 der WHO ergänzt. Die Sanitärinspektion (SI) ist eine einfache Vor-Ort-Bewertung, die traditionell anhand einer Checkliste durchgeführt wird, um Risikofaktoren zu identifizieren, die zu einer Kontamination einer Wasserversorgung führen können. Damit ist sie ist ein wichtiges Instrument zur Unterstützung des Risikomanagements (einschließlich der Planung der Wassersicherheit) und der Überwachungsaktivitäten.

Empfohlene Maßnahmen der WHO-Leitlinien

Die Guidelines enthalten sechs Empfehlungen zur Erzielung sicherer Dienstleistungen durch kleine Wasserversorger bzw. -versorgungen:

1. Bewertung des förderlichen Umfelds
2. Festlegung von Vorschriften für kleine Wasserversorgungen, die die Risikomanagementpraxis fördern, und Festlegung von vorrangigen Überwachungsparametern und -häufigkeiten auf der Grundlage des Risikos
3. Einführung von Regulierungsansätzen, die einen Wandel hin zu einem professionalisierten Betrieb und Management kleiner Wasservorräte fördern
4. Förderung und Unterstützung von WSP, die von den Wasserversorgern umgesetzt werden sollten, um die Risiken vom Einzugsgebiet bis zum Verbraucher am effektivsten zu bewältigen

5. Praktische Einführung einer risikobasierten Überwachung, einschließlich der Überprüfung der Risikomanagementpraktiken der Wasserversorger und des Einsatzes begrenzter Ressourcen, um vorrangige Anliegen der öffentlichen Gesundheit anzugehen
6. Stärkung der Systeme für den Datenaustausch und die Datennutzung, um die Entscheidungsfindung und das Handeln auf allen Ebenen zu unterstützen

Die Empfehlungen werden durch konkrete Maßnahmenvorschläge verdeutlicht. Als Beispiel nachfolgend die Vorschläge zur Bewertung eines förderlichen Umfelds (Empfehlung 1).

- **Überprüfung der Service-Levels und Trends**
  Trends beim Service-Level sind ein Schlüsselindikator für die Wirksamkeit des günstigen Umfelds, das die Erbringung von Wasserversorgungsdiensten in kleinen Unternehmen unterstützt. Zu den grundlegenden Serviceparametern, die überprüft werden sollen, gehören Zugänglichkeit (oder Abdeckung), Quantität, Qualität, Kontinuität und Erschwinglichkeit.
- **Überprüfung der Governance-Regelungen**
  Eine erfolgreiche Erbringung von Trinkwasserdienstleistungen (auch durch kleine Wasserversorger) hängt von einer klaren Vision für den Sektor ab, die in der Politik dargelegt ist:
  - ein unterstützender Rechtsrahmen zur Verwirklichung dieser Vision
  - formale Regulierungsmechanismen, um sicherzustellen, dass Strategien und Rechtsvorschriften angewandt und durchgesetzt werden
  - effektive Institutionen mit klar definierten Mandaten, Zuständigkeiten und Wechselwirkungen zwischen den verschiedenen Institutionen
- **Überprüfung der Finanzierung**
  Ein etwaiges Ungleichgewicht zwischen dem, was zur Finanzierung kleiner Wasserversorgungsdienstleistungen erforderlich ist, und dem, was zur Finanzierung kleiner Wasserversorgungsdienstleistungen zur Verfügung steht, ist zu ermitteln und ggf. zu beheben. In diesem Zusammenhang ist es wichtig, die Lebenszykluskosten, die aktuellen Finanzierungsquellen und die Strategien zur Verringerung der Finanzierungslücken zu überprüfen.

- **Überprüfung der Kapazitäten und der personellen Ressourcen**
  Individuelle und institutionelle Kapazitäten sollten entwickelt werden, um eine starke, vielfältige und geschlechtergerechte Belegschaft aufzubauen.
- **Überprüfung der Überwachungsrahmen und -praktiken**
  Überwachungsrahmen und -praktiken sollten speziell für kleine Wasservorräte berücksichtigt werden (z. B. durch spezielle Metriken). Sie sollten vollständig in die nationalen und subnationalen Systeme und Prozesse integriert sein und die Bedürfnisse der Zieldatennutzer widerspiegeln.
- **Entwicklung eines strategischen Plans zur Stärkung des günstigen Umfelds**
  Eine umfassende Überprüfung des günstigen Umfelds für kleine Wasserversorgungen sollte in die Öffentlichkeitsarbeit, Interessenvertretung und kurz- bis längerfristige Maßnahmen zur schrittweisen Verbesserung der Leistungserbringung einfließen. Die Verknüpfung der Bewertung mit formellen Prozessen der sektoralen Überprüfung und Strategieentwicklung kann dazu beitragen, die notwendige politische Unterstützung zu sichern.

Nachfolgend die Maßnahmenvorschläge der Einführung von Regulierungsansätzen (Empfehlung 3):

- **Einbindung und Unterstützung kleiner Wasserversorger**
  Kleine Wasserversorger sollten einbezogen werden, um sicherzustellen, dass ihr Wissen und ihre Perspektiven berücksichtigt werden. Regulatorische Anforderungen, die für kleine Vorräte gelten, sollten durch Programme, Maßnahmen und Instrumente ausgeglichen werden, die die Einhaltung ermöglichen und Anreize dafür schaffen. Bei kleinen Wasserversorgungen, die von den gesetzlichen Anforderungen ausgenommen sind, ist weiterhin Unterstützung erforderlich, um sicherzustellen, dass über diese Wasserversorgungen sicheres Wasser bereitgestellt wird.
- **Förderung des Risikomanagements vom Einzugsgebiet bis zum Verbraucher**
  Verordnungen sollten die Planung der Wassersicherheit durch die Wasserversorger, die die Hauptverantwortung für die Kontrolle der Trinkwasserqualität tragen, sowie den Schutz des

Quellwassers durch die zuständigen Behörden fördern oder vorschreiben.

- **Festlegung prioritärer Wasserqualitätsparameter**
  Verordnungen sollten eine Reihe von prioritären Parametern (Wasserqualitätszielen) für die Überwachung kleiner Wasservorräte festlegen, die die Risiken für die öffentliche Gesundheit und die Verfügbarkeit von Ressourcen widerspiegeln und die regelmäßig überprüft und bei Bedarf überarbeitet werden, um eine schrittweise Verbesserung zu erzielen. Die Überwachung zur Sicherstellung der mikrobiellen Wasserqualität hat höchste Priorität, gefolgt von der Überwachung prioritärer chemischer Schadstoffe. Bei besonders begrenzten Ressourcen liefert die Überwachung von Rückständen von chloriertem Chlor (idealerweise in Kombination mit Tests auf Trübung und pH-Wert) einen Hinweis auf die mikrobielle Wasserqualität zwischen den Überwachungsereignissen von Escherichia coli (E. coli).
- **Festlegung von schützenden und realistischen Parametergrenzwerten**
  Ziel sollte es sein, Wasser zu produzieren, wo E. coli in einer 100-ml-Probe nicht nachweisbar ist. Mikrobielle Einstufungsschemata können nützlich sein, um zwischen Standorten mit niedrigerem und höherem Risiko zu unterscheiden, um die Priorisierung dort zu unterstützen, wo mikrobielle Ziele schwer zu erreichen sind. Für die chemische Wasserqualität können verschiedene regulatorische Ansätze (z. B. Zwischengrenzwerte, Ausnahmen, Ausnahmeregelungen und lokal festgelegte sichere Grenzwerte) dazu dienen, die öffentliche Gesundheit zu schützen und gleichzeitig praktische Einschränkungen bei der Erreichung der GDWQ-Richtwerte zu überwinden, wenn die Wasseraufbereitung unzureichend (oder nicht vorhanden) ist.
- **Festlegung von Überwachungshäufigkeiten und -orten**
  Bei den behördlichen Überwachungsprogrammen sollten technische Bedingungen (z. B. Parameterkonzentration, Einschleppungspunkt, Stabilität und saisonale Schwankung) berücksichtigt werden. Dazu zählen Größe und Anfälligkeit der versorgten Bevölkerungen, Logistik (z. B. Zugänglichkeit des Standorts) und Verfügbarkeit von (personellen, finanziellen und technischen) Ressourcen für die Überwachung. Abweichungen von nationalen oder subnationalen Überwachungsanforderungen

sollten ggf. auf der Grundlage lokaler Risikobewertungen zugelassen werden.

- **Festlegung von spezifischen analytischen Anforderungen (auch für Feldtestkits)**
  Die Vorschriften sollten die Verwendung von Feldtestkits zulassen, wenn deren Leistung validiert wurde. Feldtestkits bieten eine Alternative zur Analyse in formellen Laborumgebungen und haben oft den Vorteil, dass sie einfacher zu verwenden und kostengünstiger sind als Labortestmethoden.
- **Festlegung von Meldepflichten und Vorfallprotokollen**
  Verordnungen sollten festlegen, was, wann, wie und zwischen wem Informationen während des normalen Betriebs und bei Vorfällen (z. B. Überschreitungen von Wasserqualitätsparametern) ausgetauscht werden sollten. Anforderungen an die öffentliche Berichterstattung tragen zur Transparenz bei und können Anreize für Verbesserungsmaßnahmen schaffen.
- **Festlegung eines risikobasierten Überwachungsprogramms**
  Verordnungen sollten Überwachungsanforderungen festlegen, die WSP-Prüfungen und/oder SIs umfassen, bspw. direkte Prüfung der Wasserqualität und Überprüfung der Ergebnisse der Compliance-Überwachung, die von den Wasserversorgern durchgeführt wird. Liegt die Durchsetzung der Trinkwasservorschriften in der Zuständigkeit einer anderen Stelle, sollten klare institutionelle Regelungen festgelegt werden, um ein rechtzeitiges Handeln auf der Grundlage der Überwachungsergebnisse zu ermöglichen.
- **Festlegung geeigneter zusätzlicher Vorschriften**
  Andere regulatorische Anforderungen und/oder damit verbundene Rahmenbedingungen (z. B. technische Standards und Verhaltenskodizes), die zu berücksichtigen sind, umfassen bspw. Ziele der Behandlungstechnologie, Leistungsziele für die Wasseraufbereitung in Haushalten, Anforderungen an die Ausbildung und die Fähigkeiten des jeweiligen Bedieners und Materialsicherheitsstandards.

Interessant sind auch die Maßnahmen zur Stärkung der Systeme für den Datenaustausch und die Datennutzung (Empfehlung 6):

- **Bewertung von Faktoren, die zu einer effektiven Datennutzung beitragen**
  Es ist wertvoll, Systeme und Praktiken zu bewerten, die die Nutzung von Daten unterstützen, um Entscheidungen und Maßnahmen zur Verbesserung der Wasserversorgung in kleinen Städten zu treffen. Einschließlich der Überlegung, welche Entscheidungen und von wem getroffen werden müssen, welche Daten erforderlich sind, um diese Entscheidungen zu treffen, und welche Instrumente zur Unterstützung der Berichterstattung und Nutzung von Daten vorhanden sind.
- **Schrittweise Stärkung der Datennutzung**
  Die Nutzung von Wasserversorgungsdaten mit höchster Priorität besteht darin, unmittelbare Bedrohungen für die Gesundheit der Nutzer zu bewältigen, insbesondere die Prävention von durch Wasser übertragenen Krankheiten. Nachdem dieser Bedarf als oberste Priorität erfüllt wurde, kann ein schrittweiser Ansatz gewählt werden, um die Verwendung zusätzlicher Daten für die Planung und Verbesserungsmaßnahmen zu unterstützen.
- **Harmonisierung der Datenerhebung und -verwaltung**
  Die Harmonisierung der Datenerhebungsinstrumente und -ansätze (einschließlich SI- und WSP-Prüfungsformularen) ist von entscheidender Bedeutung, um eine Fragmentierung der Datensätze zu vermeiden und sicherzustellen, dass die Daten auf nationaler und subnationaler Ebene leicht verglichen werden können. Gemeinsame Datenplattformen sollten in Betracht gezogen werden, wenn mehrere Interessenträger verwandte Daten sammeln und verwenden.
- **Erstellung zeitnaher und zweckmäßiger Berichte**
  Um eine evidenzbasierte Priorisierung und Entscheidungsfindung auf nationaler und subnationaler Ebene zu unterstützen, sollten Daten aus verschiedenen Standorten und Regionen gesammelt, interpretiert und in Berichten dargestellt werden, die zweckmäßig sind und zum optimalen Zeitpunkt vorgelegt werden. Dies fördert die Überprüfung und Verwendung von Daten durch die Nutzer der Zieldaten.

- **Systematisierung der Datennutzung in Entscheidungsprozessen**
  Eine konsistente Nutzung von Daten setzt voraus, dass klare Prozesse und Plattformen für die Datenerfassung und -überprüfung in alle relevanten Planungs- und Förderzyklen eingebettet sind. Zu den Entscheidungsprozessen, die eine systematische Überprüfung der verfügbaren Daten beinhalten sollten, gehören solche im Zusammenhang mit Standortverbesserungen, Schulungsprogrammen, Finanzierungszuweisungen, strategischer Planung und der Erneuerung von Betreiberlizenzen.

6.6 Neueste Entwicklungen – EU und Verbände

Europäisches und nationales Recht

Richtlinie (EU) 2020/2184 des Europäischen Parlaments und des Rates vom 16.12.2020 über die Qualität von Wasser für den menschlichen Gebrauch (Trinkwasserrichtlinie – Drinking Water Directive DWD)

Die Richtlinie (EU) ist mit der „Verordnung über die Qualität von Wasser für den menschlichen Gebrauch (Trinkwasserverordnung – TrinkwV)“ vom 20.06.2023 in nationales Recht umgesetzt worden. Die Trinkwasserverordnung schreibt gegenwärtig (Stand September 2025) nicht vor, in welcher Form ein Hersteller nachweisen muss, dass ein Produkt den Anforderungen der Trinkwasserrichtlinie (§§ 14, 15) genügt. Sowohl eine Erklärung des Herstellers als auch eine Zertifizierung auf Grundlage der Bewertungsgrundlagen des Umweltbundesamts sind möglich. Zur Konformitätsbestätigung der trinkwasserhygienischen Eignung von Produkten gibt es auf dieser Grundlage eine Empfehlung des Umweltbundesamts. Die Erstellung einer nationalen Konformitätsbestätigung ist nur noch bis zum 31.12.2026 möglich.

Ab dem 01.01.2027 kann eine Anfertigung neuer Konformitätsnachweise ausschließlich nach EU-Anforderungen erfolgen. Diese Anforderungen ergeben sich aus Durchführungsbeschlüssen (EU) und Delegierten Verordnungen (EU), den Rechtsakten nach Art. 11 der Richtlinie (EU) 2020/2184 in Bezug auf Mindesthygieneanforderungen für Materialien und Werkstoffe, die mit Wasser für den menschlichen Gebrauch in Berührung kommen.

Zur aktuellen Rechtslage, den zukünftig geltenden europäischen Regelungen und den entsprechenden Übergangsregelungen für Materialien und Werkstoffe im Kontakt mit Trinkwasser gibt es eine UBA-Information (Stand: 13.10.2025):

Hygienische Anforderungen an Materialien und Werkstoffe im Kontakt mit Trinkwasser – Neue europäische Regelung nach Richtlinie (EU) 2020/2184 online über www.umweltbundesamt.de (Suche: Anforderungen Trinkwasser 2020/2184)

Die nachfolgenden Rechtsakte nach Art. 11 der EU-Trinkwasserrichtlinie sind ab 31.12.2026 ohne Übergangsregelungen gültig, sofern nicht auf Ausnahmen hingewiesen wird.

- Durchführungsbeschluss (EU) 2024/365 in Bezug auf Methoden für die Prüfung und Akzeptanz von Ausgangsstoffen, Zusammensetzungen und Bestandteilen, die in die europäischen Positivlisten aufzunehmen sind.
  Im Beschluss sind Prüf- und Akzeptanzmethoden für die Bewertung der sicheren Verwendung von Ausgangsstoffen, Zusammensetzungen und Bestandteilen festgelegt, die in die europäischen Positivlisten aufgenommen werden. Das betrifft Hinweise zur Beurteilung der
  - Ausgangsstoffe von organischen Materialien,
  - organische Bestandteile zementgebundener Werkstoffe,
  - Zusammensetzung metallener Werkstoffe,
  - Zusammensetzungen von Emails, keramischen Werkstoffen und anderen anorganischen Materialien.

  In Anhang II sind u. a. Standardinformationen und -prüfungen im Hinblick auf die vorgesehene Verwendung zusammengestellt. Hinweise zur Beurteilung phys.-chem. Eigenschaften werden in Anhang III gegeben. Anhang IV enthält Hinweise zur Beurteilung von Migration und zur Bestätigung relevanter chemischer Spezies. Anhang V ist der Beurteilung toxikologischer Eigenschaften gewidmet. Anhang VI beschreibt Methoden zur Feststellung beschränkter und unbeschränkter Akzeptanz von Stoffen. Für metallene Produkte wird die Zuordnung zu den Produktgruppen A bis D in Tabelle 2 von Anhang II angegeben.
- Durchführungsbeschluss (EU) 2024/367 in Bezug auf die Erstellung der europäischen Positivlisten von Ausgangsstoffen, Zusammensetzungen und Bestandteilen, die für die Verwendung bei der Herstellung von Materialien bzw. Werkstoffen oder Produkten, die mit Wasser für den menschlichen Gebrauch in Kontakt kommen, zugelassen sind.

Es gibt Übergangsregelungen bis zum 31.12.2032. Der Beschluss enthält Positivlisten einzelner Ausgangsstoffe für organische Materialien mit Bedingungen für ihre Verwendung und Ablaufdatum (Anhang I) und für metallene Werkstoffe (Anhang II). Eine Liste generischer Bestandteile (Zement, anorganische Zusätze u. a.) und Positivlisten individueller organischer Bestandteile und Gruppen von organischen Bestandteilen für zementgebundene Werkstoffe sind in Anhang III aufgenommen worden. Eine Positivliste von Zusammensetzungen für Emails, keramische Werkstoffe und andere anorganische Werkstoffe ist Teil von Anhang IV. Anhang V informiert über die maximal tolerierbare Konzentration am Wasserhahn (MTC_{tap}) für Metalle für die spezifischen Material- und Werkstofftypen (einschließlich zementgebundener Werkstoffe).

In den Übergangsbestimmungen wird festgelegt, dass Ausgangsstoffe, Zusammensetzungen und Bestandteile, die von einer zuständigen Behörde eines Mitgliedstaats im Zeitraum vom 13.07.2021 bis zum 31.12.2026 gemäß den nationalen Bestimmungen genehmigt wurden, bei der Herstellung von Materialien bzw. Werkstoffen oder Produkten, die mit Wasser für den menschlichen Gebrauch in Kontakt kommen, bis 31.12.2032 verwendet werden können, sofern der Parameterwert von 5 µg/l Pb (Blei) an der Zapfstelle gemäß Anlage 2 Teil II der Trinkwasserverordnung eingehalten wird.

- Delegierte Verordnung (EU) 2024/369 zur Festlegung des Verfahrens für die Aufnahme von Ausgangsstoffen, Zusammensetzungen und Bestandteilen in die europäischen Positivlisten oder deren Streichung daraus.

  Beschrieben wird das Verfahren zur Aufnahme von Materialien in die Positivlisten. Eine erste Positivliste wird von der ECHA (European Chemical Agency) erstellt. Ein potenzieller Antragsteller muss der ECHA gem. Art. 2 der Verordnung eine Mitteilung über die beabsichtigte Antragstellung zwölf Monate vor Einreichung des Antrags machen. Da die Verordnung ab 31.12.2026 gültig ist, ist der früheste Zeitpunkt für die Ankündigung von Änderungen der Positivlisten und Anträgen für die Aufnahme von Ausgangsstoffen, Zusammensetzungen und Bestandteilen in die europäischen Positivlisten der 31.12.2025. Ausnahmen gibt es bei Behörden und Dringlichkeit.

- Durchführungsbeschluss (EU) 2024/368 in Bezug auf Verfahren und Methoden für die Prüfung und Bestätigung der Zulässigkeit endgültiger, in Produkten verwendeter Materialien bzw. Werkstoffe, die mit Wasser für den menschlichen Gebrauch in Kontakt kommen.
  Beschrieben werden die Identifizierung relevanter Stoffe in Abhängigkeit von der Einstufung von Produkten und Bauteilen in Risikogruppen, Prüfanforderungen und Rezepturen, die Durchführung der Prüfungen und die Erfüllung der Kriterien für das Bestehen/Nichtbestehen der Prüfungen für endgültige organische Materialien (Anhang I), endgültige metallene Werkstoffe (Anhang II), endgültige zementgebundene Werkstoffe (Anhang III) und endgültige Emails, keramische Werkstoffe und andere anorganische Materialien (einschließlich Glas). Endgültige Materialien bzw. Werkstoffe sind dabei solche, die in Produkten verwendet werden sollen. Für organische Materialien, zementgebundene Werkstoffe sowie Emails, keramische Werkstoffe und andere anorganische Materialien erfolgt auf Grundlage der Prüfungen eine Einteilung in vier Risikogruppen (RG1 bis RG4).
- Delegierte Verordnung (EU) 2024/370 zur Festlegung von Konformitätsbewertungsverfahren für Produkte, die mit Wasser für den menschlichen Gebrauch in Kontakt kommen, sowie von Vorschriften für die Benennung der an diesen Verfahren beteiligten Konformitätsbewertungsstellen
  Konformitätsbewertung ist das Verfahren, mit dem nachgewiesen wird, dass ein Produkt die Mindesthygieneanforderungen erfüllt. In Abhängigkeit von den Produktgruppen für metallene Produkte bzw. Risikogruppen für organische Materialien, zementgebundene Werkstoffe sowie Emails, keramische Werkstoffe und andere anorganische Materialien werden Konformitätsbewertungsverfahren vorgegeben. Konformitätsbewertungsstellen dürfen mit der Organisation des Herstellers, des Einführers oder des Bevollmächtigten oder den Produkten, die sie bewerten, in keinerlei Verbindung stehen (vgl. Art. 5 Abs. 3 der Verordnung). Für Produkte, für die am 31.12.2026 eine gültige nationale Konformitätsbescheinigung vorliegt, ist die Delegierte Verordnung (EU) 2024/370 erst ab dem 31.12.2032 anzuwenden.

1. Anmerkung: Eine Konformitätsbewertung ist nach der Delegierten Verordnung (EU) 2024/370 nur für „endgültige Materialien" möglich. Für baustellenseitig hergestellte Produkte ist diese Zertifizierung daher nicht möglich. Die endgültigen Materialien werden erst auf der Baustelle hergestellt. Das Umweltbundesamt hat angekündigt, zu einem späteren Zeitpunkt darüber zu informieren, wie die trinkwasserhygienische Eignung von baustellenseitig gefertigten Produkten nachgewiesen werden kann.
2. Anmerkung: Die Zertifikate müssen von Konformitätsbewertungsstellen (oder mit anderen Worten Zertifizierungsstellen) ausgestellt werden. Konformitätsbewertungsstellen mit Sitz in Deutschland benötigen zusätzlich zur Akkreditierung durch die Deutsche Akkreditierungsstelle (DAkkS) noch die Akkreditierung einer notifizierten Behörde bei der EU- Kommission. Welche Behörde das ist, muss noch gesetzlich festgelegt werden. Zertifikate können frühestens ab dem 31.12.2026 erteilt werden.
3. Anmerkung: Ab dem 12.01.2028 gilt in Deutschland der abgesenkte Grenzwert für Blei von 5,0 µg/l im Trinkwasser. Es dürfen daher in keinem Fall ab diesem Datum Produkte eingebaut werden, die zu einer Überschreitung dieses Grenzwerts führen können. Das gilt unabhängig vom Vorliegen eines gültigen Zertifikats am 12.01.2028. Welche Produkte betroffen sind, kann der 5. Änderung der Bewertungsgrundlage des UBA für metallene Werkstoffe entnommen werden.

- Delegierte Verordnung (EU) 2024/371 zur Festlegung harmonisierter Spezifikationen für die Kennzeichnung von Produkten, die mit Wasser für den menschlichen Gebrauch in Kontakt kommen.
  Die Kennzeichnung von Produkten, die mit Wasser für den menschlichen Gebrauch in Kontakt kommen, muss mit dem in der Anlage der Verordnung dargestellten Symbol erfolgen.

***Bild 1:** Symbol zur EU-Konformitätserklärung gemäß der delegierten Verordnung (EU) 2024/371 (Quelle: delegierte Verordnung (EU) 2024/371)*

Das Symbol muss mindestens 5 mm hoch sein. Es ist auch auf den Begleitunterlagen anzubringen. Auf den Begleitunterlagen und der Verpackung muss eine Information mit dem folgenden Text stehen: FÜR TRINKWASSER GEEIGNET.

Europäische Positivlisten und Europäische Chemikalienagentur (ECHA)

Die Europäische Chemikalienagentur (ECHA) informiert auf ihrer Webseite – www.echa.europa.eu/de/understanding-dwd – darüber, dass ab Ende 2025 Wirtschaftsakteure und nationale Behörden der ECHA ihre Absicht mitteilen können, Änderungen an den europäischen Positivlisten vorzuschlagen. Ab Ende 2026 können sie bei der ECHA Anträge auf Hinzufügung neuer Einträge sowie auf Änderung oder Löschung bestehender Einträge in den europäischen Positivlisten einreichen.

Folgender Zeitplan wird der Erstellung der Positivlisten zugrunde gelegt:

31.12.2025	Einreichung von Absichtserklärung bei der ECHA beginnt.
31.12.2026	Bestimmungen der ersten europäischen Positivlisten treten in Kraft. Die Einreichung von Anträgen zur Änderung der europäischen Positivlisten bei der ECHA beginnt.
31.01.2032	Die EU-Kommission überprüft die Umsetzung der überarbeiteten Trinkwasserrichtlinie.

31.12.2032 Die Übergangsbestimmungen für Stoffe, die von den Mitgliedsstaaten im Zeitraum 13.07.2021 bis 31.12.2026 zugelassen wurden, enden.

ECHA stellt online Unterstützungsmaterialien zur Verfügung, die Antragstellern helfen sollen, ihre rechtlichen Verpflichtungen gemäß der Trinkwasserrichtlinie (DWD) zu verstehen und ihre Absichtserklärungen und Anträge auf Aktualisierung der europäischen Positivlisten vorzubereiten. Dazu gehört u. a. die Broschüre How to prepare a Drinking Water Directive Notification of intention. ECHA, June 2025, https://doi.org/10.2823/1995451

Diese Informationen können als erste Orientierung für die Einreichung von Absichtserklärungen zur Trinkwasserrichtlinie dienen. Erläuterungen und Präzisierungen zu noch offenen Fragen sind seitens des Umweltbundesamts zu erwarten.

Informationen der Verbände

Gesetzliche Rahmenbedingungen und das technische Regelwerk für die Planung, die Errichtung und den Betrieb von Trinkwasser-Installationen in Gebäuden sind in den letzten Jahren ständig erweitert und weiterentwickelt worden. Das hat die Verbände veranlasst, die Dokumente, die in Hinblick auf die zu erfüllenden Mindestanforderungen zu beachten sind, zusammenzustellen in der Verbändeinformation: Umsetzungshinweise zur Erfüllung der Anforderungen der Trinkwasserverordnung in Bezug auf Planung, Errichtung und Betrieb von Trinkwasser-Installationen in Gebäuden (Stand: 17.07.2024).

In der Verbändeinformation sind tabellarisch Informationen zu drei Kategorien aufgelistet:

Kategorie A: Verbindlich zu berücksichtigende Vorgaben (A1) und Empfehlungen (A2)

Kategorie B: Allgemein anerkannte Regeln der Technik (a.a.R.d.T.) zu Grundanforderungen

Kategorie C: Ergänzende Informationen und sonstige Empfehlungen

Herausgegeben wurde die Verbändeinformation von

- Bundesindustrieverband Technische Gebäudeausrüstung e. V. (BTGA),
- Deutscher Verein des Gas- und Wasserfaches e. V. (DVGW),
- Bundesvereinigung der Firmen im Gas- und Wasserfach e. V. (figawa),
- Deutscher Verband für Facility Management e. V. (gefma),
- Zentralverband Sanitär Heizung Klima (ZVSHK).

Die Verbändeinformation ist online abrufbar. Die Verbände stellen darüber hinaus zahlreiche Informationsmaterialien – sowohl kostenlos als auch kostenpflichtig – zur Verfügung.

6.7 Digitalisierung und Risikomanagement für Betreiber und Versorger

Digitalisierung von Berichtspflichten (Meldesysteme und UBA)

Mit der EU-Trinkwasserrichtlinie 2020/2184 sollte ein System der Berichterstattung eingeführt werden, nach dem die Mitgliedstaaten verpflichtet sind, Datensätze zu erstellen, die nur relevante Daten (z. B. Überschreitungen von Parameterwerten und Vorfälle einer bestimmten Signifikanz) enthalten. Diese Daten sollen auf dem aktuellsten Stand gehalten und der Europäischen Kommission und der Europäischen Umweltagentur (EUA) zugänglich gemacht werden. Im Rechtsrahmen der Richtlinie 98/83/EG mussten zuvor kleine Wasserversorger keine Berichte erstellen. Nach den neuen Vorgaben sollen die Daten aber auch von den kleinen Versorgern erfasst werden. Die relevanten Daten sollen eine bessere Bewertung der Trinkwasserrichtlinie in Bezug auf Effizienz, Effektivität, Relevanz und Mehrwert für die Union ermöglichen. Mit der Beschränkung auf die Erfassung der relevanten Daten wurde angestrebt, den Verwaltungsaufwand für alle beteiligten Stellen zu begrenzen – vgl. Gründe (43) und (44) der EU-Richtlinie 2020/2184.

Die EU-Trinkwasserrichtlinie wurde mit der TrinkwV in deutsches Recht umgesetzt. Das Gesundheitsamt muss gem. § 56 TrinkwV einen Berichtsplan für jedes Wasserversorgungsgebiet in seinem Zuständigkeitsbereich erstellen. In diesem Berichtsplan müssen wenigstens die Betreiber von zentralen und dezentralen Wasserversorgungsanlagen, von zeitweiligen Versorgungsanlagen und von Gebäudewasserversorgungsanlagen erfasst werden. Nach Landesrecht können die zuständigen Landesbehörden oder eine andere nach Landesrecht zuständige Stelle Vorgaben für die Erstellung der Berichtspläne mit einheitlichen Vordrucken oder bezüglich einheitlich anzuwendender Datenverarbeitungsanlagen machen. Einzubeziehen sind in die Berichtsplanung infolge § 69 Abs. 1 Satz 1 TrinkwV auch Wasserversorgungsgebiete, in denen pro Tag mindestens 10 m³ (zehn Kubikmeter) Trinkwasser abgegeben oder mindestens 50 Personen versorgt werden. Das betrifft die in der EU-Trinkwasserrichtlinie genannten „kleinen Wasserversorger".

In § 69 Abs. 1 TrinkwV ist festgelegt, dass bis zum 30. April eines jeden Jahres jedes Gesundheitsamt bzw. die für die Untersuchung radioaktiver Stoffe nach Landesrecht zuständige Behörde einen Datensatz über die Beschaffenheit des Trinkwassers an die zuständige Behörde der zuständigen obersten Landesbehörde oder eine andere nach Landesrecht zuständige Stelle zu übermitteln hat. Die jeweils zuständige Stelle des Landes kann nach § 69 Abs. 2 TrinkwV bestimmen, dass die übermittelten Daten mit der von ihr bestimmten Schnittstelle kompatibel sind.

Bis zum Ablauf des 31. August jeden Jahres erstellt die zuständige oberste Landesbehörde oder eine andere nach Landesrecht zuständige Stelle mit den ihr übermittelten Daten einen Bericht für das vorangegangene Kalenderjahr über die Beschaffenheit des Trinkwassers. Dieser Bericht muss an das Bundesministerium für Gesundheit oder eine von diesem benannte Stelle übermittelt werden (vgl. § 69 Abs. 3 TrinkwV). Dem Bundesgesundheitsministerium wird es im Einvernehmen mit den Ländern ermöglicht, das Format, die Modalitäten und die Mindestinformationen mit den jeweiligen Vorgaben zur elektronischen Datenverarbeitung festzulegen und im Bundesgesundheitsblatt und im Internet zu veröffentlichen (vgl. § 69 Abs. 4 TrinkwV).

Einzelheiten zum „Format für die Berichterstattung der zuständigen obersten Landesbehörden an das Bundesministerium für Gesundheit/Umweltbundesamt über die Qualität von Wasser für den menschlichen Gebrauch gemäß der Richtlinie (EU) 2020/2184 (Trinkwasserrichtlinie) und der Trinkwasserverordnung vom 20. Juni 2023" sind in einer Bekanntmachung des Bundesministeriums für Gesundheit zusammengestellt. Diese Bekanntmachung ist im Bundesgesundheitsblatt (Bd. 68, 2.6.2025, Heft 6.2025, S. 695–713) und im Internet unter https://doi.org/10.1007/s00103-025-04053-1 veröffentlicht worden. Die Bekanntmachung enthält detaillierte Vorgaben zu den Informationen, die dem Umweltbundesamt jährlich vorzulegen sind:

1. Allgemeine Informationen über die Trinkwasserversorgung im Bundesland
2. Wasserversorgungsgebiete (WVG) im Bundesland
3. Übersicht über WVG, in denen die Untersuchungshäufigkeit nicht eingehalten wurde
4. Zusammenfassende Informationen über die Trinkwasserqualität
5. Weitere Bemerkungen zu den zusammenfassenden Informationen
6. Überschreitungen von Grenz-, Höchst- oder Parameterwerten
7. Ursachen und Abhilfemaßnahmen bei Überschreitungen
8. Messergebnisse aus Überschreitungen von Grenz- und Parameterwerten
9. Meldung von berichtspflichtigen Vorfällen nach § 69 Abs. 1 Nr. 4 TrinkwV
10. Ursachen und Abhilfemaßnahmen der berichtspflichtigen Vorfälle
11. Zugelassene Abweichungen nach § 66 TrinkwV
12. Abhilfemaßnahmen für nicht-triviale zugelassene Abweichungen
13. Programme für Kontrollmaßnahmen für nicht-triviale zugelassene Abweichungen
14. Produktspezifische Parameter Acrylamid, Epichlorhydrin und Vinylchlorid
15. Nachforschungen bei Überschreitung des Grenzwerts für Clostridium perfringens
16. Art der im Bundesland öffentlich zugänglichen Informationen
17. Kommunikation der im Bundesland verfügbaren Informationen

Für jede dieser 17 Gruppen ist in der Bekanntmachung im Bundesgesundheitsblatt ein Tabellenformat zur Erfassung der Informationen vorgegeben. Für die Erfassung der „Ursachen und Abhilfemaßnahmen bei Überschreitungen" hat diese Tabelle bspw. die folgenden Spalten (vgl. Tab. 7 in der Bekanntmachung):

- Überschreitung ID
- Ursache (Code)
- Abhilfemaßnahme (Code)
- Abhilfe Start (Datum)
- Abhilfe (Datum)
- Bemerkungen

Für die Angabe einzelner Inhalte dieser Tabelle sind in der Bekanntmachung Codes vorgegeben. Die Ursachen sind bspw. wie folgt zu codieren (vgl. Tab. 20 in der Bekanntmachung):

Ursache (Code)	Beschreibung
accidentialPollution	Verschmutzung durch einen Unfall/Havarie
flooding	Hochwasserereignis
outbreak	Ausbruch
physicalDisaster	Technischer Unfall
prolongedDrought	Ausgedehnte Dürre/Trockenheit
treatmentFailure	Missstände in der Aufbereitung
waterInterruptionUnplanned	Ungeplante Unterbrechung
waterScarcity	Wassermangel
other	Anderer Grund
unknown	Unbekannt

Die Bestimmung möglicher Ursachen für das Überschreiten relevanter Parameter und die Einleitung von Abhilfemaßnahmen sind Bausteine des Risikomanagements der Wasserversorger. Die Zusammenführung der Daten von vielen Betreibern im Rahmen der Berichterstattung kann es ermöglichen, Problemschwerpunkte zu erkennen und den Erfolg von Abhilfemaßnahmen besser zu bewerten.

Vom Bundesgesundheitsministerium ist als die Stelle, an die die Informationen der obersten Landesbehörden (und der ihnen hinsichtlich der Berichterstattung gleichgestellten Behörden) zu übermitteln sind, das Umweltbundesamt benannt worden. Die Berichte der obersten Landesbehörden sind an das Umweltbundesamt über das Berichtsportal „WasserBLIcK" der Bundesanstalt für Gewässerkunde weiterzuleiten. Die Ergebnisse von Untersuchungen auf radioaktive Stoffe nach §57 oder §32 TrinkwV sind in diese jährlichen Berichte einzubeziehen.

Die Übergabe der Berichtsdaten der obersten Landesbehörden soll im XML-Format oder in Tabellenform im Dateiformat .xlsx erfolgen. Für XML (Extensible Markup Language) wird ein XML-Schema (XSD) benötigt. Die Datenformate sind in der Bekanntmachung nicht näher spezifiziert. Für die dienstebasierte Bereitstellung von Daten stellt WasserBLIcK (URL: https://www.wasserblick.net) eine allgemeine XML-Schemadatei für WFD (Water Framework Directive) zur Verfügung, bittet aber darum, sich vor Verwendung mit dem WasserBLIcK-Team in Verbindung zu setzen. Für die Berichterstattung der Betreiber auf Landesebene unterliegt die Spezifikation der Datenformate dem Recht der jeweiligen Bundesländer.

NIS-2 und Cybersicherheit in Versorgungsgebieten

Die Richtlinie (EU) 2022/2555 über Maßnahmen für ein hohes gemeinsames Cybersicherheitsniveau (NIS-2-Richtlinie) und die Richtlinie (EU) 2022/2557 über die Resilienz kritischer Einrichtungen (CER-Richtlinie) wurden am 14.12.2023 ausgegeben und waren bis zum 17.10.2024 in nationales Recht umzusetzen. CER ist eine Abkürzung für Critical Entities Resilience. NIS steht für Network and Information Security.

Die CER-Richtlinie soll mit dem KRITIS-Dachgesetz zum Schutz kritischer Infrastruktur in deutsches Recht umgesetzt werden. Für die Umsetzung der CER-Richtlinie hatte es bereits am 06.11.2024 einen Gesetzentwurf gegeben. Ein zweiter Gesetzentwurf der Bundesregierung ist am 03.11.2025 vorgelegt worden (vgl. BT-Drs. 21/2510). Eine kritische Dienstleistung im Sinne des zweiten Entwurfs für das KRITIS-Dachgesetz vom 03.11.2025 (KRITISDachG-E2) ist auch eine Dienstleistung zur Versorgung der Allgemeinheit mit Wasser. Eine kritische Anlage ist eine Anlage, die für die Erbringung einer kritischen Dienstleistung von erheblicher Bedeutung ist (vgl. § 2 KRITISDachG-E2).

Für die Steuerung und Aufrechterhaltung des physischen Betriebs der kritischen Infrastruktur spielen informationstechnische Systeme und deren sicherer Betrieb zunehmend eine immer wichtigere Rolle. Diesen Herausforderungen wird mit den Vorgaben der NIS-2-Richtlinie Rechnung getragen. Zur Umsetzung der NIS-2-Richtlinie in deutsches Recht wurde vom Deutschen Bundestag am 13.11.2025 das Gesetz zur Umsetzung der NIS-2-Richtlinie und zur Regelung wesentlicher Grundzüge des Informationssicherheitsmanagements in der Bundesverwaltung (vgl. BT-Drs. 21/2782) beschlossen. Artikel 1 des Gesetzes enthält ein novelliertes BSI-Gesetz (BSIG n.F.).

Die Rolle des BSI wurde präzisiert. Die Leitung des Bundesamts für Sicherheit in der Informationstechnik nimmt zukünftig die Aufgaben der Koordinatorin oder des Koordinators der Bundesregierung für Informationssicherheit (sog. „Chief Information Security Officer“ der Bundesregierung, kurz „CISO Bund“) wahr (vgl. § 48 BSIG n.F.). Das BSI kann u.a. Anbieter von öffentlich zugänglichen Telekommunikationsdiensten unabhängig von der Anzahl ihrer Kunden (!) verpflichten, technische Befehle zur Bereinigung von einem konkret benannten Schadprogramm an betroffene informationstechnische Systeme zu verteilen, sofern das technisch möglich und wirtschaftlich zumutbar ist (vgl. § 16 BSIG n.F.). Das BSI soll u. a. auch über bekannt gewordene Schwachstellen, Schadprogramme oder erfolgte oder versuchte Angriffe auf die Sicherheit in der Informationstechnik informieren, soweit dies zur Wahrung von Sicherheitsinteressen erforderlich ist (vgl. § 5 Abs. 3 BSIG n.F.). Das BSIG n.F. enthält in § 41 klare Regeln hinsichtlich der Untersagung des Einsatzes kritischer Komponenten.

Im Anhang 1 des BSIG n.F. werden als besonders wichtige und wichtige Einrichtungen im Sektor Wasser die folgenden Einrichtungsarten in den Branchen Trinkwasserversorgung bzw. Abwasserbeseitigung genannt:

- Betreiber von Wasserversorgungsanlagen im Sinne von § 2 Nr. 3 TrinkwV (d. h. Unternehmer oder sonstige Inhaber) einer Wasserversorgungsanlage, jedoch unter Ausschluss der Lieferanten, für die die Lieferung von Wasser für den menschlichen Gebrauch ein nicht wesentlicher Teil ihrer allgemeinen Tätigkeit der Lieferung anderer Rohstoffe und Güter ist,
- Unternehmen, die Abwasser nach § 54 Abs. 1 WHG (d. h. Schmutz- sowie Niederschlagswasser) sammeln, entsorgen oder behandeln, jedoch unter Ausschluss der Unternehmen, für die das Sammeln, die Entsorgung oder die Behandlung solchen

Abwassers ein nicht wesentlicher Teil ihrer allgemeinen Tätigkeit ist.

Besonders wichtige und wichtige Einrichtungen sind u. a. von folgenden Regelungen betroffen

- Risikomanagementmaßnahmen (§ 30 BSIG n.F.).
  Die Maßnahmen zum Risikomanagement beinhalten u.a. Maßnahmen zur Bewältigung von Sicherheitsvorfällen, Sicherheitsmaßnahmen bei Erwerb, Entwicklung und Wartung von informationstechnischen Systemen, Komponenten und Prozessen, einschließlich Management und Offenlegung von Schwachstellen, Maßnahmen zur Erstellung von Konzepten für die Sicherheit des Personals, die Zugriffskontrolle und für die Verwaltung von IKT-Systemen, -Produkten und -Prozessen.
  Die Einhaltung der Verpflichtungen zum Risikomanagement muss dokumentiert werden.
- Meldepflichten (§ 32 BSIG n.F.).
  Ein erheblicher Sicherheitsvorfall muss unverzüglich, spätestens innerhalb von 24 Stunden an eine Meldestelle des BSI gemeldet werden. Zum weiteren Vorgehen innerhalb von 72 Stunden und eines Monats nach dem Vorfall gibt es im Gesetz konkrete Vorgaben.
- Registrierungspflicht nach spätestens drei Monaten bei einer von BSI und BBK eingerichteten Registrierungsmöglichkeit (§ 33 BSIG n.F.)
  Das BSI legt die Einzelheiten zur Ausgestaltung des Registrierungsverfahrens im Einvernehmen mit dem Bundesamt für Bevölkerungsschutz und Katastrophenhilfe fest. Die Festlegung erfolgt durch eine öffentliche Mitteilung auf der Internetseite des Bundesamts.
- Umsetzungs-, Überwachungs- und Schulungspflicht für Geschäftsleitungen besonders wichtiger Einrichtungen und wichtiger Einrichtungen (§ 38 BSIG n.F.).
  Die Geschäftsleitungen müssen regelmäßig an Schulungen teilnehmen, um ausreichende Kenntnisse und Fähigkeiten zur Erkennung und Bewertung von Risiken und von Risikomanagementpraktiken im Bereich der Sicherheit in der Informationstechnik zu erlangen. Sie müssen Maßnahmen des Risiko-

managements durchsetzen und die Umsetzung überwachen. Geschäftsleitungen haften ihrer Einrichtung für schuldhaft verursachten Schaden.
Die Umsetzung von Risikomanagementmaßnahmen muss von Betreibern kritischer Anlagen gegenüber dem BSI im Benehmen mit dem BBK alle drei Jahre nachgewiesen werden (vgl. § 39 BSIG n.F.).

- Nationale Verbindungsstelle für besonders wichtige und wichtige Einrichtungen (§ 40 BSIG n.F.)
  Das BSI ist die nationale Verbindungsstelle sowie die zentrale Melde- und Anlaufstelle für die Aufsicht für besonders wichtige Einrichtungen und wichtige Einrichtungen in der Sicherheit in der Informationstechnik.
- Untersagung des Einsatzes kritischer Komponenten (§ 41 BSIG n.F.) – betrifft Betreiber von Wasserversorgungsanlagen und Anlagen zur Abwasserbehandlung, die gleichzeitig den Status eines Betreibers einer kritischen Anlage (vgl. KRITISDachG-E2) haben.
  Hat das BMI einem Betreiber kritischer Anlagen den Einsatz einer kritischen Komponente untersagt oder eine Anordnung dazu erlassen, kann es im Benehmen mit dem für den Betreiber zuständigen Bundesministerium
  1. dem Betreiber kritischer Anlagen auch den zukünftigen Einsatz weiterer kritischer Komponenten desselben Herstellers und desselben Komponententyps untersagen oder Anordnungen dazu erlassen,
  2. allen Betreibern kritischer Anlagen den Einsatz derselben kritischen Komponente desselben Herstellers sowie von weiteren kritischen Komponenten desselben Komponententyps desselben Herstellers untersagen oder dazu Anordnungen erlassen (vgl. § 41 Abs. 2 BSIG n.F.).
- Bußgeldvorschriften (§ 65 BSIG)
  Ordnungswidrigkeiten können in Abhängigkeit von den konkreten Umständen (Mitarbeiterzahl, Jahresumsatz, Art des Verstoßes) mit Geldbußen bis zu zehn Millionen Euro oder 2 Prozent des Gesamtumsatzes geahndet werden.

Besonders wichtige Einrichtungen und wichtige Einrichtungen dürfen durch Rechtsverordnung [des BMI] nach § 56 Abs. 3 bestimmte

IKT-Produkte, IKT-Dienste und IKT-Prozesse nur verwenden, wenn diese über eine Cybersicherheitszertifizierung gemäß europäischer Schemata nach Art. 49 der Verordnung (EU) 2019/881 verfügen.

Mit dem Gesetz zur Umsetzung der NIS-2-Richtlinie sollen Rahmenbedingungen für die Cybersicherheit angepasst und zusätzliche präventive Schutzmaßnahmen eingeführt werden, um mit organisatorischen und technischen Maßnahmen ein deutlich höheres Sicherheitsniveau zu erreichen.

Bei der Vorbereitung auf die Umsetzung der Maßnahmen zur Verbesserung der Cybersicherheit sind zwei Aspekte besonders wichtig. Das betrifft einerseits die Anpassung oder Veränderungen von Organisationsstrukturen für die Informationsverarbeitung, sodass fehlerhafte, risikobehaftete Abläufe rechtzeitig erkannt und korrigiert werden können. Sensibilisierung und Qualifizierung der Beschäftigten für diese Prozesse sind dabei von großer Bedeutung. Ein besonderes Augenmerk ist auch auf die Sicherung eines Wiederanlaufs der IT-Systeme nach Störungen – bspw. mit Rückgriff auf entsprechende Back-up-Lösungen – erforderlich.

Die BSI-Standards 200-1 bis 200-4 enthalten eine Reihe von Empfehlungen für Lösungen für eine verbesserte Cybersicherheit. Der BSI-Standard 200-1 definiert allgemeine Anforderungen für Informationssicherheits-Managementsysteme (ISMS). Der Standard richtet sich primär an Verantwortliche für die Informationssicherheit, Sicherheitsbeauftragte, -experten, -berater und alle Interessierten, die mit dem Management der Informationssicherheit betraut sind. Angesprochen sind nicht nur Vertreter großer Unternehmen, sondern auch kleine und mittlere Unternehmen und Selbstständige. Der Standard gibt praxisorientierte Empfehlungen für den IT-Grundschutz. Zum IT-Grundschutz gehört eine Auseinandersetzung mit Gefährdungen in den Gebieten

- Produktion – Zerstörung, Produktionsunterbrechung
- Internet – Hacker (Spionage, Zerstörung), Schädlinge, Datenverlust, Daten-Offenlegung
- Hard- und Software – Bedienfehler, Datenverlust

- Homeoffice – Fehlverhalten, Diebstahl, Manipulation, Offenlegung von Interna
- Reisen – Datenverlust, Manipulation, Spionage
- Aktivitäten von Menschen – Fehlverhalten, Manipulation, Spionage, Unwissenheit

Der BSI-Standard 200-2 gibt eine Einführung in die IT-Grundschutz-Methodik. Risikoanalysen auf der Basis des IT-Grundschutzes sind Gegenstand des BSI-Standards 200-3. Das Notfallmanagement steht im Mittelpunkt des BSI-Standards 100-4. Der modernisierte BSI-Standard 200-4 widmet sich dem Aufbau und Betrieb eines Business Continuity Management Systems (BCMS).

Andererseits gibt es mit dem branchenspezifischen Sicherheitsstandard „B3S WA – Wasser/Abwasser“ einen speziellen aktiven Standard für die Branchen „Öffentliche Wasserversorgung“ und „Öffentliche Abwasserbehandlung“, der die Mindestanforderungen in diesen Bereichen erfasst. Für die überarbeiteten Fassungen dieses Standards gab es wiederholt Eignungsfeststellungen des BSI. Die gegenwärtige ist 2023 erteilt worden und läuft im August 2027 ab. Der Technische Hinweis – Merkblatt DVGW W 1060 (M) bildet zusammen mit dem B3S WA-Sicherheitskompendium (Web-Applikation zum DGVW-Merkblatt W 1060) den B3B WA.

Die Ausgabe 2023 des B3B WA konnte die Umsetzung der CER- und NIS-2-Richtlinie in nationales Recht nicht berücksichtigen. Sie enthält allerdings für verschiedene Kategorien der einzelnen Ebenen der Infrastruktur für Informationstechnik (IT) und Operative Technologie (OT) für Steuerung, Absicherung und Kontrolle der Betriebsabläufe in Wasserversorgungssystemen Hinweise.

Ebene 1: Organisatorische und technische Verantwortung für IT-Sicherheit

- Verantwortung der Einrichtungsleitung und Zuständigkeiten für die IT-Sicherheit
- Sicherung der Infrastruktur
- Verantwortung und Zuständigkeiten für Systeme zur Angriffserkennung und Reaktion

Ebene 2: IT-Sicherheit der IT-/OT-Infrastruktur

- Architektur der Kommunikationsinfrastruktur (LAN für Betriebsanlage, Fernzugriff u. a.)
- Architektur der Systeminfrastruktur (Leitsystem, Visualisierung, IoT-Komponenten)
- Ordnungsgemäßer Betrieb der Infrastruktur (regulärer Betrieb, Einbeziehung von Dritten)

Ebene 3: IT-Sicherheit bei der Nutzung der IT-/OT-Infrastruktur

- Datenaustausch mit externen Systemen (Senden und Empfangen)
- Interner Zugriff und Fernzugriff auf die IT-/OT-Systeme des Anlagenbetriebs)
- Programmierung und Wartung der Automatisierungskomponenten

Der Standard soll als Grundlage für den Aufbau eines Informationssicherheits-Managementsystems (ISMS) von Betreibern in der Wasserwirtschaft dienen.

Notfallmanagement

Die Norm DIN EN 15975-1:2016-03 Sicherheit der Trinkwasserversorgung – Leitlinien für das Risiko- und Krisenmanagement – Teil 1: Krisenmanagement ist die deutsche Fassung der EN 15975:2011 und beschreibt die Grundsätze guter Praxis für das Management im Krisenfall unter Einbeziehung der erforderlichen vorbereitenden und nachsorgenden Maßnahmen. In die deutsche Fassung der Norm ist auch der informative Anhang A1:2015 mit Empfehlungen zur Qualifikation des Personals aufgenommen worden.

Grundsätze des Krisenmanagements

Als Notfall wird eine plötzliche, akute und im Allgemeinen unerwartete Störung oder Sachlage definiert, die u. a. mit hoher Wahrscheinlichkeit zu erheblichen Beeinflussungen der Trinkwasserversorgung führt und ein unverzügliches Handeln erfordert. Dazu ist oft die Einbeziehung anderer Stellen wie Polizei, Gesundheitsämter oder der lokalen Behörden erforderlich. Mit dem Krisenmanagement soll die

Trinkwasserversorgung außerhalb des Normalbetriebs organisiert werden. Der Notfall ist dabei zwischen einer Störung mit einer Abweichung vom Normalbetrieb und einer Katastrophe einzuordnen. Die Unterteilung der Anforderungen an das Krisenmanagement und die erforderlichen Maßnahmen richten sich somit nach Art und Umfang der Beeinflussung der Trinkwasserversorgung.

- Störung – Abweichung vom Normalbetrieb
- Notfall – unerwartete Störung mit erheblicher Beeinflussung der Trinkwasserversorgung

Das Bundesamt für Bevölkerungsschutz und Katastrophenhilfe (BBK) beschreibt eine Katastrophe als ein Geschehen, bei dem Leben und Gesundheit einer Vielzahl von Menschen oder die natürlichen Lebensgrundlagen oder bedeutende Sachwerte gefährdet oder geschädigt werden, dass die Gefahr nur abgewehrt oder die Störung nur unterbunden oder beseitigt werden kann, wenn die im Katastrophenschutz mitwirkenden Behörden, Organisationen und Einrichtungen unter einheitlicher Führung und Leitung durch die Katastrophenschutzbehörde zur Gefahrenabwehr tätig werden.

Grundlegendes Ziel beim Betrieb der Wasserversorgungssysteme im Krisenfall sollte darin bestehen, den unter normalen Bedingungen geltenden Vorschriften weiterhin gerecht zu werden. Die Grenzwerte sind an den Stellen der Abgabe des Trinkwassers einzuhalten. Falls ein schnelles und/oder koordiniertes Eingreifen erforderlich ist, haben die Behörden besondere Befugnisse zur Gefahrenabwehr oder zur Verbesserung der Wirksamkeit der Reaktionen.

Der Trinkwasserversorger soll die Voraussetzungen für die Integration eigener Mitarbeiter als Mitglieder des Krisenstabes oder Fachberater im Krisenstab der Behörde schaffen. Damit soll auch der Informationsaustausch zwischen dem Trinkwasserversorger und dem Krisenstab unter den Bedingungen der Krise sichergestellt sein. Bei der Ausgestaltung der organisatorischen und personellen Strukturen sind als Rahmenbedingungen die Größe des Trinkwasserversorgers und mögliche versorgungstechnische Handlungsspielräume im Krisenfall zu berücksichtigen. Für sehr kleine kommunale Versorger wird empfohlen, sicherzustellen, dass im Krisenfall auf die Unterstützung durch geeignete behördliche Organisationsebenen zurückgegriffen werden kann.

Ziele, Phasen und Elemente des Krisenmanagements

Der Trinkwasserversorger soll auf der Grundlage nationaler Gesetze, Vorschriften und Genehmigungen einen individuellen Plan für das Krisenmanagement entwickeln. Primäres Ziel ist es, eine Krisensituation in organisierter Weise so zu bewältigen, dass die laufende Bereitstellung von Trinkwasser möglich ist. Eine Unterteilung der Krisenmanagements erfolgt in

- Vorbereitendes Krisenmanagement
  Während des Normalbetriebs gehören dazu u. a. die strukturelle Vorbereitung und das Training auf bzw. für den Krisenfall. In Phase I erfolgt die Einsatzvorbereitung mit dem Übergang vom Störungsmanagement zum Krisenmanagement mit der Vorbereitung auf den Kriseneinsatz (Einsatzvorbereitung).
- Operatives Krisenmanagement
  Die Phase II beginnt mit dem Ausrufen der Krise und der Einberufung des Krisenstabes. Sie beinhaltet intensive Aktivitäten zur Krisenbewältigung und endet, wenn das Ende der Krise ausgerufen und der Krisenstab aufgelöst wird.
- Nachbereitendes Krisenmanagement
  In Phase III erfolgt die schrittweise Rückkehr zum Normalbetrieb. Das kann auch bei anhaltender Störung erfolgen, wenn diese unterhalb des Grades liegt, der zur Auslösung der Krise geführt hat. Zum Normalbetrieb zählt u.a. auch die Auswertung und Aufbereitung des Gelernten für die Vorbereitung auf zukünftige Krisen, zusätzliches Training usw.

Notfallvorsorgeplanung

Die BBK-Empfehlung vom September 2019 „Sicherheit der Trinkwasserversorgung – Teil 2: Notfallvorsorgeplanung“ beschreibt Grundlagen und konkrete Handlungsempfehlungen für Aufgabenträger der Wasserversorgung in den Kommunen in Bezug auf außergewöhnliche Gefahrenlagen – verfügbar unter www.bbk.bund.de (Suche: Sicherheit der Trinkwasserversorgung Teil 2)

Zu den zu berücksichtigenden Rahmenbedingungen gehören

- § 50 Abs. 1 Wasserhaushaltgesetz (WHG) Öffentliche Wasserversorgung
- §§ 47 ff. TrinkwV
- Erste Wassersicherstellungsverordnung (1. WasSV)
- Zweite Wassersicherstellungsverordnung (2. WasSV)
- Wassersicherstellungsgesetz (WasSG)
- DIN 2000 Zentrale Wasserversorgung – Leitsätze
- DIN 2001-1 Trinkwasserversorgung aus Kleinanlagen und nicht ortsfesten Anlagen
- DIN 2001-3 Nicht ortsfeste Anlagen zur Ersatz- und Notwasserversorgung
- DVGW W 400-3 Technische Regeln Wasserverteilungsanlagen (TRWV)
- DVGW W 410 (A) Wasserbedarf – Kennwerte und Einflussgrößen

Der Betreiber einer Wasserversorgungsanlage hat dem Gesundheitsamt außergewöhnliche Vorkommnisse in der Umgebung des Wasservorkommens oder an der Wasserversorgungsanlage anzuzeigen, die Auswirkungen auf die Beschaffenheit des Trinkwassers haben können (vgl. § 47 Abs. 1 TrinkwV).

Ein Notfall/Krise liegt bei einer Versorgungsunterbrechung (z. B. in einem Ort oder Ortsteil) oder einer gesundheitsgefährdenden Überschreitung der Grenzwerte der TrinkwV vor. Die Entscheidung über das Vorgehen liegt beim Gesundheitsamt und der Kreisleitstelle. Einbezogen in die Aktivitäten zur Krisenbewältigung werden Wasserversorgungsunternehmen (WVU), Gesundheitsamt, Einheiten des Katastrophenschutzes, THW, Feuerwehr und private Dienstleister.

In der BBK-Empfehlung wird darauf hingewiesen, dass es signifikante Unterschiede hinsichtlich der Sicherung der Wasserversorgung im Notfall, in einer Krise oder im Katastrophenfall in den Landeskatastrophenschutzgesetzen gibt. Explizite Regelungen zur Trinkwasserversorgung der Bevölkerung in Not-, Krisen- und/oder

Katastrophenfällen sind darin nur vereinzelt enthalten (vgl. S. 20 f. der BBK-Empfehlung).

Quantitative Anforderungen an die Bereitstellung von Trinkwasser

Um eine leitungsgebundene Versorgung durchführen zu können, muss eine systemabhängige Mindestwassermenge eingespeist werden können. Ein zu geringes Wasservolumen im Netz kann nicht nur hygienische Probleme verursachen, sondern auch zu technischen Störungen in Abhängigkeit vom Aufbau des Versorgungsnetzes, dem Wasserdruck im Versorgungsnetz und möglichen Abtrennungen von Teilbereichen des Netzes führen. Deshalb sind Maßnahmen zum Schutz des Leitungsnetzes in die Vorbereitung auf Notfälle und Krisen einzubeziehen.

Für den Fall der leitungsgebundenen Ersatz- oder Notwasserversorgung gibt es nur eine Orientierung an den Vorgaben der Ersten Wassersicherstellungsverordnung (1. WasSV). Zur Bemessung des lebensnotwendigen Bedarfs an Trinkwasser gibt es nach § 2 der 1. WasSV folgende Vorgaben:

- 15 Liter pro Person und Tag
- 75 Liter pro Krankenbett und Tag in Pflegeeinrichtungen
- 150 Liter pro Krankenbett und Tag in chirurgischen Einrichtungen und Infektionskrankenanstalten oder den entsprechenden Fachabteilungen
- 40 Liter pro Großvieheinheit und Tag

Eine Großvieheinheit sind bspw. ein Pferd über zwei Jahre, fünf Schweine oder zehn Schafe. Mit Aufrechterhaltung der leitungsgebundenen Wasserversorgung kann auch die Abwasserentsorgung aufrechterhalten werden.

Nach Anhaben des BMI aus dem Jahr 2016 müssen zur Sicherstellung der leitungsgebundenen Trinkwasserversorgung mindestens 50 Liter pro Person und Tag unbefristet zur Verfügung stehen. Für den Fall der staatlichen Notfallvorsorge soll eine leistungsabhängige Minimalversorgung im Umfang von 15 Litern pro Person und Tag mit nicht gesundheitsschädlichem Wasser über mobile Versorgung und unter Nutzung vorhandener Notbrunnen für mindestens 14 Tage möglich sein. Für die Eigenversorgung der Bevölkerung wird eine Bevorratung von 2 Litern pro Person und Tag mit abgepacktem Wasser für möglichst zehn Tage empfohlen.

Für Betriebe und Anstalten, deren Weiterarbeit nach der Zivilverteidigungsplanung unerlässlich ist, wird der Bedarf nach Art und Umfang der Leistungen, die der Betrieb oder die Anstalt im Verteidigungsfall zu erbringen hat, errechnet (vgl. § 2 Abs. 3 der 1. WasSV). Das Wasser muss in diesem Fall so beschaffen sein, dass durch seinen Genuss oder Gebrauch die Gesundheit der Menschen sowie der Nutztiere durch Krankheitserreger nicht geschädigt werden kann. Es muss weiterhin frei von anderen Stoffen in gesundheitsschädlicher Konzentration sein. Ist die Deckung des lebensnotwendigen Bedarfs an Trinkwasser auf andere Weise nicht sicherzustellen, kann mit Zustimmung der zuständigen Gesundheitsbehörde von den Anforderungen an die Beschaffenheit des Trinkwassers abgewichen werden, wenn nur geringfügige und vorübergehende gesundheitliche Störungen zu besorgen sind (vgl. § 3 Abs. 1, 2 der 1. WasSV).

Ersatz- und Notwasserversorgung

Ersatzwasserversorgung bezeichnet bei Unterbrechung des Normalbetriebs die zeitlich begrenzte Bereitstellung von Trinkwasser. Dabei kann es sich auch um Trinkwasser handeln oder um Oberflächenwasser bzw. Wasser aus Notbrunnen (vgl. § 4 der 2. WasSV), das vor Ort zu Trinkwasser aufbereitet und an Verbraucher abgegeben wird. Betriebsmittel und Kraftstoffe für die Notstromaggregate für die Aufbereitung müssen dazu eingeplant werden (vgl. Broschüre Eignungsprüfung Ersatzwasserversorgung: Ergebnisse aus dem Projekt NOWATER, Stand: Oktober 2023 – verfügbar unter www.bbk.bund.de).

Notwasserversorgung ist die zeitlich begrenzte Bereitstellung von Wasser zur Deckung des lebensnotwendigen Bedarfs bei Unterbrechung des Normalbetriebs, wenn eine Ersatzwasserversorgung nicht möglich ist.

Stichwortverzeichnis

D

E

F

G

H

I

K